Einführung
Informationsverarbeitung im Büro — 2
Technik der Automation — 16
Sachmittel zur Textverarbeitung — 62

Vorstudie — 77
Planung und Durchführung — 81
Auswertung und Konsequenzen — 98

Entscheidungen über Textverarbeitung — 119
Entscheidungs-Prozeß — 122
Investitions-Entscheidung — 130
Wirtschaftlichkeit — 139

Ist-Untersuchung — 151
Ermittlung des Text-Profils — 151
Büroorganisation — 185

Soll-Entwurf — 227
Gestaltung der Text-Profile — 227
Umgestaltung des Büros — 257

Sachmittel der Textverarbeitung — 283
Schreibmaschinen – Textautomaten – Computer — 284
Hardware- und Software-Konfiguration — 294
Anlagen- und Geräteentscheidung — 361
Finanzierung und Verträge — 367

Sachmittel des Schreib-Umfeldes — 393
Textaufnahme — 393
Textreprographie — 404
Textarchivierung — 416
Textkommunikation — 430
Anlagen- und Geräteentscheidung — 447

Personelle Aspekte — 461

Produkte und Hersteller — 481

Literatur — 489

Sachwort-Verzeichnis — 505

Erwin Grochla · Hans Gürth
Michael Reicherts · Ernst Tiemeyer

Textverarbeitung im Büro

Prof. Dr. Dr. h.c. mult. Erwin Grochla
Dipl.-Kfm. Hans Gürth
Dipl.-Kfm. Dipl.-Psych. Michael Reicherts
Dipl.-Hdl. Ernst Tiemeyer

TEXT-VERARBEITUNG IM BÜRO

Ein entscheidungsorientiertes Handbuch
zu Organisation und Technik

mit 102 Abbildungen

Springer Fachmedien Wiesbaden GmbH

CIP-Kurztitelaufnahme der Deutschen Bibliothek

Textverarbeitung im Büro: e. entscheidungsorientiertes Handbuch zu Organisation u. Technik/
Erwin Grochla ...

ISBN 978-3-528-08455-4 ISBN 978-3-322-87612-6 (eBook)
DOI 10.1007/978-3-322-87612-6

NE: Grochla, Erwin [Mitverf.]

Das Handbuch wurde im Rahmen eines Projektes erstellt, das von der Stiftung zur Förderung der Forschung für die gewerbliche Wirtschaft, Köln, gefördert und am Bestriebswirtschaftlichen Institut für Organisation und Automation an der Universität zu Köln (BIFOA) durchgeführt wurde:
Die wirtschaftliche Organisation der Textverarbeitung in Klein- und Mittelbetrieben — Praxisorientierte Gestaltungsempfehlungen für die Anwendung moderner Textverarbeitungs-Verfahren und -Geräte — (WORTEX)

Wissenschaftlicher Leiter:	Prof. Dr. Dr. h. c. mult. Erwin Grochla
Projektleiter:	Dipl.-Kfm. Hans Gürth
Wissenschaftliche Mitarbeiter:	Dipl.-Kfm. Dipl.-Psych. Michael Reicherts
	Dipl.-Hdl. Ernst Tiemeyer
Studentische Mitarbeiter:	cand. rer. pol. Heinz Sommer
	cand. phil. Alex Ulpe

1983
Alle Rechte vorbehalten
© Springer Fachmedien Wiesbaden 1983
Ursprünglich erschienen bei Friedr. Vieweg & Sohn Verlagsgesellschaft mbH, Braunschweig 1983

Die Vervielfältigung und Übertragung einzelner Textabschnitte, Zeichnungen oder Bilder, auch für Zwecke der Unterrichtsgestaltung, gestattet das Urheberrecht nur, wenn sie mit dem Verlag vorher vereinbart wurden. Im Einzelfall muß über die Zahlung einer Gebühr für die Nutzung fremden geistigen Eigentums entschieden werden. Das gilt für die Vervielfältigung durch alle Verfahren einschließlich Speicherung und jede Übertragung auf Papier, Transparente, Filme, Bänder, Platten und andere Medien.

Gesamtherstellung: Lengericher Handelsdruckerei, Lengerich

ISBN 978-3-528-08455-4

INHALT	Seite
Vorwort	XV
Einführung	1
I. Informationsverarbeitung im Büro	2
1. Datenverarbeitung	4
2. Textverarbeitung	7
3. Kommunikation	12
II. Technische Bauteile und Grundfunktionen der Automation	16
1. Ein-/Ausgabe	17
1.1. Zeitliche Trennung	18
1.2. Bildschirm-Darstellung	20
1.3. Bedienerführung	23
1.4. Druck	30
2. Speicherung	32
2.1. Arten des Zugriffs	32
2.2. Speicher-Kapazität	34
2.3. Datei-Organisation und Zugriffszeit	36
3. Verarbeitung	38
3.1. Zentraleinheit	39
3.2. Programmierung	43
3.3. System- und Anwendungssoftware	46
3.4. Betriebsarten und Arbeitsweisen	52
4. Besonderheiten von Texten	55
4.1. Objekte der Textverarbeitung	57
4.2. Zeichen als Bestandteile von Texten	59
4.3. Operationen an Texten	61
III. Sachmittel der Textverarbeitung	62
1. Schreibmaschinen	63
2. Textautomaten	68
3. EDV-Anlagen	72

		Seite
A.	Organisatorische Voruntersuchung des Bürobereichs (Vorstudie)	77
I.	Planung der Vorstudie	81
II.	Durchführung der Vorstudie	83
	1. Anhaltspunkte zum Auffinden von Schwachstellen	83
	2. Ursachen für Schwachstellen	85
	2.1. Sachmittelsituation	88
	2.2. Organisation	89
	2.3. Personalsituation	90
	3. Hilfsmittel zur Analyse der Schwachstellen und ihrer Ursachen	91
	3.1. Kennzahlen	91
	3.2. Checklisten	93
	3.3. Prüfmatrizen	96
III.	Auswertung und Konsequenzen der Vorstudie	98
	1. Entscheidungen zur Projektdurchführung	98
	2. Projektplanung	101
	2.1. Zeit- und Aktivitätenplanung	102
	2.1.1. Planungsinhalt	102
	2.1.2. Planungstechniken	107
	2.2. Kostenplanung	115
	2.3. Planung des Projektteams	117
	3. Genehmigung der Projektplanung	118
B.	Die Entscheidungen über Textverarbeitung	119
I.	Besondere Probleme bei den Textverarbeitungs-Entscheidungen	120
II.	Der Entscheidungsprozeß	122
	1. Zielformulierung	124
	2. Alternativenentwicklung	125
	2.1. Analyse der Anforderungen	127
	2.2. Analyse möglicher Alternativen	128

	Seite
2.3. Ermittlung sinnvoller Alternativen	129
3. Alternativenbewertung	129
III. Die Investitionsentscheidung (Entscheidung über den Einsatz von Textverarbeitungs-Sachmitteln)	130
1. Typen der Entscheidung	131
2. Entscheidungskriterien	134
2.1. Kostenkriterien	134
2.2. Leistungskriterien (Nutzenkriterien)	136
IV. Methoden der Alternativenbewertung	139
1. Übersicht über die Methoden	139
2. Kostenvergleichsrechnung	142
3. Nutzwertanalyse	144
4. Methodenbeurteilung	148
C. Ist-Untersuchung des Textverarbeitungs-Bereichs	151
I. Ermittlung des Text-Profils	151
1. Das Input-Output-Schema	151
1.1. Arten des Text-Inputs	155
1.2. Arten des Text-Outputs	158
1.3. Darstellungsform und Schwierigkeit der Texte	165
2. Typische Text-Profile	167
2.1. Einmal-Text-Profil	169
2.2. Standard-Text-Profil	170
2.3. Überarbeitungs-Text-Profil	171
2.4. Direkt-Input-Profil	172
3. Das individuelle betriebliche Text-Profil	173
3.1. Untersuchungs-Einheiten	175
3.2. Erhebungstechniken	176
3.3. Analyse-Ergebnis	181

		Seite
II.	Untersuchung der Büroorganisation	185
	1. Erhebungsbereiche	186
	2. Erhebungstechniken	188
	2.1. Interview	190
	2.2. Schriftliche Befragung	191
	2.3. Beobachtung	192
	2.4. Selbstaufschreibung	193
	3. Gegenstände der Erhebung	196
	3.1. Organisationsstruktur	197
	3.2. Arbeitsabläufe	201
	3.3. Kommunikationsbeziehungen	204
	3.4. Personalsituation	207
	3.5. Sachmittelsituation	210
	4. Darstellungstechniken	212
	4.1. Verbale Beschreibungen	212
	4.1.1. Stellenbeschreibungen	213
	4.1.2. Arbeitsanweisungen	215
	4.2. Matrix-Darstellungen	215
	4.2.1. Funktionendiagramm	215
	4.2.2. Kommunikationsmatrix	218
	4.3. Schaubilder	220
	4.3.1. Organigramm	220
	4.3.2. Ablaufdiagramm	222
	4.3.3. Ablaufmatrix (Rasterdarstellung)	224
	4.3.4. Arbeitsflußplan	226
D.	Soll-Entwurf für den Textverarbeitungs-Bereich	227
I.	Gestaltung der Text-Profile	227
	1. Grundlegende Veränderungen der Text-Profile	228
	1.1. Künftige Entwicklung der Textverarbeitungsaufgaben	232
	1.2. Ersetzen von Text-Kommunikation durch andere Kommunikations-Formen	233

	Seite
1.3. Ersetzen von maschinenschriftlichen Texten durch andere Text-Formen	235
1.4. Untersuchung der Standardisierbarkeit	236
2. Text-Standardisierung (Programmierung) und Entwicklung von Texthandbüchern	239
2.1. Arten von Standard-Texten	239
2.2. Auswahl von Texten für die Standardisierung	240
2.3. Entwicklung und Test von Standard-Texten	241
2.4. Gestaltung von Texthandbüchern	246
3. Die Umgruppierung von Text-Profilen	252
3.1. Text-Profile und Verfahrens-/Konfigurationsentscheidung	253
3.2. Text-Profile und organisatorische Umgestaltung im Schreib-Bereich	254
II. Umgestaltung des Büros	257
1. Zentralisierung - Dezentralisierung	258
1.1. Formen der Zentralisierung	259
1.1.1. Der zentrale Schreibdienst	259
1.1.2. Zentrale Sekretariatsdienste	262
1.1.3. Die zentralisierte Reprographie	263
1.1.4. Die zentrale Registratur	264
1.2. Formen der Dezentralisierung	265
1.2.1. Der dezentrale Schreib- und Sekretariatsplatz	265
1.2.2. Dezentrale Organisation von Reprographie und Registratur	267
2. Büro-Arbeitsplätze	267
2.1. Der Schreibplatz	268
2.2. Der Sekretariatsplatz	269
2.3. Mischarbeitsplätze	270
2.3.1. Der Schreib- und Sekretariatsplatz	271
2.3.2. Der Sachbearbeiterplatz	271

	Seite
3. Arbeitsabläufe	273
3.1. Textaufnahme	273
3.2. Texterstellung	275
3.3. Schriftgutverteilung	277
E. Entscheidungen über Sachmittel der Textverarbeitung	283
I. Die Verfahrensentscheidung	284
1. Schreibmaschinen	284
2. Textautomaten	287
3. EDV-Anlagen	291
II. Die Konfigurationsentscheidung	294
1. Hardware-Konfiguration	295
1.1. Bildschirm und Tastatur	295
1.2. Zentraleinheit	300
1.3. Externe Speicher	303
1.4. Drucker	310
2. Software-Konfiguration	313
2.1. Text-Erfassung und -Überarbeitung	316
2.1.1. Rahmen-Funktionen	317
2.1.2. Einfache Erfassungs-Funktionen	320
2.1.3. Unterstützende Erfassungs-Funktionen	322
2.1.4. Überarbeitungs-Funktionen	327
2.2. Speicherung	332
2.2.1. Dateiverwaltung	333
2.2.2. Text-Adressierung	336
2.2.3. Textnamens-Verzeichnis	337
2.2.4. Sonstige Zugriffs-Unterstützung	339
2.2.5. Reorganisation	340
2.2.6. Sicherung und Schutz	341
2.3. Druck-Ausgabe	343
2.3.1. Ablauf des Druckens	343
2.3.2. Seiten-Umbruch	346
2.3.3. Schrift- und Satzspiegel-Gestaltung	348

Inhalt

	Seite
2.4. Textbaustein-Verarbeitung	353
2.5. EDV-Funktionen	355
3. Text-/Datenverarbeitungs-Integration	357
3.1. Datei-Integration	357
3.2. Programm-Integration	360
III. Die Anlagen- und Geräteentscheidung	361
1. Pflichtenheft und Anlagen-Test	361
2. Baukastenprinzip und Kompatibilität	364
IV. Entscheidungen über die Anlagen-Beschaffung	367
1. Finanzierungsformen	367
1.1. Kauf	368
1.2. Miete und Mischformen	369
1.3. Leasing	370
2. Vertragsverhandlungen	373
2.1. Der Hardware-Vertrag	373
2.1.1. Kaufvertrag	373
2.1.2. Mietvertrag	378
2.1.3. Leasingvertrag	384
2.2. Der Wartungs-Vertrag	386
2.3. Der Beratungs-Vertrag	388
F. Entscheidungen über Sachmittel des Schreibumfeldes	393
I. Die Verfahrens- und Konfigurationsentscheidung	393
1. Die Verfahren der Textaufnahme	393
1.1. Darstellung der Verfahren	394
1.2. Entscheidungskriterien für die Alternativenbewertung	396
1.2.1. Abläufe bei der Textaufnahme	396
1.2.2. Bearbeitungszeit	397
1.2.3. Vorlagen- bzw. Diktatqualität	400
1.2.4. Mitarbeiterakzeptanz	400
1.2.5. Text-Volumen	400

	Seite
1.2.6. Text-Arten	401
1.2.7. Kosten	402
2. Die Verfahren der Textreprographie	404
2.1. Darstellung der Verfahren	404
2.1.1. Durchschreibeverfahren	404
2.1.2. Kopierverfahren	404
2.1.3. Druckverfahren	406
2.2. Entscheidungskriterien für die Alternativenbewertung	407
2.2.1. Abläufe und Bearbeitungszeit	407
2.2.2. Volumen und Kosten	409
2.2.3. Qualität	412
2.2.4. Personaleinsatz	414
3. Die Verfahren der Textarchivierung	416
3.1. Darstellung der Verfahren	417
3.1.1. Konventionelle Archivierungsverfahren	417
3.1.2. Mikroverfilmung	419
3.2. Entscheidungskriterien für die Alternativenbewertung	420
3.2.1. Ablagewert	420
3.2.2. Ablageort	421
3.2.3. Benutzungsart	422
3.2.4. Zugriffsart	424
3.2.5. Schriftgutformat	426
3.2.6. Raumbedarf	427
3.2.7. Schriftgutvolumen	427
3.2.8. Weitere Kriterien	428
4. Die Verfahren der Textkommunikation	430
4.1. Darstellung der Verfahren	430
4.1.1. Konventionelle Verfahren	430
4.1.2. Elektronische Verfahren	433

Inhalt

	Seite
4.2. Entscheidungskriterien für die Alternativenbewertung	439
4.2.1. Kommunikationspartner	439
4.2.2. Kommunikations-Geschwindigkeit und -Volumen	441
4.2.3. Kosten	442
4.2.4. Qualität	445
II. Die Anlagen- und Geräteentscheidung	447
1. Diktiergeräte	447
2. Kopiergeräte	450
3. Druckgeräte	452
4. Mikrofilmgeräte	453
5. Telexgeräte (Fernschreiber)	455
6. Teletexgeräte	456
7. Telefaxgeräte	456
G. Personelle Aspekte der Textverarbeitungs-Organisation	461
I. Der Bildschirmarbeitsplatz im Büro	461
1. Einflüsse auf die Tätigkeiten	462
2. Physische und psychische Belastungen	463
3. Akzeptanz	464
II. Benutzerorientierte Gestaltung	466
1. Arbeitsplatzgestaltung	466
1.1. Bildschirm	467
1.2. Weitere Elemente des Bildschirm-Arbeitsplatzes	469
2. Gestaltung der Arbeitsumgebung	470
2.1. Beleuchtung	470
2.2. Klimatisierung	471
2.3. Akustik	471

	Seite
III. Personaleinsatz-Vorbereitung	474
1. Schulung (Aus- und Weiterbildung)	474
2. Information der Mitarbeiter	477
3. Partizipation (Mitwirkung der Benutzer am Gestaltungsprozeß)	478
Produkte und Hersteller	481
Literatur	489
Verzeichnis der Abbildungen	500
Sachwort-Verzeichnis	505

VORWORT

Als zu Beginn der 70er Jahre die ersten Kleincomputer für kommerzielle Aufgaben eingesetzt wurden, sprach man überwiegend von 'Mittlerer Datentechnik (MDT)' und bezeichnete damit eine Sachmittel-Kategorie, der ein zwar vielversprechendes, aber relativ begrenztes Einsatzgebiet eingeräumt wurde.

Die weitere Entwicklung - gekennzeichnet durch fortschreitende Miniaturisierung der Bauelemente (Mikroelektronik) und durch einen enormen Preisverfall - hat schließlich Klein- bzw. Mini- oder Bürocomputern einen festen Platz in der praktischen Anwendung gesichert. Durch diese Anlagen wurde die EDV kleineren und mittelgroßen Betrieben erstmals zugänglich. Aber auch in den Fachabteilungen von Großunternehmungen ist damit Datenverarbeitung 'vor Ort', d.h. am Arbeitsplatz des End-Benutzers, möglich geworden.

Mit dem Vordringen der Computer aus dem Rechenzentrum ins Büro wurde aber auch sehr schnell deutlich, daß die Funktionspalette dieser Technologie weit über traditionelle EDV-Aufgaben hinausreicht. Bereits im Sommer 1974 hielten meine Mitarbeiter und ich in einer internen Studie fest, welche organisatorischen und technischen Änderungen sich im Büro anbahnten: und zwar ausgehend von der Integration der Funktionsbereiche Datenverarbeitung, Textverarbeitung und Kommunikation.

Heute können wir feststellen, daß diese Prognose sich weitgehend bewahrheitet hat. Gehörte die erste Hälfte der 70er Jahre noch den Kleincomputern im kaufmännischen Bereich, so stand in den folgenden Jahren die stürmische Weiter- und Neuentwicklung von Textverarbeitungs-Sachmitteln im Vordergrund. Auf diesem Sektor ist eine gewisse Beruhigung eingetreten; die Zeit für eine umfassende Bestandsaufnahme ist reif.

Vorwort

In diesem Sinne ist das vorliegende Werk zu verstehen, das mehrere Funktionen erfüllen soll: Ähnlich seinem ihm nahestehenden Vorgänger, dem "Handbuch der Computer-Anwendung", kann es zunächst als Lehrbuch dienen, und zwar als erste Einführung in ein zunehmend unüberschaubar werdendes Problemgebiet. Zum anderen mag es als Arbeitsunterlage für Lehrgänge, Seminare, Kurse und ähnliche Veranstaltungen Verwendung finden. Schließlich wird es seinen Wert als Kompendium erweisen, als orientierende Übersicht und jederzeitige Nachschlage-Möglichkeit für alle, die sich in der fachlichen Diskussion behaupten müssen.

Da bislang noch ein großer Mangel an brauchbaren Darstellungen herrscht, war es nötig, viele Sachverhalte erstmals systematisch zu fassen und in einen Bezugsrahmen einzuordnen. Als roter Faden für die Präsentation des Stoffs dient - wie schon beim bewährten "Handbuch der Computer-Anwendung" - der Entscheidungsprozeß, vor den der Praktiker sich gestellt sieht.

Ich habe der 'Stiftung zur Förderung der Forschung für die gewerbliche Wirtschaft' dafür zu danken, daß sie ein Forschungsprojekt zur Erarbeitung des Handbuches finanziell unterstützt hat. Mein ganz besonderer Dank gilt dem Leiter und allen Mitarbeitern dieses Projektes für das hohe Engagement, mit dem sie das vorliegende Arbeitsergebnis von der Erschließung des Stoffes bis hin zur druckfertigen Vorlage gestalteten. Dies war mit vielerlei Mühen verbunden, die sich vor allem aus den begrenzten Ressourcen ergaben. Nicht zuletzt sei auch Frau Margret Balter herzlich gedankt, die mit großem Einsatz an den Schreibarbeiten beteiligt war.

Köln, im Juli 1982   Erwin Grochla

Vorwort

Einführung

Dieses Handbuch setzt keinerlei Vorkenntnisse voraus. Um den Gang der Darstellung - der sich am Entscheidungsprozeß des Praktikers orientiert - nicht zu stark mit Erläuterungen und Vor-Klärungen zu überladen, wird ihm diese Einführung vorausgeschickt.

Der Gegenstand selbst - die Textverarbeitung und ihre Organisation - muß dabei in den weiteren Rahmen der Gestaltung betrieblicher Informationsverarbeitung eingeordnet werden. Textverarbeitung ist einerseits mehr als rationelles Briefeschreiben. Aber sie ist andererseits auch nur einer von drei Funktionsbereichen in Büro-Informations- und -Kommunikations-Systemen. Die Berührungspunkte und Überschneidungsbereiche mit den anderen Sektoren der Büroarbeit gilt es ebenfalls im Auge zu behalten.

Nun wird jeder Praktiker - ob in der Großunternehmung oder im mittelständischen Betrieb - tagtäglich mit Organisationsfragen und oft genug mit Textverarbeitungs- und Büroproblemen konfrontiert. Diese Dinge bedürfen also keiner allzu tiefen Vorweg-Klärung. Anders steht es um die einschlägigen Sachmittel: Durch die Entwicklung der Mikroelektronik und die fortschreitende Automation sind neuartige Geräte und Anlagen ins Büro vorgedrungen. Um sie in ihren Anwendungsmöglichkeiten und -grenzen richtig einschätzen zu können, bedarf es aber gewisser technischer Grundkenntnisse. Diese zu vermitteln, wird den größten Raum in der Einführung einnehmen.

Wer über entsprechendes Vorwissen verfügt, mag diesen Vorspann also einfach überschlagen. Wer sich jedoch nicht firm genug fühlt, mit EDV- und Textautomations-Experten seine Probleme fachkundig zu diskutieren, dem sollte diese Einführung das notwendige Basis-Wissen liefern. Er wird zumindest die wichtigsten Fachbegriffe kennenlernen und danach die wesentlichen Zusammenhänge in ihrer organisatorischen Bedeutung einschätzen können.

Einführung

I. Informationsverarbeitung im Büro

Das **Büro** ist das **Zentrum der Informationsverarbeitung** in jeder Unternehmung. Zwar wird auch im Fertigungsbereich mit Informationen gearbeitet: von der Material-Bewirtschaftung über die Steuerung und Kontrolle der eigentlichen Produktionsprozesse bis etwa zur Bereitstellung von Daten für die Lieferscheine. Doch dabei ist die Information nur Begleiterscheinung und Hilfsmittel für die Zusammenstellung und die Umformung materieller Gegenstände. Die Informations-Verarbeitung und - wo immer das sinnvoll ist - deren Automatisierung richten sich nach dem Fluß der Produktions-Objekte.

Im Büro ist das umgekehrt: Auch hier werden zwar materielle Objekte bearbeitet und transportiert - vor allem Papier -, doch das geschieht mit ihnen nur in ihrer Eigenschaft als Träger von Informationen. Ob es ein einfaches Telefongespräch ist, das Errechnen eines Skonto-Betrags, das Überprüfen eines Lieferscheins, das Schreiben eines Werbebriefs oder eine Eintragung ins Portobuch - alle diese Vorgänge umschließen das gezielte Verarbeiten von Information.

Wie sehr die Information - als das zweckorientierte Wissen über Sachverhalte - dabei im Vordergrund steht, zeigt sich gerade dann, wenn ausgerechnet die Informationen fehlen, die für eine bestimmte Entscheidung nötig wären. Und das berührt einen wunden Punkt bei der heutigen Büroarbeit: Problem ist oftmals ein **Zuviel an Informationen** - verkörpert in einer wahren Flut von Papier. Sie alle zu verarbeiten, stellt selbst kleinere Betriebe vor Mengenbewältigungs-Probleme. Aus ihnen aber das Wesentliche herauszufischen, um fundierte Entscheidungen treffen zu können - das bleibt - einer weit verbreiteten Meinung nach - doch weitgehend dem Fingerspitzengefühl und dem Erfahrungswissen bewährter Fachkräfte überlassen.

Dieser Praktiker-Einschätzung soll gar nicht widersprochen werden. Doch braucht - und das wird im folgenden aufgezeigt - deshalb eine rationale organisatorische Analyse und Gestaltung vor dem Bürobereich auch kleinerer Betriebe nicht haltzumachen. Auch kann mit einem richtig vorbereiteten und durch zweckmäßige Organisation abgesicherten Sachmittel-Einsatz einiges verbessert werden.

Bei näherer Betrachtung lassen sich

- nach Objekten (Arten von Informationen)
- nach Verarbeitungs-Prozessen und
- nach verwendbaren Sachmitteln

drei Funktionsbereiche der Informationsverarbeitung im Büro unterscheiden:

- **Datenverarbeitung**
- **Textverarbeitung** und
- **Kommunikation** (als Übermittlung von Informationen).

Diese Funktionsbereiche können aber nicht klar und eindeutig voneinander getrennt werden: Vielmehr greifen sie **eng verzahnt** ineinander.

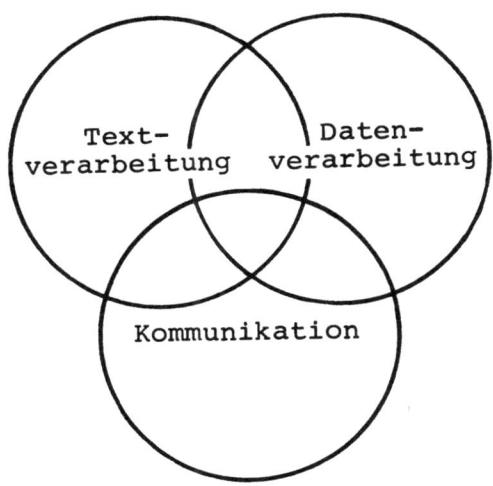

Abb. Einf.-1: Funktionsbereiche im Büro

Es gibt zahlreiche Informationen als Objekte, die sowohl Daten wie Texte umfassen. Es gibt einige Prozesse der gleichzeitigen Verarbeitung von Daten und Texten, die zudem Kommunikationsakte mit einschließen. Und schließlich gibt es in zunehmendem Maße Sachmittel, die alle drei Funktionsbereiche abdecken können.

1. Datenverarbeitung

Den ersten Ansatzpunkt für rationellere Verfahren der Informationsverarbeitung bot die Datenverarbeitung. Schon seit mehr als 30 Jahren werden dafür Sachmittel eingesetzt, die man meist als Anlagen der Elektronischen Datenverarbeitung bezeichnet (kurz: **EDV-Anlagen**). Gleichbedeutend ist der englische Begriff "Computer" (im Deutschen oft: "Rechner", früher auch: "Elektronenrechner"). Zwar ist die Bezeichnung "automatisierte Datenverarbeitung" (ADV) exakter - auch weil sie von konkreten technischen Ausprägungen absieht -, doch konnte diese Form sich im Praktiker-Gebrauch bis heute nicht recht durchsetzen.

In großen Unternehmungen ist ein EDV-Einsatz schon seit langer Zeit unumgänglich. Anders wären die heute vorliegenden Datenmengen gar nicht mehr zu bewältigen. Und meist verfügt ein solches Unternehmen nicht nur über eine, sondern gleich über mehrere entsprechend große EDV-Anlagen.

Mit dem Beginn der 70er Jahre wirkten sich technologische Innovationen aus, die eine neue Kategorie von Computern möglich machten: äußerlich kleiner und robuster, in ihren Kosten ständig sinkend - dabei aber im Leistungsvermögen älteren Großcomputern durchaus ebenbürtig. Die ökonomische Tragweite dieses technischen Wandels zeigt die beliebte Analogie zum Automobil: Ähnliche Fortschritte vorausgesetzt, ließen sich heute Hunderte von Kilometern mit wenigen Tropfen Treibstoff zurücklegen.

I.1. Datenverarbeitung

Damit eröffnete sich der **EDV** ein neues **Einsatzfeld**: das **Büro** - in den Fachabteilungen größerer Unternehmungen, zunehmend aber auch im Kleinbetrieb. Denn kleinere und auch mittelgroße Betriebe waren zuvor kaum in der Lage gewesen, die erheblichen EDV-Investitionen zu finanzieren. Sie mußten entweder mit konventionellen Sachmitteln arbeiten (Rechenmaschinen, Fakturier- und Buchungsmaschinen) oder die EDV als Dienstleistung beziehen (Datenverarbeitung außer Haus).

Welcher Art sind nun die **Aufgaben der Datenverarbeitung**, für die derartige Sachmittel herangezogen werden können? Beginnen wir mit der **Finanzbuchhaltung**: Mußten ursprünglich alle Einzel-Posten handschriftlich ins Journal eingetragen und alle Zwischensummen und Salden einzeln errechnet werden, so ließ sich bereits mit Buchungsmaschinen eine saubere maschinelle Beschriftung und eine größere Sicherheit bei der Konten-Abstimmung erreichen (durch Prüfzahlverfahren und vorübergehende Speicherung von Salden). Die EDV erlaubt darüber hinaus die längerfristige maschinelle Speicherung der Kontenstände - ganz abgesehen von der komfortableren Eingabe der Einzel-Daten.

Der große Vorteil des Computers bei derartigen Geschäftsvorfällen aber ist: Einmal eingegebene Daten können vielfach verwendet werden. Werden etwa beim Fakturieren Artikel-Nummern und -Mengen eingetastet, dann bleibt die EDV-Leistung nicht darauf beschränkt, Einzelposten, Rechnungssumme und Umsatzsteuer-Betrag zu errechnen. Diese Daten können vielmehr - ohne daß ihre nochmalige Eingabe notwendig ist - für Buchungszwecke weiterverwendet werden: auf Debitoren- wie auf Steuerkonten, auch zur Zahlungseingangs-Kontrolle in Offene-Posten-Systemen. Die maschinelle Erfüllung verschiedenartiger Aufgaben läßt sich somit auf der Grundlage einmalig erfaßter Daten verknüpfen: Man spricht von **Datenverarbeitungs-Integration**. In einer weiteren Folgestufe können die Artikelbestände und Materialvorräte im Lager angeglichen werden. Darüber ist schließlich eine Verbindung oder Integration mit dem betrieblichen Bestellwesen möglich.

Datenverarbeitung I.1.

Eine andere typische Datenverarbeitungsaufgabe ist die - in manchen Branchen sehr komplexe - Lohn- und Gehaltsabrechnung. Auch lassen sich Stammdaten aller Art - z.B. von Kunden, Interessenten, Lieferanten - in maschinellen Speichern archivieren und für die unterschiedlichsten Anlässe nach verschiedenen Merkmalen automatisch auswerten.

Die EDV dient jedoch nicht nur zur Erledigung einer Vielzahl von Buchungs-, Abrechnungs- und Dispositions-Aufgaben. Durch Komprimierung und Aufbereitung der umfangreichen Bestände an Einzeldaten können Statistiken, Kennzahlen und andere **Führungs-Informationen** gewonnen werden, die ohne das Hilfsmittel Computer unter der Datenflut verborgen geblieben wären. Wer die Möglichkeiten der EDV richtig ausschöpft, wird sich damit nicht nur am Ende von Abrechnungsperioden, sondern laufend einen Überblick über das betriebliche Geschehen verschaffen können: sei es der Liquiditäts-Status, sei es der abteilungsbezogene oder der globale Unternehmungserfolg.

Solange EDV-Anlagen sehr große Investitionsobjekte waren und ihre Konstruktion sehr viel an technologischem Know-How voraussetzte, war der **EDV-Markt** eine Domäne weniger großer Hersteller. Technischer Fortschritt und Anlagen-Verkleinerung öffneten den Markt für eine Vielzahl neuer Anbieter. Der dabei zunehmende Wettbewerb wirkte sich auf Preise und Qualität der Leistungen sicherlich günstig aus. Gleichzeitig wurde der EDV-Markt jedoch für Nicht-Fachleute sehr schwer überschaubar. Besonders für mittelständische Anwender-Unternehmungen ergibt sich dadurch eine erste Schwierigkeit: die der **Analyse** von Hersteller- und Produkt-Vielfalt und ihrer überaus starken Änderungs-Dynamik.

Eine zweite und eher noch größere Schwierigkeit für den Anwender liegt in der **Software-Beschaffung**. Die technischen Leistungs-Unterschiede zwischen den einzelnen Anlagen sind heute weitgehend eingeebnet. Doch das Funktionieren der Technik - und damit

I.1. Datenverarbeitung

die Lösung solcher Anwendungsprobleme wie der oben geschilderten - ist nur gewährleistet, wenn geeignete Computer-Programme (Software) vorhanden sind. Die Herstellung solcher Programme hat mit der technischen Entwicklung aber nicht im entferntesten Schritt gehalten: Wie in der Frühzeit der EDV dominieren Improvisation und "handwerkliches" Geschick. Dadurch wird die Produktion von Software sehr teuer; zudem lassen ihre Qualität und ihre Funktionssicherheit oft zu wünschen übrig.

In Großbetrieben sind meist umfangreiche Organisatoren- und Programmierer-Teams mit der Software-Entwicklung beschäftigt - in erheblichem Maße freilich auch nur mit der ständigen Verbesserung schon vorhandener Programme (sogenannte Software-Pflege). Mittelständischen Unternehmungen ist dieser Weg aus Kosten- und Personalgründen in aller Regel verschlossen. Sie müssen Programme extern anfertigen lassen - durch den Hersteller oder durch spezielle Software-Häuser -, wenn sie nicht im günstigsten Falle geeignete Fertig-Produkte (Standardsoftware) erwerben können. Die Sachmittel-Auswahl wird damit oft von der Software-Seite her vorgeprägt.

2. Textverarbeitung

Die Datenverarbeitung ist aus dem Umgang mit quantitativen Informationen, vor allem Zahlen, entstanden. Dagegen stehen bei Textverarbeitungsprozessen Wörter und ihre Zusammenhänge - eben die Texte - im Vordergrund. In der englischen Sprache wird dieser Funktionsbereich deshalb als 'Word Processing' dem 'Data Processing' gegenübergestellt. Beide Begriffe - **'Textverarbeitung'** wie **'Word Processing'** - wurden Mitte der 60er Jahre in der Bundesrepublik geprägt: zunächst, um den Leistungsbereich einer neuen Produkt-Kategorie zu kennzeichnen.

Diese neuartigen Sachmittel waren Speicherschreibmaschinen und sogenannte Schreib- oder Korrekturautomaten und ihr Anwendungszweck lag in der Speicherung und Archivierung maschinengeschriebener Texte, um einen sich häufig wiederholenden Vorgang überflüssig zu machen: das komplette Neu-Schreiben eines bereits in gleicher oder ähnlicher Form vorhandenen **Typoskripts** (also der maschinenschriftlichen Form eines Manuskripts).

Die wiederholte Eingabe eines Textes auf der Schreibmaschine wird etwa nötig, wenn das fertiggestellte Typoskript Fehler enthält, die sich auf anderem Wege nicht beseitigen lassen. Auch können dem Text-Verfasser bei späterer Durchsicht Änderungen und Ergänzungen einfallen, die den bestehenden Textrahmen sprengen würden. Für alle dadurch ausgelösten Korrektur- und Überarbeitungs-Vorgänge hat sich unter Fachleuten der etwas farblose Begriff **"Textbearbeitung"** eingebürgert.

Wohl in jedem Betrieb wird es bisweilen erforderlich, Briefe gleichen Inhalts an verschiedene Adressaten zu übersenden. Fotokopien oder gar Hektographien kommen dafür nicht in Frage, denn der Empfänger soll sich individuell behandelt fühlen. Vor allem bei Schreiben mit akquisitorischer Wirkung ist deshalb die persönliche Anrede Grundbedingung. Manchmal wird es zudem sinnvoll, auf den jeweiligen Ansprechpartner abgestimmte Detail-Angaben in den Brieftext einzustreuen. Solche **"Serientexte"** mit der Schreibmaschine zu produzieren, ist ein sehr aufwendiges und überdies sehr eintöniges Unternehmen. Dagegen sind Automaten wie geschaffen für derartige Abläufe.

Doch nicht nur die gleichzeitige Anfertigung identischer Texte für eine Vielzahl von Empfängern läßt sich mit maschineller Unterstützung rationalisieren. Schließlich wiederholen sich die meisten Geschäftsvorfälle des betrieblichen Alltags in gleicher oder ähnlicher Form immer wieder. Und damit gleichen oder ähneln sich auch die Anlässe, Korrespondenz zu führen. Warum aber sollte das nicht auch für die Inhalte der Korrespondenz gelten? Man würde sich dann zumindest eins ersparen: daß man sich ständig ähnlich klingende Formulierungen auszudenken hat.

| I.2. | Textverarbeitung |

Solche Überlegungen führten zur **"Textbaustein-Verarbeitung"**. Denn viele Briefe müßten in der Tat nicht immer wieder individuell formuliert und geschrieben werden. Die Autoren können auf einen gesammelten Vorrat an Bausteinen zurückgreifen und ihre handschriftliche oder diktierte Vorlage auf die Angabe der jeweils geeigneten Textbausteine beschränken. Beim Schreiben des Briefes müssen dann nur noch die maschinell gespeicherten Bausteine abgerufen und - wo nötig mit manuellen Einfügungen - zum fertigen Text zusammengestellt werden. Nicht nur Korrespondenz läßt sich durch ein solches Vorgehen rationeller anfertigen, auch alle anderen Texte mit Standardcharakter - z.B. Verträge, Angebote, Gutachten, Berichte, Befunde - können in modulare Bausteine zerlegt werden.

Mit einer gravierenden Voraussetzung ist die Bausteinverarbeitung freilich verbunden: mit gründlichen organisatorischen Analyse- und Gestaltungs-Vorarbeiten. Denn das vorliegende Textmaterial muß gesichtet, untersucht und aufbereitet werden. Meist ist eine erhebliche inhaltliche Formulierungs- und Umformulierungsarbeit zu leisten. Und dann sind die Bausteine zu systematisieren und in einem übersichtlichen und gut handhabbaren Verzeichnis zusammenzufassen (dem sogenannten "Texthandbuch"). Auch muß für Autoren und Schreibkräfte eine geeignete Vorlage-Form entwickelt werden (sogenannte "Schreibaufträge").

Oft wird das Erschließen und Umformen der Texte als "Textprogammierung" bezeichnet. Und die Textbausteinverarbeitung heißt dann auch **"Programmierte Textverarbeitung"** (abgekürzt: PTV). Dieser Begriff ist aber zweifach mißverständlich: Zum einen wird nicht die Verarbeitung "programmiert", sondern - in der vorgelagerten Organisationsphase - der Bestand an Texten. Zum anderen bezeichnet "Programmieren" bereits eine ganz bestimmte EDV-Aktivität und ist in dieser Festlegung in den allgemeinen Sprachgebrauch eingegangen.

Textverarbeitung I.2.

Die Bearbeitung maschinenschriftlicher Texte, das Produzieren von Serientexten und das Ausschöpfen des Bausteinprinzips - das alles sind Textverarbeitungsprozesse, die sich um den Kern dieses Funktionsbereichs gruppieren: um den eigentlichen **Schreibvorgang**. Allein die Bausteinverarbeitung reicht bereits darüber hinaus: nämlich ins **Vorfeld** des Schreibens. Wie entsteht ein Text (im Kopf des Verfassers - unter Verwendung vorhandenen Daten- und Text-Materials)? Wie wird er schließlich zur Vorlage fürs Schreiben (in handschriftlicher, bereits maschinenschriftlicher oder diktierter Form)? Diese Fragen berühren - vom Schreibvorgang aus gesehen - dessen "Input"-Seite.

Durch das Schreiben - d.h. die Umformung in ein Typoskript - wird der Text schließlich fertiggestellt ("Output" des Schreibens). Doch kann dies kein Selbstzweck sein. Der fertige Text muß irgendeine **weitere Verwendung** finden. Er kann - als Kopie oder Druck - vervielfältigt oder reproduziert werden (Text-Reprographie). Ein Exemplar des Textes oder auch mehrere mögen in irgendeiner Form aufbewahrt oder abgelegt werden (Text-Archivierung). Aber sie können auch - und das ist fast immer der Verwendungszweck produzierter Texte - an einen oder mehrere Empfänger übermittelt werden (Text-Kommunikation). Das mag auf konventionellem Wege - durch Briefversand, Kurierdienst, Rohrpost etc. - geschehen; es sind heute auch verschiedene Formen direkter Leitungsübertragung möglich ("elektronische Post").

Dies alles ist "Textverarbeitung" in einem weit gefaßten Sinne. Als ein sehr vielschichtiger und heterogener Funktionsbereich umfaßt sie damit

- neben dem **Schreiben als Kern** (Textverarbeitung im engen Sinne)
- alle Aktivitäten im **Umfeld des Schreibens**.

I.2. Textverarbeitung

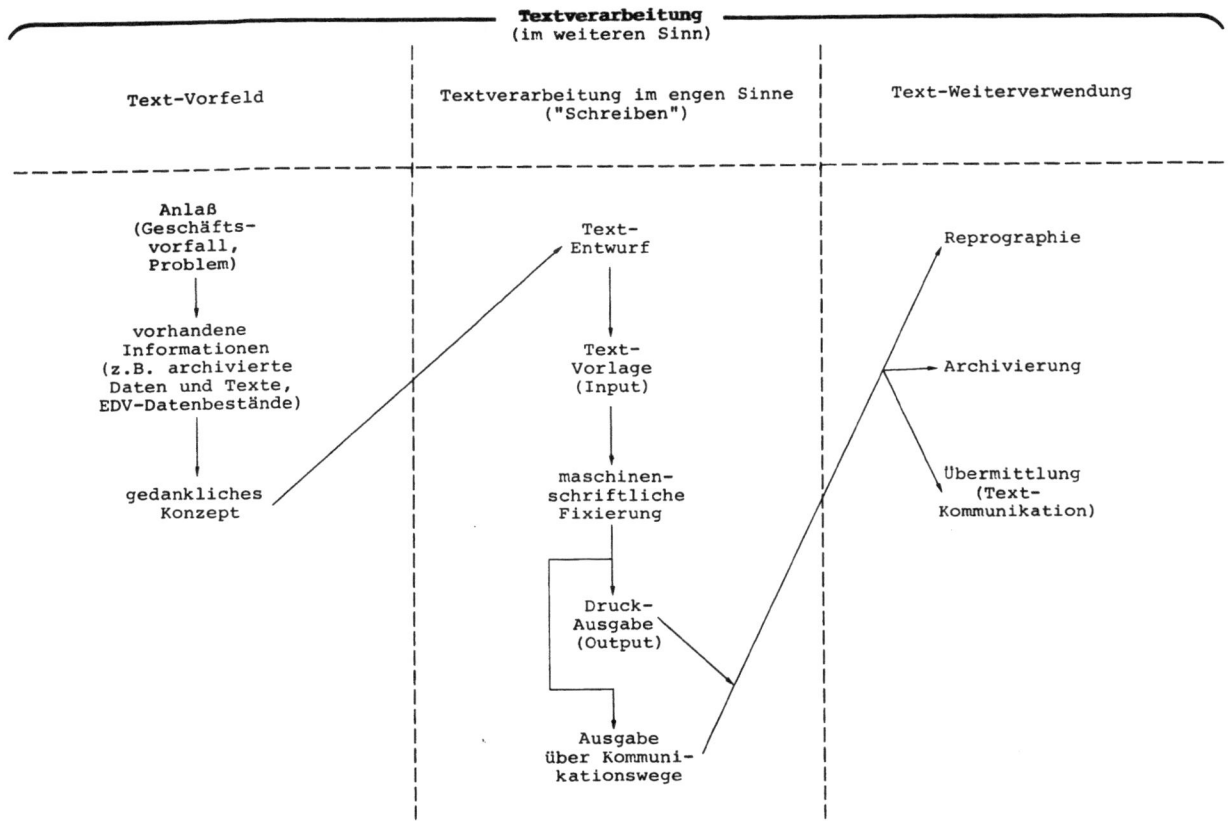

Abb. Einf.-2: Textverarbeitung als Funktionsbereich

Sowohl die organisatorischen Arbeiten wie vor allem auch die einsetzbaren Sachmittel weisen dementsprechend - zum Teil erhebliche - Unterschiede auf. Ihre Darstellung in diesem Handbuch folgt deshalb weitgehend der Zweiteilung in engeren Schreibvorgang und weiteres Schreibumfeld.

3. Kommunikation

Kommunikation ist der **Austausch von Informationen** zwischen verschiedenen Partnern. Sie bedeutet damit immer eine **Übermittlung** von Informationen über räumliche Entfernungen. Ist die Distanz sehr klein - etwa beim direkten Gespräch zwischen Personen in einem Raum oder beim Datentransport innerhalb einer EDV-Anlage -, dann wird der Informationsaustausch nur im psychologischen und sozialwissenschaftlichen bzw. im ingenieurtechnischen Sinne als Kommunikationsproblem aufgefaßt.

Ihre eigentliche organisatorische Bedeutung gewinnt die Kommunikation erst dann, wenn größere Distanzen innerhalb betrieblicher Gebäude oder gar darüber hinaus zurückzulegen sind. Unter den zahlreichen Begriffen, die diesen komplexen Gegenstand aus den verschiedensten Perspektiven beleuchten, sind zwei besonders gut geeignet, zwischen Nah- und Fernbereich und deren spezifischen Problemen zu unterscheiden: **lokale Kommunikation** und **Telekommunikation**.

Die innerbetriebliche Kommunikation liegt - sofern Grundstücksgrenzen nicht überschritten werden (deshalb "lokal") - voll in der privaten Gestaltungssphäre des Einzelbetriebes. Die wichtigsten Kommunikationsmittel sind - neben denen zum Transport körperlicher Informationsträger (Belege, Akten usw.) - Nebenstellenanlagen sowie Ruf- und Sprechanlagen: Beide dienen der Sprachkommunikation. Sind EDV-Anlagen und ihre Peripherie räumlich voneinander entfernt, dann können über Kabel Daten übertragen werden. Um Daten, Texte und auch bildliche Darstellungen (Grafiken) auf dem Leitungswege (d.h. direkt zwischen Maschinen) zu übertragen, sind technisch hochwertige Kabelverbindungen und Übermittlungseinrichtungen notwendig. Der Aufbau solcher Nahbereichs-Leitungsnetze, über die gleichzeitig der Sprechverkehr abgewickelt werden kann, steckt noch in den Anfängen. Doch sind diese integrierten Lokalbereichs-Netze (engl.: local area net-

I.3. Kommunikation

works) mit der Zunahme des dezentralen Sachmittel-Einsatzes vor allem für größere Unternehmungen mehr und mehr von Bedeutung.

Bei der Kommunikation im Fernbereich wird der Gestaltungsspielraum der Unternehmung eingeengt durch die Hoheitsrechte der Postverwaltungen. Vor allem hängen die Möglichkeiten zur Leitungsübertragung - als der eigentlichen Telekommunikation - vom Ausbau der nationalen und internationalen Fernmeldesysteme ab: Sie bilden die **Telekommunikations-Infrastruktur** als Gestaltungsrahmen.

In der Bundesrepublik Deutschland stehen zwei unterschiedliche Fernmelde-**Netze** zur Verfügung:

- das **Fernsprechwählnetz** zur analogen Nachrichten-Übermittlung und
- das **Integrierte Fernschreib- und Datennetz (IDN)** zur Übertragung digitalisierter Informationen (bestehend aus Telex-, Datex- und Direktrufnetz).

Für beide Netze bietet die Bundespost verschiedene **Dienste** an, seit längerer Zeit:

- Fernsprechdienst (Telefonieren)
- Telex-Dienst (Fernschreiben) und
- Datel-Dienste (Datenfernübertragung zwischen EDV-Anlagen),

seit kurzer Zeit zusätzlich:

- Telefax-Dienst (Fernkopieren, seit 1979) und
- Teletex-Dienst (Bürofernschreiben, seit 1982).

Derzeit in Erprobung und ab 1983 regulär vorgesehen ist schließlich der

- Bildschirmtext-Dienst.

Diese Dienste ermöglichen eine **"vermittelte" Kommunikation**: Nur die vom sendenden Partner gezielt angewählten Empfänger erhalten die übertragenen Informationen; andere sind davon ausgeschlossen. Bei der "verteilten" Kommunikation bietet dagegen ein Sender allen Empfangsberechtigten gleichzeitig Informationen an: wie bei Hörfunk, Fernsehen, Videotext (Massenkommunikationsmittel).

Freilich setzt auch die vermittelte Kommunikation sende- und empfangs-seitig einander entsprechende Übertragungs-"Endeinrichtungen" voraus: Für die Bildübertragung im Telefax-Dienst sind Fernkopierer ans Fernsprechnetz anzuschließen. Und um Texte auf "elektronischem" Wege übermitteln zu können, müssen Sender und Empfänger über Speicherschreibmaschinen oder Textautomaten mit geeignetem "Kommunikationsteil" verfügen.

Zur Infrastruktur gehört - neben den Netzen und Diensten der Post - also auch die größere Verbreitung von Anschlüssen und Sachmitteln am Ende der Leitungswege. Nur dann kann für die zu übermittelnden **Informationsarten** (Sprache, Texte, Daten, Bilder) zwischen den **Kommunikationsmitteln** und **-wegen** (konventionell, elektronisch) allein nach organisatorischen und wirtschaftlichen Kriterien frei gewählt werden.

I.3. Kommunikation

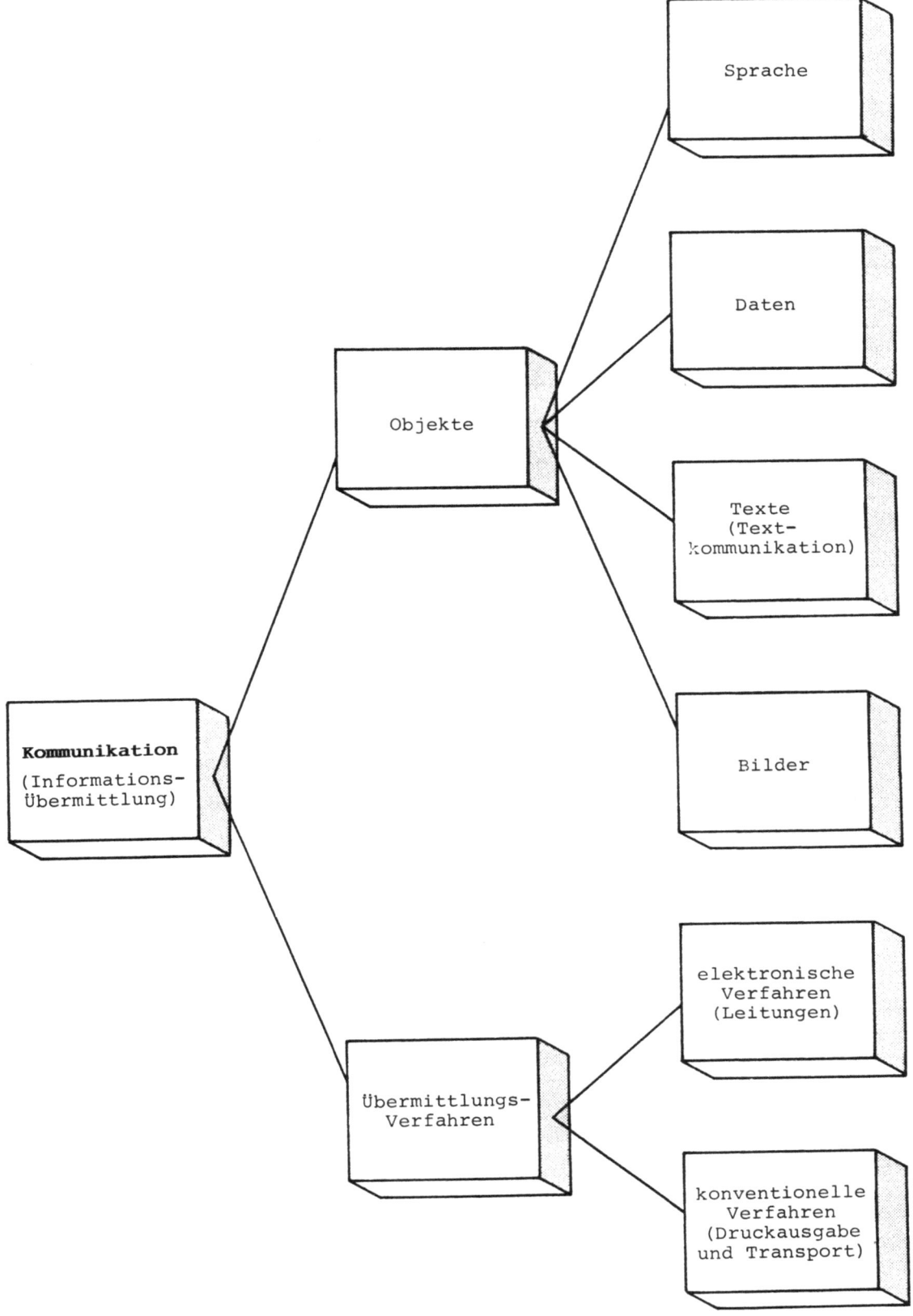

Abb. Einf.-3: Telekommunikation (Überblick)

II. Technische Bauteile und Grundfunktionen der Automation

Auch bei nicht-automatisierter Informationsverarbeitung wird der Mensch **Sachmittel** zu seiner Unterstützung heranziehen: Im Büro sind das vor allem Schreibmaschinen für die Textverarbeitung (im engen Sinne) und Taschen- oder Tischrechner für Datenverarbeitungsprozesse aller Art. Diese Sachmittel haben die untergeordnete Funktion von Hilfsmitteln oder Instrumenten. Sie unterstützen den Menschen bei seiner Aufgabenerfüllung, indem sie ihm genau abgrenzbare Teilprozesse abnehmen. Die Steuerung des gesamten Ablaufs der Aufgabenerfüllung bleibt jedoch in der Hand des Menschen. Man kann deshalb von **manueller Informationsverarbeitung** sprechen.

Das ändert sich, sobald Computer oder Textautomaten verfügbar sind: Zusammenhängende Folgen von Verarbeitungsprozessen können nun von Maschinen übernommen werden. Ein charakteristisches Textverarbeitungs-Beispiel ist die Anfertigung von Serienbriefen. Der Mensch in seiner Funktion als Benutzer oder Bediener des Automaten beschränkt sich dann auf die einmalige Vorgabe der gewünschten Verarbeitungsfolge und muß nur noch fallweise - bei Ausnahmesituationen, auftretenden Maschinenfehlern oder in abgrenzbaren Zwischenschritten - in den **automatisch ablaufenden Verarbeitungsprozeß** eingreifen.

Doch nicht nur größere zusammenhängende Folgeprozesse, auch kleinere Arbeitsschritte können in einem engen Zusammenwirken von Mensch und Maschine automatisiert werden. Man spricht dann von Mensch-Maschine-Interaktion (auch: Direkt- oder Dialogverarbeitung) - einer gerade für Textverarbeitungsprozesse charakteristischen Kooperationsform.

Kennzeichnend für das Vorliegen automatisierter Informationsverarbeitung ist: Der Maschine werden - bislang dem Menschen vorbehaltene - Steuerungsfunktionen übertragen. Der Automat hat nicht mehr die Funktion eines bloßen Hilfsmittels; er tritt dem Menschen vielmehr als eigenständiger Kooperationspartner gegenüber. Beide - **Mensch und Maschine** - sind "**Aktionsträger**" während der Aufgabenerfüllung.

Automatische Sachmittel mit entsprechenden Fähigkeiten sind komplexere technische Aggregate als einfache Schreib- oder Rechenmaschinen. Auf ihre technischen Bauteile und ihre Funktionsweise soll daher näher eingegangen werden, um das Verständnis für ihre Anwendungsmöglichkeiten und ihre Leistungsgrenzen auf eine solide Grundlage zu stellen.

Methodisch wollen wir uns im folgenden von der Oberfläche zum Kern des Gegenstandsbereichs fortbewegen. Vieles - vor allem in den Abschnitten 2. bis 4. - gilt für text- und datenverarbeitende Sachmittel gleichermaßen. Anderes dagegen ist textverarbeitungs-spezifisch. Da die Sprache der Fachleute vielfach mit englischen Ausdrücken durchsetzt ist (EDV-Jargon) und da sich das oft in Prospekten und technischen Anleitungen niederschlägt, werden die entsprechenden Begriffe zusätzlich angegeben.

1. Ein-/Ausgabe

Was jedermann bei der Anwendung von Sachmitteln sieht: Der Benutzer gibt der Maschine Informationen ein: Daten, Texte, Steuer-Anweisungen. Das Verarbeitungs-Ergebnis wird von der Maschine ausgegeben: bedruckte Endlos-Listen, maschinenschriftliche Texte. Bei der Schreibmaschine besteht ein unmittelbarer Zusammenhang zwischen Ein- und Ausgabe. Dem Anschlag auf der Tastatur folgt direkt der Druck des entsprechenden Schrift-Zeichens auf dem Papier. Schon bei der Rechenmaschine müssen wir aber einen Zwischenschritt voraussetzen: eben das Ausrechnen des Resultats, bevor es ausgegeben werden kann. Was geschieht nun alles beim Einsatz eines Automaten?

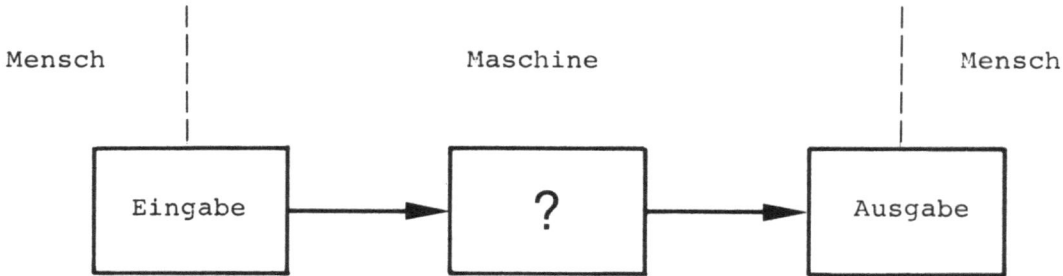

Abb. Einf.-4: Zusammenwirken von Mensch und Maschine

1.1. Zeitliche Trennung

Wird ein Text auf einer einfachen **Schreibmaschine** "eingegeben", so ist das ein einmaliger Vorgang. Soll derselbe Text - in gleicher oder in leicht veränderter Form - nochmals aufs Papier gebracht werden, d.h. maschinenschriftlich fixiert werden, dann sind dafür ähnliche Eingabeprozesse notwendig wie beim erstenmal. Das mehrfache Schreiben eines Textes führt also zum **mehrfachen Eingabeaufwand** für den Menschen.

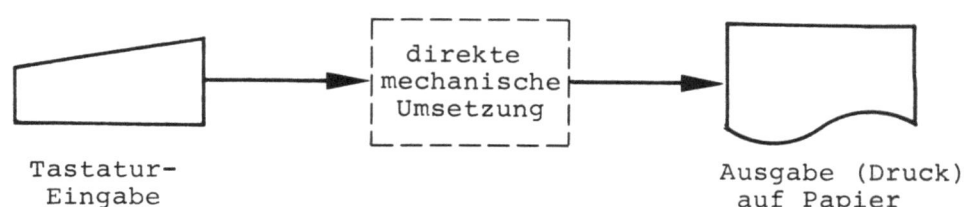

Abb. Einf.-5: Ein-/Ausgabe bei der Schreibmaschine

Diesen Aufwand zu vermindern, ist die Ursprungs-Idee der Textverarbeitungs-Automation. Alle Automaten bieten deshalb die Möglichkeit, einmal eingegebene Texte über längere Zeit hinweg zu konservieren: Die erfaßten Texte werden auf besonderen Medien gespeichert. Wie das geschieht - nämlich auf prinzipiell gleiche Weise wie die Speicherung von Daten -, ist Gegenstand des nächsten Abschnitts (Einführung II.2.).

II.1.1.   Zeitliche Trennung

Im Sprachgebrauch der EDV-Fachleute ist von **"Erfassung"** nur die Rede, wenn die Daten- oder Text-Eingabe zur maschinellen Speicherung führt. Ist ein Text erfaßt, dann wird keine Wiederholung der Eingabe nötig, wenn dieser Text später wieder verwendet werden soll. Er läßt sich aus dem Speicher abrufen. Die Maschine hält ihn zur Verfügung. Der Mensch kann seine neuerliche Eingabe auf Änderungen im einmal erfaßten Text beschränken.

Und dieses einfache Grundprinzip hat eine weitreichende Konsequenz: Anders als bei der Schreibmaschine ist beim Automaten eine Text-Ausgabe möglich, ohne daß die entsprechende Eingabe zeitlich unmittelbar vorangeht. Der **zeitliche Zusammenhang** von Ein- und Ausgabe ist **aufgehoben**. Zwischen diese beiden oberflächlich sichtbaren Grundvorgänge schiebt sich ein Komplex von Automaten-Funktionen, u.a. die Speicherung.

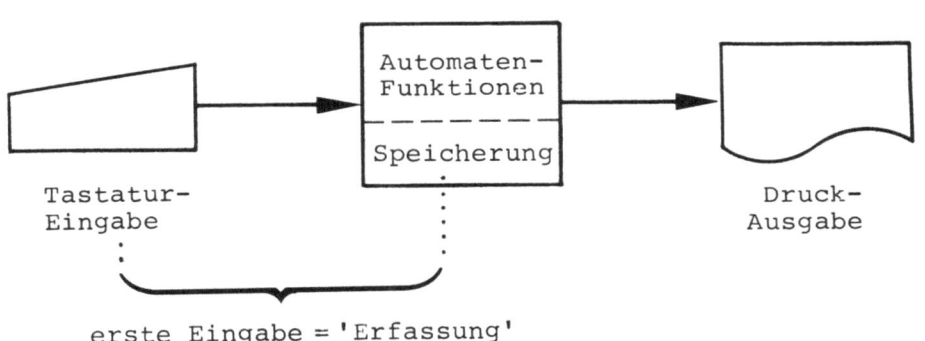

Abb. Einf.-6: Ein-/Ausgabe bei automatischen Sachmitteln

Nun gibt es große Unterschiede im Leistungsumfang der einzelnen Automaten. Ist die Speicherung ihr ausschließlicher oder ihr dominierender Anwendungszweck, dann braucht sich am Grundablauf nicht viel zu ändern: Der Text wird synchron zur Erfassung auf dem Papier ausgedruckt. Soll er modifiziert werden, so wird er - gleichlaufend mit dem Anbringen der Änderungen - erneut ausgedruckt. Der Benutzer sieht seinen Text - wie bei der Schreibmaschine - auf dem Papier Gestalt annehmen.

Zeitliche Trennung   II.1.1.

Flexiblere Eingriffe in den erfaßten Text werden möglich, wenn
auf die Erst-Eingabe nicht gleich der Druck folgt, sondern der
Text zunächst auf einem **Bildschirm** sichtbar gemacht wird.
Was einmal auf dem Papier steht, ist schlecht rückgängig zu
machen. Dagegen ändert es sich im Bildschirm leichter. Auch bereits
gespeicherter Text kann nun jederzeit auf dem Bildschirm
dargestellt werden: durch "Abrufen" aus dem Speicher.

Zwischen der Erst-Eingabe und dem Druck als Ausgabe besteht nun
keinerlei Verbindung mehr. Dazwischengetreten ist die - provisorische
- Form der Ausgabe auf dem Bildschirm.

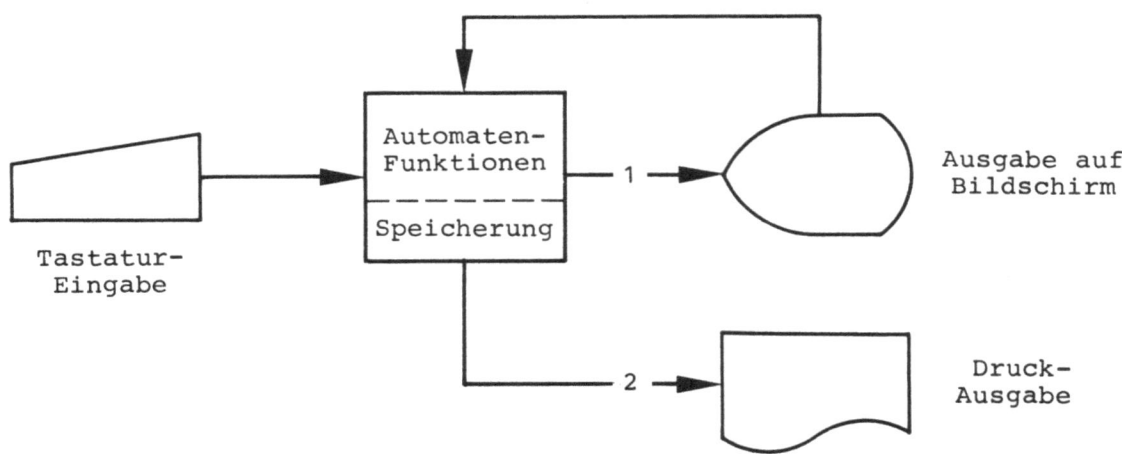

Abb. Einf.-7: Ein-/Ausgabe bei Automaten mit Bildschirm

1.2. Bildschirm-Darstellung

Ein **Bildschirm** (engl.: screen; oft auch: VDT für Video oder
Visual Display Terminal, dtsch.: Datensichtgerät) erlaubt die
gleichzeitige Darstellung zumindest einiger Textzeilen, meist
einer halben DIN-A4-Seite (24 oder 25 Zeilen), manchmal noch
größerer Text-Teile (mehr als 50 Zeilen). Erweiterte Funktions-Anzeigen,
die - als Sicht-Leisten über dem Tastenfeld angebracht -
zur Visualisierung mehrerer Textzeichen (meist 15 bis 40 Zei-

chen) genutzt werden, bezeichnet man dagegen nicht als Bildschirm, sondern als Zeilen-Anzeige (deutsch-englisches Mischwort: **Zeilen-Display**; engl. dagegen: "Thin Window").

Technisch realisiert sind die Automaten-Bildschirme noch überwiegend - wie die der Fernsehgeräte - als Kathodenstrahlröhren (engl.: CRT für Cathode Ray Tube). Die Zeichen werden als Punktraster (engl.: dot matrix) dargestellt; vom Auflösungsvermögen abhängig sind ihre Lesbarkeit und der Umfang darstellbarer Zeichen. Darin leistungsfähiger als die heute noch üblichen **Zeichenmatrix-Bildschirme** sind die sogenannten **graphischen Bildschirme** (engl.: bit-mapped screen): Ihre Abbildungsgrundlage ist nicht die zeilenweise Anordnung von Rastergittern, sondern die gesamte Bildschirmfläche, deren Einzelpunkte (pixels für: picture elements) frei angesteuert werden können.

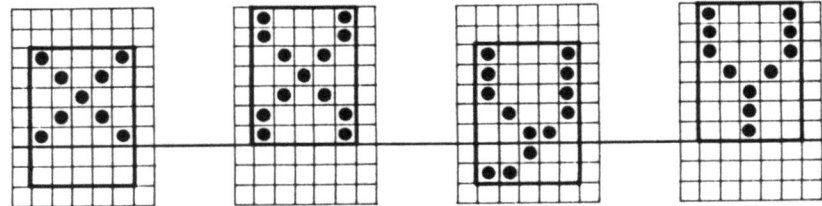

Abb. Einf.-8: Punktraster-Darstellung von Zeichen

Die Kapazität jedes Bildschirms ist begrenzt. Text-Seiten, die dichter beschrieben sind, sind meist nicht in voller Länge sichtbar. Und wenn etwa im Querformat geschrieben wird, bleiben die über die normale Zeilenbreite (80 Zeichen) hinausragenden Text-Teile unsichtbar. Deshalb muß der Text über die Bildschirmfläche seitlich sowie auf und ab verschiebbar sein: Man nennt diese Funktion - durch spezielle Tasten auslösbar - horizontales und vertikales **Rollen** (engl.: scrolling).

Bildschirm-Darstellung   II.1.2.

Wie verständigen sich Bediener und Maschine darüber, an welcher Text-Stelle gerade erfaßt oder geändert werden soll? Was entspricht also der Walzendrehung und der Wagen-/Schreibwerk-Einstellung auf dem Bildschirm? In den allermeisten Fällen ist es ein Markierungszeichen, das über den gesamten Bildschirm wandern und dabei jede mögliche Zeichen-Position einnehmen kann. Es wird meistens durch ein leuchtendes Viereck oder durch einen auffälligen Unterstreichungs-Strich dargestellt und als **Cursor** (engl.) oder Läufermarke, auch Merker, Positionsanzeiger und dergleichen mehr bezeichnet.

Eine seltener vorzufindende Lösung ist die **feststehende Schreibzeile**: In einer Art Schreibmaschinen-Simulation wird dabei

- vertikal positioniert durch Auf- und Abrollen des Textes über die vorgegebene Bildschirmzeile, in der (als einziger Zeile) erfaßt werden kann, und
- horizontal positioniert durch einen zeilengebundenen Cursor, der die aktuelle Stelle angibt.

Auch an der Schreibmaschine kann ein Zeichen jeweils nur an einer eindeutig bestimmten Stelle eingegeben werden. Und fällt dem Schreibenden ein Fehler im eben geschriebenen Text auf, so ist zur Ad-hoc-Korrektur die Arbeitsposition innerhalb des Textes zu wechseln. Nur bedarf dies keiner ausdrücklichen Überlegung: Das Verstellen der Walze und das Auslösen von Leer- bzw. Rücktasten ist dem routinierten Schreiber in Fleisch und Blut übergegangen.

Die Arbeit am Bildschirm setzt im Regelfall Umdenkprozesse voraus. Leer- und Rücktasten bewirken bei vielen Geräten das Löschen des erfaßten Textes. Den Cursor in alle Richtungen zu bewegen, stehen meist 4 oder 5 spezielle Funktionstasten zur Verfügung. Zwar wird auch deren Bedienung schnell zur Routine,

II.1.2. Bildschirm-Darstellung

doch werden die notwendigen Funktions-Folgen nie so plastisch und so natürlich geraten wie bei der Handhabung vertrauten mechanischen Geräts.

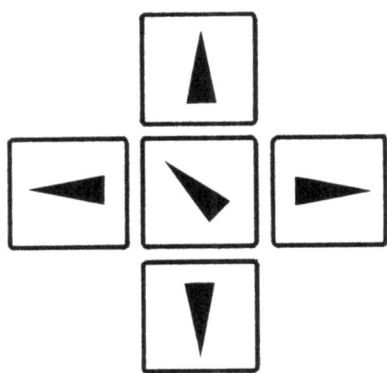

Abb. Einf.-9: Cursor-Steuerung über spezielle Tasten

1.3. Bedienerführung

Welche Vorteile die Erfassung am Bildschirm bietet, springt besonders ins Auge, wenn Tipp-Fehler zu korrigieren sind. Nach dem Ansteuern der Korrekturstelle (durch Cursor-Positionierung, u.U. durch Textrollen) werden statt der falschen Zeichen - z.B. eines Drehers - einfach die richtigen eingegeben: Die Textstelle wird überschrieben, ohne daß zuvor ausdrücklich gelöscht werden muß.

Doch gerade diese Vereinfachung birgt auch ihre Tücken: Da auf einer Bildschirm-Position nur für ein Zeichen Platz ist, können Zeichen nicht übereinander geschrieben werden: z.B. O und / als Ø oder c und , als ç. Wenn das aber auf dem Papier so gedruckt werden soll, muß der Benutzer dem Automaten zuvor mitteilen, daß er es ausdrücklich wünscht.

Es gibt eine Vielzahl solcher **Bediener-Mitteilungen** an das System: Soll die Schreibzeile schmäler oder breiter werden, so kann nicht einfach per Handgriff ein mechanischer Randsteller versetzt werden. Vielmehr muß der Maschine mitgeteilt werden,

daß nun der linke oder rechte Rand zu verändern sei. Soll ein
fertig geschriebener Text gespeichert werden, dann muß diese
Funktion ausgelöst und dem Automaten mitgeteilt werden, wie der
Text künftig heißen soll. Denn um wieder auf ihn zugreifen zu
können, also ihn aus dem Speicher abzurufen, muß der Text einen
eindeutig identifizierbaren Namen tragen.

Noch komplexer werden solche Bediener-Mitteilungen, wenn etwa
für den Ausdruck besondere Bedingungen zu spezifizieren sind:
linker Rand, erste Druckzeile, Zeilenabstand (einzeilig, anderthalbzeilig usw.), Zeichenabstand oder Schritt-Teilung (engl.:
pitch; also z.B. 10 oder 12 Zeichen pro Zoll), Beginn und Ende
von Fettschrift, Blocksatz (d.h. ohne Flatterrand, also links-
und rechtsbündig). Sollen Serienbriefe gedruckt werden, dann ist
anzugeben, welche Anschriften und sonstigen variablen Bestandteile mit welchem festen Text zu mischen sind.

Oft wird nach dem Auslösen einer Funktion - z.B. Speichern oder
Drucken - der **Automat** gezielte Spezifikations-Eingaben anfor-
dern, also seinerseits **Rückfragen** stellen: "Wie soll der Text
heißen?" - "Wie soll der Druck aussehen?" Zwischen Bediener und
Maschine wird dann ein (interaktiver) Dialog geführt. Und da die
Maschine die unstrukturierte menschliche Alltagssprache (noch)
nicht versteht, sind dabei bestimmte Vorgaben einzuhalten. Die
Maschine führt - anhand fest vorgegebener Funktions-Abfolgen -
den Bediener durch den **Bildschirm-Dialog.**

Die **Art der Bedienerführung** zu gestalten, ist Aufgabe der Ma-
schinen-Konstrukteure oder -Designer. Und da ihnen vielfältige
Gestaltungsmöglichkeiten offen stehen, weisen die einzelnen Automaten darin große Unterschiede auf.

| II.1.3. | Bedienerführung |

Eine besondere Funktion auszulösen oder der Maschine eine genaue
Angabe zu übermitteln, ist auf vier Arten möglich, durch:

  (1) Funktionstasten
  (2) Sonderumschaltung
  (3) Steuerzeichen-Eingabe
  (4) tastaturunabhängige Eingriffe.

Zu (1):

Von der Schreibmaschine her bekannte **Funktionstasten** sind die
für das Setzen und Löschen von Tabulationen und die zum Anspringen der Tabulator-Position (Tab-Sprung- oder Tabuliertaste).
Ihres größeren Funktions-Umfangs wegen weisen Textautomaten
weitaus mehr besondere Funktionstasten auf: z.B. für Cursor-Bewegung, Textrollen, Speichern, Löschen, Einfügen. Diese Tasten
gruppieren sich um das eigentliche Schreibtastenfeld und sind
durch ihre Kennzeichnung mit Worten oder Symbolen meist leicht
erkennbar. Allerdings sind ihrer Anzahl Grenzen gesetzt, sollen
Übersichtlichkeit und gute Erreichbarkeit (Griffraum) nicht wieder verloren gehen.

Zu (2):

Deshalb werden die normalen Buchstaben- und Sonderzeichen-Tasten
häufig mit einer zusätzlichen Bedeutung belegt. Nach dem Auslösen einer besonderen Funktions-Umschaltungs- (auch: **Sonderumschaltungs-**, Code- oder Control-)**Taste** dienen auch sie als
Funktionstasten - vergleichbar etwa den trigonometrischen Funktionen beim Taschenrechner. Die Art der Funktion ist dabei nicht
mehr so leicht erkennbar und setzt entsprechendes Vorwissen voraus. Beispiel: Der Anschlag von "Z" löst nach Sonderumschaltung
die Funktion 'Zentrieren einer Zeile' aus.

Zu (3):

Steuerzeichen (engl.: control characters) im Text sind notwendig, um besondere Format- oder Gestaltungsmerkmale festzuhalten.
Eine geschützte Leerstelle zwischen zwei Wörtern verhindert et-

Bedienerführung   II.1.3.

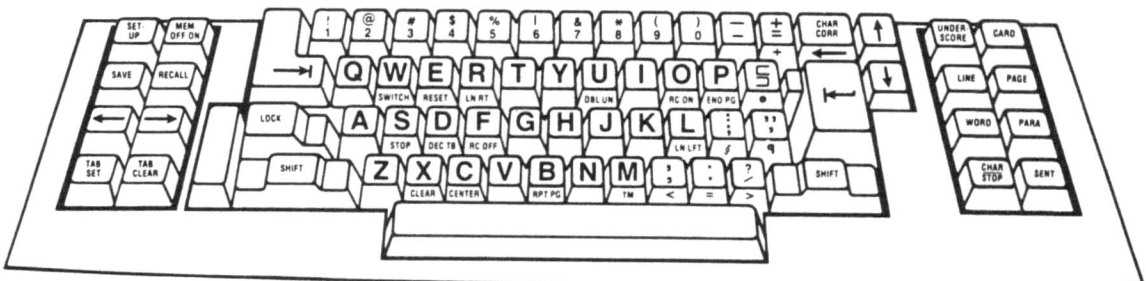

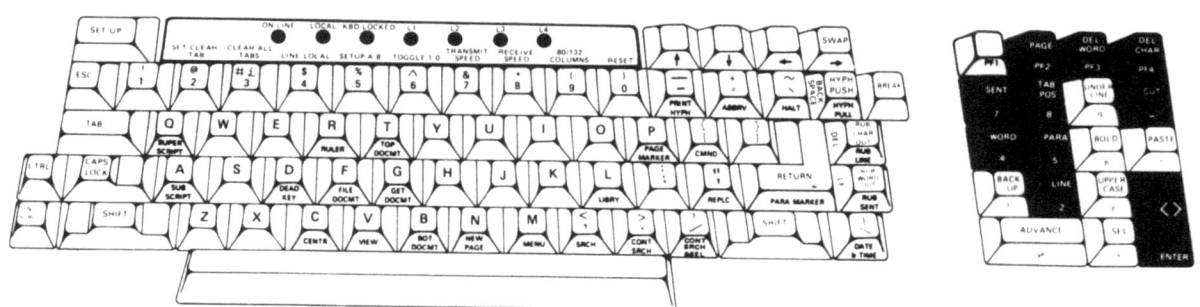

Abb. Einf.-10: Funktionstasten (englische Tastaturen)

II.1.3. Bedienerführung

wa, daß diese Wörter bei Änderungen in der Text-Zeile (Zeilen-Umbruch) später auseinandergerissen werden (z.B. DM 300,-). Besondere Steuerzeichen können Beginn und Ende von Fettschrift oder Halbzeilen-Schaltungen (Hoch-/Tiefstellung) markieren. Meist werden solche Steuerzeichen durch Normaltasten nach Sonderumschaltung (s. oben) generiert. Es kann aber auch die Eingabe einer bestimmten Zeichenfolge notwendig sein. Das Anbringen von Steuerzeichen kann nicht mehr aus der Tastatur, sondern nur noch aus der Bedienungsanleitung des Automaten erschlossen werden.

Zu (4):

Eingaben über Schreibfeld-, Ziffern- oder Funktionstasten sind die heute absolut dominierende Form. Doch ermöglichen einige Geräte auch **Eingriffe** des Bedieners

- über tastaturunabhängige **Sensor-Mechanismen** (mit Analog-Steuerung) oder
- direkt auf der **Bildschirmoberfläche** (Lichtstift oder Infrarot-Abtastung).

Diese Einrichtungen dienen hauptsächlich zur Cursor-Steuerung, teilweise auch zur Menu-Anwahl (s. unten) oder zur Eingabe graphischer Darstellungen.

Für die Form der Bedienerführung durch einen Mensch-Maschine-Dialog, wie er nach Auslösen einer Funktion erforderlich werden kann, sind bislang nur englische Ausdrücke üblich:

(5) Menus
(6) Prompts
(7) Default-Values.

Zu (5):

Das Leistungs-Repertoire einer Maschine umfaßt verschiedenartige Abläufe: von der einfachen Texterfassung und Korrektur bis zur gezielten Anschriften-Selektion mit Serienbrief-Druck. Der Be-

Bedienerführung   II.1.3.

diener muß aus diesem vielfältigen Angebot eine eindeutige Auswahl treffen können. Das System präsentiert ihm deshalb - ähnlich dem Ober im Restaurant - eine "Speisenkarte" (engl.: **menu**): Von den angebotenen Alternativ-Funktionen ist per Kennziffer eine auszuwählen (auch: anzuwählen).

```
ELEKTRONISCHES ARCHIV            HAUPT-MENU           20.11.81   19:16



    1   SCHLAGWORT-SUCHE (DIREKT)      6   REORGANISATION

    2   SONSTIGES NACHSCHLAGEN (BATCH) 7   BEDIENUNGS-ANLEITUNG

    3   ERFASSEN VON DOKUMENTEN        8   DIENSTPROGRAMME

    4   ERFASSEN DES THESAURUS         9   STATISTIK

    5   DRUCKEN                        0   ENDE


------------------------------------------------------------------------

    IV = RUECKSPRUNG                   WEITER MIT PROGRAMM NR.:
```

Abb. Einf.-11: Menu (Beispiel)

Zu (6):

Zur genauen Spezifikation eines Vorgangs ist oft eine Folge von Einzel-Angaben notwendig. Soll ein Text gespeichert werden, dann muß der Maschine nicht nur sein Name, sondern u.U. auch eine zusätzliche Seitenzahl und ein bestimmtes Speichermedium mitge-

II.1.3.   Bedienerführung

teilt werden. Meist fordert das System diese Eingabe mit einem erklärenden Text-Vorsatz an: "Name: ..." - "Seite: ..." - "Speicher: ...". Es "soufflüert" dem Benutzer, welche Eingabe-Art nun von ihm erwartet wird; der Benutzer wird - im EDV-Jargon - durch die Abläufe **"gepromptet"**.

<u>Zu (7)</u>:

Für die Erfassung eines Textes, vor allem aber für den Druck, sind zahlreiche Format-Angaben erforderlich: angefangen von der Zeilenbreite (Ränder) über den Zeilenabstand bis zur Anzahl von Zeilen pro Textseite. In der Regel hält der Automat dafür Standard-Werte bereit, die vom Benutzer nur bei Bedarf abgeändert werden müssen: z.B. 65 Zeichen (Anschläge) pro Zeile, 6 Zeilen pro Zoll (einzeilig), 72 Zeilen pro Seite. Solche standardmäßigen Parameter werden - da ihre Spezifikation nicht ausdrücklich erforderlich ist - als **"default values"** bezeichnet. Eingaben können unterbleiben; nur wenn der Bediener die Werte abändern will, präsentiert das System eine Parameter-Liste.

Über die Prompt-Hinweise hinaus sollte die Maschine - wenn der Benutzer das anfordert - auch detailliertere Erklärungen zur Bedienung geben können: z.B. welche Werte die jetzt erwartete Eingabe umfassen kann oder was sich hinter dem Menu- bzw. Prompt-Kurztext an Konsequenzen verbirgt. Eine derartige Erläuterungs-Abfrage wird als **"Help"**-Funktion bezeichnet: Das System kommt dem Bediener während des Bildschirm-Dialogs mit einer interaktiven Bedienungsanleitung zu Hilfe. Obwohl dieser Bedienerführungs-Komfort nicht schwer zu realisieren ist, bieten ihn heute nur sehr wenige Textverarbeitungs-Systeme.

Die Maschine kann auch von sich aus aktiv werden und Mitteilungen an den Bediener ausgeben: v.a. **Warnungen** und Fehler-Meldungen. Bevor etwa der Speicher voll belegt ist oder dem Drucker das Papier ausgeht, sollte der Bediener zum Handeln aufgefordert

Bedienerführung II.1.3.

werden. Eine unpassende Bediener-Eingabe oder eine maschinelle Funktionsstörung muß als **Fehler** angezeigt werden. Und um den Bediener darauf aufmerksam zu machen, wird das meist von einem akustischen Signal begleitet.

Die meisten wechselseitigen Mitteilungen, die im Zuge der Bedienerführung anfallen, werden in einer eigens dafür vorgesehenen Bildschirm-Zeile dargestellt: der sogenannten **Bedienerführungs-Zeile** (auch System- oder Kommandozeile, engl.: status line) am oberen oder unteren Bildschirm-Rand. Der restliche Bildschirm-Inhalt bleibt zur Text-Erfassung nutzbar. Nur bei ausführlicheren Meldungen - v.a. Menus und großen Parameter-Listen - wird der Text ausgeblendet und der ganze Bildschirm vorübergehend zum Bedienungs-Dialog verwandt.

1.4. Druck

Der Begriff "**Drucken**" wird hier - wie in der EDV üblich - für die maschinelle Wiedergabe von Informationen auf Papier verwendet (engl.: print; Ergebnis: hard copy). Dies ist vom Druck als Vervielfältigungsverfahren säuberlich zu trennen.

Automaten ermöglichen gestalterische Besonderheiten für die maschinenschriftliche Form von Texten, wie sie mit Schreibmaschinen gar nicht oder nur mühsam zu erreichen sind. Ein Beispiel ist etwa die **Fett-** oder **Schattenschrift**: Durch den horizontal (manchmal auch vertikal) leicht versetzten nochmaligen Druck eines Zeichens wird dieses kräftiger hervorgehoben. Nur wenige Schreibmaschinen bieten die Möglichkeit, das Schreibwerk entsprechend manuell zu verstellen.

Ein manuell praktisch nicht realisierbares Schriftbild liefert der **Blocksatz**: Jede Zeile wird dabei auf die maximale Zeichen-Anzahl (Anschlagszahl) gedehnt. Wo die Textzeichen zur Füllung nicht ausreichen, werden zusätzliche Leerstellen zwischen Wörtern eingefügt. Ein ausgeglicheneres Druckbild ist erreichbar, wenn echte Proportional-Schritte verwendet werden, d.h. wenn die Zeichen - wie beim Satz - ihrer unterschiedlichen Breite (Dickte) entsprechend positioniert werden. Allerdings sind dafür zahlreiche Rechenoperationen notwendig - ein Aufwand, der für Büro-Anwendungszwecke meist als zu hoch angesehen wird.

Dagegen sind andere Druck-Operationen an einer Schreibmaschine leichter zu bewerkstelligen als an Automaten: beispielsweise eine Variation des **Zeilen-Abstands.** Wo manuell das einfache Umlegen eines Hebels (anderthalb- statt einzeilig) oder eine leichte Walzendrehung (Halbzeilenschaltung) genügt, sind beim automatisierten Verfahren Steuerzeichen als Signale im Text anzubringen. Das kann - je nach Maschinen-Konstruktion - kompliziert oder einfach sein. Unangenehme Folgewirkungen stellen sich jedenfalls dann ein, wenn Text-Teile mit variierendem Abstand auf das fest vorgegebene Fassungsvermögen einer Text-Seite umzurechnen sind: Ein optimaler Seitenumbruch ist dann im Regelfall nur unter manuellen Eingriffen und in mehrfachen Versuchen zu erzielen.

Mit solchen und ähnlichen Schwierigkeiten wird der Benutzer vielfach konfrontiert, wenn es um die äußere Gestaltung des Schriftbildes geht. Der Hauptgrund dafür ist die **mangelnde Abbildungsfähigkeit** der herkömmlichen Bildschirme.

Keine der gestalterischen Druck-Besonderheiten läßt sich auf dem Bildschirm adäquat wiedergeben: weder unterschiedliche Zeichen-Abstände noch verschiedene Zeilen-Abstände, weder durch Fettschrift Hervorzuhebendes noch durch Übereinanderschreiben zu Konstruierendes. Im Gegenteil: Die Vorgabe solcher Besonderheiten kann die Abbildung auf dem Bildschirm zusätzlich verzerren. Zeilen erscheinen breiter, weil sie zahlreiche - später im Druck natürlich nicht sichtbare - Steuerzeichen aufweisen. Und überflüssige Zeilen können Platz beanspruchen, die nur Steuerzeichen, aber keinen Nutz-Text enthalten.

Druck   II.1.4.

Meist verlangen die Steuerungs-Parameter - oft noch durch allerlei merkwürdige Symbole entstellt - vom Bediener erhebliche Abstraktionskraft, will er dahinter die äußere Form seines Textes wiedererkennen. Abhilfe ist auf zwei Wegen möglich, durch:

- das durchgängige Verbergen von Steuerzeichen, die dann nur auf Wunsch sichtbar werden

- die Verwendung eines graphischen Bildschirms, der durch seine von Zeichen-Positionen unabhängigen Darstellungsmöglichkeiten die exakte Wiedergabe des Druck-Outputs erlaubt (**1:1-Darstellung**).

2. Speicherung

Die maschinelle Informationsspeicherung läßt sich grundsätzlich mit der Aufnahme von Sprache vergleichen. Das gesprochene Wort kann auf dem magnetischen Tonträger eines Diktiergeräts aufgezeichnet und dann beliebig lange aufbewahrt und beliebig oft abgerufen werden. Wird ein Diktat nicht mehr benötigt, so lassen sich auf demselben Tonträger neue "Sprach-Texte" speichern, wobei die alten durch Überschreiben gelöscht werden (**Wiederbeschreibbarkeit**). Nach dem gleichen Prinzip - wenn auch technisch in einer anderen Aufzeichnungsform (digital statt analog) - werden schriftliche Texte auf magnetischen Trägermedien gespeichert. Da dieses Vorgehen aus der Datenverarbeitung stammt, hat sich für die entsprechenden Medien der Begriff **"Datenträger"** eingebürgert. Man könnte natürlich auch von "Textträgern" sprechen, doch ist dies nicht üblich, da Verschlüsselung und Aufzeichnung für Texte und Daten identisch sind.

2.1. Arten des Zugriffs

Unterschiede bestehen im Fassungsvermögen (in der **Kapazität**) der einzelnen Datenträger und in der Art, wie ein bestimmter Text abgerufen werden kann, d.h. welcher **Zugriff** auf diesen Text möglich ist. Auch die beiden grundsätzlich möglichen Zugriffsarten

zeigt der Vergleich mit Tonträgern: So läßt sich auf einer
Schallplatte jede gewünschte Stelle direkt ansteuern, während
beim Tonband erst alle davor- oder dahinterliegenden Band-Teile
abgespult werden müssen, bis auf die gesuchte Stelle zugegriffen
werden kann. Entsprechend wird bei Text- und Datenspeicherung
zwischen dem direkten und dem sequentiellen Zugriff unterschieden:

- **Direkt-Zugriff**: gezielt, beliebig, auch: "wahlfrei"
  (engl.: random access)
- **sequentieller Zugriff**: nur in der Reihenfolge, in
  der die Daten oder Texte gespeichert wurden.

In welcher Art auf Texte zugegriffen wird, hängt von der jeweiligen Aufgabenstellung ab. So können bei der Anfertigung von Serienbriefen die Anschriften genau in der Reihenfolge, in der sie auf dem Datenträger gespeichert sind, abgerufen und mit dem Brieftext kombiniert werden. Sollen dagegen aus einem größeren Bestand an Textbausteinen einzelne Bausteine zu einem Brief zusammengefügt werden, so muß ein direkter Zugriff möglich sein. Wenn aber die Bausteine auf einem Magnetband - also in sequentieller Form - gespeichert sind, so wäre der Zugriff nur über den Umweg sequentieller Suchprozesse möglich.

Das zweite Beispiel macht deutlich, daß zwischen der **Zugriffsart** und der **Organisationsform** der Speicherung unterschieden werden muß. Auf "direkt zugänglich" gespeicherte Texte kann sowohl direkt als auch sequentiell zugegriffen werden. Dagegen wäre auf sequentiell gespeicherte Texte ein gezielter Zugriff nur über Vor- und Rückwärts-Suche möglich (entsprechend dem Vor- und Rückspulen eines Bandes). Für den Benutzer aber würden diese Suchvorgänge zu einer längeren Wartezeit führen, bis der gewünschte Text zur Verfügung steht (und beispielsweise auf dem Bildschirm erscheint). Um die **Zugriffszeit**, wie man solche Verzögerungen nennt, in einem erträglichen Rahmen zu halten,

Arten des Zugriffs　　　　　　　　　　　　　　II.2.1.

müssen also Texte, auf die gezielt zugegriffen werden muß, auf einem geeigneten Datenträger und in einer Form gespeichert werden, die einem solchen Direkt-Zugriff entspricht.

2.2. Speicher-Kapazität

Als Datenträger für wahlfreie Speicherungs-Organisation (mit Direkt-Zugriff) sind **Magnetplatten** in verschiedener äußerer Form und Größe gebräuchlich: sehr kleine aus flexiblem Material und in kartonierter Schutzhülle (**Floppy** Disks oder Disketten), mittelgroße in **Kassetten**gehäuse (Disk Cartridges) oder aus mehreren Einzelplatten bestehende **Stapel** (die "klassische" Magnetplatte). Sie unterscheiden sich primär in ihrer Kapazität, aber auch in ihren Zugriffszeiten und in Abnutzung und Störanfälligkeit.

Üblicherweise wird die Speicherungskapazität durch die Zahl der Einzel-Zeichen gemessen (Buchstaben, Ziffern, Sonderzeichen - bei Texten also: "Anschlägen"), die sich auf einem Datenträger unterbringen lassen. Ein EDV-gemäß codiertes Zeichen wird als **Byte** bezeichnet. Kapazitätsangaben beziehen sich deshalb meist auf **Kilo-** (1024 Byte, auch: KB oder K) oder **Megabyte** (1 Million Byte, auch: Miobyte oder MB). Floppy Disks verfügen in ihrer häufigsten Ausführung (in Größe und Aufzeichnungsdichte) über eine Kapazität von 200 bis 300 Tausend Zeichen, das entspricht 100 bis 150 Schreibmaschinenseiten (mit gut 30 Zeilen à 60 Anschlägen). Magnetplatten nehmen mehrere Megabyte, mitunter mehrere Hundert MB auf.

Die Kapazität eines Datenträgers sagt zunächst nichts aus über die gesamte Datenspeicherungskapazität, die ein Automat bietet. Denn viele Magnetplatten und alle Floppy Disks können - wie Magnetbandkassetten - auf einfache Art in ihre Laufwerke eingelegt werden. Sie sind also mit diesem nicht fest verbunden, sondern lassen sich **auswechseln**. Dadurch wird die gesamte Kapazi-

II.2.2. Speicher-Kapazität

tät de facto unbegrenzt, allerdings stehen im direkten Zugriff nur die Daten auf den jeweils eingelegten Datenträgern. Geht etwa der betriebliche Adreß-Bestand über das Fassungsvermögen einer Floppy Disk hinaus, so wird während der Verarbeitungsprozesse ein Datenträgerwechsel notwendig. Da sachlich zusammengehörige Texte auf verschiedenen Floppies gespeichert sein können, für bestimmte Verarbeitungsvorgänge aber gemeinsam verfügbar sein müssen, gehört die Ausstattung mit zwei Laufwerken für Floppy Disks (Floppy-Stationen) heute zur Standardkonfiguration kleinerer Automaten.

Werden Magnetplatten verwendet, so wächst der mit einem Datenträger verfügbare Speicherraum sehr rasch an: Eine Plattenstation hält mindestens das Zehnfache an Texten für einen direkten Zugriff bereit. Sie reicht deshalb im durchschnittlichen Anwendungsfall für einen mittelständischen Betrieb aus. Oft ist bereits eine Platte als Datenträger ausreichend groß, um alle Texte aufzunehmen, sie kann dann fest mit dem Laufwerk verbunden sein (**Festplatte**; engl.: fixed disk) und bietet gegenüber Wechselplatten (engl.: removable disks) den Vorteil, weniger anfällig zu sein.

Störanfälligkeit und Zugriffsgeschwindigkeit sind vor dem Hintergrund einer äußerst subtilen Technik zu sehen, mit der die Schreib-/Leseköpfe dicht über den schnell rotierenden Plattenoberflächen auf Tausendstel Millimeter genau positioniert werden müssen. Sehr unempfindlich, zugriffsschnell und darüber hinaus preisgünstig sind Festplatten in der sogenannten **Winchester-Technologie**: Diese Hard Disks haben die Größe von Floppy Disks und sind mit ihrem Laufwerk, ihrem Antriebsmotor und allen Ansteuerungsmechanismen in einem hermetisch abgeschlossenen Gehäuse untergebracht. Das schützt sie vor Schmutzpartikeln und ermöglicht eine extrem hohe Aufzeichnungsdichte: heute bereits bis zu 1 Megabyte pro Quadratzoll. Winchester Disks mit der zehnfachen Kapazität von Floppies sind dabei nur etwa doppelt so teuer.

Speicher-Kapazität   II.2.2.

Kapazität	Datenträger	Auswechselbarkeit
klein (50 K bis 1 MB)	Floppy Disk ('Diskette')	ja
mittel (2 MB bis 40 MB)	Magnetplatten-Kassette (Einzelplatte)	ja
	Winchester Disk (klein)	nein
groß (20 bis über 1000 MB)	Plattenstapel	ja/nein
	große Platte in Winchester-Technologie	nein

Abb. Einf.-12: Datenträger für Direkt-Zugriff (Überblick)

2.3. Datei-Organisation und Zugriffszeit

Auf Floppy Disks und Magnetplatten kann "direkt" oder "wahlfrei" zugegriffen werden. Diese Aussage bedarf einer Differenzierung. Denn nicht nur der Datenträger bestimmt die Art des möglichen Zugriffs, sondern auch die Organisationsform, in der die Daten oder Texte auf dem Datenträger gespeichert sind. Es lassen sich **sequentielle** und **wahlfreie Speicherungsorganisation** unterscheiden. Bei der einen wie der anderen Form sind Daten- oder Textbestände - die man zusammenfassend als "Dateien" bezeichnet (engl.: files) - weiter unterteilt in Datensätze (engl.: records). Einen solchen Datensatz kann etwa die einzelne postalische Anschrift bilden (auf der nächsten Ebene dann unterteilt in Felder: Name, Straße usw.). Aber auch ein Textbaustein oder eine ganze Text-Seite (aus einem Brief oder einem Manuskript) können Datensätze sein.

Eine **Datei** entsteht durch die Zusammenfassung mehrerer Datensätze. Diese **Datensätze** können innerhalb der Datei wiederum so angesiedelt werden, daß die einzelnen Sätze nur in der Reihenfolge, in der sie abgelegt sind, auch abgerufen werden können (sequentielle Speicherung). Der willkürliche Zugriff auf einen Satz wäre also nur über ein zeitaufwendiges Durchsuchen der Datei möglich. Die wahlfreie Speicherung erlaubt dagegen das Herausgreifen des Einzelsatzes auf direktem Wege.

Nun arbeitet allerdings die Speicher-Logik eines Textautomaten und eines Computers auf andere Weise als das menschliche Gedächtnis: Für jede gespeicherte Information muß der genaue räumliche Standort ermittelt werden, um sie abrufen zu können. Man nennt die entsprechende Positionsangabe (Speicher-)**"Adresse"**. Auf Floppy und "Hard" oder "Rigid" Disks werden Informationen in konzentrischen **Spuren** (engl.: tracks) aufgezeichnet - vom Prinzip her den spiralförmigen Spuren der Schallplatte vergleichbar. Und die kleinsten addressierbaren Einheiten innerhalb einer Spur sind deren Unterabschnitte: die sogenannten **Sektoren**.

Um auf einen ganz bestimmten Datensatz in einer Platten-Datei zugreifen zu können, ist also auch beim scheinbar "direkten" Zugriff ein Umweg über Suchprozesse notwendig. Nur muß nicht wie beim sequentiellen Zugriff die gesamte Datei durchkämmt werden; es genügt, in einem kleineren Verzeichnis (einer "Tabelle") nachzuschlagen, um die Adresse (d.h. den Sektor) der gewünschten Information zu ermitteln. Oft wird dieser Suchprozeß durch das Errechnen gewisser Kennwerte aus dem "Namen" des Datensatzes (etwa einem Schlüssel) weiter abgekürzt. Da solche Prozesse vom Automaten im Milli-Sekunden-Bereich abgewickelt werden, scheint der Zugriff nach außen hin so gut wie "direkt" vonstatten zu gehen. Die manchmal spürbaren Verzögerungen, die einzelne Geräte dabei dennoch aufweisen, sind im wesentlichen auf die mehr oder minder geschickte Konstruktion des jeweiligen Betriebssystems zurückzuführen (dazu: Einführung II.3.3.). Denn auf dessen Funktionsweise basiert auch die Organisationsform der Speicherung und die Durchführung der entsprechenden Prozesse.

Datei-Organisation und Zugriffszeit   II.2.3.

Unterschiedlich lange **Zugriffszeiten** werden für den Benutzer, der etwa bei dem Abruf mehrerer Textbausteine seinem Automaten viele Such- und Zugriffsprozesse abverlangt, eine erhebliche Rolle spielen. Sie bestimmen letztlich die gesamte "Durchlaufzeit" eines Vorgangs wie der Baustein-Korrespondenz.

Natürlich gibt es technisch bedingte Unterschiede zwischen den langsameren Floppy Disks und den schnellen Magnetplatten. Die feststellbaren Zeitdiskrepanzen zwischen Datenträgern derselben Kategorie resultieren jedoch vorwiegend aus den Konstruktionsunterschieden der Betriebssysteme, mit anderen Worten: der Systemsoftware-Architektur.

Voraussetzung für den schnellen Direkt-Zugriff auf Texte ist natürlich, daß diese auf Floppies oder Platten gespeichert sind. Denn Datenträger wie das **Magnetband** oder die Magnetbandkassette erlauben **nur sequentielle Dateien** und damit sequentiellen Zugriff. Deshalb werden diese Speichermedien heute kaum noch als Haupt-Datenträger verwendet und allenfalls zu abgeleiteten Zwecken wie der Datensicherung eingesetzt.

3. Verarbeitung

Zwischen der Eingabe von Daten und Texten (über die Tastatur) und ihrer Ausgabe (auf dem Bildschirm oder dem Drucker) sowie zwischen Ein-/Ausgabe und Speicherung finden vielfältige Verarbeitungs-Prozesse statt. Der Begriff "Verarbeitung" ist dabei in einem engen systemtechnischen Sinn zu verstehen. Er bezieht sich nur auf die Funktionen, die innerhalb der Maschine abgewickelt werden, und nicht wie der weite organisatorische Begriff "Text- und Datenverarbeitung" auf alle Funktionen dieses Bereichs.

Das Verhältnis der Maschinen-Funktionen untereinander zeigt folgendes Schema:

II.3.	Verarbeitung

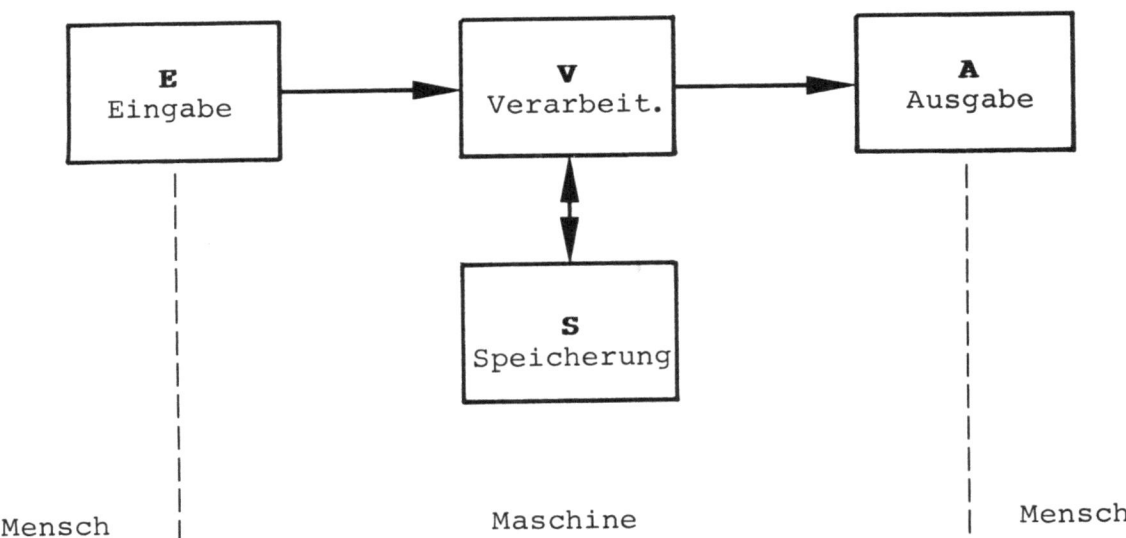

Abb. Einf.-13: Eingabe - Verarbeitung (und Speicherung) - Ausgabe (E-V-A-Prinzip)

3.1. Zentraleinheit

Der "Motor" eines jeden Computers und Textautomaten, der alle Prozesse auslöst, in Gang hält und in jedem Detail überwacht und steuert, ist die **Zentraleinheit**. Sie besteht aus einem sehr zugriffs-schnellen, in seiner Kapazität aber relativ begrenzten Speicher und aus dem "Prozessor" (meist als CPU bezeichnet - für: "Central Processing Unit", also "zentrale Verarbeitungseinheit"). Der Speicher der Zentraleinheit wird als **Haupt-** oder Arbeits**speicher** (auch: interner Speicher) bezeichnet; der **Prozessor** setzt sich aus einem Steuer- und einem Rechenwerk zusammen. Aufbau und Zusammenwirken dieser Bestandteile zeigt schematisch die folgende Abbildung:

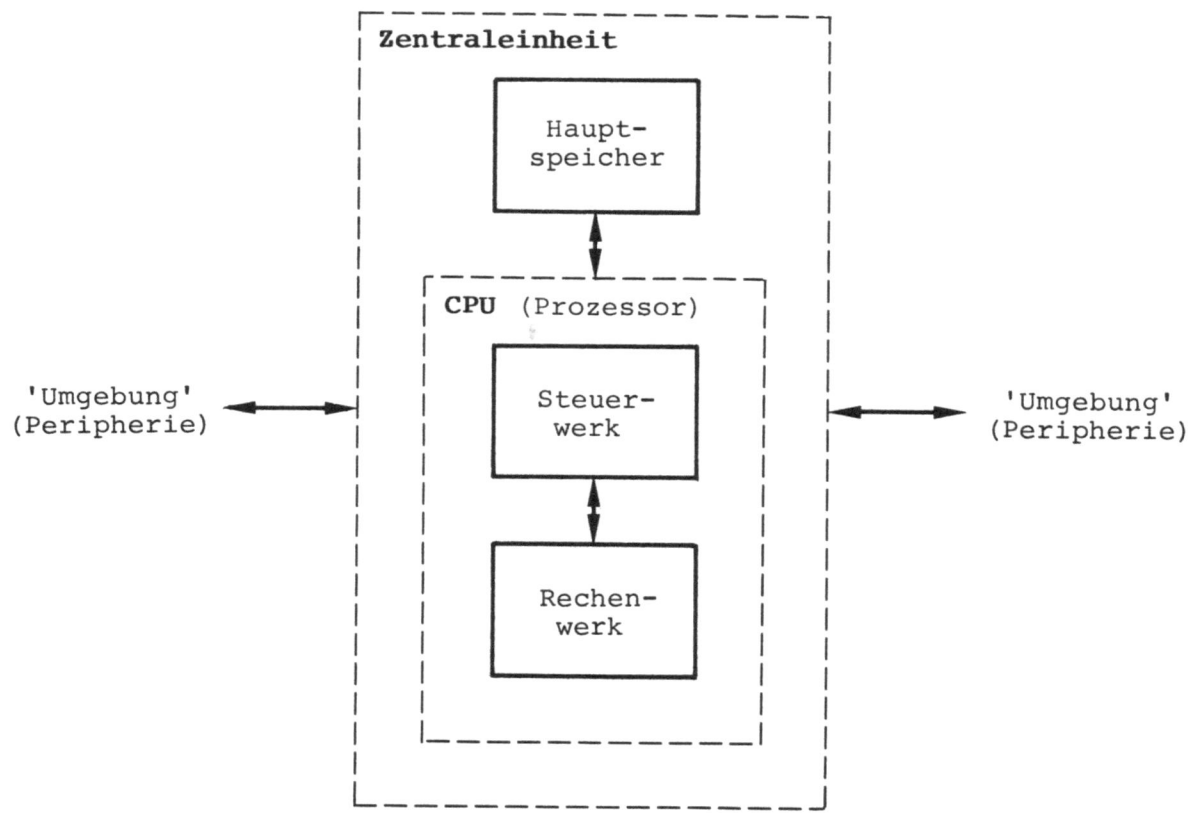

Abb. Einf.-14: Komponenten einer Zentraleinheit

Vom Steuerwerk wird jeder Einzel-Vorgang gestartet, in seinem Ablauf überwacht und beendet. Arithmetische und logische Operationen werden im Rechenwerk abgewickelt. Zur kurzfristigen Ablage von Daten und Texten dient der Hauptspeicher.

Bevor etwa ein Text auf einem Datenträger gespeichert werden kann, muß er die Zentraleinheit passieren: Hier wird er zwischengespeichert; währenddessen wird geprüft, wo die angesprochene Datei angesiedelt ist und wo der Text in ihr untergebracht werden soll. Auch ob der freie Platz auf dem Datenträger überhaupt noch ausreicht, um diesen Text aufzunehmen, gehört zu den vielfältigen Fragen, denen die Zentraleinheit nachgeht, bis sie den Text schließlich zur langfristigen Speicherung "abschickt".

II.3.1. Zentraleinheit

Jeder dieser Prüfungs- und Steuerungsvorgänge zerfällt in eine Fülle von Elementar-Operationen, die nacheinander ablaufen. Daß dem Benutzer trotz alledem keine lange Wartezeit zugemutet wird, liegt an der hohen Verarbeitungsgeschwindigkeit der Prozessoren: Die Basisprozesse ("Zyklen") von Rechen- und Vergleichsoperationen werden in einigen Hundert Nanosekunden (Milliardstel Sekunden) abgewickelt - wie schnell im Einzelfall, das gibt die Leistungskenngröße Rechen- oder **Zykluszeit** eines Prozessors an.

Die technischen Bausteine der Zentraleinheit sind elektrische Schaltungen: Sie werden heute durch miniaturisierte **Halbleiter** (Transistoren) auf der Basis kristallinen Siliziums realisiert die zu **integrierten Schaltkreisen** (IC für: Integrated Circuit) zusammengefügt sind. Schaltkreise mit einigen Tausend Funktionen lassen sich auf dünnen Scheibchen von wenigen Quadratmillimetern Oberfläche (Chips) unterbringen.

Die gleiche Technik wird auch zur Speicherung angewandt. **Halbleiterspeicher** haben heute - weil sie in der Herstellung wesentlich billiger, zugleich aber leistungsfähiger sind - die früher üblichen Ferrit-Kernspeicher (Netze aus einzeln aufgefädelten magnetisierbaren Metallringen) als Hauptspeicher-Technologie weitgehend verdrängt.

Gegenüber den vorher geschilderten magnetisierbaren (Extern-) Speichern weisen die internen Arbeitsspeicher einen gravierenden Unterschied auf: Ihr **Inhalt** ist **flüchtig** (engl.: volatile), d.h. er läßt sich nach einer Unterbrechung der Stromzufuhr nicht rekonstruieren. Allein aus diesem Grund taugen Hauptspeicher nur zur vorübergehenden, nicht zur längerfristigen Aufbewahrung von Informationen.

Speicher- und Schaltungsbausteine können auf kleinstem Raum, etwa auf einem Chip, so kombiniert werden, daß sie in ihrer

Zentraleinheit   II.3.1.

Funktionsweise das Miniaturabbild eines Prozessors darstellen, also im kleinen dasselbe leisten. Man nennt solche Baugruppen **Mikroprozessoren**. Aus ihnen setzen sich die Prozessoren der Textautomaten und der meisten kleineren Computer zusammen.

Soviel zu den technischen Bausteinen, also dem Anfaßbaren an der Maschine, das üblicherweise als "**Hardware**" bezeichnet wird. Wie aber werden Schaltungen und Speicher-Vorgänge ausgelöst? Worin besteht die "Intelligenz" der Maschinen? Was unterscheidet den Computer und den Textautomaten einerseits von der "programmierbaren" Waschmaschine und dem auf bestimmte Funktionssequenzen festgelegten Industrieroboter andererseits? Die Hardware ihrer Mikroprozessoren ist identisch, aber die Programmsteuerung (Software) als "Antriebsprinzip" für die ablaufenden Prozesse ist unterschiedlich realisiert.

Während Einzweck- und Mehrzweck-Automaten einmal vorgegebenen Abläufen folgen - wie etwa eine Eisenbahn ihrem Schienenweg, kann bei Universal-Automaten die Vorgabe selbst jederzeit und ohne Eingriff in die Hardware verändert werden. Diese freie Programmierbarkeit von Funktions-Sequenzen wurde möglich durch die Grundidee des Computerbaus: Die **Anweisungen** an die Maschine (Programme) werden **in** exakt der **gleichen Form** gespeichert wie das Verarbeitungsobjekt: die **Daten**. Das "Hardware-Schaltpult" löst sich damit in Information auf, die in Speicherzellen und Schaltkreise fließt und ebenso wie die Daten (oder Texte) frei manipulierbar ist.

Das Neuartige an diesem Prinzip ist also nicht die Steuerung durch Programme - die es bereits bei Spieluhr und mechanischem Webstuhl gab - sondern die Art, wie Programme fixiert werden und wie sie dadurch verändert und angepaßt werden können.

Hauptspeicher, die - neben Daten und Texten - derart flexible Programme aufnehmen, gleichen in einer Eigenschaft den magnetischen Datenträgern: Sie sind wiederbeschreibbar. Informationen

II.3.1. Zentraleinheit

(Daten, Texte, Programme) werden aus ihnen gelesen, neue Informationen werden in sie geschrieben. Man nennt die entsprechenden Halbleiterbauelemente **RAM's** - für: Random Access Memory, also Speicher mit wahlfreiem Zugriff, wobei aber Schreib-Lese-Speicher gemeint sind. Dagegen werden zur Speicherung von weniger variablen Programmen oder Programm-Teilen Bausteine verwendet, die nicht oder nur durch technische Eingriffe veränderbar (beschreibbar) sind: **ROM's** für Read Only Memory oder - falls sie hardwaremäßig "programmierbar" sind - **PROM's** (P für Programmable). Beispielsweise werden die Zeichen auf dem Bildschirm meist durch ein PROM-Programm generiert. Zusammenfassend werden ROM's und PROM's auch als Festwertspeicher oder 'solid state memories' bezeichnet.

3.2. Programmierung

Hardware sind alle materiellen Bestandteile eines Computers oder Textautomaten: die Bauteile der Zentraleinheit ebenso wie externe Speicher, Bildschirm, Tastatur und Drucker. Durch die Zufuhr elektrischer Energie ist diese Hardware "aktionsbereit"; doch erst wenn genaue Anweisungen oder Befehle vorliegen, können konkrete Aktionen auch unternommen werden. Programme als geordnete Zusammenstellungen von Anweisungen oder Befehlen geben der Maschine an, was getan werden soll und wie es getan werden soll. Um sie von der Hardware abzugrenzen, werden Programme als **"Software"** bezeichnet.

Alle Aktionen - elementare und komplexe - bedürfen der Steuerung durch Programme: ob es nur darum geht, auf den Druck einer Taste hin das entsprechende Zeichen auf dem Bildschirm zu erzeugen, oder ob eine gespeicherte Anschrift daraufhin zu überprüfen ist, wie weit sie bestimmte Selektionsmerkmale erfüllt, oder ob eine Liste von Anschriften alphabetisch zu sortieren ist. Für die Maschine sind alle gewünschten Aktionen in elementare Basis-Pro-

zesse aufzulösen, denn ihre Welt besteht nur aus einer raschen
Abfolge von zwei Alternativ-Zuständen (Anliegen/Nicht-Anliegen
elektrischer Spannung, positiver/negativer Magnetpol).

Das Prinzip, alle Sachverhalte aus "Zwei-Pol-Bausteinen" zusammenzusetzen, ist etwa vom Morse-Alphabet her allgemein bekannt.
Es wird auch als **Binär-Prinzip** bezeichnet (lateinisch: bis =
zweimal) und rechnerisch im Dual-Zahlensystem (Grundzahl: 2)
verwendet. Programmbefehle werden genau wie Daten und Texte zeichenweise binär verschlüsselt (**codiert**), damit die Maschinen-Hardware mit ihnen etwas anfangen kann. Ein Binär-Element als
Basiseinheit wird auch als **Bit** (für: binary digit) bezeichnet.
Mit 8 Bit-Stellen - also einem Byte - lassen sich $2^8 = 256$
verschiedene Objekte eindeutig kennzeichnen. Da dies ausreicht,
um die Buchstaben der meisten Sprach-Alphabete (klein, groß,
diakritische Zeichen), die Ziffern des Dezimalsystems und darüber hinaus eine Fülle von Sonderzeichen und besonderen Vereinbarungen (Steuerzeichen) wiederzugeben, arbeiten fast alle Computer und Textautomaten heute mit 8-Bit-Codes. Davon unabhängig
ist die "Wortbreite" eines Prozessors: d.h. die Anzahl Bits, die
er - auf parallelen Leitungen - gleichzeitig verarbeiten kann.
Man unterscheidet danach 8-, 16- und 32-Bit-Prozessoren. Eine
größere Wortbreite bringt vor allem Geschwindigkeitsvorteile
mit sich.

Bis auf die Ebene der maschineninternen Darstellung in 0 und 1
braucht der Anwender freilich nicht mehr hinabzusteigen, wenn er
Programmbefehle betrachten will. Zur Erleichterung für den Programmierer und um komplexe Problemstellungen überhaupt handhabbar zu machen, wurde bereits in den 50er Jahren damit begonnen,
sogenannte höhere oder **problem-** (statt maschinen-)**orientierte Programmiersprachen** zu entwickeln - d.h. Wortschatz und
Grammatik für die Formulierung von Programmen festzulegen. Die
wichtigsten höheren Programmiersprachen sind:

II.3.2. Programmierung

- **FORTRAN** (<u>For</u>mula <u>Tra</u>nslator), das die knappe und präzise Formulierung arithmetischer und logischer Kalküle erlaubt

- **COBOL** (<u>Co</u>mmon <u>B</u>usiness <u>O</u>riented <u>L</u>anguage), das es ermöglicht, ans umgangssprachliche Englisch angelehnt kaufmännische Basisprozesse verständlich zu fassen (weniger Berechnungen, dafür viele Ein-/Ausgabe-Vorgänge)

- **ALGOL-68** und **PASCAL** als Nachfolgesprachen von ALGOL (<u>Al</u>gorithmic <u>L</u>anguage) - logisch stringente aber weniger verbreitete Sprachen

- **PL/1** (<u>P</u>rogramming <u>L</u>anguage 1), das versucht, wissenschaftlichen und kommerziellen Zwecken gleichermaßen gerecht zu werden

- **BASIC** (<u>B</u>eginner's <u>A</u>ll-Purpose <u>S</u>ymbol<u>ic</u> Language), das sehr einfach erlernbar ist und sich besonders gut für Dialog-Anwendungen und interaktives Programmieren eignet.

In der praktischen Verbreitung dominieren für mathematische und technische Anwendungen FORTRAN, für kommerzielle Aufgabenstellungen eindeutig COBOL. Seit kleinere Computer und Textautomaten ins Büro vordrangen, gewann auch das von Nicht-Experten gut anwendbare BASIC an Bedeutung. Neben den angeführten Sprachen wurde eine Vielzahl weiterer allgemeiner, aber auch auf recht spezielle Probleme zugeschnittener Programmiersprachen entwickelt: teils Neuschöpfungen, teils Abwandlungen bestehender Sprachen. Doch keiner von ihnen war bislang ein Durchbruch auf breiter Front vergönnt.

Höhere Programmiersprachen haben den Vorteil, für den Menschen leicht verständlich zu sein, da sie sich an einfache Wörter (READ, ADD) und Denkmuster (IF...THEN...ELSE) anlehnen. Für die Maschine müssen sie allerdings in elementare Basis-Prozesse (z.B. mit der Angabe von Speicheradressen) übersetzt werden. Diese Funktion übernehmen spezielle **Übersetzerprogramme**: **Compiler** - wenn die Übersetzung in einem gesonderten Lauf erfolgt und vor der Programmausführung komplett abgeschlossen sein muß - oder **Interpreter** - wenn die Übersetzung Schritt für Schritt vor der Ausführung jedes einzelnen Programmbefehls erfolgt. Das interpretierende Übersetzen - das der Ausnahmefall ist (v.a. bei BASIC üblich) - führt zu einer langsameren Programmausführung, da ja während des Programmlaufs auch noch die Übersetzung von der Maschine geleistet werden muß.

Der Nachteil aller problemorientierten Programmiersprachen: Da sie auf die Eigenarten des Menschen und weniger auf die der Maschine abgestellt sind, werden die so abgefaßten Programme im systemtechnischen Sinne nicht optimal abgewickelt. Sie schöpfen den verfügbaren Arbeitsspeicher nicht bis zur letzten Lücke aus und machen durch allerlei Umweg-Operationen keinen maximalen Gebrauch von der maschinellen Rechengeschwindigkeit. Doch fallen diese Nachteile heute immer weniger ins Gewicht: Durch verbilligte Massenspeicher und wachsende Geschwindigkeiten wurden sie bereits mehr als ausgeglichen.

So ermöglicht die technische Entwicklung, von den Vorteilen dieser Sprachen vollen Gebrauch zu machen: der Arbeitserleichterung für den Menschen und der - allerdings eingeschränkten - Unabhängigkeit von den Maschinen eines Herstellers. Nur bei sehr oft verwendeten kleineren Abschnitten eines Programms (Routinen oder Prozeduren), die zudem zu Zeit-Engpässen führen können, wird auch heute noch auf die maschinenabhängige **Assemblersprache** zurückgegriffen: eine durch mnemotechnisch günstige Symbole und Zusammenfassung elementarster Befehle abgemilderte **Maschinensprach**-Version (höhere Maschinensprache).

3.3. System- und Anwendungssoftware

Auch die Ausführung eines Programms bedarf der Steuerung durch ein anderes Programm: Das muß der Maschine etwa angeben, welcher Programmbefehl als nächster auszuführen ist. Es muß dafür sor-

II.3.3. System- und Anwendungssoftware

gen, daß die benötigten Verarbeitungsdaten aus der richtigen Datei vom richtigen Datenträger geholt und an einem passenden Platz im Hauptspeicher bereitgehalten werden. Es muß auf Fehler achten, die bei der Programmausführung auftreten können, und entsprechende Meldungen anzeigen: z.B. daß eine Division durch 0 unzulässig ist oder daß kein Papier im Drucker eingespannt ist.

Ein Programm-Komplex, der diese und viele andere Verwaltungs-Tätigkeiten ausführt, heißt **"Betriebssystem"** (engl.: Operating System). Damit dieses Programm seine Aufgaben wahrnehmen kann, muß sein Kern (Nukleus) während der Arbeit des Automaten ständig im Hauptspeicher anwesend sein; er muß - im Fachbegriff - **"speicherresident"** sein. Dies unterscheidet das Betriebssystem von allen anderen Programmen, die nur bei Bedarf - d.h. bevor sie auszuführen sind - in den Hauptspeicher "geladen" werden. Das Betriebssystem muß unmittelbar nach dem Anschalten der Anlage von einem externen Speicher - meist von einer speziellen Floppy Disk oder Platte (Systemdiskette bzw. -platte) - in den internen Speicher der Zentraleinheit geladen werden. Durch seine ständige Residenz belegt es permanent einen Teil des Hauptspeichers: Nur dessen Rest-(Netto-)Kapazität steht dann noch für andere Programme und Texte bzw. Daten zur Verfügung.

Das Betriebssystem ist der Kern der Systemsoftware, also der Programme, die zum Betrieb der Maschine nötig sind und deshalb vom Hersteller mitgeliefert werden. Alle Programme, die auf die Aufgabenstellung der Anwender-Unternehmung zugeschnitten sind, gehören dagegen zur **Anwendungssoftware**: Fakturierung, Lagerbestandsführung, Finanzbuchhaltung, Lohn- und Gehaltsabrechnung, Fertigungsdisposition. Programme, mit denen diese und andere Aufgaben abgewickelt werden, sind typische Anwenderprogramme.

Auch die Anwendungssoftware kann vom Hersteller entwickelt sein, sie kann von speziellen Dienstleistungsunternehmen - Software- oder Systemhäusern - stammen und sie kann schließlich vom Anwen-

System- und Anwendungssoftware   II.3.3.

der selbst erstellt werden. Entscheidend ist das Zusammenpassen von betrieblicher Aufgabenstellung einerseits und von verfügbaren - d.h. auf dem Markt angebotenen - Softwarelösungen andererseits.

Die **Erstellung eines Programms** umfaßt mehrere Entwicklungsschritte: von der exakten Problem-Analyse (auch: Systemanalyse) über das Programmkonzept (Entwurf oder Design) bis zur Programmierung (oder: Codierung) selbst, also der endgültigen Formulierung in einer Programmiersprache. Da diese Programmentwicklung langwierig ist und nur von Experten - Organisatoren, Systemanalytikern und Programmierern - adäquat durchgeführt werden kann, verursacht sie normalerweise hohe Kosten. Klein- und Mittelbetriebe sind jedoch kaum in der Lage, diese Kosten voll zu tragen - abgesehen davon, daß ihnen eigenes spezialisiertes Personal fehlt. Sie müssen deshalb vorrangig auf angebotene Standard-Programme zurückgreifen: Programme oder Programm-"Pakete", die so flexibel gestaltet sind, daß sie sich ohne allzu großen Aufwand den individuellen betrieblichen Gegebenheiten anpassen lassen. Spezielle Schlüsselsysteme, die darauf abgestimmte Plausibilitätsprüfungen erfordern, können solche individuellen Besonderheiten sein.

Wegen der umfangreichen und anspruchsvollen organisatorischen Vorarbeiten ist - auch bei Verwendung höherer Programmiersprachen - schon die automatengerechte Formulierung einer betriebsindividuellen Problemstellung noch immer ein sehr aufwendiges und teures Projekt: vor allem, da sämtliche - auch die selten zu erwartenden - Randbedingungen und Extremfälle der Aufgabenabwicklung planerisch vorweggenommen werden müssen. Noch größer ist der Aufwand für die Entwicklung standardisierter Lösungen: Dabei sind außerdem alle betriebsübergreifend möglichen Sonderfälle und Ausnahmesituationen zu berücksichtigen. Ein **Standardprogramm** erfordert den mehrfachen Entwicklungsaufwand eines **Individualprogramms**.

II.3.3. System- und Anwendungssoftware

Die Software mit dem höchsten Standardisierungsgrad ist - aus naheliegenden Gründen - die **Systemsoftware**. Ein Anwendungsprogramm mag noch so sehr von individuellen Problemen abstrahieren, letztlich kann der Programm-Entwickler sich an bestimmbaren Aufgabenfeldern orientieren. Ein Betriebssystem muß dagegen Eventualitäten jeglicher Art berücksichtigen: Auch das Eintreten der unwahrscheinlichsten Parameter-Konstellation darf nicht zum Systemstillstand ('Hang-Up') oder gar zum "Verrückt-Spielen" der Anlage führen (scheinbar unsystematische Fehler mit der Folge unkontrollierbarer Abläufe).

Kein Betriebssystem ist frei von Fehlern, da sich zum einen nicht sämtliche möglichen Situationen vorhersehen lassen und da zum anderen die durch Weiterentwicklung notwendigen Änderungen nicht völlig kontrollierbare Folgewirkungen zeitigen: So wird der Anschluß neuer Peripherie in der Regel zu Rückwirkungen auf bisherige Steuerungsprozesse führen. Deshalb werden Betriebssysteme von den Herstellern ständig modifiziert: um aufgetretene Fehler bereinigt und mit Verbesserungen und Erweiterungen angereichert. Ist einiges an Änderungen zusammengekommen, so wird der Hersteller die jeweils neueste Betriebssystem-Version zur Anwendung "freigeben" (engl.: **release**).

Allzu rasch aufeinanderfolgende Betriebssystem-Releases (mehrmals im Jahr) deuten zwar auf Hersteller-Rührigkeit, aber auch auf einen niedrigen Entwicklungsstand der Software. Je länger ein Betriebssystem im Einsatz ist und je größer die Zahl der installierten Anlagen ist, um so höher dürfte sein Entwicklungs-Reifegrad sein.

Betriebssysteme sind, um die Leistungsfähigkeit der Anlagen-Hardware optimal zu nutzen, fast durchweg in der maschinennahen Assemblersprache, teilweise auch im Maschinencode selbst programmiert. Häufig benötigte Grund-Segmente werden zunehmend durch Programmierung von Festwertspeichern (PROM's) in der Hard-

System- und Anwendungssoftware   II.3.3.

ware verankert - im üblichen Sprachgebrauch: "fest verdrahtet" (engl.: hardwired). Das bietet den Vorteil, durch den einfachen Austausch weniger Bauelemente etwa den Bildschirm-Zeichensatz ändern zu können (Groß-/Kleinschreibung, andere Schriftsysteme: Katakana, Arabisch etc.).

Neben dem **Betriebssystem** gehören die Übersetzungsprogramme für höhere Programmiersprachen zur Systemsoftware: also **Compiler** und **Interpreter** für problemorientierte sowie **Assembler** für die maschinenorientierten symbolischen Sprachen. Ihr dritter Bestandteil sind sogenannte **Dienstprogramme** (engl.: Utilities). Sie übernehmen eine Mittlerrolle zwischen Betriebssystem und Anwendungssoftware, indem sie dem Benutzer Hilfs- und Unterstützungsfunktionen bieten: z.B. das Initialisieren von Datenträgern, das Anlegen und Reorganisieren von Dateien, die Anzeige von Platten-Inhaltsverzeichnissen, das Kopieren von Daten oder Texten zu Sicherungszwecken etc.

II.3.3.   System- und Anwendungssoftware

Die gesamte Software eines Computers und vieler Textautomaten besteht also aus:

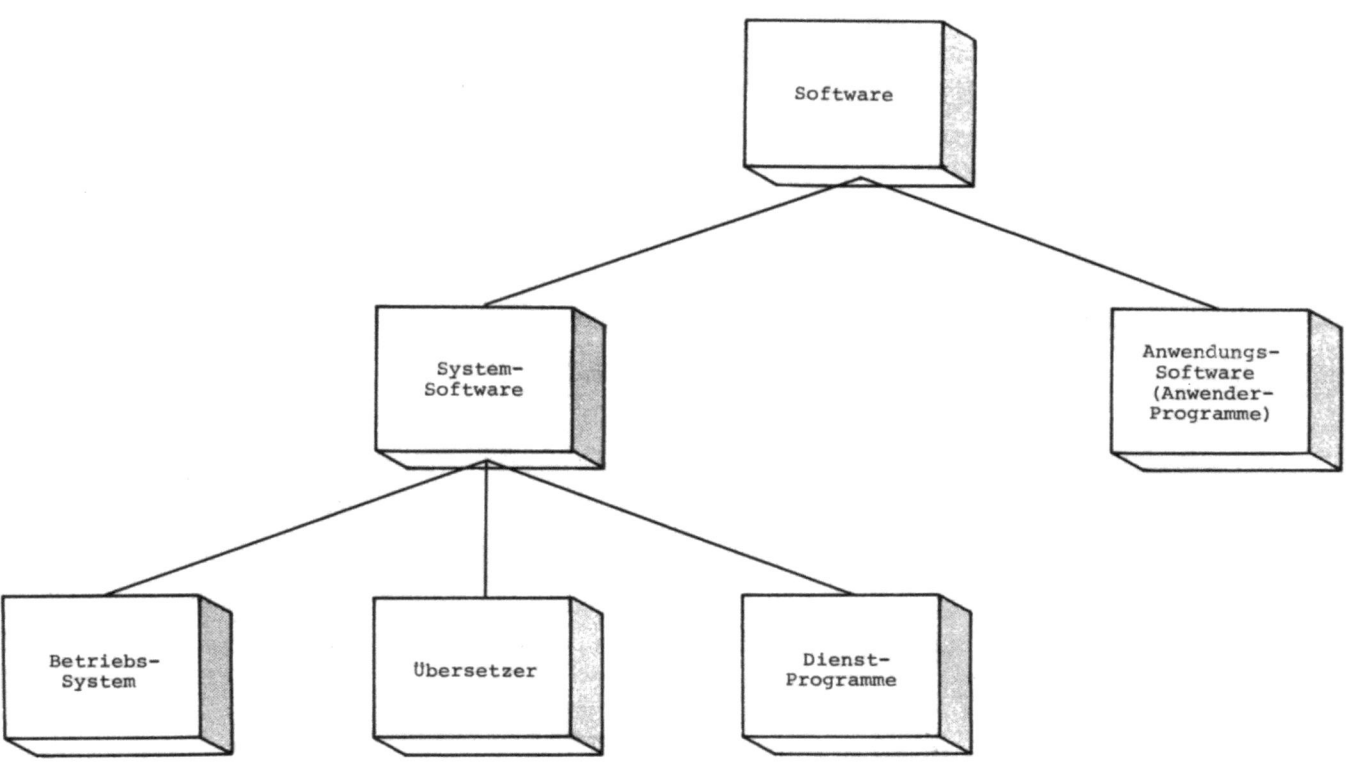

Abb. Einf.-15: Software-Systematik

Bei **Textautomaten,** die keine Programmierung durch den Anwender zulassen, entfallen Übersetzer und Anwenderprogramme. Ihre Textverarbeitungsfunktionen werden - wie noch zu zeigen sein wird (Einführung III.2.) - von einer **Kombination aus Betriebssystem und Anwendungssoftware** abgewickelt.

3.4. Betriebsarten und Arbeitsweisen

In der bisherigen Darstellung wurde immer eine bestimmte Art des Zusammenwirkens von Mensch und Maschine unterstellt: Auf die Tastatur-Eingabe durch den Benutzer erfolgt eine sofortige Reaktion des Automaten, der die Eingabe direkt "verarbeitet" hat. Oder umgekehrt: Die Maschine fordert über den Bildschirm eine unmittelbare Aktion des Benutzers an - eine Eingabe, das Auslösen einer Funktionstaste oder einen äußeren Eingriff wie das Einlegen von Papier.

Da Aktion und Reaktion dabei unmittelbar - mit kaum oder gar nicht spürbarer Zeitverzögerung (Antwortzeit, engl.: response time) - aufeinander folgen, spricht man von **"Direkt-Verarbeitung"** (v.a. im Englischen: Direct Processing) oder auch - da Mensch und Maschine eng aufeinander abgestimmt zusammenwirken - von "interaktiver Verarbeitung". Da diese Arbeitsweise als Computer-Betriebsart ursprünglich eingeführt wurde, um kleinere abgeschlossene Geschäftsvorfälle zum Zeitpunkt ihres Auftretens komplett abzuwickeln - beispielsweise eine Abrechung über die Geschäftstheke einer Reparaturwerkstatt oder aber die Buchung eines Fluges oder eine Hotelreservation -, ist mitunter auch von "transaktions-orientierter Verarbeitung" die Rede. Am gebräuchlichsten und zur Kennzeichnung der dabei stattfindenden Mensch-Maschine-Kommunikation am besten geeignet ist jedoch der Begriff **"Dialog-Verarbeitung"**.

Zum Dialog gibt es - so mag es auf den ersten Blick scheinen - keine Alternative. Und doch sind viele automatisierte Prozesse - auch Textverarbeitungsvorgänge - von ihrem Ablauf her gar nicht zur Dialog-Verarbeitung geeignet. Denken wir nur an das Schreiben von einigen hundert oder tausend Serienbriefen - eine Aufgabenstellung, die für die Abwicklung in "voll automatisierter" Form wie geschaffen ist: Selbsttätig und, ohne daß der Mensch dazwischentritt, erledigt die Maschine alle dabei vorkommenden

II.3.4. Betriebsarten und Arbeitsweisen

Teil-Arbeiten: das Herausnehmen einer Anschrift samt möglichen Zusätzen aus dem Bestand - u.U. mit Abprüfen von Selektionskriterien -, ihr Zusammenfügen mit dem vorgegebenen Brieftext und das Ausdrucken des nun individuell erscheinenden Briefes. Menschliche Eingriffe sind - bis auf Überwachungs- und Betriebsfunktionen: etwa Papier- und Farbbandwechsel - absolut überflüssig.

Es wäre auch eine arge Zumutung für den Benutzer, sollte er bei einem derartigen Ablauf untätig zuschauen und etwa nach jedem fertigen Brief per Knopfdruck den nächsten auslösen. Solche Verarbeitungsvorgänge erfolgen also in einer anderen Betriebsart als der des Dialogs: Der Maschine wird eine vorformulierte Aufgabe gestellt - z.B. wird angegeben, Adressen welcher Art aus welchen Beständen zu entnehmen sind. Sie arbeitet sodann das vorliegende Text- und Daten-Material quasi "stapelweise" ab. Man spricht deshalb von **"Stapel-Verarbeitung"** (engl.: **Batch Processing**).

Als Computer noch ausschließlich große Investitionsobjekte waren, die in abgeschlossenen Rechenzentren eingesetzt wurden (engl.: closed shop), war Stapel-Verarbeitung die absolut vorherrschende Betriebsart: Um die teure Maschinenzeit maximal auszuschöpfen, mußten alle Einzelaufgaben (engl.: jobs) für eine stapelweise Abwicklung präpariert und von der Fachabteilung ans Rechenzentrum übergeben werden. Einer exakten Maschinenbelegungsplanung folgend wurden sie dort im Batch-Betrieb erledigt und an die Abteilungen zurückgesandt. Nur für zeitnahe Aufgaben von hoher Dringlichkeit - z.B. bei Fluggesellschaften - war sogenannte "Echt-Zeit-"(engl.: **Real-Time-)Verarbeitung** vorgesehen. Da zu diesen Anforderungen häufig noch die räumliche Entfernung der verarbeitenden Stellen hinzukam - z.B. der Verkaufsbüros und Schalter der Airlines -, fanden die ersten Real-Time-Dialoge an den Terminals (Endgeräten) weit entfernter Computersysteme statt. Und da hierbei eine direkte technische Verbindung

Betriebsarten und Arbeitsweisen　　　　　　　　　　II.3.4.

zwischen den Terminals als Peripheriegeräten und der zentralen EDV-Anlage notwendig ist, wird diese Interaktionsform auch als **On-Line-Verarbeitung** bezeichnet. Gegensatz: Off-Line, wenn eine Leitungsverbindung zwischen Peripherie und Zentraleinheit nicht gegeben oder aber nicht aktiviert ist.

Real-Time- und On-Line-Verarbeitung sind also weitere - besonders im englischsprachigen Raum häufig anzutreffende - Synonyme für das, was wir als Dialog-Betriebsart bezeichnen. Erst in den 70er Jahren wurden Kleincomputer, später auch Textautomaten, verstärkt in den Fachabteilungen selbst und damit an den Arbeitsplätzen im Büro eingesetzt. Doch die Anlagen wurden nicht nur äußerlich kleiner - durch technologische Miniaturisierung -, noch stärker verringerte sich ihr Preis. Und damit entfiel schließlich der ökonomische Zwang zur permanenten Auslastung: **Dialogverarbeitung**, bei der der Mensch das Arbeitstempo bestimmt, war auch **wirtschaftlich** geworden.

Während des Dialogs ist der Automat nur zeitweise wirklich ausgelastet: Die meiste Zeit über wartet er auf Benutzer-Eingaben, denn die menschliche Eintast-Geschwindigkeit kann auch nicht entfernt mit der maschinellen Verarbeitungs-Schnelligkeit Schritt halten. Noch weniger gilt das für menschliche Reaktionszeiten. Ein gut durchdachtes Betriebssystem sieht eine Nutzungsmöglichkeit auch für die ständig wiederkehrenden Zeit-Intervalle vor, in denen die Maschine unbeschäftigt ist: Warum sollten sie beispielsweise nicht zum Drucken genutzt werden? Auf diese Weise lassen sich Stapelprozesse mit solchen des Dialogs scheinbar gleichzeitig, in Wirklichkeit zeitlich eng ineinander verzahnt und parallel durchführen. Natürlich hat der Benutzer - im Vordergrund (engl.: Foreground) - Priorität: Bei sehr rascher Eingabe gerät das Drucken im Hintergrund (engl.: Background) merklich ins Stocken. So sollte es zumindest sein - nicht etwa umgekehrt.

II.3.4.   Betriebsarten und Arbeitsweisen

Technisch wird bei der **Hintergrundverarbeitung** der Hauptspeicher zwischen zwei Programmen und den zugehörigen Daten aufgeteilt. Das Betriebssystem hat beide Teile (engl.: Partitions) zu verwalten, die CPU-Leistung zwischen den zwei Programmen zu verteilen und entsprechend mehr Detail-Abläufe zu steuern und zu überwachen. Aus der Groß-EDV ist diese Arbeitsweise seit langem als **"Mehrprogramm-Betrieb"** bekannt (engl.: **Multiprogramming**).

Die Komplexität der Systemverwaltung wächst sprunghaft an, wenn an eine Zentraleinheit mehrere Bildschirmarbeitsplätze angeschlossen sind, an denen ein gleichzeitiges Arbeiten mehrerer Benutzer möglich ist (**Mehrplatz-** oder Multiterminal-**Systeme**). Das Betriebssystem muß nun in der Lage sein, die Aktivität der Zentraleinheit so geschickt auf die einzelnen Teilnehmer-Plätze aufzuteilen (engl.: **Time Sharing**), daß kein Benutzer unangemessen lange warten muß und daß andererseits die Anlagenkapazität optimal ausgeschöpft wird. Nur wenige Betriebssysteme wurden von vornherein auf diese Zielsetzung hin konstruiert: Durch das tatsächliche Zeitverhalten, das im praktischen Betrieb auftritt, lassen sich deshalb "umgestrickte" Einplatz-Versionen leicht entlarven.

4. Besonderheiten von Texten

Die bisherigen Aussagen über Hardware, Software und Automaten-Grundfunktionen treffen auf die automatisierte Verarbeitung von Daten und Texten gleichermaßen zu. Was ist nun das Neue und Besondere an der Textverarbeitung gegenüber der seit Jahrzehnten praktizierten EDV?

Eine äußerliche Besonderheit liegt im Erscheinungsbild der **Druck-Ausgabe**. Kam es bei Datenverarbeitung bislang nur auf Geschwindigkeit und Funktionalität an (z.B. Formularproblem, Endlospapier, Durchschlagzahl), so treten bei der Textverarbei-

tung hohe Anforderungen an die Gestaltungs-Qualität an die erste
Stelle. Dabei sind Kleinbuchstaben, Umlaute und Unterstreichungen heute eine selbstverständliche Voraussetzung. Die Möglichkeit zur Zeichen- und Zeilen-Abstandsvariation, zur Fettschrift oder zum Blocksatz sollte ebenso gegeben sein. Die Gestaltungsanforderungen gehen also teilweise über die mit Schreibmaschinen erreichbare Schriftqualität hinaus - bei Datenverarbeitung bleiben sie dagegen im Normalfall weit dahinter zurück.

Eine zweite Textverarbeitungs-Besonderheit läßt sich mit dem Stichwort **"bedienungsfreundliche Umgebungsbedingungen"** umreißen. Die Sachmittel der Textverarbeitung müssen von Büro-Fachkräften - Sekretärinnen, Sachbearbeitern, Managern - bedienbar sein, ohne daß systemtechnische Spezialkenntnisse vorausgesetzt werden dürfen. Zwar sind schriftliche Bedienungsanleitungen unumgänglich, der Rückgriff auf technische Systemhandbücher darf aber nicht notwendig werden. Das Herbeizitieren eines Programmierers oder gar der selbständige Eingriff in die Software ist den Benutzern in keinem Fall zuzumuten - in der Regel ist ihnen das auch gar nicht möglich.

Der gegenüber der Datenverarbeitung höhere Bedienungskomfort findet seinen äußeren Ausdruck in einem größeren Umfang an Funktionstasten, in der einfachen Bedienung der Peripherie und mitunter auch in der Bildschirm-Gestaltung (großformatiger Bildschirm, hoher ergonomischer Standard, dazu: Teil G.). Die Zuverlässigkeit der Software sollte höchsten System-Software-Ansprüchen genügen, d.h. es sollten nur vorhersehbare Fehler, die der Bediener beheben kann, auftreten dürfen: z.B. kein Datenträger im Laufwerk, Papier zu Ende etc. Denn andernfalls wären - wie beim durchschnittlichen Anwendungsprogramm - Eingriffe in die Software nötig.

Diese äußeren Eigenarten treffen aber noch immer nicht den Kern des Textverarbeitungsproblems. So muß etwa auch ein vielfach eingesetztes Datenverarbeitungs-Standardprogramm relativ funk-

II.4.   Besonderheiten von Texten

tionssicher sein. Was ist also unverwechselbar an Textverarbeitungs-Vorgängen? Es sind die **"Texte"** als **Verarbeitungsobjekte**, ihre Zusammensetzung aus einzelnen **Zeichen** und die an ihnen von der Maschine vorzunehmenden **Operationen**.

4.1. Objekte der Textverarbeitung

Texte weisen – **für** den **Menschen** erkennbar – eine inhaltliche und formale **Struktur** auf. Sie geben bestimmte Sachverhalte, Beschwerden oder Anweisungen in einer bestimmten Anordnung wieder. Sie gliedern sich in Absätze, Sätze und Wörter. Doch die Rezeption derartiger "Strukturen" ist nur dem Menschen möglich. Er erkennt die Bedeutung von Textelementen unmittelbar oder aus ihrer Umgebung: dem "Kontext". Er kann auch zwischen der Realität und ihrer Wiederspiegelung in einem Text die passende Verbindung herstellen. Damit verfügt er über zwei Arten von Fähigkeiten

- über **semantische**: die Zuordnung zwischen Textzeichen und ihrer Bedeutung betreffende, und

- über **pragmatische**: die Funktion dieser Bedeutung für sein Verhalten betreffende Fähigkeiten.

Diese Art der Text-Rezeption ist dem von uns betrachteten **Automaten** verschlossen. Texte weisen für ihn **keinerlei "Struktur"** (in diesem Sinne) auf. Sie fließen vielmehr durch die Maschine als nicht weiter interpretierbare Ströme von Einzel-Zeichen. Konnten Daten durch ihre formale Struktur, d.h. ihre Einordnung in Sätze und Felder, von der Maschine eindeutig in ihrer Bedeutung erkannt werden, so ist diese Semantik-Relation beim Text aufgehoben.

Die jeweilige hierarchische Datengliederung und damit die "Bedeutung" der Einzel-Daten ist der EDV-Anlage vor der Daten-Eingabe vom Programm im Detail mitgeteilt worden. Die Maschine kann Daten, die in dieses Schema nicht passen, gar nicht akzeptieren.

Objekte der Textverarbeitung   II.4.1.

Es gibt für sie keine programm-mäßig nicht vorgesehenen Daten-Arten, denn mit solchen wüßte sie nichts anzufangen.

Ein berechtigter Einwand lautet nun: Das gilt, solange an Daten nur arithmetische und logische Operationen vorgenommen werden. Beispielsweise können die Zahlen-Werte, die in bedeutungsmäßig festliegenden Einzelfeldern auftreten, miteinander addiert werden, von Summen können Prozentbeträge errechnet und diese als Mehrwertsteuer ausgewiesen werden. Aber darauf beschränkt sich doch nicht die Tätigkeit einer EDV-Anlage. Schließlich liefert sie als Output keine simplen Kassenbons, sondern säuberliche Fakturen oder höfliche Mahnungen. In derartigen Schriftstücken ist auch - manchmal sogar sehr viel - "Text" enthalten: von der Mitteilung über Zahlungsfristen und Skonti bis zur Schilderung rechtlicher Konsequenzen. Und meist wird dieser Text nicht auf einem Formular vorgedruckt, sondern - u.U. in fallabhängigen Varianten - auf die gleiche Art wie die jeweiligen Zahlen generiert und ausgegeben.

Die **Texte**, die bei gängigen Datenverarbeitungs-Prozessen mitgeführt werden, werden von den Fachleuten - aus ihrer Sicht durchaus verständlich - als eine **besondere "Datenart"** angesehen: als eben in ihrer inhaltlichen Bedeutung nicht weiter interessierende **Zeichen-Ketten** oder -Stränge (engl.: **strings**). In Belegen und Ausdrucken der Datenverarbeitung sind diese Texte im Regelfall auch nur Beiwerk, das aufs Papier zu bringen ist; die Operationen an quantitativen oder quantifizierbaren Daten stehen im Mittelpunkt.

Diese Relation ist bei Textverarbeitungsvorgängen aus einleuchtenden Gründen umgekehrt: Im Vordergrund steht eben das Problem, maschinenschriftliche Texte ansprechend auf dem Papier zu plazieren. Zweierlei **Zeichen** werden dafür in die Maschine eingegeben oder teilweise auch von ihr generiert:

- Text-Zeichen (Nutztext) und
- Steuer-Zeichen.

II.4.1. Objekte der Textverarbeitung

4.2. Zeichen als Bestandteile von Texten

Einfache Beispiele für **Steuerzeichen** sind etwa das Zeilenende und der Beginn bzw. das Ende einer Halbzeilenschaltung (z.B. zur Höherstellung von Fußnoten). Satzzeichen (Interpunktionszeichen) gehören dagegen zum Nutz-Text; sie werden wie Buchstaben und Ziffern - ohne Interpretation durch die Maschine - unverändert ausgegeben (auf Bildschirm, Papier oder Kommunikationsweg). Steuerzeichen werden - soweit sie überhaupt auf dem Bildschirm erscheinen - als Schrift- oder Bildzeichen dargestellt.

Zwischen der für den Menschen sichtbaren Form der Zeichen und ihrer maschinengerechten Verschlüsselung als Bit-Folge, muß - per Vereinbarung - eine eindeutige Zuordnung hergestellt werden. Die entsprechende Zuordnungsregel oder -vorschrift wird als **Code** bezeichnet. Nun könnte prinzipiell jeder Hardware-Hersteller seinen hauseigenen Code festlegen und technisch realisieren. Die Folge wären allerdings immense Abstimmungsprobleme bei der Übertragung der Zeichen zwischen den Elementen eines Maschinensystems - v.a. zwischen Zentraleinheit und Peripherie -, da die Einzelgeräte oft von verschiedenen Herstellern gefertigt werden. Und der Informationsaustausch zwischen verschiedenen Maschinensystemen - als Datenfernübertragung oder Textkommunikation - wäre ohne allgemein akzeptierte Standards und Normen praktisch unmöglich. Die Verwendung der gleichen Codes ist eine der Voraussetzungen für **Kompatibilität** zwischen verschiedenen Systemen.

Deshalb befassen sich auf einzelstaatlicher und auf internationaler Ebene seit langem Organisationen und Verbände mit der Entwicklung und Empfehlung von **Standard-Codes**. Die beiden wichtigsten internationalen Gremien sind ISO (International Organization for Standardization) als Dachverband der nationalen Normungsinstitute und CCITT (Comité Consultatif International Télégraphique et Téléphonique), ein permanentes Organ der UIT (Union

Internationale des Télécommunications). Sie entwickelten einen mittlerweile genormten 8-Bit-Code (ursprünglich 7 Bit): die ISO-Rahmen-Normen R 646 und 2022 ("ISO-7-Bit-Code"), die CCITT-Empfehlung Nr. 5 oder - da er als amerikanische Norm besonders bekannt wurde - den **ASCII-Code** (für: American Standard Code for Information Interchange). Zuvor hatte sich im Großcomputer-Bereich ein anderer 8-Bit-Code zum Industriestandard herausgebildet: der **EBCDI-Code** (für: Extended Binary Coded Decimal Interchange).

Das Code-Repertoire von 256 Zeichen (2^8) umfaßt große und kleine Buchstaben, Ziffern und diverse Sonderzeichen (vor allem die Interpunktionszeichen). Darüber hinaus sind einige Steuerzeichen festgelegt (z.B. die Zeilenschaltung am Zeilenende und zahlreiche für Übertragungsvorgänge notwendige Zeichen). Zwischen den Einzel-Sprachen unseres Schriftsystems bestehen im Buchstaben-Bereich gewisse Varianten: v.a. bei den diakritischen Zeichen wie Umlauten (ä, ö, ü) oder Akzenten (à, é, õ etc.) aber auch bei Sonder-Buchstaben wie dem ß. Solche Unterschiede sind in nationalen Normen berücksichtigt: für die Bundesrepublik Deutschland in der **DIN-Norm 66003**.

Für Datenverarbeitungs- und -übertragungszwecke reichen die Code-Repertoires nicht nur aus; sie werden in vollem Umfang gar nicht ausgeschöpft. Anders steht es mit der Codierung von Texten. Die meisten **"Text-Steuerzeichen"** werden nach wie vor vom jeweiligen Hersteller autonom festgelegt: oft nicht als Einzelzeichen innerhalb des Codes, sondern als Kombination zweier Code-Zeichen. Diese Festlegungen aber unterscheiden sich oft schon im Ansatz.

Ein Beispiel mag dies verdeutlichen: In einem Text muß der Silbentrennungsstrich am Zeilenende vom Bindestrich unterschieden werden können, obwohl im Druck beide als Mittestriche erscheinen. Denn bei einer Änderung des Zeilenverlaufs - etwa durch

II.4.2. Zeichen als Bestandteile von Texten

Einfügungen oder Löschungen - müssen Trennstriche im Gegensatz zu Bindestrichen wieder eliminiert werden. Meist wird deshalb der Silbentrennungsstrich durch ein besonderes Zeichen repräsentiert. Oft aber findet sich auch der umgekehrte Fall: Nicht aufhebbare Bindestriche müssen der Maschine durch besondere Eingabe kenntlich gemacht werden.

4.3. Operationen an Texten

Das Beispiel des **Zeilenumbruchs** mit seiner Trennstrich-Problematik zeigt bereits eine **typische Textverarbeitungsoperation**, die bei Datenverarbeitungsprozessen nicht üblich ist. Dort wird entweder das Ende einer Text-Zeile einmalig festgelegt, oder aber das Programm ordnet an, nach Erreichen einer bestimmten Zeichenzahl (z.B. 80) ohne Rücksicht auf Wort-Zusammenhänge mit einer neuen Zeile zu beginnen. Dagegen sehen Textverarbeitungs-Programme - je nach Funktions-Komfort - verschiedene Behandlungsmöglichkeiten für das Zeilenende vor.

Orientierungsbasis dabei ist der rechte Zeilenrand, der vom Benutzer - wie bei der Schreibmaschine - beliebig eingestellt werden kann. Reicht der - über die Tastatur oder aus dem Speicher - einfließende Zeichenstrom über diesen Rand hinaus, dann wird vom Automaten die Position des letzten vorhergehenden Leerschritts (Blank) ermittelt: Sie signalisiert ihm einen Wort-Anfang. Das ist Resultat einer einfachen Software-Festlegung: Diejenigen Einzelteile einer Textzeichen-Kette, die von Leerzeichen eingefaßt sind, werden als Untereinheit "Wort" angesehen. Und die einfachste Trennregel sieht vor, Wörter komplett - und nicht willkürlich abgehackt - in die nächste Zeile zu übernehmen.

Eine weitergehende Fähigkeit ist die Analyse des so ermittelten letzten Wortes auf interne **Silbentrennungs**-Möglichkeiten. Dabei kann nach einem Regelsystem verfahren werden (trennbare Buchstaben-Kombinationen) oder aber in einem gespeicherten Wörterbuch "nachgeschlagen" werden. Die meisten Trenn-Programme sehen eine Mischung aus beiden Operationen vor (Silbentrennregeln und Ausnahme-Lexika). Derartige Wort- und Zeichen-Analysen stehen nicht in Widerspruch zu der Behauptung, daß der Automat unfähig sei, Textzeichenketten in ihrer Bedeutung zu interpretieren. Das zeigt die Behandlung sprachlicher Zweifelsfälle: Zwischen der Be-inhaltung und der Bein-haltung vermag kein Automat zu unterscheiden.

Das Beispiel mag an dieser Stelle genügen, um eine typische Textverarbeitungs-Operation anzudeuten. Nach dem Umfang der automatisch durchführbaren oder zumindest unterstützten Operationen unterscheiden sich die Leistungen der angebotenen Maschinen beträchtlich. Da dies ein Problem der Software-Auslegung ist, werden später noch mehr derartige Operationen beschrieben (Abschnitt E.II.2.).

III. Sachmittel der Textverarbeitung

Bisher war generell von Automaten oder von automatisierten Textverarbeitungsprozessen die Rede. Als Sachmittel für automatisierte Verfahren stehen grundsätzlich

- **Textautomaten** und

- **EDV-Anlagen** (Computer)

zur Verfügung. Nicht-automatisierte Verfahren bedienen sich dagegen des Sachmittels

- **Schreibmaschine.**

Es fällt aber zunehmend schwer, das entsprechende Verfahren - analog zur Datenverarbeitung - als "konventionelle Lösung" zu bezeichnen. Denn die technische Entwicklung seit Beginn der 80er Jahre deutet auf ein immer engeres Zusammenwachsen zwischen teil-automatisierten Schreibmaschinen und Textautomaten.

III. Sachmittel der Textverarbeitung

1. Schreibmaschinen

Das Basisgerät der Textverarbeitung ist die Schreibmaschine. Dieses Sachmittel wird seit dem ersten Jahrzehnt dieses Jahrhunderts kommerziell genutzt und findet sich in einer seiner vielfältigen Formen heute im Bürobereich aller Betriebe vor. Dabei sind rein **mechanische** Schreibmaschinen seltener geworden. Die häufigste Form ist heute die elektrische (genauer: **elektromechanische**) Schreibmaschine. Eine technische Neuentwicklung der jüngsten Zeit (seit 1979) sind die sogenannten **elektronischen** Schreibmaschinen.

Dagegen gehören Speicher-Schreibmaschinen (mit Magnetband-Speichern) einer technologischen Zwischengeneration an. Sie sind heute zwar noch vielfach im Einsatz, werden aber nicht mehr gefertigt. Bei den elektromechanischen Schreibmaschinen ist schließlich noch zwischen (technisch konventionellen) **Typenhebel-** und den moderneren **Single-Element**-Schreibmaschinen zu unterscheiden.

Mechanische und elektromechanische **Typenhebel**-Schreibmaschinen sind jedermann bekannt. Ihre wichtigsten Merkmale sind der bewegliche Wagen, der an der festen Schreibposition des Typenhebel-Schreibwerks vorbeigeführt wird, und der unveränderliche Zeichensatz, der nur eine Schriftart zuläßt.

Eine Neuerung der 60er Jahre waren elektromechanische Geräte mit feststehender Walze und beweglichem Schreibwerk: in der Form eines allseitig drehbaren und ad hoc, d.h. vor dem Anschlag, positionierbaren Typenträgers, des sogenannten **Kugelkopfs** (engl.: golf ball). Diesem Typenträger entstand in den 70er Jahren Konkurrenz durch ein Radial-Element mit permanenter Rotation als einziger Bewegungsrichtung: Es wird meist als **Typenrad**, mitunter auch als Schreibrad oder Typenscheibe, bezeichnet (engl.: daisy wheel).

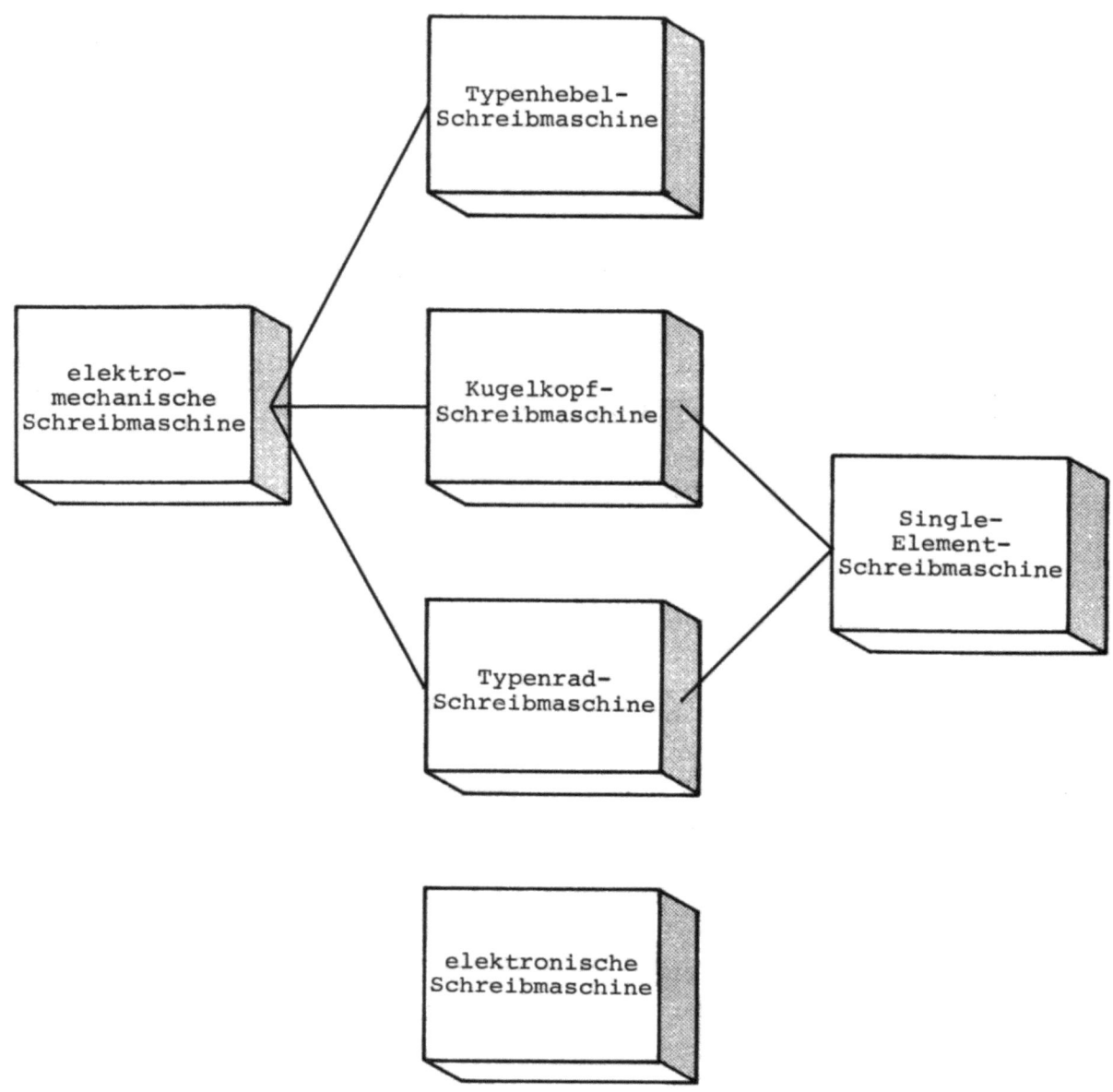

Abb. Einf.-16: Arten von Schreibmaschinen (Überblick)

Kugelkopf und Typenrad sind einfach auswechselbare Typenträger: Dadurch können Texte in verschiedenen Schriftarten und sogar mit unterschiedlichen Zeichensätzen (z.B. für Fremdsprachen oder mathematisch-wissenschaftliche Formelsymbole) aufs Papier gebracht werden. Weil die **Typenträger** - anders als ein Typenhebel-Korb - aus einem **kompakten Einzelelement** bestehen, werden Kugelkopf- und Typenrad-Maschinen zusammenfassend auch als **Single-Element-Schreibmaschinen** bezeichnet.

III.1.   Schreibmaschinen

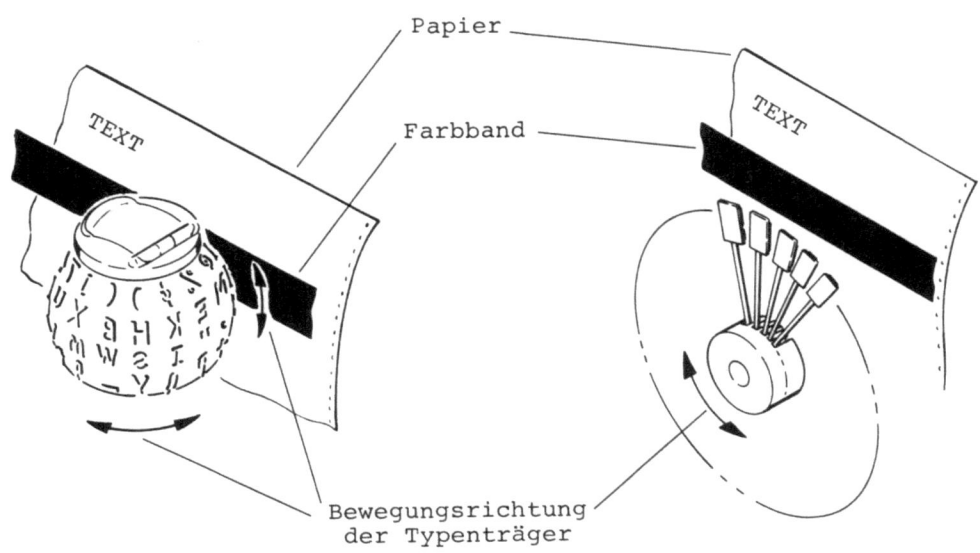

Abb. Einf.-17: Auswechselbare Typenträger (Funktionsprinzip)

Abb. Einf.-18: Typenräder (Metall, Kunststoff)

Der aufwendigste und problematischste Vorgang beim Maschinenschreiben ist von jeher die **Korrektur**. Recht früh wurde schon versucht, die Tippfehler- und Orthographiefehler-Berichtigung als Sofort-Korrektur, aber auch nachträgliche Korrekturen auf zwei prinzipiell unterschiedlichen Wegen zu erleichtern:

(1) durch **Nach-Behandlung** der ausgedruckten Zeichen **auf dem Papier**

(2) durch **Speicherung** der Texte und erneuten Ausdruck nach vorgenommener Korrektur.

Zu (1):

Um manuelle Eingriffe - wie das Radieren oder Übertünchen von Zeichen - zu reduzieren, werden seit längerem Schreibmaschinen mit einer speziellen Funktionstaste, der **Korrektur-Taste**, angeboten. Diese wirkt wie eine Rücktaste; der nochmalige Anschlag des falschen Zeichens führt aber dann zu dessen Beseitigung:

- sei es durch Abdecken (mit Deckweiß) wie beim manuellen Vorgehen (Abdeck- oder Cover-up-Korrektur)

- sei es durch das vollständige Wiederablösen des Zeichens vom Papier (Abhebe- oder **Lift-off-Korrektur**).

Bei der Lift-off-Korrektur wird parallel zum Farbband auf separaten Rollen ein Spezial-Klebe-Band geführt. Voraussetzung ist: Der Text darf nicht mit Gewebe- oder einfachem Karbonband geschrieben werden, vielmehr muß ein spezielles Einmal-Filmkarbonband benutzt werden. Dieser höhere Aufwand verbessert allerdings auch das Aussehen der Schrift.

Zu (2):

Soweit die Schreibmaschinen mit Zusatz-Geräten versehen wurden - also Lochstreifen-, Magnetbandkassetten- oder Magnetkarten-Einheiten als peripheren Speichern - haben wir es mit den Vorläufern der heutigen Textautomaten zu tun. **Innerhalb des** Schreib-

III.1. Schreibmaschinen

maschinen-**Chassis** selbst können zwei Arten von Speichern untergebracht werden:

- magnetisch beschreibbare als nicht-flüchtige Medien
- Halbleiterspeicher als (längerfristig) flüchtige Medien.

Magnetspeicher hatten ihre Bedeutung vor allem in Form von Magnetbandschleifen (Endlosschlaufen), wie sie die Mitte der 60er Jahre entwickelten älteren Speicherschreibmaschinen aufwiesen. Dagegen verfügen elektronische Schreibmaschinen über (flüchtige) **Internspeicher** (wie Automaten), die eine Kapazitäts-Bandbreite von wenigen Zeichen (8 oder 10) über mehrere Zeilen (an die 200 Zeichen) bis zu 32.000 Zeichen abdecken (Entwicklungsstand: Anfang 1982).

Ein Vertippen wird oft von der Schreibkraft sofort bemerkt, da sie ein Gefühl für typische Tippfehler entwickelt hat. Für diese Fälle reichen kleinere Speicher aus: die Fehler werden korrigiert, bevor sie auf dem Papier stehen. Meist werden die der Sofortkorrektur vorbehaltenen Fehler allerdings erst nach Fertigstellung einer Textseite registriert (nochmaliges Durchlesen). Dann kann nur bei größeren Internspeichern (Minimum: 2000 - 3000 Zeichen) nachträglich korrigiert und neu ausgedruckt werden.

Die Ansteuerung der Fehlerstellen wird durch ein **Zeilendisplay** erleichtert, über das freilich nicht alle elektronischen Schreibmaschinen verfügen (Anfang 1982: ca. 50%). Die technische Entwicklung bei dieser jüngsten Gerätekategorie schreitet sehr rasch voran. Deshalb sind alle Leistungsmerkmale in ständiger Wandlung. Vor allem bei den Kapazitäten ist eine erhebliche Ausweitung zu erwarten. Auch ein Vordringen der Winchester-Platten-Technologie in miniaturisierter Form (Platten mit 5 1/4 Zoll Durchmesser) scheint wahrscheinlich.

Die **Speicher** elektronischer Schreibmaschinen sind meist in **Segmente** aufgeteilt: Wichtig ist dabei vor allem der sogenannte Konstantenspeicher als Speicherteil, der zur Ablage vielfach verwendeter Textpassagen (Floskeln oder "Mini-Bausteine") genutzt werden kann: von Anrede- und Schlußformeln bis etwa zu ständig im Text sich wiederholenden Zahlungsbedingungen. Auch Formatspeicher sind gebräuchlich, in denen sich neben einfachen Tabulatorstellungen auch komplexere Formularpositionierungs-Programme speichern lassen.

Der Umfang der Funktionsunterstützung durch elektronische Schreibmaschinen ist sehr unterschiedlich. Zentrieren, Dezimaltabulation und Fettschrift sind üblich. Die entsprechenden Software-Funktionen sind in ROM's bzw. PROM's niedergelegt. Die Bedienung elektronischer Schreibmaschinen ist in aller Regel wesentlich einfacher als die von Textautomaten. Generell reicht eine kurze Einweisung der Schreibkräfte aus, der ein genaues Studium der Bedienungsanleitung folgen sollte.

2. <u>Textautomaten</u>

Textautomaten in ihrer heutigen Form sind eine Neuentwicklung der **70er Jahre**. Ihre ersten Vorläufer waren sogenannte Schreibautomaten, denen Texte auf Lochstreifen eingegeben wurden. Solche Geräte wurden schon vor einigen Jahrzehnten vornehmlich zur Produktion von Serienbriefen eingesetzt.

Der nächste Entwicklungsschritt folgte Mitte der 60er Jahre: Als Textträger dienten nun fest eingebaute **Magnetbandschleifen** und auswechselbare **Magnetkarten** sowie **Magnetbandkassetten**. Ihr großer Vorteil: Sie waren im Gegensatz zu den einmalig gestanzten Lochstreifen wiederbeschreibbar. Ein Nachteil blieb erhalten: Der direkte Zugriff auf längere Texte war nicht möglich. Magnetkarten boten nur die Kapazität einer Schreibmaschinenseite, Magnetbandmedien ließen nur sequentielle Suchprozesse zu. Das

III.2. Textautomaten

Ansteuern von Korrekturstellen war damit recht unhandlich (Vor- und Rücksprünge im Text). Bei Textbaustein-Verarbeitung mußten manuelle Eingriffe (Einlegen der Magnetkarten) oder längere Suchzeiten (Magnetbänder) in Kauf genommen werden. Die Schreibautomaten wurden nun auch als Korrekturautomaten bezeichnet.

In der ersten Hälfte der 70er Jahre waren drei technische Voraussetzungen für einen weiteren Generationssprung erfüllt:

- Miniaturisierung und Verbilligung maschineller "Intelligenz" (**Mikroprozessoren**)
- Einführung des **Bildschirms** zur Dialogverarbeitung
- Entwicklung preiswerter und robuster Direktzugriffs-Speicher (**Floppy Disks**).

Das noch recht enge Anwendungsspektrum der Schreib- und Korrekturautomaten erweiterte sich damit beträchtlich. Man sprach - in Analogie zur Datenverarbeitung - von automatischen Textverarbeitungs-Anlagen oder -Systemen. Als Kurzbegriffe haben sich - von Herstellern bevorzugt - der des "Textsystems" und - weniger mißverständlich - der des "Textautomaten" eingebürgert.

Um 1975/76 bildete sich die heute schon **"klassische"** Textautomaten-**Konfiguration** heraus:

- eine Zentraleinheit auf Mikroprozessor-Basis
- ein Bildschirm mit Tastatur
- 2 Floppy-Disk-Laufwerke
- ein Typenrad-Drucker.

Textautomaten dieser Auslegung wurden zum Inbegriff ihres Genres. Die Hersteller- und Produktvielfalt war zeitweise nahezu unüberschaubar. Vergleichsweise wenige Hersteller konzentrierten sich demgegenüber auf die marktmäßig nicht unbedeutende Sachmittelkategorie kleinerer Textautomaten: **Geräte ohne Bildschirm** -

d.h. mit direkter Verbindung zwischen Tastatur und Schreibwerk -, die aber ebenfalls die kleineren Direktzugriffs-Speicher nutzen (Floppies, Mini-Floppies).

Bis zu Beginn der 80er Jahre war das Marktangebot an Textautomaten von einer äußerst starken Änderungs-Dynamik geprägt: Nur wenige Hersteller verfolgten eine mittelfristig kontinuierliche Produktpolitik. Die meisten Geräte unterlagen ständigen Innovationen. Viele verschwanden nach kurzer Zeit wieder vom Markt.

Erst in jüngster Zeit deutet sich eine Konsolidierung an. Gleichzeitig bereicherten einige führende Hersteller das Sachmittelspektrum um kleinere Bildschirm-Automaten (kleiner Bildschirm, Mini-Floppy-Station): sogenannte **"Einstiegsmodelle"**, die leistungsmäßig und vom Preis her die Lücke zwischen der "klassischen" und der bildschirmlosen Konfiguration schlossen.

Konfiguration	Preisspektrum 1982
Textautomat ohne Bildschirm (1 oder 2 (Mini-)Floppy-LW(e))	10.000 bis 15.000 DM
"Einstiegs-Modell" (Bildschirm, Mini-Floppies)	knapp unter 20.000 DM
"Klassische" Konfiguration (Bildschirm, 2 Floppy-Laufwerke)	25.000 bis 40.000 DM
Magnetplatten-Konfiguration (i.d.R. Mehrplatzsysteme	ab 50.000 DM

Abb. Einf.-19: Kategorien von Textautomaten (Überblick)

Die Hardware-Komponenten eines Textautomaten entsprechen denen kleinerer Computer. Unterschiede bestehen aber bei der Software. EDV-Anlagen sind - auch wenn fremdbezogene Programme eingesetzt werden - grundsätzlich vom Anwender programmierbar. Dem Herstel-

III.2. Textautomaten

ler strikt vorbehalten ist lediglich die Systemsoftware. Bei Textautomaten aber ist die gesamte (Textverarbeitungs-) Software dem Zugriff des Anwenders entzogen. Sie hat damit den Status einer besonderen Art von System-Software.

Während die Betriebssysteme und die weiteren Systemprogramme von EDV-Anlagen den Maschinen erst zu der Flexibilität verhelfen, die ihre universelle Anwendbarkeit ermöglicht, leistet die Basis-Software von Textautomaten das Gegenteil: Sie legt einen potentiellen Computer auf Textverarbeitungsfunktionen fest. **Textautomaten** sind deshalb nichts anderes als programm-mäßig **spezialisierte Computer** (engl.: **dedicated systems**).

Eine funktionstüchtige Textverarbeitungs-Software muß in ihrer Qualität den Vergleich mit einem ausgereiften Betriebssystem oder zumindest einem vielfach eingesetzten und bewährten Standard-Programm standhalten. Mangelnde Zuverlässigkeit - die sich in der ersten Phase einer Neuentwicklung häufig herausstellt - bringt den Anwender in eine schwierige Lage: Auch wenn er sie vornehmen wollte, sind ihm Software-Eingriffe nicht möglich. Er muß notgedrungen das nächste Release des Herstellers abwarten.

Zwar haben einige Hersteller ihre Textautomaten-Software um Systemprogramme erweitert, die dem Anwender die Programmierung von Datenverarbeitungsaufgaben erlauben. Doch sind ihm auch dann die eigentlichen Textverarbeitungs-Funktionen nicht zugänglich. Frei programmierbare Textautomaten bieten im Regelfall keine Programm-Verknüpfungsmöglichkeiten zwischen den Textautomaten-Funktionen und zusätzlicher Anwender-Software. Dagegen kann mit Programmbefehlen meist auf die gespeicherten Texte zugegriffen werden. Die **Integration** von Text- und Datenverarbeitung ist also nur auf eine Form **beschränkt möglich** (näheres im Abschnitt E.II.3.).

3. EDV-Anlagen

Bis Ende der 60er Jahre waren die Aufgabenerfüllung im Büro und die automatisierte Verarbeitung der Informationen räumlich und auch organisatorisch voneinander getrennt. Das **Rechenzentrum** als zentraler Maschinen-Standort hatte die Funktion einer Service-Abteilung innerhalb der Unternehmung: Informationen als Verarbeitungs-Input und -Output mußten zwischen Fachabteilungen (Büro) und EDV-Abteilung (als "Produktionsstätte") hin- und hertransportiert werden.

Kleinere Unternehmungen waren in der Regel aus Kostengründen nicht in der Lage, eigene EDV-Ressourcen aufzubauen. Soweit sie automatisierte **Datenverarbeitung "außer Haus"** nutzten, mußte der Informations-Transport noch aufwendiger, weil unternehmungsübergreifend erfolgen.

Die vorherrschende Transport-Form war - inner- wie auch zwischenbetrieblich - der Austausch körperlicher Belege oder Datenträger. Nur in besonderen Fällen wurde von direkter Übermittlung auf Leitungswegen Gebrauch gemacht: Datenfernübertragung zwischen Terminals und zentraler EDV-Anlage.

Textverarbeitung war damit nur sehr beschränkt möglich. Zwar konnten Serienbriefe in der gegebenen organisatorischen Form des **Batch-Betriebes** produziert werden. Da dies über die Schnelldrucker der EDV geschehen mußte, ließ ihre äußere Qualität aber zu wünschen übrig (**Computerbrief**). Auch wenn - in seltenen Fällen - bereits Baustein-Verarbeitung praktiziert wurde, konnte sie keinen Ersatz für die im Geschäftsverkehr übliche Korrespondenz bieten.

Mit der Entwicklung leistungsfähiger Drucker und vor allem mit der Verbreitung von **Time-Sharing-Anwendungen** nahm die Textverarbeitung über Großcomputer einen gewissen Aufschwung. Diese

III.3.   EDV-Anlagen

Anwendungsform wird meist als **computergestützte Textverarbeitung (CTV)** bezeichnet. Ihr wichtigstes Einsatzgebiet findet sie seit Jahren in größeren Dienstleistungs-Unternehmungen, v.a. im Versicherungs-Bereich. Im Vordergrund steht dabei die Baustein-Korrespondenz: An ihren dezentralen Arbeitsplätzen können die Sachbearbeiter über ihr Bildschirm-Terminal zentral gespeicherte Textbausteine zu Briefen, Verträgen etc. zusammenstellen. Der Druck erfolgt i.d.R. im Rechenzentrum.

Derartige Anwendungen sind allein durch ihre Größenordnung mittelständischen Unternehmungen verschlossen. Zudem unterliegt die Interaktion zwischen Benutzer und Maschine dabei gewissen Einschränkungen: Das beginnt mit den meist hohen Wartezeiten beim Dialog. Vor allem aber sind nur die vom Programm vorgesehenen Abläufe möglich. Der Benutzer verfügt nicht über die Flexibilität und Anwendungsvielfalt, wie sie beim dezentral aufgestellten Textautomaten gegeben sind.

Nun stehen seit mehr als einem Jahrzehnt kleinere EDV-Anlagen zur Verfügung, die sich zum Einsatz im Büro - außerhalb großer Rechenzentren - bestens eignen. Eine ihrer zahlreichen Bezeichnungen lautet ausdrücklich **"Bürocomputer"**; bekannt wurden sie - genauer gesagt: ihre Vorläufergeneration - hierzulande als **"Mittlere Datentechnik" (MDT)**. Doch inzwischen hat sich die Technologie und damit auch die Leistungsfähigkeit dieser Sachmittel entscheidend fortentwickelt. Um sie von der Kategorie großer zentraler Anlagen abzuheben, scheinen die schlichten Bezeichnungen **"Kleincomputer"** oder auch **"Minicomputer"** am besten geeignet.

Eine exakte Abgrenzung ist ohnehin unmöglich: In der Größenordnung (z.B. Plattenkapazität) wie in den Preisklassen sind die Übergänge zwischen den Kategorien heute fließender denn je. Entscheidend ist: Kleincomputer eignen sich von ihren Leistungsmerkmalen wie von ihren Anschaffungskosten her

- sowohl zum **dezentralen Einsatz** in einzelnen Fachabteilungen großer Unternehmungen
- wie auch zum Abdecken des gesamten Anwendungsspektrums eines **mittleren Betriebes.**

Sie können mit einem oder mehreren Bildschirmplätzen ausgestattet sein und werden zum Teil noch mit Floppy Disks, überwiegend aber mit Magnetplatten als Externspeichern angeboten. Die Leistungsfähigkeit von Prozessoren und Systemsoftware bleibt hinter der der Groß-EDV nicht wesentlich zurück. Oft bieten Kleincomputer in Komfort und Zeitverhalten erheblich bessere Dialog-Arbeitsmöglichkeiten als Anlagen der großen Kategorie (die einseitig auf einen hohen Batch-Durchsatz hin ausgelegt sind).

Warum sollten nach alldem Kleincomputer nicht für echte Dialog-Textverarbeitungszwecke nutzbar sein? Nun: Bis vor kurzem fehlte es an geeigneter Standard-Software. Die Programmierung von Textverarbeitungsprozessen verlangt aber eine überdurchschnittliche Qualifikation der Software-Produzenten und einen entsprechend hohen Entwicklungsaufwand. Individual-Lösungen kommen damit allenfalls für sehr begrenzte und relativ anspruchslose Anwendungen in Frage.

Seit 1980/81 deutet sich hier eine Wende an. Fast alle Hersteller von Kleincomputern können für ihre Anlagen **Programme** vorweisen, die unterschiedlich hohen **Textverarbeitungsanforderungen** genügen. Zwar wird der Funktionsumfang eines leistungsfähigen Textautomaten auch heute noch von kaum einer EDV-Lösung erreicht, doch ist ein entsprechender allgemeiner Standard in absehbarer Zeit durchaus zu erwarten.

III.3. EDV-Anlagen

Die Verknüpfung von Text- und Datenverarbeitungsprogrammen ist - über die dateimäßige Verbindung hinaus - beim Computer einfacher zu lösen als beim Textautomaten: Das Textverarbeitungsprogramm ist nur ein Anwendungsprogramm neben anderen; auch ist es nicht allzu eng mit Betriebssystem-Funktionen verbunden. Außerdem ist die Systemsoftware einer **EDV-Anlage** auf allgemeinere Anwendungszwecke hin konzipiert als die eines Textautomaten. Sie ist deshalb **offener für** jede Art softwaremäßiger **Integration**.

Gewisse Abstriche sind bei vielen EDV-Anlagen heute noch auf der Hardware-Seite zu machen: v.a. bei Bildschirm/Tastatur und Drucker. Doch sind auch hier Anpassungsprozesse feststellbar. Sie beschränken sich allerdings oft auf erleichterte Anschlußmöglichkeiten für Fremdperipherie.

Eine **volle** Software- und Hardware-**Integration** ist bereits in Sicht. Seit einigen Jahren wird sie in - überwiegend wissenschaftlichen - Entwicklungsprojekten erprobt: mit der Zielsetzung, unter Einschluß von Kommunikations-Funktionen ein "**Electronic Office System**" zu schaffen (Beispiele: NLS, UNICOM, WORDPLEX, SCRAPBOOK, PLANET). Im Herbst 1981 präsentierten ca. 10 Hersteller entsprechende Produkte in den USA: meist unter Bezeichnungen wie "Office Automation System" oder "Office Information and Management System". Auf der Hannover-Messe 1982 wurden einige dieser Produkte auch in der Bundesrepublik vorgestellt.

Vereinzelt werden auch schon "**Mehrfunktions-Terminals**" angeboten: Bildschirme, die auf Textverarbeitungszwecke zugeschnitten sind, sich u.U. auch für Darstellung und Verarbeitung von Graphiken eignen, daneben aber - quasi "unter Preis" - für die 'gewöhnlichen' Datenverarbeitungs-Abläufe genutzt werden können. Doch bis wirklich funktionstüchtige und einfach zu handhabende Integrationslösungen zur Verfügung stehen werden, sind noch erhebliche Software-Hürden zu überwinden.

A. Organisatorische Voruntersuchung des Bürobereichs (Vorstudie)

Veränderungen im Bürobereich vorzunehmen - eine solche Überlegung ist wohl nie das Ergebnis reiner Willkür. In der Regel veranlassen bestimmte Probleme die Unternehmungsleitung zu solchen Überlegungen - sei es, daß sie vom eigenen Personal oder von außen herangetragen werden, sei es, daß sie von der Führungsebene selbst aufgedeckt wurden.

Sind die Probleme grundlegender Art, so sollten **keine spontanen Maßnahmen** ergriffen werden, die auf eine tiefgreifende Änderung der bisherigen Organisation hinauslaufen: beispielsweise die Anschaffung neuer Bürogeräte oder das Vornehmen personeller Veränderungen. Sofortige Reaktionen bergen die Gefahr in sich, daß wesentliche Rationalisierungsreserven ungenutzt bleiben, weil

- die Probleme nicht fundamental und mit nachhaltiger Wirkung angegangen werden: Die Ursachen für die erkannten Probleme werden nicht genügend ausgelotet und mitunter in falschen Zusammenhängen vermutet
- nur Teilprobleme in Angriff genommen werden, ohne die Auswirkungen auf andere Bereiche zu berücksichtigen, und als Folge davon
- weitere Problembereiche, die ebenfalls einer Lösung bedürfen, unbeachtet bleiben.

Voraussetzung für eine wirksame Lösung der Probleme im Bürobereich ist deshalb, daß das gesamte Spektrum der Textverarbeitung vorab untersucht wird und daß sämtliche Tätigkeiten dieses Aufgabenbereichs einbezogen werden. Eine derartige organisatorische Vorab-Analyse wird meist als **Vorstudie** bezeichnet.

Hauptziel der Vorstudie ist eine genaue Beschreibung und eine Lokalisierung der **Schwachstellen**, die bei den Textverarbeitungsaufgaben auftreten. Konkrete Problemlösungsvorschläge sind in diesem Stadium noch nicht gefragt. Vielmehr sollen Entscheidungsunterlagen für die Unternehmungsführung bereitgestellt werden, die Aufschluß darüber geben, ob überhaupt ein Projekt gestartet wird und wie dieses Projekt auszusehen hat.

Im einzelnen gilt es

- die vorhandenen Schwachstellen umfassend zu identifizieren
- die Ursachen für die beschriebenen Schwachstellen zu ermitteln
- festzulegen, welche Veränderungen notwendig bzw. wünschenswert erscheinen
- die Anwendungsbereiche zu definieren, die im Rahmen eines Projektes im Detail untersucht werden sollten
- die technischen, organisatorischen und personellen Voraussetzungen und Konsequenzen offenzulegen, die mit Veränderungen im Textverarbeitungs-Bereich verbunden sind
- eine grobe Zeitplanung sowie eine vorläufige Kosten-Nutzen-Schätzung für das geplante Projekt vorzunehmen.

Um diese Ziele zu erreichen, muß der **Ablauf der Vorstudie** systematisch **geplant** werden. Zunächst ist festzulegen, wer mit der Durchführung der Vorstudie betraut werden soll. In Klein- und Mittelbetrieben wird das im Regelfall die Unternehmungsführung selbst sein. Andernfalls muß die Aufgabe an einen verantwortlichen Mitarbeiter delegiert werden. Daneben ist es sinnvoll, die grundsätzliche Vorgehensweise und den Umfang der Vorstudie sowie die anzuwendenden Erhebungsmethoden vorher festzulegen.

Bei der **Durchführung** der Vorstudie sind dann mit geeigneten **Hilfsmitteln** (Checklisten, Kennzahlen, Prüfmatrix) die vorhandenen Schwachstellen eingehend zu beschreiben, ihre Ursachen herauszufinden sowie Vorschläge für die weitere Vorgehensweise zu entwickeln.

| A. | Organisatorische Voruntersuchung (Vorstudie) |

Die Ergebnisse münden schließlich in die Entscheidung darüber, ob ein konkretes **Projekt** in Angriff genommen wird - dies ist in jedem Fall dann notwendig, wenn eine Automatisierung der Textverarbeitung angestrebt wird - oder ob die ermittelten Informationen eine ausreichende **Ad-hoc-Problemlösung** ermöglichen. Erscheint die Durchführung eines Projektes zweckmäßig, so ist nun der genaue Projektauftrag zu formulieren oder - bei Delegation der Vorstudien-Durchführung - ein entsprechender Projektantrag zu stellen. Die letzte Entscheidung über die Projektdurchführung trifft die Unternehmungsleitung (zur Mitwirkung des Betriebsrates: Abschnitt G.III.3.2.).

Die sich nun anschließende detaillierte **Projektplanung** besteht in der Ausarbeitung eines Zeit-, Kosten- und Personalplans für die notwendigen Projekt-Aktivitäten.

Organisatorische Voruntersuchung (Vorstudie)	A.

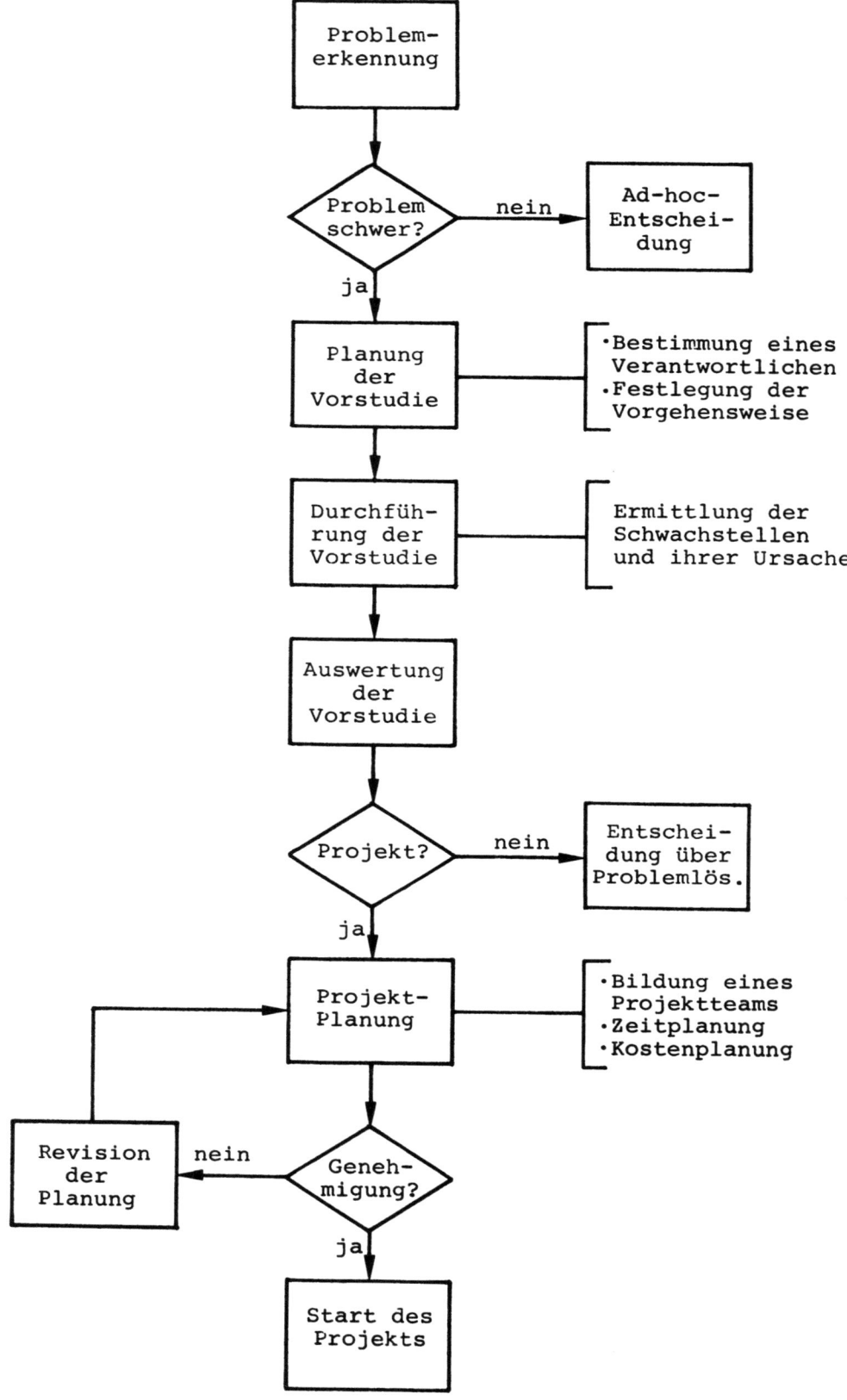

Abb. A-1: Ablauf der Vorstudie

A. Organisatorische Voruntersuchung (Vorstudie)

I. Planung der Vorstudie

Die Vorstudie ist deshalb gründlich zu planen, da sie bereits erste Vor-Entscheidungen über die künftige Organisation des Bürobereichs umfaßt. Im einzelnen sollte vor ihrer Durchführung geklärt werden

(1) wer die Verantwortung für die Durchführung der Vorstudie und für die Präsentation der Ergebnisse übernimmt (Bestimmung eines Verantwortlichen)

(2) in welcher Form die Mitarbeiter von dem Vorhaben informiert und an der Durchführung und Auswertung der Vorstudie beteiligt werden (Information und Beteiligung der Mitarbeiter)

(3) auf welche Aufgabenbereiche sich die Untersuchung erstrecken soll (Abgrenzung der Untersuchungsaufgaben)

(4) wie bei der Erhebung der Schwachstellen und ihrer Ursachen vorgegangen werden soll (Festlegung der Methoden).

Zu (1):

Die Durchführung der Vorstudie fällt in den **Verantwortungsbereich** der Unternehmungsführung. Zumindest müssen die Anstöße zur systematischen Schwachstellenerhebung von ihr ausgehen und Entscheidungen über die weitere Vorgehensweise von ihr getroffen werden. Die Erhebungen selbst und die Aufbereitung der Ergebnisse können dagegen ganz oder teilweise auf eigenes Personal oder auf Externe delegiert werden.

Zu (2):

Bereits im Rahmen der Voruntersuchung sollte Klarheit darüber herrschen, in welchem Ausmaß und in welcher Form die betroffenen **Mitarbeiter** in den Gestaltungsprozeß **einzubeziehen** sind. In jedem Fall empfiehlt es sich, die Mitarbeiter frühzeitig über die Vorstudien-Absichten zu informieren. Unter Umständen kommt auch eine direkte Beteiligung an den Erhebungen und Entscheidungen in Frage. Vorteilhaft ist dabei, daß die Qualität der Untersuchungen sich verbessert, ihre Durchführung beschleunigt werden kann und unbegründete Befürchtungen nicht entstehen.

Zu (3):

Auch wenn grundsätzlich alle Funktionen der Textverarbeitung untersucht werden sollten, kann es sinnvoll sein, eine genauere Analyse auf bestimmte Funktionen zu beschränken: etwa die Diktat-Organisation oder die Organisation der Archivierung. Andererseits kann das **Untersuchungsobjekt** aber auch über den Textverarbeitungsbereich hinausgehen und das gesamte Informationssystem des Betriebs umfassen, also auch die Organisation von Datenverarbeitung und Kommunikation betreffen. In mittleren und größeren Unternehmungen kann es zudem zweckmäßig sein, die Untersuchung auf einzelne Abteilungen oder Aufgabenbereiche (z.B. Vertrieb, Personal) einzuengen.

Zu (4):

Schließlich ist die Entscheidung über die **Methodik** der Schwachstellenanalyse zu treffen. Diese bestimmt zu einem großen Teil den Erfolg der Vorstudie. Welche Verfahren hierfür im einzelnen in Frage kommen, wird in Abschnitt A.II.3. dargestellt.

A.I.	Planung der Vorstudie

II. Durchführung der Vorstudie

Um die Probleme in ihrer ganzen Tragweite sichtbar zu machen, müssen die möglichen **Schwachstellen** bekannt sein. Sie bilden den Ausgangspunkt für die Durchführung der Vorstudie. Im folgenden werden deshalb zunächst die typischen Textverarbeitungs-Schwachstellen systematisch beschrieben. Daran schließt sich eine Darstellung ihrer **Ursachen** an, deren Kenntnis Voraussetzung für adäquate Entscheidungen über die künftige Textverarbeitungs-Organisation ist. Im weiteren werden die **Vorgehensweisen** erörtert, mit denen die Schwachstellen im individuellen Fall zu identifizieren sind.

1. Anhaltspunkte zum Auffinden von Schwachstellen

Die Ermittlung von Schwachstellen gibt Aufschluß darüber, wie weit die bestehende Organisation in der Lage ist, die ihr gestellten Ziele zu erreichen. Um eine solche Erhebung effizient durchführen zu können, ist eine Systematisierung der in der jeweiligen Unternehmung auftretenden Schwachstellen sinnvoll. Dabei dürfen als Schwachstellen nicht nur offensichtlich erkennbare Fehler und Mängel angesehen werden, es müssen auch Schwächen aufgedeckt werden, die sich erst im Vergleich mit anderen Lösungen zeigen. So könnte etwa eine konventionelle Schreiborganisation relativ problemlos erscheinen, wobei aber durch eine Automatisierung massive Leistungsverbesserungen realisierbar würden.

Davon ausgehend lassen sich im Textverarbeitungsbereich folgende **Kategorien von Schwachstellen** unterscheiden:

(1) für einzelne Texte ergibt sich eine unangemessen hohe Durchlaufzeit (**terminbezogene** Schwachstellen)

(2) die Verarbeitung der Texte ist durch eine Fülle von Fehlern gekennzeichnet (**qualitätsbezogene** Schwachstellen)

(3) bestimmte Aufgaben bleiben unerledigt (**terminbezogene** Schwachstellen **besonderer Art**)

(4) die Kosten für die Textverarbeitung sind verhältnismäßig hoch (**kostenbezogene** Schwachstellen)

(5) es ist Unzufriedenheit bei den Mitarbeitern festzustellen, wodurch das Leistungspotential nicht ausgeschöpft wird (**psycho-soziale** Schwachstellen).

Zu (1):

Ein zunehmendes Textverarbeitungsvolumen ist nicht nur für stark expandierende Unternehmungen typisch. Vielfach müssen aus Konkurrenzgründen gerade mittelständische Unternehmungen ihr Textvolumen ständig ausweiten. Wird die Organisation dem nicht angepaßt, dann erhöht sich in der Folge die **Durchlaufzeit** der Texte: Korrespondenz bleibt zu lange liegen. Daraus ergeben sich fast immer negative Auswirkungen auf den gesamten Betrieb, die auch den Unternehmungserfolg direkt beeinträchtigen können: etwa wenn Angebote oder Mängelrügen verspätet abgeschickt werden.

Zu (2):

Kriterium für das Vorliegen von Schwachstellen ist nicht allein, ob die Texte rechtzeitig fertiggestellt werden. Eine Vielzahl von Texten (z.B. Angebote, Schreiben mit akquisitorischen Zwecken) wird erstellt, um eine bestimmte Wirkung zu erzielen. Voraussetzung dafür ist eine gute **Textqualität**: Die Schriftstücke müssen inhaltlich stimmen sowie stilistisch und formal einwandfrei sein. Hier liegen gerade bei Klein- und Mittelbetrieben noch erhebliche Mängel vor. So sind die Texte häufig zu umfangreich und in ihren Formulierungen zu umständlich. Das führt nicht selten zu Verständnis-Schwierigkeiten oder gar zu Mißverständnissen, die zusätzlichen Arbeitsaufwand verursachen können: weitere Korrespondenz, Telefon-Gespräche etc. Negative Folge ist in jedem Fall: Die gewünschte Wirkung des Schriftstückes stellt sich nicht ein. Häufig stoßen etwa Angebote aus diesem Grunde beim Kunden auf mangelnde Resonanz.

A.II.1. Anhaltspunkte für Schwachstellen

Zu (3):

In vielen Betrieben bleiben wichtige Textverarbeitungsaufgaben oft **unerledigt**. So werden beispielsweise keine "Nachfaßbriefe" geschrieben, obwohl sie für den Erfolg akquisitorischer Maßnahmen entscheidend sein können. Häufig ergeben sich auch Engpässe aus der Abwesenheit von Arbeitskräften (z.B. bei Urlaub oder Dienstreisen). Das kann zur Folge haben, daß Angebote nicht rechtzeitig abgeschickt werden, daß auf Anfragen verzichtet wird oder daß Protokolle und Gesprächsnotizen nicht rechtzeitig bzw. überhaupt nicht angefertigt werden.

Zu (4):

Eine weitere Schwachstelle, die zu Reorganisationsüberlegungen veranlaßt, kann in der **mangelnden Wirtschaftlichkeit** der bestehenden Textverarbeitungsverfahren liegen. So treten im Verwaltungsbereich vielfach Kostensteigerungen auf, denen keine Produktivitätserhöhungen entsprechen. Dies gilt besonders für die Personalkosten. Außerdem sind hohe Aufwendungen möglich für

- die Reparatur und Wartung der eingesetzten Sachmittel
- die Beschaffung von Büromaterial und
- die Raum- und Arbeitsplatzgestaltung.

Zu (5):

Auch im psycho-sozialen Bereich liegen in der betrieblichen Realität vielfach erhebliche Schwachstellen vor. So kann sich etwa mangelnde **Zufriedenheit der Mitarbeiter** negativ auf das Arbeitsergebnis, auf den Erfolg und das Image der Unternehmung auswirken. Typische Indizien dafür sind hohe Absentismus- oder Fluktuationsquoten beim Personal.

2. Ursachen für Schwachstellen

Nach Ermittlung der vorliegenden Schwachstellen sind in einem zweiten Schritt ihre Ursachen festzustellen. Dabei ist zu beach-

Ursachen für Schwachstellen   A.II.2.

ten, daß eine Schwachstelle aus mehreren Faktoren resultieren kann. Für die Ermittlung der **Ursachen** empfiehlt sich, **drei Kategorien** zu unterscheiden:

- ein Grund für Mängel in der Aufgabenerfüllung kann darin liegen, daß die Mitarbeiter nicht über die eigentlich notwendigen **Sachmittel** verfügen oder daß die eingesetzten Sachmittel technisch überholt sind

- häufige Ursachen für Schwachstellen sind Unzulänglichkeiten der **Organisation,** etwa eine unzweckmäßige Verteilung der Aufgaben oder unübersichtlich gestaltete Arbeitsabläufe

- die dritte Kategorie von Schwachstellen-Ursachen bilden **personelle Faktoren,** z.B. eine unzureichende Schulung oder die fehlende Motivation des Personals.

A.II.2. Ursachen für Schwachstellen

Ursachen für Schwachstellen

Sachmittelsituation

wenige leistungsfähige Schreibmaschinen

unzureichendes Ablagesystem

fehlende bzw. unzureichende Ausstattung mit Diktiergeräten

fehlende bzw. unzulängliche Möglichkeiten zur Textkommunikation und Reprographie

Organisation

unzweckmäßige Verteilung und Kombination der Stellenaufgaben

unzureichende Gestaltung der Arbeitsabläufe

unzweckmäßige Abteilungsbildung und Hierarchiebeziehungen

Personalsituation

unzureichende Qualifikation des Personals

unzulängliche Schulung

fehlende Motivation

→ **Schwachstellen**

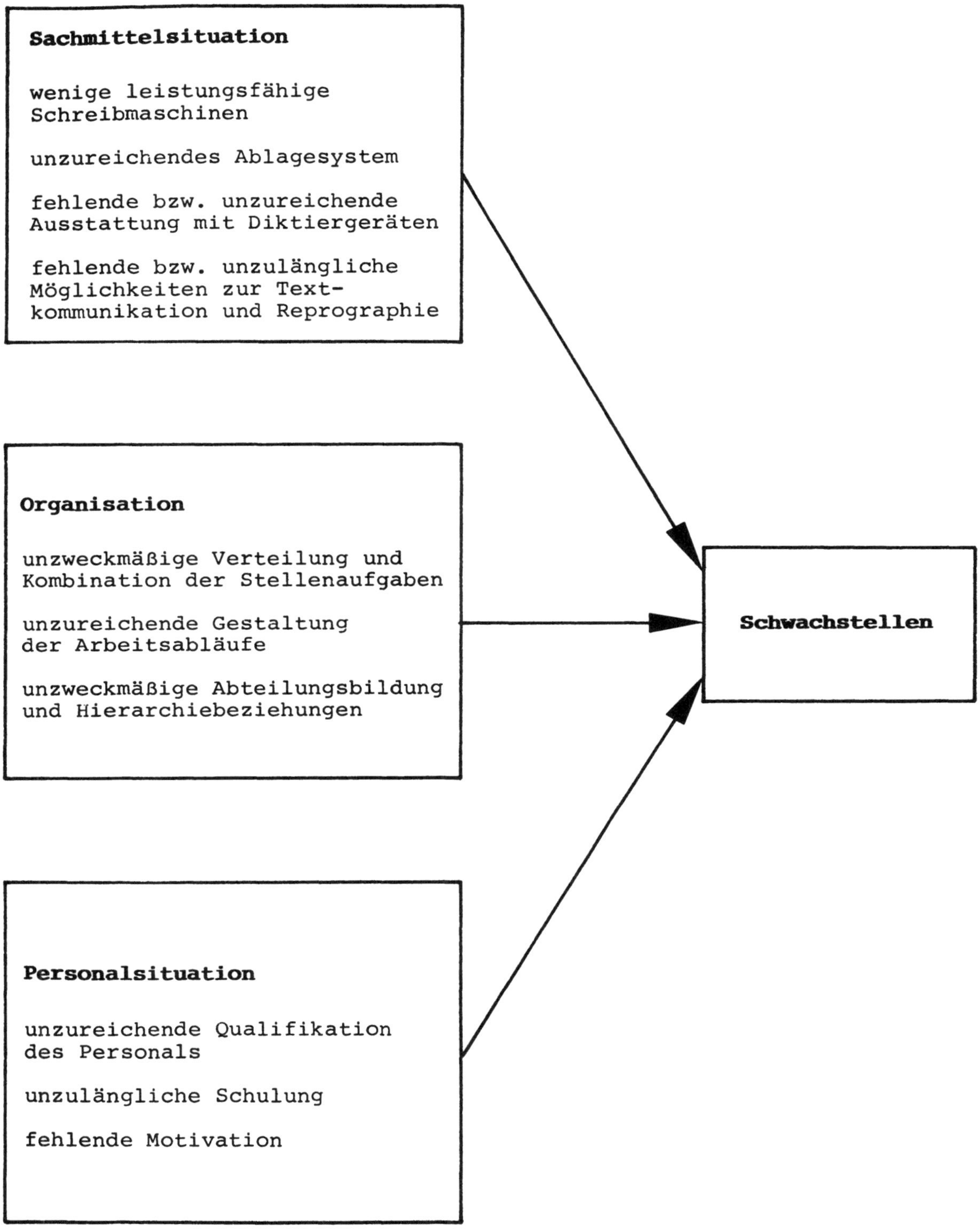

Abb. A-2: Ursachen für Schwachstellen

2.1. Sachmittelsituation

In der Entwicklung moderner Bürotechnologien wurden in den letzten Jahren enorme Fortschritte erzielt. Durch ihre Nutzung im Textverarbeitungsbereich lassen sich die Aktualität, die Fehlerfreiheit und andere Qualitätsmerkmale bei vielen Texten entscheidend verbessern.

Im Rahmen einer Vorstudie stellt sich deshalb die Frage, ob die bisher eingesetzten **Sachmittel leistungsfähig genug** sind oder ob ihre Erweiterung oder gar das Ersetzen des betrieblichen Büromaschinenparks sinnvoll ist.

Neben konventionellen elektromechanischen Schreibmaschinen kommen für das Schreiben von Texten elektronische Schreibmaschinen (mit internem Speicher), Textautomaten und EDV-Anlagen (Computer) in Frage. All diese Sachmittel erleichtern das Korrigieren und Redigieren von Texten; Textautomaten und EDV-Anlagen ermöglichen außerdem das Zusammenfügen von Standardtexten aus Bausteinen oder die Erstellung von Serienbriefen und bieten eine Vielzahl wichtiger Unterstützungsfunktionen.

Für eine schnelle Informationsbereitstellung lassen sich automatisierte Sachmittel ebenfalls nutzbringend einsetzen, indem etwa zuvor manuell geführte Karteien auf entsprechende Datenträger übernommen werden. Vorteilhaft dabei ist:

- ein maschinelles Sortieren und eine beschleunigte Auswertung der gespeicherten Daten ist nach verschiedenen Kriterien möglich: Eine Lieferantenkartei kann z.B. alphabetisch, nach Warengruppen oder nach Postleitgebieten umgruppiert und selektiert werden

- werden bestimmte Einzelinformationen (Lieferungs- und Zahlungsbedingungen, Preise, Produktbeschreibungen eines ausgewählten Lieferanten) benötigt, so können diese schnell und gezielt abgerufen werden

A.II.2.1.　　　　Sachmittelsituation

Neben der eigentlichen Schreibfunktion und eng damit verbundenen Sachbearbeitungsvorgängen ist auch die Sachmittelsituation bei der Textaufnahme zu erheben. So ist in vielen Büros gerade mittelständischer Betriebe festzustellen, daß Texte vom Sachbearbeiter handschriftlich erstellt und diese Vorlagen von Schreibkräften abgeschrieben werden. Oft wird auch noch auf Stenodiktat oder das direkte Diktat in die Maschine zurückgegriffen. Die Nutzung von Diktiergeräten (Phonodiktat) ist dagegen eher gering.

Auch bei der Übermittlung von Texten können unzweckmäßige Sachmittel zu Schwachstellen führen. Der Einsatz leistungsfähiger Kommunikationsmittel wie Fernkopieren (Telefax) oder Bürofernschreiben (Teletex) kann zur Beseitigung von Engpässen und Verzögerungen in Postabfertigung und -verteilung führen. Auch bei konventionellem Versand kann die Bearbeitung der Post durch elektrische Brieföffner, Frankierautomaten etc. beschleunigt werden.

2.2. Organisation

Moderne Technik allein reicht nicht aus, um rationelle Textverarbeitung sicherzustellen. Vielmehr muß diese in ein umfassendes Organisationskonzept sinnvoll eingegliedert werden. Nicht selten sind nämlich viele Schwachstellen auf **Mängel in der Organisation** zurückzuführen.

So kann etwa die Verteilung der vorliegenden Aufgaben auf die einzelnen Stellen im Betrieb unzweckmäßig sein. Anzeichen dafür sind: Die Arbeitsauslastung der Mitarbeiter weist erhebliche Unterschiede auf, einige Sachbearbeiter oder Schreibkräfte sind überlastet, die Textqualität sinkt, bei bestimmten Arbeitsabläufen treten Stockungen auf.

Nicht nur der Aufgaben-Umfang, auch die inhaltliche Aufgabenverteilung führt häufig zu Problemen. Oft ist es ungünstig, wenn

Organisation A.II.2.2.

das Schreibpersonal zu viele sachfremde Tätigkeiten zu übernehmen hat. Die Arbeit mag dann zwar sehr abwechslungsreich sein; aber die eigentliche Schreibarbeit bleibt liegen. Zuviele Nebentätigkeiten werden meist auch vom Personal als störend empfunden.

Eine weitere Schwachstellen-Ursache kann in der unzweckmäßigen Gestaltung der Hierarchiebeziehungen oder in der Abteilungsbildung liegen. Nicht selten sind Sekretärinnen bestimmten Stellen oder Abteilungen fest zugeteilt. Bei Arbeitsspitzen treten dann häufig Schwierigkeiten des Ausgleichs auf. Durch Veränderungen in der Organisationsstruktur läßt sich hier Abhilfe schaffen.

Mängel der Ablauforganisation, die zu hohen Durchlaufzeiten und ungleichmäßiger Arbeitsbelastung führen, können sein:

- verschiedene Tätigkeiten sind überflüssig; statt des Textens einer Rückantwort kann z.B. die Urschrift (Original) für Kurzantworten genutzt werden, indem von ihr eine Kopie angefertigt wird
- mit einem Arbeitsvorgang sind zu viele Stellen befaßt, so daß sich erhebliche Wartezeiten ergeben
- der Transport von Dokumenten zwischen einzelnen Stellen ist zu aufwendig und erfolgt nicht kontinuierlich.

2.3. Personalsituation

Eine ungenügende **Qualifikation** von Sachbearbeitern und Schreibkräften hat in der Regel schlechte Textgestaltung und geringe Schreibleistung zur Folge. Dies kann beispielsweise daran liegen, daß

- die Sachbearbeiter keine klare Diktiersprache verwenden oder Diktierregeln nicht einhalten oder
- die orthographischen Kenntnisse der Schreibkräfte zu gering sind (häufige Korrekturen bzw. häufiges Nachschlagen von Wörtern wird nötig).

A.II.2.3.   Personalsituation

Neben Ausbildungsdefiziten ist auch eine fehlende **Motivation** häufige Schwachstellen-Ursache. Gründe hierfür können sein:

- die Arbeitsorganisation entspricht nicht den Mitarbeiterbedürfnissen
- das Betriebsklima ist schlecht
- es fehlt an materiellen Anreizen.

3. Hilfsmittel zur Analyse der Schwachstellen und ihrer Ursachen

Nachdem die möglichen Schwachstellen und ihre Ursachen allgemein beschrieben wurden, stellt sich nun die Frage, wie sie im konkreten Anwendungsfall ermittelt werden können. Dafür stehen folgende Hilfsmittel zur Verfügung, die einzeln oder kombiniert anwendbar sind:

- Kennzahlen
- Checklisten und
- Prüfmatrizen.

3.1. Kennzahlen

Kennzahlen werden in der betriebswirtschaftlichen Praxis vielfach angewandt. Bekannt sind vor allem Lager-, Bilanz- und Umsatzkennzahlen. Sie dienen der Kontrolle des Betriebsablaufs und liefern gleichzeitig Entscheidungsunterlagen.

Zur Identifizierung von Textverarbeitungs-Schwachstellen können Kennzahlen so weit genutzt werden, wie sich **Probleme quantitativ ausdrücken** lassen. Die Kennzahlen können dann mit Richtzahlen verglichen werden, die Aussagen über Durchschnittswerte bei vergleichbaren Betrieben liefern.

(1) Zeitbedarf für die Aufgabenerfüllung

Die Abläufe, die in ihrem Zeitverhalten gemessen werden, können unterschiedlich umfangreich sein. So ist es u.U. zweckmäßig, den durchschnittlichen Zeitaufwand für die Abwicklung eines umfassenden Arbeitsablaufes zu ermitteln: z.B. für Entwurf, Erstellung und Absendung eines Angebotes. Durch Vergleich mit Konkurrenzwerten, die etwa durch Rückfragen bei Kunden feststellbar sind, können Mängel aufgedeckt werden. Daneben ist es oft angebracht, den Zeitbedarf für einzelne Teilvorgänge der Textverarbeitung festzustellen: Diktieren, Schreiben, Reprographie, Such- bzw. Ablagezeiten, Postbearbeitung und -verteilung etc. Mitunter deuten allein die Wartezeiten auf gravierende Schwachstellen hin.

(2) Fehlerhäufigkeit

Kennzahlen für typische Mängel und Fehler in der Textverarbeitung sind u.a.

- die Häufigkeit von Rückfragen und Reklamationen (die sich meist infolge unpräzise formulierter oder wenig gegliederter Texte ergeben)
- die Anzahl neugeschriebener Texte, weil Tippfehler vorlagen oder Konzept bzw. Diktat nicht stimmten
- das Verhältnis der mehrfach geschriebenen Texte zum gesamten Textvolumen.

(3) Störungen

Aussagekräftig sind vor allem absolute Zahlen wie:

- Anzahl und Dauer der Störungen infolge des Ausfalls von Bürogeräten
- Zahl der Engpässe, die sich durch Überlastung von Mitarbeitern ergeben.

(4) Kosten

Typische Kostenkennzahlen sind:

A.II.3.1.   Kennzahlen

- Durchschnittskosten je Brief (bzw. je Vorgang)
- Materialverbrauch am Arbeitsplatz
- Personalkosten im gesamten Textverarbeitungsbereich (Verhältnis zum Produktionsbereich, Umsatz etc.)
- Auslastungsgrad der Sachmittel (dadurch lassen sich Leerkosten feststellen).

(5) Mitarbeiterzufriedenheit

Folgende Kennzahlen können zur Orientierung dienen:

- Fluktuation (über einen längeren Zeitraum)
- Anzahl geäußerter Beschwerden
- Abwesenheits- und Krankheitsquote (Absentismus).

3.2. Checklisten

Bei Checklisten oder Prüflisten handelt es sich um **Fragen-Kataloge**, die aus der Erfahrungssituation des betrieblichen Einzelfalles gewonnen werden und die jeweils typischen Problembereiche berücksichtigen. Die folgende Checkliste kann deshalb nur Beispielcharakter haben. Sie sollte dem Praktiker Anregungen für die Formulierung von Fragen geben, die auf seinen Fall zugeschnitten sind.

(1) Feststellung **terminbezogener** Schwachstellen und ihrer Ursachen

- Werden akquisitorische Wirkungen deshalb nicht erreicht, weil Texte zu spät erstellt werden: Erhalten z.B. potentielle Kunden Angebote erst nach langer Wartezeit und bleiben Bestellungen deshalb aus?
- Werden öfter Fristen versäumt, so daß Rechtsansprüche verloren gehen oder zusätzliche Kosten entstehen: z.B. Verlust gesetzlich oder vertraglich zustehender Ansprüche infolge verspäteter Mängelrügen?

- Liegen die Ursachen für Zeit-Engpässe in bestimmten Teilfunktionen: z.B. unzureichende Terminüberwachung, unzweckmäßige Arbeitsablaufgestaltung, fehlende Unterschriftenregelungen, Mängel bei Postbearbeitung und -verteilung?

- Werden ganz oder teilweise überflüssige Tätigkeiten durchgeführt, die termingebundene Aufgaben kapazitätsmäßig blockieren?

- Treten Termin-Engpässe vor allem bei ungleichmäßigem Arbeitsanfall auf und ist die Arbeit auf die einzelnen Mitarbeiter so verteilt, daß keine gleichmäßige Arbeitsauslastung gewährleistet ist?

- Könnten die terminorientierten Schwachstellen durch Anschaffung neuer technischer Hilfsmittel behoben werden oder muß dafür zusätzliches Personal eingestellt werden?

(2) Feststellung **qualitätsbezogener** Schwachstellen und ihrer Ursachen

- Treten häufig Mißverständnisse oder Rückfragen aufgrund unpräzise formulierter Texte auf?

- Läßt die Werbewirksamkeit von Texten zu wünschen übrig, weil Formulierung und Gestaltung der Texte unbefriedigend sind?

- Müssen Textentwürfe wiederholt überarbeitet werden, weil sie fehlerhaft oder gar ungeeignet sind?

- Müssen Texte oft wegen Fehlern oder Änderungen in der Vorlage mehrfach geschrieben werden?

- Werden beim Korrespondenz-Versand mitunter wichtige Anlagen vergessen?

(3) Feststellung **unerledigter Aufgaben** und der Ursachen dafür

- Welche Textverarbeitungsaufgaben wären notwendig oder wünschenswert, die bisher nicht erfüllt werden können?

A.II.3.2.   Checklisten

- Führt die zeitweilige Abwesenheit von Mitarbeitern (Urlaub, Krankheit, Dienstreisen) zu Lücken in der Aufgabenerfüllung?
- Treten häufig Störungen durch den Ausfall von Sachmitteln auf (Defekte, Wartungszeiten, fehlendes Arbeitsmaterial)? Welche Auswirkungen hat das für die vollständige Aufgabenabwicklung?
- Ergeben sich längere Stockungen der Arbeit, weil die Ausstattung mit Sachmitteln unzureichend ist: z.B. fehlende Diktiergeräte oder mangelnde Kopiermöglichkeiten?
- Führen Fehler in der Aufgabenverteilung - etwa die häufige Übernahme besonderer Arbeiten - zu unverhältnismäßigen Unterbrechungen im Arbeitsfluß?
- Bestehen bei Mitarbeitern Informationslücken, weil an sich nötige Rundschreiben bzw. Aktennotizen über bestimmte Probleme nicht erstellt werden?

(4) Feststellung **kostenbezogener** Schwachstellen und ihrer Ursachen

- Wie haben sich die Kosten für Erstellung und Verteilung von Texten in den letzten Jahren entwickelt?
- Halten sich die Aufwendungen für Reparatur und Wartung der vorhandenen Sachmittel in einem vertretbaren Rahmen?

(5) Feststellung **psycho-sozialer** Schwachstellen und ihrer Ursachen

- Läßt die Leistungsbereitschaft der Mitarbeiter zu wünschen übrig? Auf welche Faktoren kann das zurückgeführt werden: Arbeitsüberlastung, Arbeitsplatzgestaltung, unzureichende Entlohnung, Führungsstil des Vorgesetzten?
- Treten zuweilen Streitigkeiten unter Mitarbeitern wegen fehlender Zuständigkeitsregelungen auf?

Checklisten — A.II.3.2.

- Ist der Ausbildungsstand der Mitarbeiter ausreichend oder sind zusätzliche Schulungsaktivitäten sinnvoll?
- Sind die anfallenden Aufgaben der Qualifikation der Mitarbeiter entsprechend verteilt?

3.3. Prüfmatrizen

Eine weitere Möglichkeit der Beschreibung vorhandener Schwachstellen und der Analyse ihrer Ursachen bietet das Prüfmatrixverfahren. Dabei werden die systematisch aufbereiteten Mängel und Mängelursachen in übersichtlicher Weise gegenübergestellt, um Aufschluß über **Ursache-/Wirkungsbeziehungen** zu gewinnen. Eine solche Übersicht ist allein deshalb sinnvoll, weil eine Schwachstelle häufig auf mehre Ursachen zurückgeht. So können beispielsweise für eine zu hohe Durchlaufzeit der Texte sowohl die unzureichende Gestaltung der Arbeitsabläufe als auch eine mangelhafte Ausstattung mit Sachmitteln ursächlich sein.

Um die Anwendbarkeit dieses Verfahrens für den Textverarbeitungsbereich zu demonstrieren, werden die bisher beschriebenen Schwachstellen und die jeweils typischen Ursachen beispielhaft miteinander verknüpft. Diese kombinierte Darstellung ist eine **Prüfmatrix**. Bei einer konkreten Vorstudie müssen die Schnittpunkte von Zeilen und Spalten mit den in der jeweiligen Unternehmung vorliegenden Problemen gefüllt werden.

A.II.3.3.   Prüfmatrizen

Schwachstellen-Ursachen / Art der Schwachstellen	Sachmittelsituation	Organisation	Personalsituation
terminbezogene (hohe Durchlaufzeiten)			
qualitätsbezogene (inhaltliche und formale Mängel)			
unerledigte Aufgabenbereiche			
kostenbezogene (hoher Sachmittel-, Personal- oder Material-Aufwand)			
psycho-soziale (hohe Fluktuation und Fehlzeiten)			

Abb. A-3: Prüfmatrix

III. Auswertung und Konsequenzen der Vorstudie

1. Entscheidungen zur Projektdurchführung

Die Ergebnisse der Vorstudie sind Grundlage für die weiteren Schritte auf dem Weg zur Problemlösung. Deshalb sollte ein **Vorstudienbericht** verfaßt werden, der in systematischer Form zusammenstellt:

- (1) eine detaillierte Beschreibung der vorhandenen Schwachstellen und ihrer Ursachen
- (2) einen ersten Vorschlag grundsätzlich in Frage kommender Lösungsalternativen
- (3) eine grobe Kosten-/Nutzen-Schätzung der möglichen Lösungswege.

Zu (1):

Als Orientierung für eine umfassende und systematische **Beschreibung** kann die Prüfmatrix dienen. Mit den konkret erhobenen Problemen ausgefüllt, ist sie Basis für weitergehende verbale Erläuterungen.

Zu (2):

Aus den Besonderheiten der festgestellten Schwachstellen können erste **Verbesserungsvorschläge** abgeleitet werden. Kernfrage ist dabei, ob und für welche Aufgaben eine Automatisierung der Textverarbeitung sinnvoll erscheint. Wesentliche Faktoren für eine entsprechende Vorentscheidung sind ja im Rahmen der Vorstudie bereits grob ermittelt worden, etwa:

- Häufigkeit der Erstellung von Texten in bestimmten Zeitabschnitten,
- Korrektur- und Überarbeitungsintensität,
- Anteil identischer oder teilweise immer wieder vorkommender Texte am Gesamtvolumen.

A.III.   Auswertung und Konsequenzen der Vorstudie

Die Lösungsvorschläge sollten - soweit es möglich ist - bereits nach Arbeitsgebieten oder Abteilungen differenziert werden. Dabei sind zudem die logischen Verflechtungen der Textverarbeitungsprozesse untereinander sowie mit Datenverarbeitungs- und Kommunikationsfunktionen zu berücksichtigen.

Zu (3):

Für eine erste Bewertung der in Frage kommenden Lösungsalternativen ist eine grobe Schätzung der anfallenden **Kosten** und des zu erwartenden **Nutzens** notwendig. Zeigt sich schon in der Vorstudie, daß eine Automatisierung sinnvoll ist, so sollte die Grössenordnung der anzuschaffenden Anlage ungefähr festgelegt werden - nach Kenngrößen wie: Zahl der Bildschirmarbeitsplätze, Umfang und Art der externen Speicher. Damit ergeben sich neben der groben Kostenschätzung (für Anschaffung bzw. Miete und laufenden Betrieb) auch erste Anhaltspunkte zur Bestimmung der Anlagenkonfiguration. Natürlich sind auch die Kosten für Änderungen im konventionellen Bereich in die Schätzung einzubeziehen.

Größere Schwierigkeiten macht die Ermittlung des Nutzens, den neue organisatorische Lösungen mit sich bringen. Doch muß zumindest grob festgestellt werden, wo und wie stark die in Frage kommenden Alternativen

- zu schnellerer Informationsbereitstellung und Textproduktion
- zu neuen, bisher nicht möglichen Texten und
- zu einer Qualitätssteigerung der Textverarbeitungs-Leistungen führen.

Die Größe der einzelnen Nutzenbeiträge ist - vor allem im Stadium der Voruntersuchung - kaum quantifizierbar. Noch stärker gilt das für Faktoren wie Zufriedenheit und Leistungsbereitschaft der Mitarbeiter.

Die im Rahmen der Vorstudie ermittelten und im Bericht festgehaltenen Ergebnisse müssen schließlich der Unternehmensleitung zur Information und Prüfung vorgelegt werden. Gemeinsam mit den an der Vorstudie Beteiligten sollte dann über das weitere Vorgehen entschieden werden. Dabei sind grundsätzlich drei Möglichkeiten denkbar:

(1) **Weitere Maßnahmen** werden **nicht für sinnvoll** gehalten, da die vorgefundenen Probleme nicht gravierend sind und die Kosten für eine Änderung in keinem Verhältnis zu deren Nutzen stünden

(2) Eine grundsätzliche Problemlösung wird **zurückgestellt**, da

- provisorische Maßnahmen zunächst ausreichen dürften
- keine geeigneten Lösungsalternativen in Sicht sind
- die vorhandenen finanziellen und personellen Mittel für eine Realisierung der vorgeschlagenen Lösungen nicht ausreichen

(3) Um eine dauerhafte Lösung der vorhandenen Probleme zu ermöglichen, wird ein entsprechendes **Projekt** in Angriff genommen.

Die Entscheidung für Fall (3) sollte direkt mit Vorgaben für die sich anschließende Projektplanung verbunden sein - insbesondere mit:

- einer eindeutigen Definition der Projektziele: Ableitung von Teilzielen aus dem Globalziel "Rationalisierung des Bürobereichs"
- Entscheidungen über Art und Umfang der Projektdurchführung: grundsätzlich einzuschlagender Lösungsweg, Untersuchungsobjekte etc.

A.III.1. Entscheidungen zur Projektdurchführung

- einer Festlegung des zur Projektrealisierung maximal verfügbaren Etats
- der Bestimmung eines Verantwortlichen für Planung, Durchführung und Steuerung des Projektes
- dem Beschluß, ob und in welchem Umfang externe Berater hinzugezogen werden sollen.

2. Projektplanung

Der Vorstudienbericht enthält grobe Schätzungen über die technische Realisierbarkeit, den Personal- und Kapitalbedarf und die voraussichtliche Projektdauer. Durch die Projektplanung sind diese Aussagen zu spezifizieren. Zunächst ist dabei festzulegen:

- welche **Aktivitäten** im Projekt erforderlich sind sowie in welchen **Zeitspannen** und in welcher **zeitlichen Abfolge** diese Aktivitäten durchzuführen sind (Zeit- und Aktivitätenplanung)
- **Kosten** welcher Höhe anfallen (Kostenplanung).

Damit diese Planungsaufgaben sorgfältig durchgeführt werden, sollte ein **Projektteam** gebildet werden, das alle an der Planung Beteiligten umfaßt. Die Arbeit dieses Projektteams soll gewährleisten, daß in der Planungsphase keine Fehler gemacht werden, die später die reibungslose Umstellung auf neue Sachmittel und andere Reorganisationsmaßnahmen ernsthaft gefährden. Die Einrichtung dieses Projektteams muß selbstverständlich auch geplant werden. Die Planung des Projektteams ist - obwohl hier als dritter Gegenstand angeführt - demnach in der Praxis der erste Schritt der Projektplanung.

2.1. Zeit- und Aktivitätenplanung

Einen wesentlichen Gegenstand der Projektplanung bilden Festlegung und terminliche Abstimmung der im Laufe der gesamten Reorganisation notwendig werdenden Aktivitäten: Dies geschieht durch eine Zeit- und Aktivitätenplanung. Ihren Ausgangspunkt bildet der Termin, zu dem die Umstellung der Textverarbeitungs-Organisation abgeschlossen sein soll. Dieser Zeitpunkt ist dann Basis für eine Rückrechnung, die zur exakten zeitlichen Planung der Einzel-Termine für die gesamten Vorarbeiten führen muß.

Eine präzise Zeit- und Aktivitätenplanung ist sehr wichtig. Denn es müssen zusätzliche Kosten - durch nicht ausgelastete Kapazitäten, Reibungsverluste etc. - in Kauf genommen werden, wenn etwa zum Zeitpunkt der Installation eines Textautomaten noch nicht alle Vorarbeiten abgeschlossen sind.

Ergebnisse der Planung müssen daher sein:

- **Festlegung** der erforderlichen Aktivitäten
- **terminliche Abstimmung** aller notwendigen Vorbereitungs- und Einsatz-Aktivitäten aufeinander, um den Umstellungszeitpunkt einhalten zu können
- **Überwachung** der Zeitpläne, um bei eventuellen Verzögerungen oder Änderungen entsprechend umdisponieren zu können (Berichterstattungszeitpunkte).

2.1.1. Planungsinhalt

Um einen exakten Zeitplan aufstellen zu können, müssen zunächst alle durchzuführenden Aktivitäten gesammelt werden. Dies erfolgt zweckmäßigerweise in mehreren Stufen: Zunächst werden die Hauptaufgabenbereiche formuliert, anschließend werden sie schrittweise in **Einzeltätigkeiten** aufgelöst. Diese Einzelaktivitäten sind **Vorgänge**, d.h.: nicht weiter zerlegbare Tätigkeiten mit definiertem Anfang und Ende.

A.III.2.1.   Zeit- und Aktivitätenplanung

Hauptaktivitäten bei der Reorganisation der Textverarbeitung sind:

(1) Ist-Untersuchung des Textverarbeitungs-Bereichs

(2) Soll-Entwurf für den Textverarbeitungs-Bereich (Erstellung einer Feinkonzeption)

(3) Auswahl und Beschaffung der Sachmittel

(4) Personaleinsatz-Vorbereitung

(5) Gestaltung der Arbeitsumgebung und des Arbeitsplatzes

(6) wo dies sinnvoll ist: Standardisierung von Texten und Erstellung eines Texthandbuches

(7) Organisatorische Implementierung.

Um eine geschlossene Übersicht über alle durchzuführenden Tätigkeiten zu erhalten, sollten die Hauptaktivitäten in einer Checkliste festgehalten und durch eine detaillierte Angabe der Einzeltätigkeiten ergänzt werden. Dadurch ist eine Prüfung auf Vollständigkeit am ehesten möglich.

Beispiel für eine **Checkliste** zum Projekt "Automatisierung der Textverarbeitung":

(1) Ist-Untersuchung des Textverarbeitungs-Bereichs

- Kopiensammlung
- Interview/Befragung von Mitarbeitern
- Dokumentation der Analyse-Ergebnisse (Beschreibung der Textverarbeitungs-Aufgaben anhand von Text-Profilen)

(2) Soll-Entwurf für den Textverarbeitungs-Bereich (Erstellung der Feinkonzeption)

- Umgestaltung der Textprofile für den Einsatz des Textautomaten (Textbearbeitung, Bausteinverarbeitung, Serienbriefe etc.)

- Aufgabenverteilung (Stellenbildung)
- Fein-Entwurf der Arbeitsabläufe
- Gestaltung der Formulare
- Entwurf von Schlüsselsystemen, Datei-Organisation etc.

(3) Auswahl und Beschaffung der Sachmittel

- Erarbeitung eines Pflichtenheftes
- Vorführungen (Demonstrationen bei Sachmittel-Anbietern)
- Vertragsverhandlungen
- Festlegung der Finanzierung

(4) Personaleinsatz-Vorbereitung

- Information und Motivierung
- Personalauswahl (Stellenbesetzung)
- Personalbeschaffung
- Personalausbildung
- Benutzerschulung (bei Textautomaten)

(5) Gestaltung der Arbeitsumgebung und des Arbeitsplatzes

- Festlegung der Räume (für die Aufstellung der Bürogeräte)
- bauliche Veränderungen
- räumliche Gestaltung (Beleuchtung, Klimatisierung, Akustik etc.)
- Gestaltung des Arbeitsplatzes (Arbeitsmittel, Mobiliar)
- Aufstellen und Anschließen der Geräte (Installation)

(6) Standardisierung von Texten (abhängig vom Anwendungsfall)

- Inhaltliche Analyse der Texte
- Grobformulierung von Serienbriefen und Textbausteinen
- Inhaltliche Überprüfung und Feinformulierung
- Erstellung eines Texthandbuches

A.III.2.1.1.   Planungsinhalt

(7) Organisatorische Umstellung

- Entwicklung von Organisationsrichtlinien (Handhabung von Schreibaufträgen, Korrespondenzverteilung etc.)
- Praxistest
- bei EDV-Funktionen: Anlegen von Dateien etc.
- Erfassen von Anschriften, Textbausteinen etc.
- Beginn der Systemnutzung (Umstellungsstichtag)
- Erstellen von Terminplänen für die laufende Nutzung von Sachmitteln (Belegung des Textautomaten u.ä.)
- Formularorganisation
- Organisation des Änderungsdienstes.

Nach der Sammlung aller erforderlichen Tätigkeiten müssen sie in der zeitlichen Reihenfolge ihrer Durchführung geordnet werden (Ordnen der **Arbeitsfolge**). Dabei sind die zwischen ihnen bestehenden logischen Beziehungen und Abhängigkeiten zu beachten.

Um die gesamte Projektdauer sowie die Anfangs- und Endtermine der einzelnen Tätigkeiten festlegen zu können, muß deren voraussichtliche Zeitdauer geschätzt werden. Der nächste Schritt ist daher das Festlegen des **Zeitbedarfs** für die **Teilarbeiten**. Der Zeitbedarf wird jedoch durch eine Vielzahl individueller Faktoren beeinflußt: z.B. hängt die Zeit für die Raumvorbereitung davon ab, ob geeignete Räume bereits vorhanden sind, ob die vorhandenen nur geringfügig geändert oder aber ob sie völlig umgebaut werden müssen. Deshalb können hier keine generell gültigen Zeitangaben für die einzelnen Tätigkeiten angegeben werden. Die Zeitdauer muß vielmehr nach den Besonderheiten jedes Einzelfalls geschätzt werden. Als Orientierungshilfen dafür bieten sich an:

- Erfahrungswerte aus anderen Unternehmungen
- Lieferzeiten für Geräte (u.U. auch für Material)
- Schulungspläne der Sachmittel-Anbieter (Termine und Dauer von Kursen).

Zur Erfassung aller Einzelaktivitäten (Vorgänge) dient eine Vorgangsliste, die dann zur Ausgangsbasis für die exakte Zeitplanung wird. Die **Vorgangsliste** ist eine tabellarische Übersicht und enthält:

(1) die **Nummer** des Vorgangs (die einzelnen Vorgänge sollten fortlaufend numeriert werden)

(2) die **Bezeichnung** des Vorgangs (z.B. Ermittlung der Textprofile)

(3) die **Dauer** des Vorgangs (in Tagen, Wochen)

(4) den unmittelbaren **Vorgänger** (Tätigkeit, die beendet sein muß, damit der folgende Vorgang beginnen kann)

Eine typische Vorgangsliste, die sich auf die Planungsperiode zwischen der Bestellung und dem ersten Einsatz eines Textautomaten bezieht, zeigt das folgende Beispiel:

A.III.2.1.1.   Planungsinhalt

Vorgangs-nummer	Vorgang	unmittelbarer Vorgänger	Dauer in Wochen
1	Auswertung der Vorstudie	-	1
2	Untersuchung der Büroorganisation	1	8
3	Ermittlung der Text-Profile	1	8
4	Gestaltung der Text-Profile	3	4
5	Entwurf der Organisations- struktur und -Abläufe	2, 4	3
6	Erarbeitung und Versendung eines Pflichtenhefts	5	1
7	Anwendungsdemonstrationen (Sondierungsphase)	6	6
8	Vertragsverhandlungen und -Abschluß	7	2
9	Information und Auswahl des Personals	1	1
10	Personalschulung	8, 9	3
11	Gestaltung der Arbeits- umgebung und Arbeitsplätze	7, 9	3
12	Organisatorische Umstellung	10, 11	4

Abb. A-4: Vorgangsliste für das Projekt "Automatisierung der Textverarbeitung"

2.1.2. Planungstechniken

Eine exakte zeitliche Abstimmung der einzelnen Aktivitäten ist mit der Vorgangsliste selbst nicht möglich, da sie den zeitlichen Ablauf des gesamten Projektes noch nicht klar genug hervortreten läßt. In der Praxis sind verschiedene **Planungsverfahren** üblich, um die zeitlichen Verknüpfungen optisch erkennbar

Planungstechniken   A.III.2.1.2.

und logisch berechenbar zu machen. Wohl am häufigsten werden verwendet:

(1) Balkendiagramm-Technik und
(2) Netzplan-Technik.

Zu (1):

Das **Balkendiagramm** dient zur graphischen Darstellung der einzelnen Aktivitäten und ihrer zeitlichen Dauer in einem Koordinatensystem. Auf der horizontalen Achse wird der Zeitablauf eingetragen, während auf der vertikalen Achse die im Projektverlauf durchzuführenden Aktivitäten verzeichnet sind. Die Angaben stimmen mit denen der Vorgangsliste überein, doch ist aus dem Diagramm plastischer als aus der Liste unmittelbar ersichtlich, wann welche Aktivität beginnen kann (Beendung des Vorgängers), wie lange sie dauert, welcher Vorgang parallel möglich ist und welche Aktivität unmittelbar folgt (Beginn des Nachfolgers).

A.III.2.1.2.   Planungstechniken

Vorgangs-nummer	Vorgang
1	Auswertung der Vorstudie
2	Untersuchung der Büroorganisation
3	Ermittlung der Text-Profile
4	Gestaltung der Text-Profile
5	Entwurf der Organisations-struktur und -Abläufe
6	Erarbeitung und Versendung eines Pflichtenheftes
7	Anwendungsdemonstrationen (Sondierungsphase)
8	Vertragsverhandlungen und -Abschluß
9	Information und Auswahl des Personals
10	Personalschulung
11	Gestaltung der Arbeits-umgebung und Arbeitsplätze
12	Organisatorische Umstellung

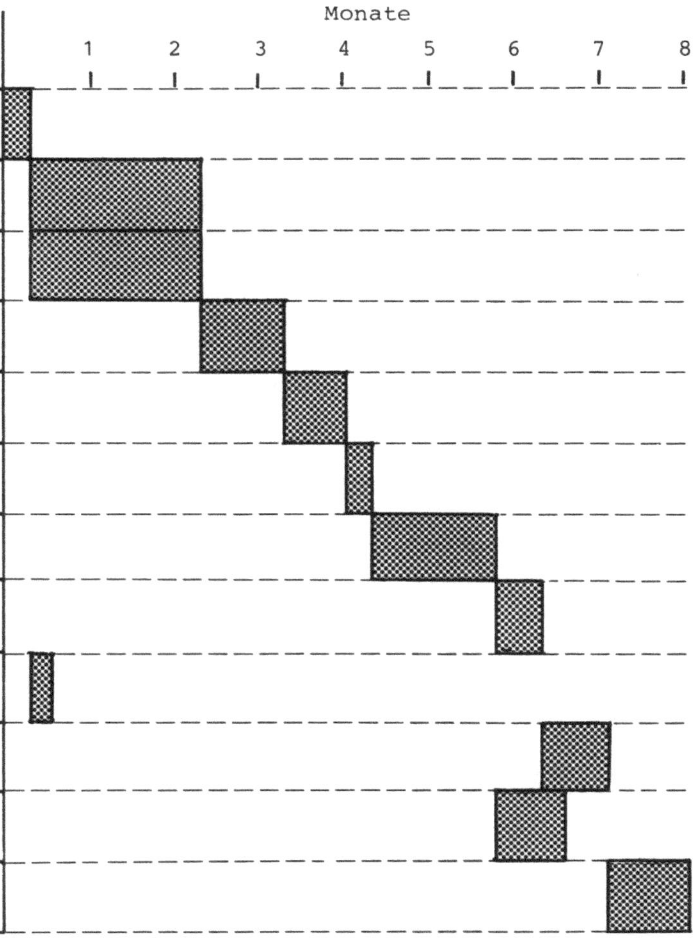

Abb. A-5: Balkendiagramm für das Projekt "Automatisierung der Textverarbeitung"

Balkendiagramme sind systematisch, übersichtlich und - vorausgesetzt, die Zeiten sind ungefähr bekannt - leicht aus der Vorgangsliste konstruierbar. Nachteilig ist allerdings, daß bei einer größeren Anzahl von Vorgängen die Übersichtlichkeit schnell abnimmt. Außerdem ist die Abhängigkeit von Vorgängen untereinander nur unzureichend darstellbar. Auch führen Änderungen meist zu aufwendigen Korrekturen oder gar zur Neuerstellung eines Diagramms.

Planungstechniken · A.III.2.1.2.

Zu (2):

Die Nachteile des Balkendiagramms werden bei (oft zusätzlicher) Anwendung der **Netzplan-Technik** vermieden. Dieses Verfahren erlaubt eine exakte Planung und Überwachung des Projektablaufs, ist allerdings aufwendiger als die Balkendiagramm-Technik. Ziel ist es, durch spezielle graphische Symbole den Projektablauf transparent und berechenbar zu machen. In der betrieblichen Praxis sind drei Darstellungsmethoden üblich:

- das CPM-Verfahren (für: Critical Path Method oder Methode des kritischen Weges)

- das PERT-Verfahren (für: Program Evaluation and Review Technique oder Verfahren zur Berechnung und laufenden Überprüfung des Projektablaufs)

- das MPM-Verfahren (für: Metra Potential Method oder Vorgangsknoten-Methode)

Im folgenden wird das MPM-Verfahren zugrundegelegt. Dabei wird jede Tätigkeit aus der Vorgangsliste in Form eines Rechtecks als sogenannter Vorgangsknoten abgebildet. Die einzelnen Felder des **Knotens** dienen der genauen Bezeichnung der Tätigkeit sowie der Zeit-Angabe. Die Abhängigkeiten zwischen den verschiedenen Tätigkeiten werden durch **Pfeile** dargestellt, die unmittelbar aufeinander folgende Tätigkeiten (Vorgangsknoten) verbinden. Der Vorgangsknoten, von dem ein Pfeil ausgeht, stellt also den unmittelbaren Vorgänger des Vorgangs dar, in den dieser Pfeil mündet. Damit repräsentiert die linke Seite eines Vorgangsknotens den Beginn, die rechte Seite das Ende der entsprechenden Tätigkeit.

A.III.2.1.2. Planungstechniken

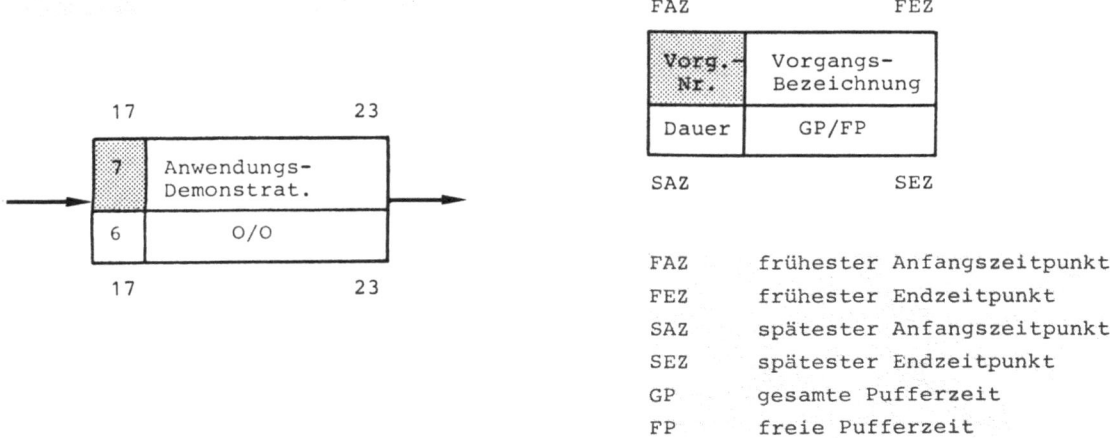

Abb. A-6: Beispiel eines Vorgangsknotens

Hat eine Tätigkeit mehrere unmittelbare Vorgänger, so münden alle Pfeile der Vorgänger in diesen Vorgangsknoten.

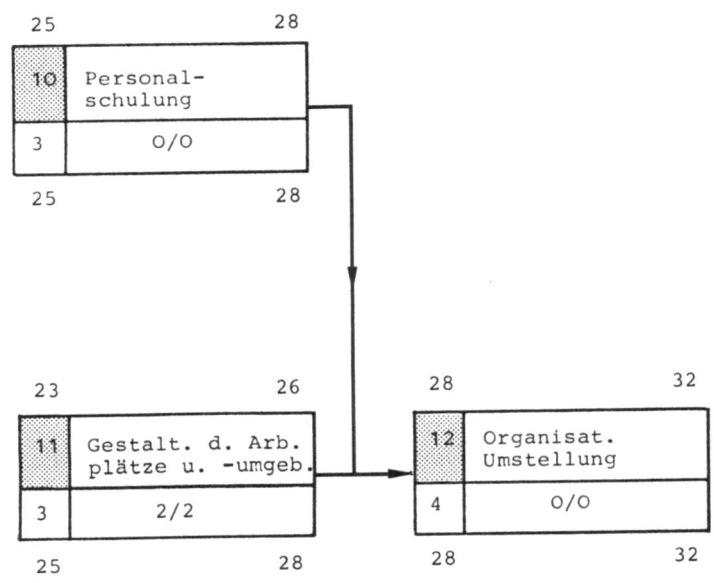

Abb. A-7: Netzplan-Ausschnitt 1 (Beispiel)

Kann mit mehreren verschiedenen Tätigkeiten erst begonnen werden, nachdem eine vorausgehende Aktivität abgeschlossen ist, so richten sich von diesem vorgelagerten Vorgangsknoten mehrere Pfeile auf die jeweiligen Nachfolger.

Planungstechniken A.III.2.1.2.

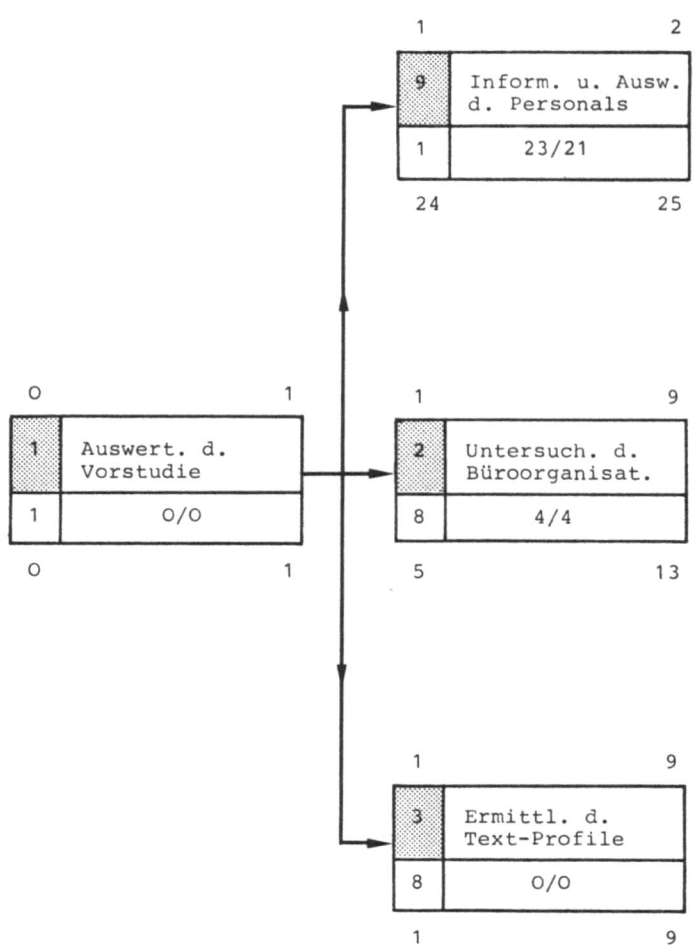

Abb. A-8: Netzplan-Ausschnitt 2 (Beispiel)

Nach der Abbildung der logischen Beziehungen zwischen den Tätigkeiten können die **Zeitschätzungen** in das Netz der Vorgangsknoten eingetragen werden. Damit läßt sich die exakte Gesamtdauer des Projektes veranschlagen: Bei der sogenannten Vorwärtsrechnung wird der frühestmögliche Endtermin des Projektes ermittelt; dagegen erlaubt die Rückwärtsrechnung festzustellen, wann welche Aktivität spätestens aufgenommen bzw. beendet werden muß, damit ein festgelegter Endtermin eingehalten werden kann.

A.III.2.1.2.   Planungstechniken

Die auf Netzplänen basierende Terminberechnung ermöglicht also Antworten auf Fragen wie:

- Zu welchem Zeitpunkt müssen entsprechend geschulte Mitarbeiter zur Verfügung stehen?
- Wann kann frühestens mit der Gestaltung der Text-Profile begonnen werden?
- Zu welchem Zeitpunkt kann die Entwicklung der Feinkonzeption beginnen (Organisationsstruktur, Arbeitsabläufe)?
- Wann müssen spätestens die personellen Probleme in Angriff genommen werden (Information und Auswahl der Mitarbeiter)?
- Welcher Termin sollte für die Lieferung der Anlage vereinbart werden?

Meist enthält ein Netzplan auch Vorgänge, die nicht zeitkritisch sind, d.h. nicht unbedingt zum frühestmöglichen Zeitpunkt begonnen werden müssen. Diese Vorgänge weisen Zeitreserven auf: sogenannte **Pufferzeiten**. Die Ermittlung solcher Pufferzeiten ermöglicht wiederum, zeitkritische Tätigkeiten als vordringlich einzustufen. Außerdem sind die Konsequenzen zeitlicher Verzögerungen unmittelbar erkennbar.

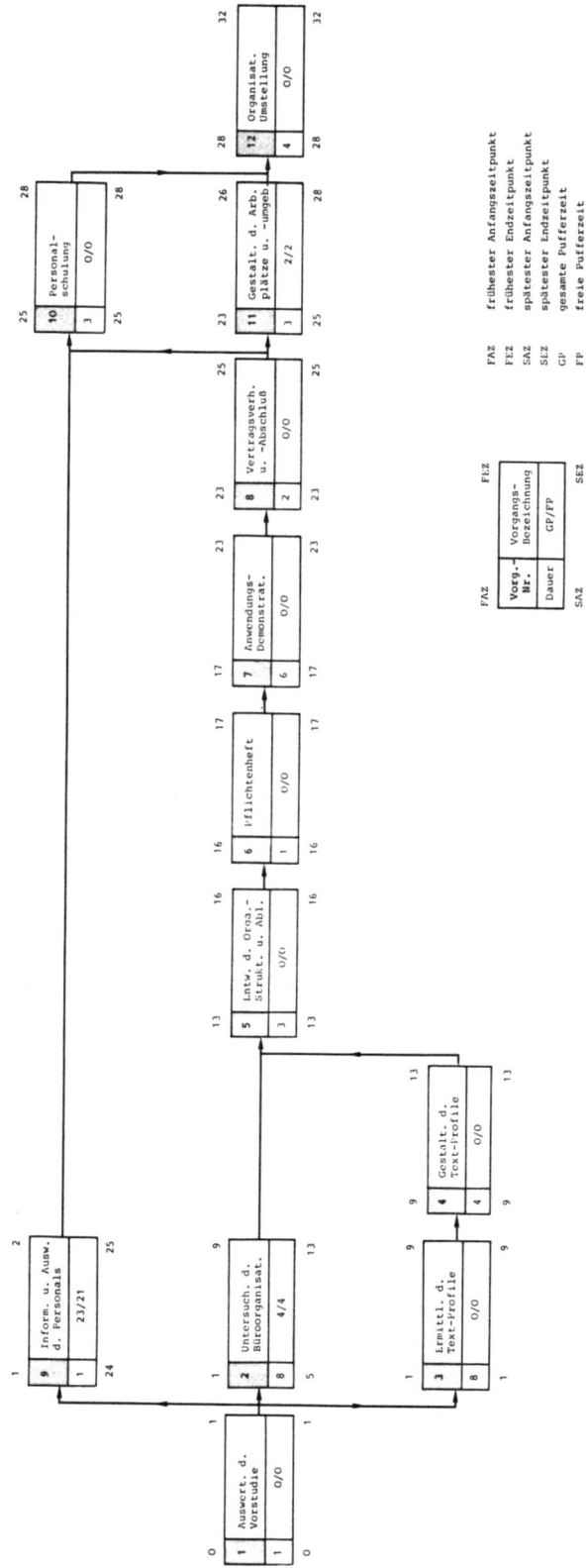

Abb. A-9: Netzplan für das Projekt
"Automatisierung der Textverarbeitung"

A.III.2.1.2. Planungstechniken

Eine nutzbringende Anwendung der Netzplantechnik setzt voraus, daß relativ genaue Zeitschätzungen für die zu planenden Aktivitäten vorgenommen werden. Wo dies nicht möglich ist, reicht eine Planung mit Balkendiagrammen aus.

2.2. Kostenplanung

Um das Projekt wirtschaftlich durchführen zu können, ist eine detaillierte Planung der im Projektverlauf anfallenden Kosten notwendig. Dabei handelt es sich also nicht um die Kosten, die von der gesamten Reorganisation verursacht werden, sondern lediglich um die **einmaligen Kosten der Projektdurchführung**.

Mit einer genauen Planung dieser Projektkosten wird erreicht:

- eine Entscheidungsgrundlage für die Genehmigung der Projektplanung
- eine Kontrolle der Kosten für die einzelnen Teilaktivitäten im Projekt
- ein Anhaltspunkt dafür, welche finanziellen Mittel zu welchem Zeitpunkt verfügbar sein müssen.

Restriktion für die Kostenplanung ist der als Projektvorgabe zur Verfügung stehende Etat (oder: Budget). Für eine genaue Planung ist es sinnvoll, nach **Kostenarten** zu gliedern:

- Personalkosten (anteilige Gehalts- und Gehaltsnebenkosten der Projektmitarbeiter)
- Materialkosten
- u.U. Maschinenkosten
- sonstige Kosten (Telefon-, Reisekosten etc.)
- u.U. Fremdleistungskosten (Kosten für externe Beratung).

Besonders übersichtlich ist die Darstellung in Form einer Matrix, die aus Hauptaktivitäten und zeitlichem Verlauf besteht.

Kostenplan Projekt: Textautomation						
Arbeitsgebiet	Kostengruppe	\multicolumn{4}{c}{Periode (Monate)}	Summe
		1-3	4-6	7-9	10-12	
Ist-Untersuchung der Text-Profile und der Büro-Organisation	Personal Material Maschinen Sonstiges					
Umgestaltung der Text-Profile und der Büro-Organisation (Soll-Entwurf)	Personal Material Maschinen Sonstiges					
Auswahl und Beschaffung der Sachmittel	Personal Material Maschinen Sonstiges					
Personal-einsatz-Vorbereitung	Personal Material Maschinen Sonstiges					
Gestaltung der Arbeitsplätze und der Arbeits-Umgebung	Personal Material Maschinen Sonstiges					
Kosten je Periode						

Abb. A-10: Kostenplan für das Projekt "Automatisierung der Textverarbeitung"

Zeilen-Quersummen am rechten Tabellenrand ermöglichen die einfache Feststellung der Gesamtkosten nach Kostenarten (für Personal, Material, Maschinen etc.).

A.III.2.2.   Kostenplanung

2.3. Planung des Projektteams

Wird eine grundlegende Reorganisation angestrebt - etwa beim Einsatz von Textautomaten -, so ist es zweckmäßig, mehrere Personen zu einer Projektgruppe oder einem Projektteam zusammenzufassen. Vorteile gegenüber der Einmann-Projektdurchführung sind: die Ausnutzung des Spezialwissens der verschiedenen Beteiligten, eine Verminderung des Risikos bei Ausfall eines Mitarbeiters und eine Erhöhung der Kreativität (Projektideen).

Als **Mitglieder** einer solchen **Projektgruppe** kommen in Frage:

- ein oder mehrere Vertreter der Geschäftsleitung
- Angehörige der betroffenen Fachbereiche, auch - und nicht zuletzt - die Schreibkräfte
- Mitarbeiter des Anlagenanbieters (bei Textautomaten-Anschaffung)
- u.U. externe Berater.

Die **Leitung** des Projektteams und damit die Verantwortung für die Durchführung der Projektarbeit sollte in jedem Falle einem eigenen Mitarbeiter übertragen werden - am besten demjenigen, der später auch für die Erledigung der Textverarbeitungsaufgaben zuständig sein soll. Um von der **Kompetenzausstattung** her eine effiziente Arbeit zu gewährleisten, sollte in mittelständischen Betrieben das Projektteam der Geschäftsleitung direkt unterstellt werden. Ein Projektteam ist eine zeitliche befristete Einrichtung, die sich nach erfolgreicher Durchführung der Reorganisation wieder auflöst. Während der Projektlaufzeit sind für die eigenen Mitarbeiter im Team besondere Regelungen über eine zumindest teilweise Freistellung von ihren gewöhnlichen Aufgaben zu treffen. Diese Freistellung wird unterschiedlich weit gehen und soll einzelnen Mitarbeitern häufig nur erlauben, die anderen Team-Mitglieder zu beraten, sie bei Analysen zu unterstützen oder an Projektbesprechungen teilzunehmen.

Planung des Projektteams   A.III.2.3.

Zusammensetzung und Größe des Projektteams können sich im Verlauf des Reorganisationsprozesses mehrfach ändern. So sollten Mitarbeiter der Fachabteilungen stärker an Einsatzplanung und Personaleinsatz-Vorbereitung beteiligt werden, während etwa bei der Ist-Analyse der Projekt-Verantwortliche oder ein externer Berater im Team dominieren werden.

Die effiziente Durchführung der Projektaufgaben setzt eine bestimmte **Qualifikation** der Mitglieder im Projektteam voraus, die zu Beginn oft nicht vorhanden ist. Die Teilnahme an Schulungs- und Ausbildungs-Veranstaltungen sollte daher von Anfang an geklärt sein, damit jedes Projektmitglied den für die Arbeit nötigen Wissens-Hintergrund erwerben kann.

3. Genehmigung der Projektplanung

Die Ergebnisse der Projektplanung sind zu dokumentieren und der Geschäftsleitung zur endgültigen Genehmigung vorzulegen. Diese Genehmigung umfaßt im einzelnen:

- die Bewilligung des Projektetats
- die Bestätigung des Projektteams oder - falls die Vorstudie von einer Person durchgeführt wurde - die Konstituierung eines Teams
- die Klärung der Kompetenzen für die Team-Mitglieder, eine endgültige Festlegung der Termine für die Durchführung der Teilaktivitäten sowie eine Fixierung der Berichterstattungs-Zeitpunkte
- die Festlegung von Art und Umfang der Information an die von den Entscheidungen betroffenen Stellen.

A.III.3.   Genehmigung der Projektplanung

B. Die Entscheidungen über Textverarbeitung

Während der Reorganisation (Projektdurchführung) stehen Unternehmensleitung und Projektteam vor einer Vielzahl wichtiger Entscheidungen. So ist zunächst auf der Grundlage der Ist-Analyse eine prinzipielle Entscheidung darüber zu treffen, ob eine Automatisierung der Textverarbeitung für die Unternehmung überhaupt in Frage kommt. Auch wo das nicht der Fall ist (Beibehaltung der bisherigen Lösung), müssen, geeignete Sachmittel ausgewählt und beschafft werden und müssen rationale organisatorische Abläufe festgelegt werden.

Ist dagegen eine Entscheidung für Automatisierung gefallen, so taucht eine Reihe neuer Problemsituationen auf: Anwendungsgebiete, Konfigurationen und Einsatzformen der Sachmittel, Anlagenhersteller, Finanzierung, Auswahl und Schulung des Bedienungspersonals und die Gestaltung der Arbeitsabläufe liefern eine Fülle von Problemen, über die einzeln entschieden werden muß.

Nun ist die Anhäufung von Entscheidungen im betrieblichen Alltag nichts Ungewöhnliches. So gehört etwa die Festlegung einer geeigneten Finanzierungsalternative zum kaufmännischen Grundwissen. Doch werfen die **Entscheidungen über Textverarbeitung** - vor allem bei deren Automatisierung - für den mittelständischen Praktiker besondere **Schwierigkeiten** auf: mangelnde Erfahrung mit Informationstechnologien, fehlende Strukturiertheit der Büro-Aufgaben und eine verwirrende Vielfalt von Lösungsmöglichkeiten, deren Nutzen im Einzelfall nur schwer meßbar ist.

Daraus darf aber nicht geschlossen werden, daß eine rationale Entscheidung nur von ausgeprägten Spezialisten (z.B. Beratern) getroffen werden könnte. Auch dem Nicht-Experten als Entscheidungsträger ist es durchaus möglich, die aufgezeigten Schwierigkeiten zu reduzieren: Neben der Aneignung von Basiswissen über Organisation und Büroarbeit kann dazu beitragen, daß jede Entscheidung **systematisch geplant** und **durchgeführt** wird. Dazu muß die Entscheidung als eigener Arbeitsprozeß begriffen werden, bei dem jedesmal - ob bewußt oder nicht - bestimmte Stufen oder Phasen durchlaufen werden:

- Zielsetzung
- Alternativenentwicklung
- Alternativenbewertung.

Besonders bei Investitionsentscheidungen mit größerer Tragweite wird es wichtig, die Sachmittel als Entscheidungsobjekte genauer zu analysieren und schrittweise über ihren Einsatz zu entscheiden: also etwa nicht gleich zu Anfang mehrere ganz konkrete Textautomaten ins Auge zu fassen. Bei diesen Entscheidungen muß über die Kriterien, nach denen Alternativen gebildet und bewertet werden, Klarheit herrschen. Auch lohnt es sich, bei der Messung und beim Vergleich von Alternativen-Kosten und -Nutzen methodisch vorzugehen.

Bevor im folgenden **Entscheidungs-Stufen, Investitionsentscheidungs-Kriterien** und **Bewertungs-Methoden** näher vorgestellt werden, sei kurz auf die **Besonderheiten des Entscheidungs-Objektes** eingegangen.

I. Besondere Probleme bei den Textverarbeitungs-Entscheidungen

Eine wesentliche Ursache für die Entscheidungsprobleme im mittelständischen Bereich ist mangelnde Information über die Möglichkeiten rationeller Textverarbeitung. Das liegt vor allem an der ständigen und schnellen Weiterentwicklung der **Informationstechnologie**. Hinzu kommt die Vielzahl von Lösungsmöglichkeiten und die Unübersichtlichkeit des Marktes für Sachmittel der Textverarbeitung. Ein Gang durch die Ausstellungshallen fachspezifischer Messen - Hannover-Messe, Orgatechnik, Systems, Ratio, Büfa, SICOB - trägt eher zur Verwirrung des Nicht-Fachmanns bei. Wer sich davon Antworten auf seine Fragen versprach, sieht sich nicht selten vor neue Fragen gestellt.

B.I. Probleme bei Textverarbeitungs-Entscheidungen

Ein Grund für die Ratlosigkeit: "Wo finde ich das ideale Textverarbeitungsgerät?" - diese Frage ist falsch gestellt. Für eine rationale Entscheidung sind zunächst Informationen darüber notwendig, **welche Textverarbeitungsaufgaben** anfallen und welche Zielsetzungen ihre Reorganisation verfolgt. Die Ermittlung dieser Informationen fällt jedoch häufig sehr schwer. Datenverarbeitungs-Aufgaben sind deutlich abgrenzbar und lassen sich präzise formulieren: z.B. tägliche Umsatzstatistiken, aktuelle Lagerbestandsführung. Demgegenüber können Aufgaben, Schwachstellen und Ziele der Textverarbeitung nur sehr unstrukturiert beschrieben werden. Schwierig ist etwa schon, die Wirksamkeit externer Korrespondenz zu beurteilen, oder von vornherein zu sagen, für welche Bereiche Textbausteinverarbeitung sinnvoll ist.

Schwierig ist weiterhin, die **Wirtschaftlichkeit** des Einsatzes textverarbeitender **Sachmittel** zu messen. Bei einer Investitionsentscheidung im Fertigungsbereich werden Aufwand und Ertrag, den unterschiedliche Maschinen verursachen bzw. erbringen, miteinander verglichen. Auch wenn nur schwer oder gar nicht quantifizierbare Faktoren - wie organisatorischer Umstellungsaufwand oder Innovationsgrad der Technik - mit in die Entscheidung einfließen, bringt das Bewertungsverfahren doch immer noch eindeutigere Ergebnisse, als sie beim Vergleich verschiedener Textverarbeitungs-Lösungen möglich sind. So lassen sich zwar die Kosten der Sachmittel relativ einfach feststellen, und anstelle der Erträge können die Kosteneinsparungen gegenüber dem bisherigen Verfahren ermittelt werden. Doch ist damit nur ein begrenzter Wirtschaftlichkeitsvergleich für die Fälle möglich, in denen herkömmliche Textverarbeitungsaufgaben kostensparend bewältigt werden sollen. Eine umfassende Rationalisierung im Büro aber ermöglicht, ja verlangt geradezu die Einbeziehung auch solcher Aufgaben, die bisher noch gar nicht, nur teilweise oder nur zeitverzögert erfüllt werden konnten. Der Informations-Nutzen, den solche quantitativen und qualitativen Verbesserungen der Verarbeitung mit sich bringen, läßt sich - wenn überhaupt - nur sehr schwer in Geld ausdrücken.

Probleme bei Textverarbeitungs-Entscheidungen B.I.

Auch eine Beurteilung **organisatorischer** Lösungs-Alternativen wirft besondere Probleme auf: So müssen etwa bei der Entscheidung für eine stärkere Zentralisierung der Textverarbeitung gewisse Nachteile in Kauf genommen werden. Dabei sind nur tendenzielle Aussagen darüber möglich, ob und wie stark sie durch die Vorteile der zentralen Organisation ausgeglichen werden.

Eine weitere Besonderheit ergibt sich durch die Notwendigkeit, bei der Organisation der Textverarbeitung die Beziehungszusammenhänge zu den beiden anderen Büro-Funktionsbereichen der Datenverarbeitung und Kommunikation von Anfang an zu berücksichtigen. Es dürfen keine "Insellösungen" im Büro entstehen, vielmehr ist eine **Integration** der Funktionsbereiche anzustreben.

Entscheidungen über Textverarbeitung haben unmittelbare Auswirkungen auf die **Menschen im Büro**. Deshalb müssen alle personellen Probleme im Entscheidungsprozeß besonders beachtet werden. Vor allem gilt das für die Sachmittelauswahl: Die heute angebotenen Anlagen und Geräte weisen noch erhebliche Unterschiede in ihrer "Bedienungsfreundlichkeit" auf. Die Beurteilung nach diesem Kriterium ist sicher nicht einfach. Doch bedenkt man die Rückwirkungen auf die Akzeptanz, dann zeigt sich, wie sinnvoll entsprechende Anstrengungen doch sind.

Die Vielfalt und Komplexität der hier nur angedeuteten Besonderheiten zeigt: Die Entscheidungsprobleme und -prozesse systematisch zu analysieren und gut vorzubereiten, kann wesentlich dazu beitragen, einen Großteil der Schwierigkeiten abzubauen.

II. Der Entscheidungsprozeß

Um ein Optimum in der Problemlösung zu erreichen, ist zunächst eindeutig zu klären, welche **Ziele** mit den Reorganisations-Entscheidungen erreicht werden sollen: Phase der Zielsetzung und Zielformulierung. Daran schließt sich die **Entwicklung von Alternativen** der Problemlösung an. Sie dient dazu, alle wesentli-

B.II.   Der Entscheidungsprozeß

chen Informationen über organisatorische, sachmittelbezogene und personelle Möglichkeiten zusammenzutragen und zu systematisieren. Die entwickelten Alternativen müssen schließlich bewertet werden, d.h. es muß eine möglichst präzise Beurteilung der Alternativen nach ihrem Für und Wider vorgenommen werden. Auf der Grundlage dieser **Alternativenbewertung** kann dann endgültig beschlossen werden, welche Alternative gewählt werden soll: Entschluß als letzter Schritt im Entscheidungsprozeß.

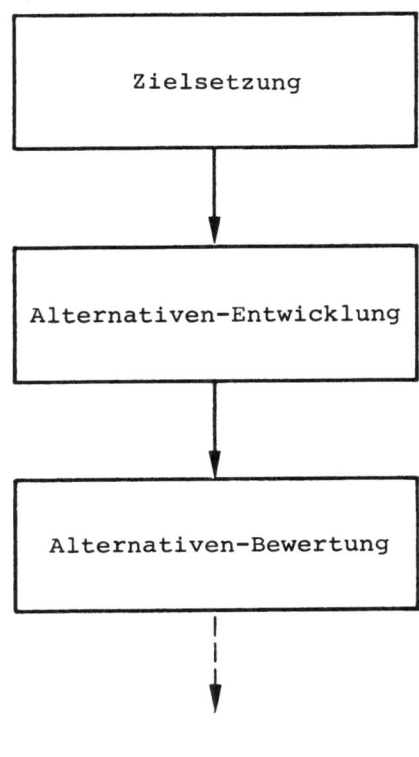

Abb. B-1: Ablauf des Entscheidungsprozesses

Ein Vorgehen nach diesem Schema dient als Orientierungshilfe für die zeitlich und sachlich richtige Bestimmung aller notwendigen Aktivitäten bei den im einzelnen zu treffenden Entscheidungen.

1. Zielformulierung

Zu Beginn jeder Entscheidung muß festgestellt werden, was man zu erreichen beabsichtigt: also das Ziel der Entscheidung. Dabei genügt es nicht, die erkannten Schwachstellen als Entscheidungs-Anlässe - zunehmendes Textverarbeitungsvolumen, Kostendruck usw. - zu identifizieren, vielmehr müssen die zu verfolgenden **Ziele genau bestimmt** und festgehalten werden. Nur so erhalten alle an der Entscheidung beteiligten Personen (Entscheidungsträger) einen einheitlichen Maßstab, der verbindlich ist. Damit wird verhindert, daß konkurrierende Aktivitäten verfolgt werden und daß die mit in den Entscheidungsprozeß einfließenden subjektiven Vorstellungen der verschiedenen Personen das Ergebnis verzerren können. Erst durch eine klare Zielsetzung wird auch eine sinnvolle Alternativenentwicklung und eine brauchbare Alternativenbewertung möglich. Zudem ist der spätere Erfolg oder Mißerfolg jeder Reorganisations-Entscheidung nur anhand dieser Zielsetzung feststellbar.

Die globale Zielsetzung der Entscheidung über die Textverarbeitungs-Reorganisation ist: Rationalisierung. Die Zielsetzung kann in dieser Form jedoch nicht unmittelbar umgesetzt werden. Deshalb müssen aus ihr handhabbare (operationale) **Teilziele** abgeleitet werden - beispielsweise:

- Steigerung der Schreibleistung
- Verbesserung der Textqualität
- Senkung der Kosten
- Verkürzung der Durchlaufzeit bestimmter Texte (Angebote, Protokolle, Verträge)
- höhere und gleichmäßigere Auslastung der Sachmittel und des Personals
- Entlastung der Sachbearbeiter
- Förderung der Mitarbeiterzufriedenheit.

B.II.1.   Zielformulierung

Die Ziele werden im Zuge des Entscheidungsprozesses fortlaufend präzisiert: Da der Informationsstand der Entscheidungsträger zu Beginn des Entscheidungsprozesses unzureichend ist, können erst nach genaueren Analysen exakte Unterziele formuliert werden. Auf diese Weise entsteht ein Bündel von Unterzielen, die auf die gemeinsame Erfüllung des Oberzieles (Rationalisierung) abgestimmt werden müssen. Dabei ist auf ein ausgewogenes **Verhältnis der Ziele** zu achten, da sich Unterziele häufig gegenseitig im Weg stehen: Das Verfolgen eines Ziels kann sich dann negativ auf die Erreichung eines anderen auswirken. Beispielsweise tritt das Ziel 'Verbesserung der Textqualität' in direkte Konkurrenz zum Ziel 'Minimierung der Kosten'. In einem solchen Fall muß durch entsprechende Gewichtung der Unterziele ein Kompromiß gefunden werden.

2. Alternativenentwicklung

Entscheiden bedeutet, aus verschiedenen Möglichkeiten (=Alternativen) eine einzige Alternative unter Berücksichtigung der Zielsetzung auszuwählen. Nun liegen aber bei organisatorischen Entscheidungen nicht einfach alle Alternativen von Anfang an auf der Hand, so daß man quasi nur noch zu vergleichen braucht. Um die **Alternativen aufzudecken**, muß bereits systematisch vorgegangen werden.

Entscheidungsträger müssen zunächst nach Alternativen suchen, indem sie sich geeignete Informationen beschaffen. Zugleich sollte allerdings darauf geachtet werden, daß die Zahl der Alternativen sich in überschaubarem Rahmen hält. Deswegen werden - ausgehend von den formulierten Zielen - konkrete betriebliche Anforderungen festgelegt. Alternativen, die diesen betriebsindividuellen Anforderungen nicht gerecht werden, können von vornherein aussortiert werden. Dieser Vergleich der Alternativen mit Anforderungen konzentriert sich - im Anfangsstadium der Alternativenentwicklung - auf die Frage, ob die Anforderungen überhaupt erfüllt werden; es wird dabei nicht geprüft, welche der Alternativen sie besser als andere erfüllen. Übrig bleiben muß schließlich eine **überschaubare Anzahl sinnvoller Alternativen**. In einem weiteren Schritt sind die jeweiligen organisatorischen, sachmittelbezogenen und personellen Teil-Alternativen zu "Gesamtalternativen" zusammenzufassen, die dann genauer analysiert und später zur Grundlage der Bewertung werden.

Die Aktivitäten der Alternativenentwicklung lassen sich in ihrem zeitlich-logischen Zusammenhang graphisch darstellen. Die Analyse der Anforderungen und die Analyse möglicher Alternativen können parallel durchgeführt werden.

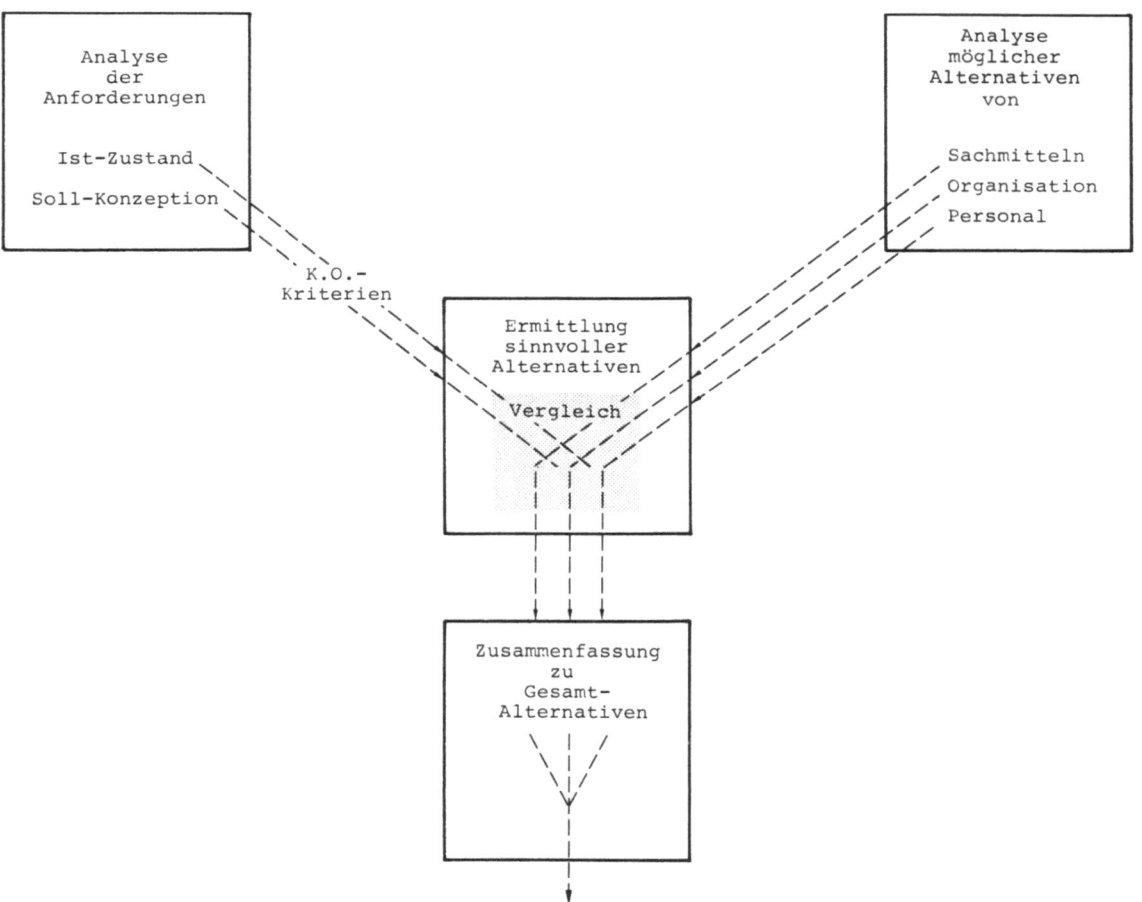

Abb. B-2: Alternativenentwicklung bei der Textverarbeitungs-Reorganisation (Ablauf-Schema)

B.II.2. Alternativenentwicklung

2.1. Analyse der Anforderungen

Schwierigkeiten ergeben sich beim Aussortieren von Alternativen dadurch, daß die **betrieblichen Anforderungen** oft gar nicht genau bekannt sind. Als Konsequenz muß im Rahmen der Alternativenentwicklung auch eine Untersuchung der betrieblichen Anforderungen durchgeführt werden. Diese Untersuchung bezieht sich zunächst auf die gegebene Situation: den Ist-Zustand. Sie wird deshalb als **Ist-Untersuchung** oder Ist-Analyse bezeichnet.

Zunächst werden Informationen über die bestehende Organisation der Textverarbeitung, die vorhandenen Sachmittel sowie die Mitarbeiter benötigt. Erfassung und Sammlung erfolgt im Rahmen der Aufnahme des Ist-Zustands. Die gewonnenen Daten - also der aufgezeichnete Ist-Zustand - sind Grundlage der Analyse. Da sich Erfassung und interpretierende Aufbereitung von Ist-Daten nie genau trennen lassen, ist es nicht sinnvoll, zwischen Ist-Aufnahme und Ist-Analyse weiter zu unterscheiden.

Weil mit der beabsichtigten Reorganisation der Ist-Zustand eine Veränderung erfahren soll, ist es unbedingt erforderlich, auch das zu planen und festzulegen, was später sein soll. Dieser Soll-Zustand schlägt sich im Entwurf der zukünftigen Organisation nieder: der **Soll-Konzeption**. Der Inhalt einer derartigen Soll-Konzeption ist in gewisser Weise ein Pendant des Ist-Zustands: Er markiert, wie die zukünftigen Arbeitsgebiete und -abläufe aussehen sollen.

Ergebnis der Anforderungsanalyse ist zunächst eine Zusammenstellung, die in groben Zügen umreißt, worauf es bei der zukünftigen Textverarbeitungs-Organisation ankommt. Diese Zusammenstellung oder Grobkonzeption kann als Entscheidungshilfe bei der Vorauswahl von Alternativen dienen. Das Zusammenstellen erfolgt sinnvollerweise anhand einer Prüf- oder Checkliste, die alle wichtigen Anforderungsmerkmale sowohl des Ist-Zustandes als auch der Soll-Konzeption enthält.

Analyse der Anforderungen   B.II.2.1.

2.2. Analyse möglicher Alternativen

Parallel zur Anforderungs-Analyse sind die **möglichen Alternativen** zu analysieren. In diese Analyse sollten alle zunächst denkbaren Lösungen einbezogen werden, ohne dabei bereits vorab zu bewerten. Die Alternativen werden nach den drei Problembereichen 'Sachmittel', 'Organisation' und 'Personal' getrennt untersucht.

Für den **Sachmitteleinsatz** ist vor allem die Leistungsfähigkeit der in Frage kommenden Geräte und Anlagen von Interesse. Sie wird charakterisiert durch die technischen Kenngrößen der Sachmittel. Um einen guten Überblick über das vorhandene Angebot zu erhalten, sollten möglichst viele herstellerunabhängige Informationsquellen genutzt werden: Fachzeitschriften, Seminare, Messen, Kataloge, Gespräche mit anderen Anwendern und externen Beratern.

Die **Organisationsstruktur** betreffende Alternativen sind die Aufgabenverteilung, die Festlegung von Über-/Unterordnungsbeziehungen sowie die Aufgabenzentralisation/-dezentralisation. Für die **Arbeitsabläufe** bieten sich verschiedene Alternativen der zeitlichen Abfolge und der örtlichen Zuordnung der Tätigkeiten. Bereits bei der Alternativen-Entwicklung ist es zweckmäßig, diese durch Effizienzkriterien grob zu kennzeichen: z.B. Flexibilität, Wirtschaftlichkeit, Durchlaufzeiten von Bearbeitungsobjekten, Arbeitsauslastung. Entsprechende Informationen können aus der Befragung von Mitarbeitern sowie durch Erfahrungsaustausch mit vergleichbaren Anwendern oder Beratern gewonnen werden.

Bei der Entwicklung **personeller Alternativen** ist von den vorhandenen Mitarbeitern auszugehen. Es sind dann die verschiedenen Möglichkeiten der Stellenbesetzung - u.U. auch durch externe Personalbeschaffung - sowie der aufgabengerechten Information und Schulung zu untersuchen.

B.II.2.2.	Analyse möglicher Alternativen

2.3. Ermittlung sinnvoller Alternativen

Es dient der Übersichtlichkeit, schon vor der eigentlichen Alternativen-Bewertung die brauchbaren Lösungsmöglichkeiten herauszufiltern und nur die **sinnvollen Alternativen** zum Gegenstand weiterer Untersuchungen zu machen. Als Maßstab dafür dienen Mindestanforderungen, die sich aus der betrieblichen Aufgabenstellung ergeben. Die Ermittlung sinnvoller Alternativen besteht in einem ständigen Vergleich aller Alternativen mit den Mindestanforderungen, die als **'K.O.-Kriterien'** anzusehen sind.

Typische K.O.-Kriterien für die Sachmittelentscheidung sind etwa Kosten, die für die Anlagenbedienung notwendigen Qualifikationen oder der Hersteller-Service. So können im konkreten Fall etwa alle Textautomaten, deren Anschaffungskosten DM 50.000,- überschreiten, und alle Anlagen mit zu hohen Bedienungs-Anforderungen als nicht sinnvoll ausgeschieden werden. Restriktion für die organisatorischen Alternativen können bestehender Hierarchie-Aufbau oder Aufwand für die Umstellung sein. Als personelles K.O.-Kriterium für die Besetzung einer Stelle kommt etwa die Qualifikation des vorhandenen Personals in Frage.

3. Alternativenbewertung

Ergebnis der vorangegangenen Alternativenentwicklung ist eine überschaubare Menge sinnvoller Alternativen. Aus diesen ist nun die 'beste', d.h. die der Zielsetzung am ehesten entsprechende Alternative auszuwählen. In der Regel muß die dafür notwendige **Bewertung der Alternativen** anhand mehrerer Kriterien erfolgen, die aus den Zielen und den betrieblichen Anforderungen abgeleitet werden. **Typische Bewertungskriterien** sind:

- für die Sachmittelentscheidung:
  technische Leistungsfähigkeit des Sachmittels, Kosten, Service des Lieferanten

- für die Organisationsentscheidung:
  Auslastung der Sachmittel und des Personals, Flexibilität, Durchlaufzeit der Texte
- für die Personalentscheidung:
  Ausbildung, Erfahrungen, Anpassungsfähigkeit an Teamarbeit und wechselnde Aufgabeninhalte etc.

Die Mitglieder des Projektteams als Entscheidungsträger müssen einen möglichst vollständigen Katalog von Kriterien für jeden dieser Entscheidungsbereiche zusammenstellen. Damit die Kriterien Aussagen darüber ermöglichen, ob die jeweiligen Alternativen der Zielsetzung entsprechen, sind sie so zu formulieren, daß sie - und sei es noch so schwach - 'meßbar' sind, d.h. der Grad, in dem eine Alternative einem Kriterium entspricht, muß zumindest tendenziell anzugeben sein.

Bei der Alternativenbewertung ist weniger interessant, welches Einzel-Kriterium von welcher Alternative besonders gut erfüllt wird. Wichtiger ist, ein **'Gesamtbild'** von **jeder Alternative** zu gewinnen, anhand dessen sie mit den anderen pauschal verglichen werden kann. Um ein solches Gesamtbild möglichst rationell zu erhalten, sollten entsprechende Bewertungsmethoden angewandt werden. Eine zwar aufwendige, aber relativ einfach zu handhabende Bewertungsmethode ist die Gewichtsfaktoren-Methode (Nutzwertanalyse). Besonders für Teil-Entscheidungen über den Sachmitteleinsatz kommen auch Investitionsrechnungsverfahren - an erster Stelle die Kostenvergleichsrechnung - in Frage.

III. <u>Die Investitionsentscheidung (Entscheidung über den Einsatz von Textverarbeitungs-Sachmitteln)</u>

Durch die Vielfalt der Lösungsmöglichkeiten und die Unübersichtlichkeit des Marktangebots stellt der **Sachmittel-Einsatz** den Anwender vor **besonders schwierige Auswahlentscheidungen**. Häufiges Fehlverhalten in der Praxis ist die Folge:

B.III.   Die Investitionsentscheidung

- der Entscheidung über die Anschaffung eines bestimmten Sachmittels geht keine genaue Analyse der betrieblichen Anforderungen voraus

- es wird auf eine umfassende Informationsbeschaffung über die in Frage kommenden Sachmittel-Alternativen verzichtet

- die Investitionsentscheidung wird nur nach technischen oder kostenmäßigen Gesichtspunkten getroffen; die nicht direkt quantifizierbaren Kriterien - wie Herstellereignung, Auswirkungen auf die Mitarbeitermotivation, Abstimmung mit bereits vorhandenen Geräten - werden unterschätzt

- die Bewertung der Alternativen erfolgt intuitiv, ohne geeignete Investitionsrechnungsverfahren anzuwenden: Die Entscheidungskriterien werden "über den Daumen gepeilt".

Naturgemäß zieht solches Fehlverhalten im Regelfall eine Fehlinvestition nach sich.

1. Typen der Entscheidung

Auch wenn Beschaffung und Einsatz neuer Sachmittel von Anfang an außer Frage stehen, ist es kaum sinnvoll, daß die Entscheidungsträger sich sofort und im Detail mit konkreten Geräten auseinandersetzen. Die **Entscheidung** über Sachmittel der Textverarbeitung soll vielmehr auf **verschiedene Konkretisierungsstufen** aufgeteilt werden. Es bietet sich eine Dreiteilung an, die in der Praxis natürlich nicht strikt einzuhalten ist und eher als grobes Vorgehensraster dienen mag.

Mit der **Verfahrensentscheidung** wird zunächst festgelegt, ob grundsätzlich eine konventionelle Textverarbeitungs-Lösung beibehalten oder ob eine Automatisierung angestrebt werden soll. Ebenso entspricht die Grundsatzentscheidung über Verfahren wie Offsetdruck, Mikroverfilmung oder Fernkopieren diesem Entscheidungstyp. Auch die Beibehaltung bisheriger Verfahren muß zu einer Überprüfung führen, ob und wie diese Verfahren zu modifizieren sind und welche konventionellen Sachmittel eingesetzt werden sollten.

Ist die Grundsatz-Entscheidung über das Verfahren gefallen, so schließt sich unmittelbar die **Konfigurations-Entscheidung** an. Bei Textautomaten oder Computern muß nun die Größenordnung der Anlagen und ihre Ausstattung mit Peripherie festgelegt werden. Neben dieser Entscheidung über die Hardware-Konfiguration ist es - angesichts der Bedeutung, die Software-Funktionen für das Arbeiten mit der Anlage haben - sinnvoll, in einem Funktions-Anforderungsprofil die gewünschte Software-Konfiguration zu umreißen. Doch auch bei den Geräten und Anlagen des Schreib-Umfeldes dient eine "Konfigurationsentscheidung" der Eingrenzung der in Frage kommenden Sachmittel-Kategorie - exemplarische Alternativen: Tischkopierer mit beschichtetem Papier oder Normalpapierkopierer mit Verkleinerungsmöglichkeit etc.

Erst wenn diese beiden Entscheidungsebenen durchlaufen sind, sollten aus den konkreten Produkten konkreter Hersteller bzw. Lieferanten Sachmittel-Alternativen entwickelt werden. Die dritte und den gestuften Prozeß abschließende Auswahl-Entscheidung ist also die **Anlagen- und Geräteentscheidung.**

B.III.1. Typen der Entscheidung

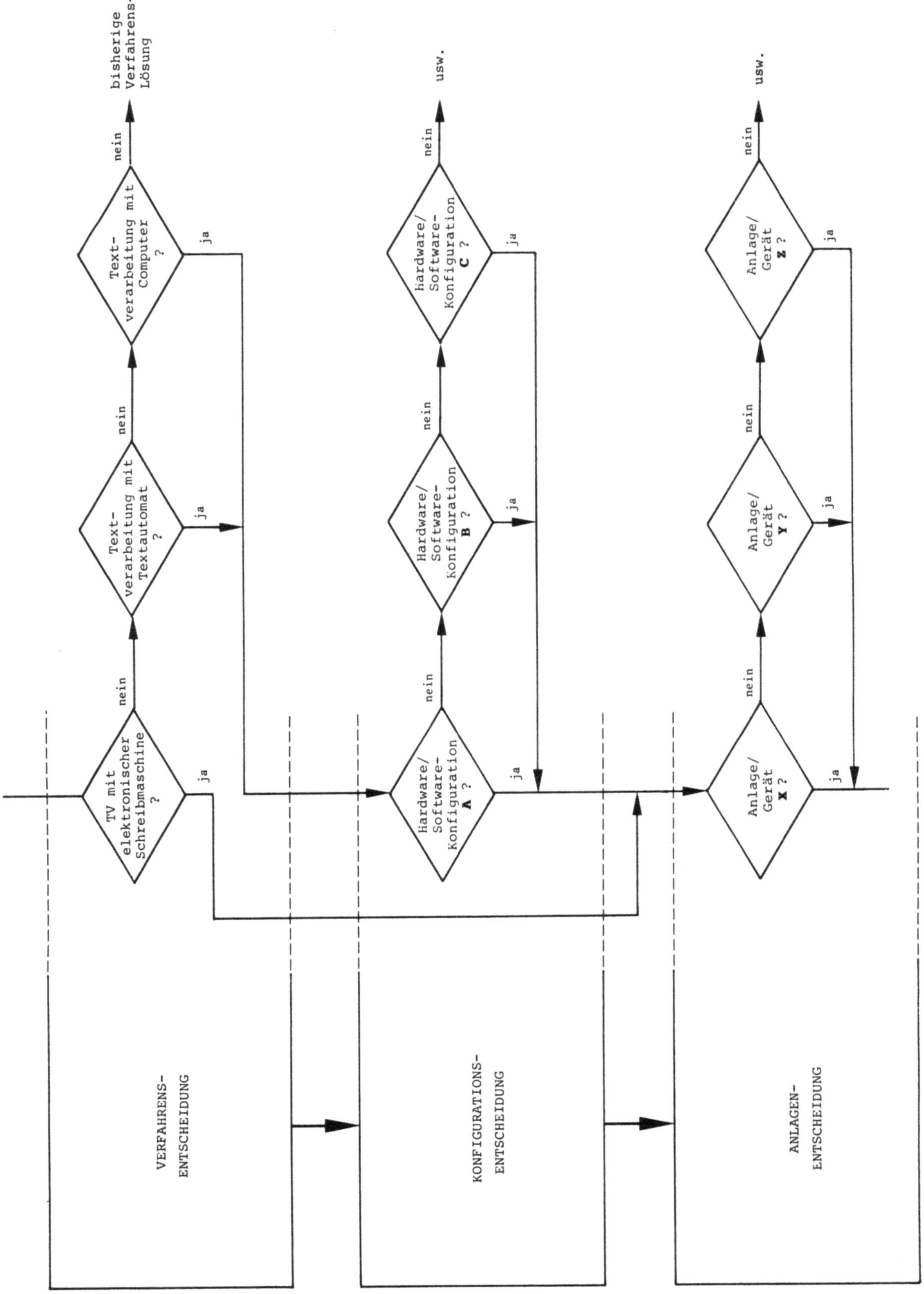

Abb. B-3: Typen der Entscheidung über den Sachmitteleinsatz

Typen der Entscheidung   B.III.1.

2. Entscheidungskriterien

Um eine rationale Auswahl unter den Sachmitteln treffen zu können, ist eine Orientierung an Entscheidungskriterien notwendig. Das sind einerseits die K.O.-Kriterien, mit denen die Vorauswahl sinnvoller Alternativen erfolgt. Diese verbleibenden Alternativen müssen nun aber auf die Wirtschaftlichkeit ihres Einsatzes hin genauer geprüft werden. Wirtschaftlichkeit kann allgemein als Erfolgsmeßzahl verstanden werden, die aus dem Verhältnis von erzielter Leistung und anfallenden Kosten resultiert. Die daraus abgeleiteten Kriterien dienen der **endgültigen Bewertung** (Bewertungskriterien).

Wurden Wirtschaftlichkeitsüberlegungen lange Zeit auf den betrieblichen Fertigungsbereich eingeengt, so hat sich doch seit einiger Zeit ein konsequentes Wirtschaftlichkeitsdenken auch im Büro- und Verwaltungsbereich entwickelt. Die Anschaffung von Textverarbeitungs-Sachmitteln steht deshalb oft unter der Prämisse, durch Kostensenkungen bzw. Leistungssteigerungen eine Wirtschaftlichkeits-Verbesserung zu erreichen. Um die **Wirtschaftlichkeit einer Investition** beurteilen zu können, müssen sich folglich Leistungen und Kosten, die der Sachmitteleinsatz bewirkt, möglichst exakt ermitteln lassen. Vor allem haben die Entscheidungsträger ständig darauf zu achten, daß ihre Kataloge von Bewertungskriterien vollständig sind. Orientierungshilfe sollen die beiden folgenden Abschnitte leisten.

2.1. Kostenkriterien

Die Kosten, die bei der Anschaffung von Textverarbeitungs-Sachmitteln entstehen, sind quantitative, in Geld meßbare (monetäre) Größen. Deshalb sind Kosten relativ **leicht** erfaßbar. Allerdings gilt das nur für die tatsächlich anfallenden Aufwendungen; schwerer aufzudecken sind Opportunitäts-Kosten (für entgangene Alternativen), die eine umfassende Rechnung auch berücksichtigen sollte. Ihrer unterschiedlichen Auswirkungen wegen sind Einmalkosten und laufende Kosten (Betriebskosten) zu unterscheiden.

(1) Einmalkosten

Dazu gehören in der Regel alle Kosten, die bis zur Inbetriebnahme des Sachmittels entstehen, also vor allem:

- **Anschaffungskosten** des Gerätes oder der Anlage
  Sie sind dann Einmalkosten, wenn das Sachmittel durch Kauf erworben wird. Neben dem Kaufpreis können auch Anschaffungsnebenkosten (Fracht, Rollgeld, Versicherung) anfallen.

- Kosten der Organisationsuntersuchungen (**Projektkosten**)
  Die Auswahl geeigneter Sachmittel erfordert mehr oder weniger umfangreiche Voruntersuchungen, die Kosten dafür sind als Einmalkosten anzusetzen. Wenn verschiedene Sachmittel angeschafft werden, sollten sie anteilig zugerechnet werden.

- **Installationskosten**
  Durch die Anschaffung von Sachmitteln können bauliche Veränderungen, Maßnahmen zur Sicherung der Stromversorgung u.ä. notwendig werden. Dies trifft vor allem auf größere Investitionen zu.

- **Schulungs- und Ausbildungskosten**
  Bedienungskräfte müssen eingewiesen, oft sogar ausgebildet werden (z.B. bei Textautomaten). Vor allem, wenn extern (beim Hersteller) ausgebildet wird, fallen entsprechende Einmalkosten an.

- **Kosten der Verfahrensänderung**
  Führt der Sachmitteleinsatz zu Verfahrensänderungen, dann sind meist zusätzliche Kosten die Folge: z.B. nicht mehr benötigte Organisationsmittel oder Möbel, Aufwendungen bei der Erstellung des Texthandbuches.

Für aussagekräftige Wirtschaftlichkeitsberechnungen sind diese Einmalkosten auf die voraussichtliche Nutzungsdauer zu verteilen.

(2) Laufende Kosten (Betriebskosten)

Laufende Kosten entstehen nach der Inbetriebnahme von Sachmitteln:

- **Maschinen- und Gerätekosten**
  Monatlich anfallende Miet- und Leasingkosten entsprechen verrechnungstechnisch der kalkulatorischen Abschreibung und den kalkulatorischen Zinsen beim Kauf.

- **Kosten für Instandhaltung und Instandsetzung**
  Instandhaltungskosten umfassen laufende Wartung, Pflege und Reinigung der Bürogeräte. Bei Abschluß eines gesonderten Wartungsvertrages fallen sie in regelmäßigen Abständen an. Zudem müssen Kosten für kleinere Reparaturen angesetzt werden (allerdings schließt die vertragliche Wartung von Textautomaten und Computern Reparaturen ein; dazu Abschnitt E.IV.2.3.).

- **Personalkosten**
  Personalkosten bestehen im wesentlichen aus den Gehältern und Gehaltsnebenkosten der mit der Bedienung der Geräte ganz oder teilweise befaßten Mitarbeiter.

- **Kosten für Materialverbrauch**
  Materialkosten sind die Kosten für Formulare, Papier, Datenträger, Farbbänder u.a. Bei ihrer Veranschlagung pro Periode sind Durchschnittswerte hochzurechnen.

- **Sonstige Kosten**
  Damit sind alle Kosten gemeint, die sich keiner der Haupt-Kategorien zuordnen lassen: Energiekosten, Steuern, anteilige Raumkosten etc.

2.2. Leistungskriterien (Nutzenkriterien)

Die Kosten, die mit einer Investition verbunden sind, sind berechenbar und - einige Erfahrung vorausgesetzt - auch prognostizierbar. Die **Erfassung des Nutzens** hingegen steckt voller Pro-

B.III.2.1. Kostenkriterien

bleme. Nur bei Einsparungen, die sich direkt zurechnen lassen, kann der Nutzen in Geld ausgedrückt werden. Mitunter ist zumindest eine quantitative Erfassung der Leistung nötig: z.B. bei der Beschleunigung von Arbeitsabläufen. Meist aber ist die Leistungssteigerung nur in ihrer Qualität beschreibbar: etwa als werbewirksamere Gestaltung von Angebotsschreiben, als Erhöhung der Mitarbeiterzufriedenheit etc. Deshalb müssen Angebotsvergleiche nach Leistungskriterien zum großen Teil auf - notwendig subjektiver - Gewichtung basieren.

(1) Gerätespezifische Leistungskriterien

Dies sind Kriterien, die aus den technischen Leistungsmerkmalen konkreter Geräte einer bestimmter Kategorie resultieren. Sie ermöglichen einen Leistungsvergleich zwischen den einzelnen Geräten und sind naturgemäß für jede Art von Sachmitteln anders, beispielsweise bei

- Diktiergeräten:
  Tonwiedergabequalität, Aufnahmekapazität, Zugriffsart für das Wiederauffinden bestimmter Diktatstellen, Transportierbarkeit des Aufnahmegerätes.

- Textautomaten:
  Anschlußmöglichkeit peripherer Geräte, Drucker-Leistung, Platten-Kapazität, verfügbare Software-Funktionen.

(2) Allgemeine Leistungskriterien

Gemeint sind solche Kriterien, die bei jeder Sachmittelentscheidung berücksichtigt werden können und es in unterschiedlichem Maße auch sollten. Dazu gehören:

- **Benutzerfreundlichkeit**
  Sie betrifft die Eigenschaften eines Sachmittels, die für den Umgang des Menschen mit dem Gerät wesentlich sind: etwa Bedienungskomfort, Geräuschentwicklung, ergonomische Gestaltung des Arbeitsplatzes, Qualität von Bedienungsanlei-

tungen. Sämtliche Aspekte sind letztlich nur durch Demonstrationen praktischer Anwendungen zu beurteilen.

- **Eignung des Lieferanten bzw. Herstellers**
Wesentliche Kriterien sind der Umfang der angebotenen Service-Leistungen (Kundenschulung, Organisation des Wartungsdienstes, Einführungsunterstützung), die Anzahl bereits verkaufter Geräte sowie die bisherigen Erfahrungen mit dem Anbieter: Termintreue, Kooperationsbereitschaft, Sorgfalt bei der Ausarbeitung des Angebotes. Soweit eigene Erfahrungen fehlen, empfehlen sich Rückfragen bei vergleichbaren Anwenderfirmen (Referenz-Liste).

- **Vertragliche Konditionen**
Garantieverpflichtungen, Übernahmekonditionen u.a. sind Leistungskriterien, die u.U. von erheblicher Bedeutung sein können.

B.III.2.2. Leistungskriterien (Nutzenkriterien)

IV. Methoden der Alternativenbewertung

Für die endgültige Auswahl der optimalen Alternative müssen die einzelnen Alternativen anhand der entwickelten Kriterien auf ihre Eignung zur Zielerfüllung beurteilt werden. Dabei sollten die Entscheidungsträger sich allerdings nicht auf ihr "Fingerspitzengefühl" (intuitive Einflüsse) verlassen, sondern - soweit das möglich ist - nach **rationalen** Berechnungsverfahren vorgehen.

1. Übersicht über die Methoden

Für die Sachmittelentscheidung stehen verschiedene Bewertungsverfahren zur Verfügung. Soweit eine einzige Zielgröße - wie Kosten oder Gewinnbeitrag - die Grundlage für die Bewertung bilden, kann von **eindimensionalen** Verfahren gesprochen werden. Diese sind auch als Investitionsrechnungs-Verfahren bekannt. Dagegen wird bei **mehrdimensionalen** Verfahren mehr als eine Zielgröße in der Berechnung verwendet.

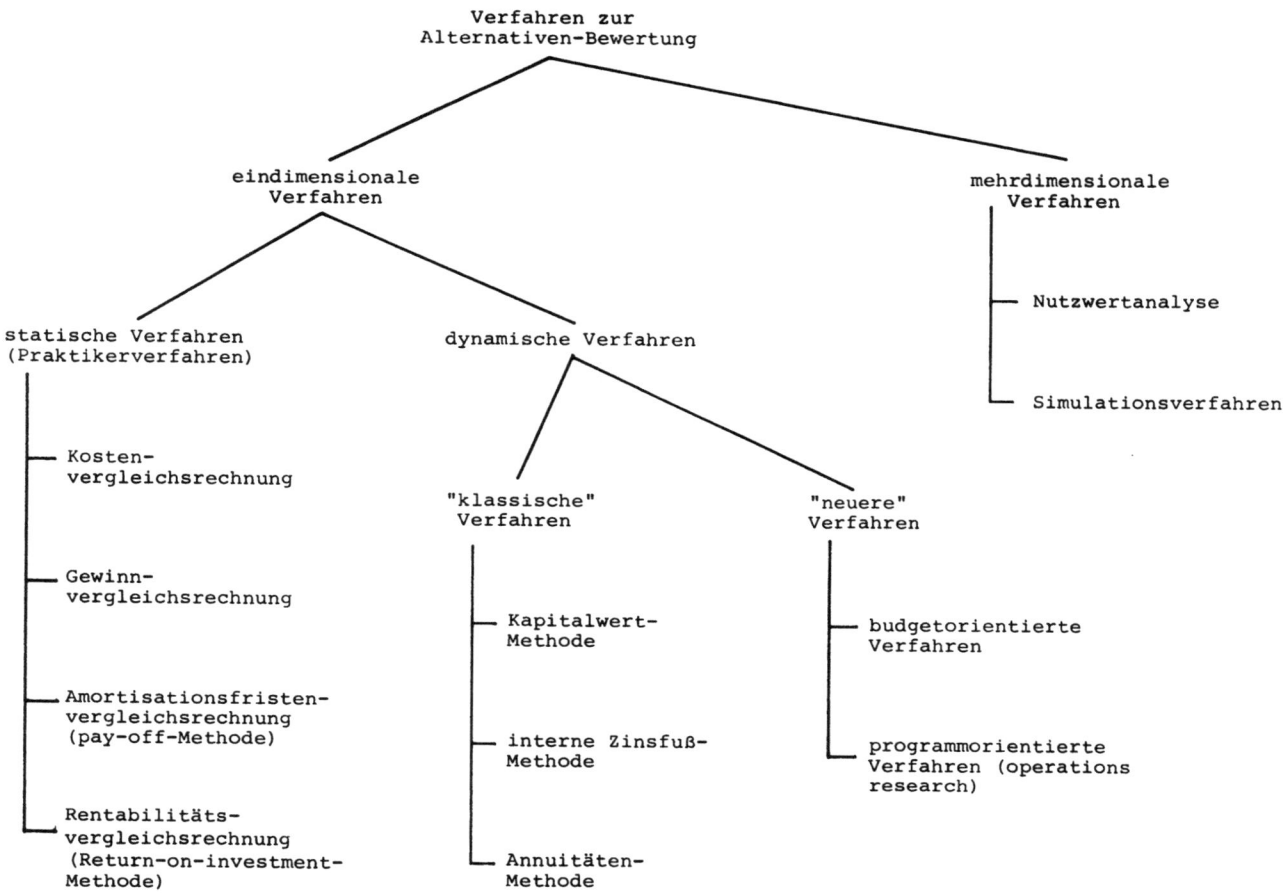

Abb. B-4: Verfahren zur Alternativenbewertung
(Übersicht)

Häufig werden die eindimensionalen Verfahren in statische und dynamische Verfahren der Investitionsrechnung unterteilt. Statische Verfahren - oft als "Praktikerverfahren" bezeichnet - beziehen sich auf nur eine Rechnungsperiode, indem sie von durchschnittlichen Jahreswerten ausgehen. Die einzelnen **statischen Verfahren** unterscheiden sich in der jeweils zugrundeliegenden Zielgröße:

B.IV.1. Übersicht über die Methoden

- **Kostenvergleichsrechnung:**
  Zielgrößen sind Kosten oder Kosteneinsparungen

- **Gewinnvergleichsrechnung:**
  Zielgrößen sind Gewinne oder Gewinnzuwächse

- **Amortisationsfristenvergleichsrechnung:**
  Zielgröße ist die Wiedergewinnungszeit des eingesetzen Kapitals

- **Rentabilitätsvergleichsrechnung:**
  Zielgröße ist das Verhältnis des erzielbaren Gewinns zum eingesetzten Kapital.

Bei den **dynamischen Verfahren** wird die gesamte Nutzungszeit der Sachmittel berücksichtigt. Neben den "klassischen" Verfahren (Kapitalwertmethode, interne Zinsfußmethode, Annuitätenmethode) wurden "neuere" Verfahren entwickelt, um etwa mit Methoden des Operations Research eine verfeinerte Bewertung zu erreichen.

Wichtigstes **mehrdimensionales** Verfahren ist die **Nutzwertanalyse.** Sie ermöglicht, mehrere Ziele einzubeziehen und strebt an, die Präferenzstruktur der jeweiligen Entscheidungsträger bei der Beurteilung zu berücksichtigen.

Da die meisten Wirtschaftlichkeitsrechnungen für Investitionsentscheidungen im Fertigungsbereich entwickelt wurden, sind sie nicht unmittelbar auf andere Entscheidungsaufgaben übertragbar. So eignen sich etwa Gewinnvergleichs- oder Rentabilitätsvergleichsrechnung weniger für die Bewertung alternativer Sachmittel des Bürobereichs, weil durch den Einsatz von Büromaschinen – anders als bei Maschinen im Fertigungsbereich – nicht direkt Erlöse erwirtschaftet werden. Ein – wenn auch mit Einschränkungen – geeignetes Verfahren ist demgegenüber die **Kostenvergleichsrechnung.** Nicht in Frage kommen ferner dynamische Verfahren, vor allem weil neben dem erheblichen Rechenaufwand eine Zurechnung der vom Investitionsobjekt verursachten Zahlungsströme, insbesondere der Einzahlungen, unmöglich ist.

Übersicht über die Methoden — B.IV.1.

Überall dort, wo ein komplexes Entscheidungsproblem vorliegt, sollte die **Nutzwertanalyse** angewandt werden: Mit ihrer Hilfe ist es möglich, die Entscheidungsaufgabe in Teilentscheidungen zu zerlegen und so den Entscheidungsprozeß zu systematisieren.

2. Kostenvergleichsrechnung

Die Kostenvergleichsrechnung ist ein Verfahren zur Wirtschaftlichkeitsermittlung, das die voraussichtlichen **Kosten** gegenüberstellt, die bei den verschiedenen Alternativen in **einer Periode** (Jahr, Monat) anfallen. Unterstellt wird dabei, daß die gegenwärtigen Kosten und Leistungen sich im weiteren Zeitablauf nicht ändern. In eine Kostenvergleichsrechnung werden sämtliche Kosten einbezogen, die mit der Anschaffung und Nutzung von Sachmitteln verbunden sind (dazu: Abschnitt B.III.2.1.).

Grundsätzlich kann die Kostenvergleichsrechnung bei zwei Typen von Entscheidungen angewandt werden:

(1) einerseits läßt sich mit ihrer Hilfe feststellen, ob durch die Anschaffung eines Sachmittels Kosteneinsparungen im Vergleich zum bisherigen Verfahren erzielbar sind (**Verfahrensvergleich**)

(2) andererseits ermöglicht sie den Vergleich von zwei oder mehreren Sachmitteln mit gleichem Anwendungszweck, von denen eines auszuwählen ist (**Sachmittelauswahl**).

Beim Verfahrensvergleich werden die **Einsparungen**, die durch den Sachmitteleinsatz erreicht werden, **mit** dessen **Kosten verglichen,** um Informationen darüber zu gewinnen, welches Verfahren am wirtschaftlichsten ist (z.B. Phonodiktat gegenüber anderen Diktierverfahren). Der Einsatz eines Sachmittels lohnt sich nur dann, wenn seine Kosten unter den erwarteten Einsparungen liegen.

Die Anschaffungskosten und die Betriebskosten lassen sich im Normalfall einfach ermitteln. Auch die periodenweise Zurechnung der Anschaffungskosten ist problemlos. Einsparungen sind demgegenüber häufig nicht so leicht errechenbar. Am einfachsten ist dies noch möglich, wo Personalkosten entfallen. Neben dem (anteiligen) Bruttogehalt sind dabei die vom Betrieb aufzubringenden Sozialkosten (gesetzliche Beiträge des Arbeitgebers zur Sozialversicherung, freiwillige Sozialleistungen) sowie die Kosten des Arbeitsplatzes zu veranschlagen. Letztere werden häufig als sonstige Personalkosten bezeichnet und machen im Durchschnitt ca. 40 % der Bruttobezüge aus (Unterschiede nach Art und Ausstattung des Büroarbeitsplatzes).

Kostenvergleichsrechnung zur Anschaffung eines Diktiergerätes:

Zusätzliche jährliche Sachmittelkosten		Jährliche Personalkosteneinsparung	
Anschaffungswert eines geeigneten Diktiergerätes ca.	DM 1.200.-	monatl. Bruttogehalt eines Sachbearbeiters	DM 2.400.-
		sonst. Personalkosten (40%)	DM 960.-
Abschreibung (linear) bei 6 Jahren Nutzungsdauer jährl.	DM 200.-	monatl. Personalkosten	DM 3.360.-
lfd. Kosten (Reparatur, Wartung, Energie) ca. 10% des Anschaffungswertes jährl.	DM 120.-	Kosten je Arbeitsminute (bei monatl. ca. 9600 Arbeitsminuten)	DM 0,35
jährliche Sachmittelkosten	DM 320.-	Zeitersparnis des Sachbearbeiters durch Benutzung des Diktiergerätes tägl. ca. 15 Minuten; bewertet in Kosten je Arbeitsminute	DM 5,25
		bewertete Zeitersparnis bei 250 Arbeitstagen jährlich	DM 1.312,50

Die jährliche Kostenersparnis beträgt somit DM 1.312,50
abzügl. DM 320.-
DM 992,50

Die Kostenvergleichsrechnung zeigt, daß der Einsatz eines Diktiergerätes rentabel ist.

Abb. B-5: Durchführung einer Kostenvergleichsrechnung bei Diktierverfahren (Beispiel)

3. Nutzwertanalyse

Die Nutzwertanalyse – häufig auch als Gewichtsfaktoren-Methode bezeichnet – ermöglicht, die **Bedeutung der einzelnen Kriterien in ihrem Verhältnis zueinander** zu berücksichtigen (z.B. wird davon ausgegangen, daß die Höhe der monatlichen Kosten eines Textautomaten doppelt so wichtig sei wie die verbesserte Qualität der Texte).

Vier Schritte sind bei einer Nutzwertanalyse zu durchlaufen:

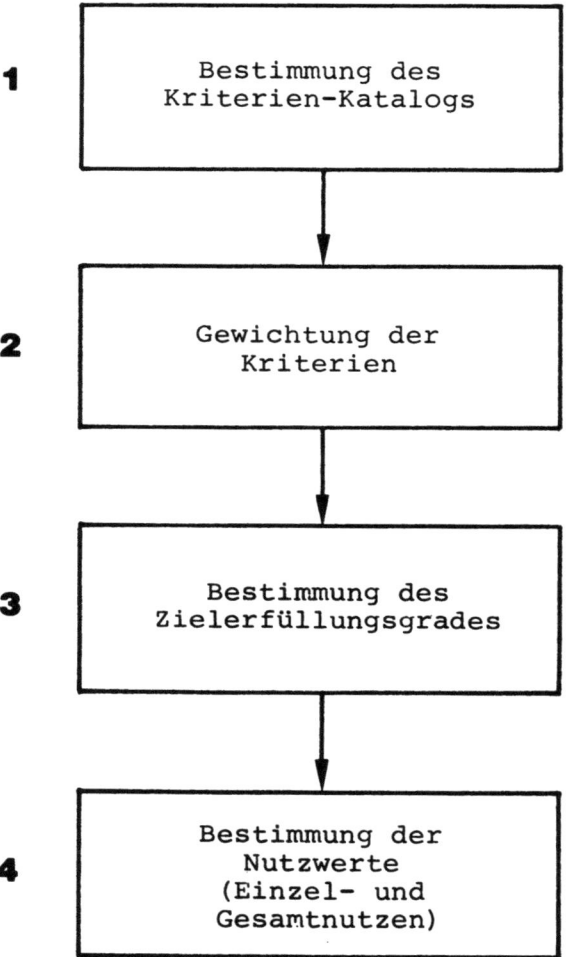

Abb. B-6: Nutzwertanalyse (Ablauf-Schema)

B.IV.3.   Nutzwertanalyse

(1) Ein **Katalog von Kriterien** wird aufgestellt: Zunächst sind alle Kriterien zu ermitteln, nach denen die in Frage kommenden Sachmittel (oder Verfahren) beurteilt werden sollen. Alle Eigenschaften und Merkmale, die für die Erfüllung der Zielsetzung überhaupt von Bedeutung sind, gelten als Kriterien.

(2) Die **Gewichtung der Kriterien**: Die Summe der Kriterien-Gewichte muß 100 % ergeben. Nach seiner Wichtigkeit werden jedem einzelnen Kriterium Prozentpunkte zugeordnet: bei 10 gleich wichtigen Kriterien also jedem ein Gewicht von 10 %. Um die unterschiedliche Bedeutung der Kriterien möglichst exakt in Prozentzahlen abzubilden, sollte vom Projektteam ein allgemeines Gewichtungsschema entwickelt werden. Letztlich bleibt die Gewichtung jedoch immer ein subjektives Einschätzungsproblem.

(3) **Bestimmung des Zielerfüllungsgrades**: Die Ausgangsfrage für die Untersuchung der Alternativen lautet: Wie weit wird eine Alternative einem bestimmten Kriterium gerecht? Um die Antwort zu quantifizieren, wird eine Skala der Benotung gebildet: etwa 4 - 3 - 2 - 1, wobei 4 die beste und 1 die schlechteste Note darstellt. Ebenso könnte eine differenziertere Benotung mit einer Skala von 10 - 1 oder sogar von 20 - 1 vorgenommen werden. Die Qualität einer einzelnen Alternative ist nun nach jedem Kriterium zu bewerten. Eine Alternative erhält also so viele Noten, wie Kriterien aufgestellt wurden.

(4) **Berechnung des Nutzwertes**: Innerhalb einer Alternative wird für jedes Kriterium dessen Gewicht mit seiner Note multipliziert. Ergebnis ist der Einzelnutzen (Nutzwert) einer Alternative bezüglich eines Kriteriums. Die Einzelnutzwerte werden addiert. Die Summe drückt dann den quantifizierten Gesamtnutzen einer Alternative aus.

Wird dieses Verfahren auf alle Alternativen angewendet, so erhält man im Endergebnis einen Zahlenwert für den Gesamtnutzen jeder Alternative. Dadurch werden die Alternativen einfach vergleichbar.

Am Beispiel der Auswahl eines geeigneten Diktiergerätes unter drei Alternativen (Fabrikate A, B und C) soll im folgenden die Anwendung der Nutzwertanalyse veranschaulicht werden:

B.IV.3. Nutzwertanalyse

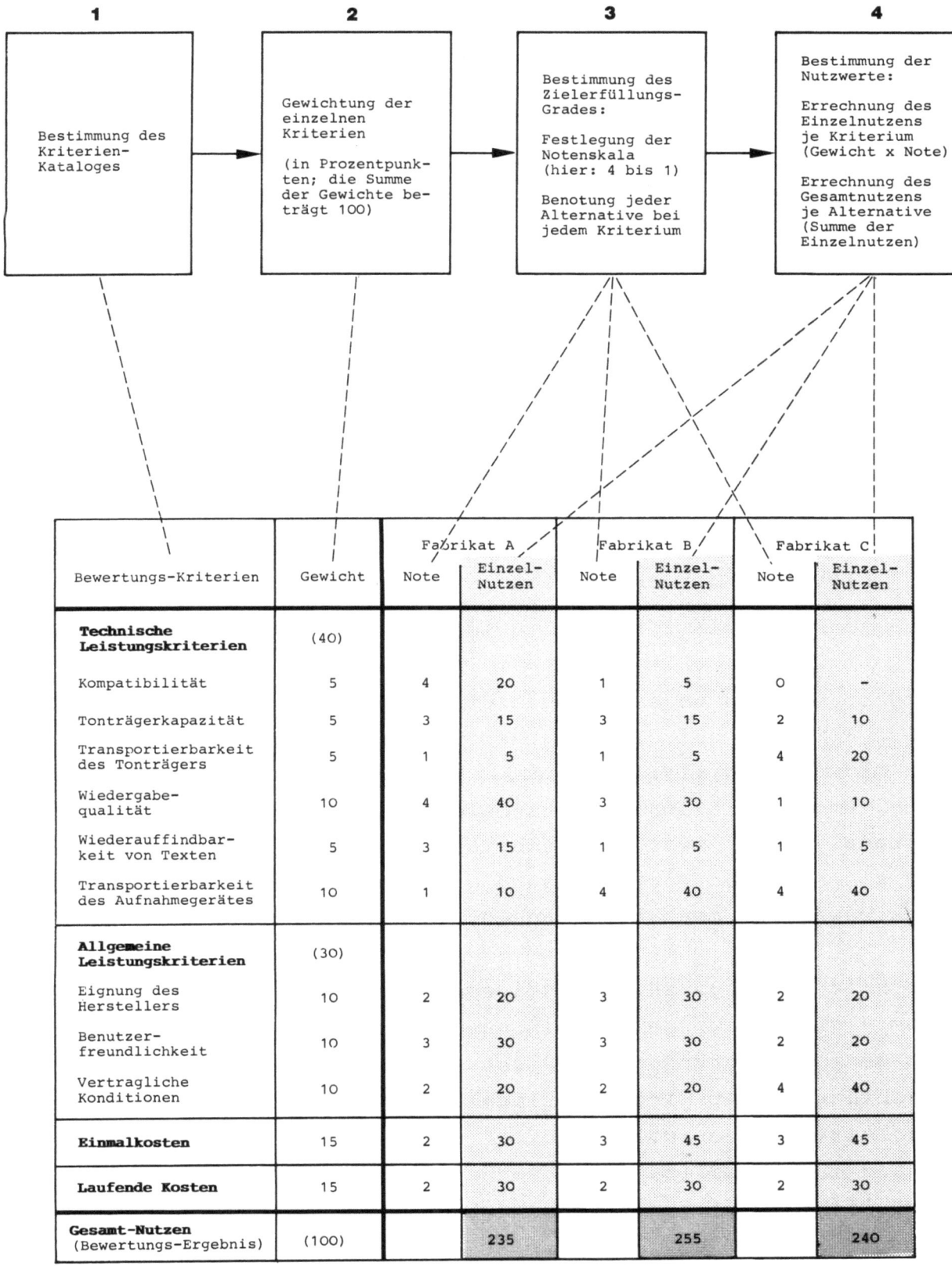

Abb. B-7: Durchführung einer Nutzwertanalyse bei Diktiergeräten (Beispiel)

Nutzwertanalyse   B.IV.3.

4. Methodenbeurteilung

Ist der Umfang der beabsichtigten Investition gering und der Sachverhalt leicht überschaubar, dann ist die Nutzwertanalyse ein zu aufwendiges Verfahren. Die **Kostenvergleichsrechnung** wird in der Praxis nicht zuletzt deshalb bevorzugt, weil sie sämtliche Entscheidungsfaktoren quantitativ erfaßt. Sie ist vor allem dann sinnvoll, wenn die Leistungen der zur Wahl stehenden Sachmittel und Verfahren annähernd gleichwertig sind. Für das Ergebnis reiner Kostenvergleichsrechnungen gelten aber folgende Einschränkungen:

- es wird unterstellt, daß sich die gegenwärtigen Kosten und Leistungen in späteren Perioden nicht ändern
- die Auswirkungen auf andere organisatorische Teilbereiche bleiben unberücksichtigt
- Konsequenzen für die Liquidität werden nicht erkennbar.

Handelt es sich um ein komplexes Entscheidungsproblem und wirken viele Faktoren auf die Entscheidung ein, so ist die Anwendung der **Nutzwertanalyse** sinnvoll; häufig ist sie sogar unumgänglich, um eine rationale Entscheidung zu ermöglichen. Die Nutzwertanalyse ist zwar ein rechenaufwendiges Verfahren; dafür bietet sie aber den Vorteil, auch qualitative Faktoren durch deren Punktbewertung meßbar zu machen.

Der Entscheidungsträger – sei es der einzelne oder das Projektteam – wird gezwungen, die Konsequenzen der einzelnen Alternativen genau zu durchdenken. Nicht selten wird bereits vor der Durchführung der Wirtschaftlichkeitsberechnung eine bestimmte Alternative favorisiert. Weicht diese dann von der ermittelten Lösung ab, so sollte den Ursachen dafür nachgegangen werden und womöglich die Alternativenbewertung wiederholt werden.

Alle Methoden zur Wirtschaftlichkeitsberechnung legen das Zustandekommen von Entscheidungen offen (Transparenz) und machen

B.IV.4.   Methodenbeurteilung

es - eine gute Dokumentation vorausgesetzt - nachprüfbar. Der Einfluß subjektiver Faktoren kann minimiert werden, indem mehrere Entscheidungskriterien berücksichtigt und mehrere Personen an Schätzungen und Bewertungen beteiligt werden. Naturgemäß bleibt letztlich immer ein Rest Intuition bei jeder Entscheidung.

C. Ist-Untersuchung des Textverarbeitungs-Bereichs

I. Ermittlung des Text-Profils

Bei einer Ist-Untersuchung des Textverarbeitungs-Bereichs sind zunächst die Text-Arten und Text-Mengen zu ermitteln, die an den verschiedenen Schreibplätzen im Betrieb erstellt werden. Im folgenden wird ein einfaches **Input-/Output-Schema** vorgestellt: Es enthält die wichtigsten Text-Arten und gibt an, in welchen Formen Texte zum Schreiben vorliegen. Anhand der Anteile der verschiedenen **Text-Arten** am gesamten Schreibvolumen lassen sich spezifische **Text-Profile** herausarbeiten - sowohl für einzelne Schreibplätze, wie für einzelne Fachabteilungen oder auch den gesamten Betrieb. Zur Illustration werden einige Text-Profile beispielhaft präsentiert.

Anschließend wird beschrieben, wie man im individuellen Fall zu seinem Ist-Text-Profil gelangt: wie die Untersuchungs-Einheiten abgegrenzt werden, welche Erhebungstechniken anzuwenden sind, und wie schließlich das Analyse-Ergebnis aussieht.

1. Das Input-Output-Schema

Textverarbeitung dehnt sich über den gesamten Bürobereich aus. Sie findet an allen Arbeitsplätzen statt, an denen Texte geschrieben, aufbewahrt oder gesucht, an denen sie diktiert, versandt oder gelesen werden.

Den Kernbereich der Textverarbeitung aber bilden die **Schreibplätze**: Das sind alle Arbeitsplätze, an denen Texte mit Hilfe von Maschinen geschrieben und u.U. weiterverarbeitet werden. Die Erzeugung maschinengeschriebener Texte aller Art kann als wichtigster Text-Verarbeitungs-Vorgang angesehen werden. Um diesen Kernbereich des Schreibens siedelt sich das Schreib-Umfeld an, dem alle Aktivitäten der weitergefaßten Textverarbeitung zuzuordnen sind.

Ausgangspunkt für eine Ist-Untersuchung der Textverarbeitungs-Prozesse am Schreibplatz ist ein einfacher Grund-Vorgang: Eine Textvorlage (Input) geht zu einer Schreibkraft, die diese Vorlage zu einem Text (Output) verarbeitet. Schematisch sieht dieser Vorgang so aus:

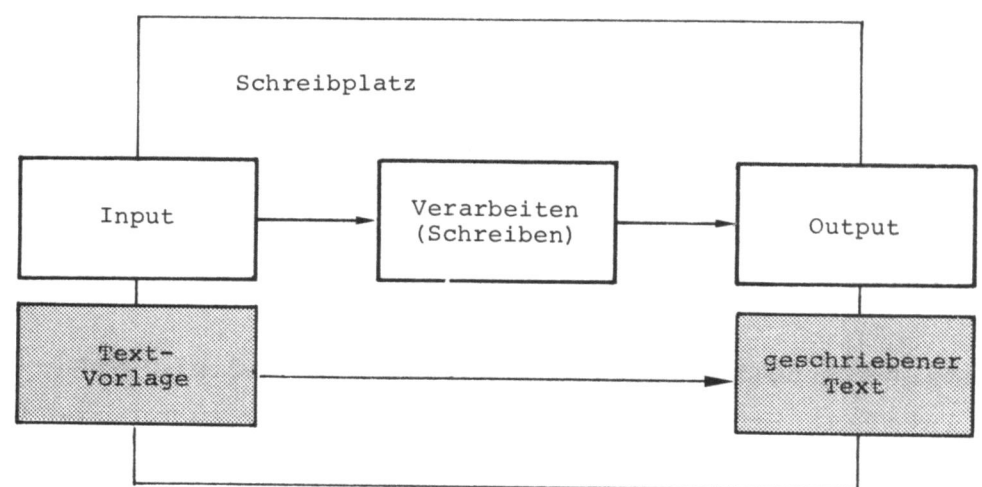

Abb. C-1: Text-Input und -Output am Schreibplatz

Dieses Input-/Output-Schema ist die Basis für jede Untersuchung der Textverarbeitung im Büro. Das einfache Schema enthält nämlich bereits die beiden wichtigsten Determinanten für den Vorgang der Textverarbeitung:

(1) welcher Art die **Texte** sind, die in einen Textverarbeitungsvorgang eingehen (die verschiedenen **Input-Arten**)

(2) welcher Art die **Texte** sind, die aus dem Verarbeitungsprozeß hervorgehen sollen
(die verschiedenen **Output-Arten**).

Jeder Textverarbeitungsvorgang läßt sich nach diesem Schema darstellen: Er wird durch eine bestimmte Kombination der Input-/Output-Arten beschrieben. Beispiel:

C.I.1.   Das Input-Output-Schema

Textverarbei-tungs-Vorgang	Input	Output
A	Diktat auf Tonträger	Aktennotiz mit Verteiler
B	handschriftlicher Brief-Entwurf (Angebot)	Angebotsschreiben an mehrere Interessenten
C	Text-Vorlage bereits auf Maschine geschrieben (Ein "gelungener" Brieftext wird wiederverwendet)	schriftliche Antwort auf eine Produkt-Anfrage
.		
.		
.		

Abb. C-2: Input und Output bei Textverarbeitungsvorgängen (Beispiele)

In den Verarbeitungsvorgang A geht die Vorlage als Phono-Diktat ein, bei B liegt sie handschriftlich und bei C bereits in mehrfacher Ausfertigung vor. Auch im Falle B geht das Angebots-Schreiben an mehrere Adressaten, während der Output bei C ein einzelner Brief ist. Würde dieses Beispiel um die Angabe ergänzt, wie oft die Vorgangs-Typen A, B und C am Schreibplatz vorkommen, so lägen Anhaltspunkte für ein allererstes Text-Profil dieses Schreibplatzes vor. Gültigkeit hätte es allerdings nur für diesen Schreibplatz, denn die Häufigkeit, mit der bestimmte Input-/Output-Kombinationen auftreten, kann von einem Schreibplatz zum andern, von Abteilung zu Abteilung und schließlich von Betrieb zu Betrieb sehr unterschiedlich sein.

Das Input-Output-Schema   C.I.1.

Aus dem Beispiel wird bereits deutlich: Das Input-/Output-Schema liefert ein Untersuchungs-Instrument, das die Zusammenhänge vereinfacht und das allgemein und effektvoll einsetzbar ist. Allerdings ist dafür noch genauer zu klären, welche Text-Arten auf der Input-Seite und welche auf der Output-Seite zweckmäßigerweise unterschieden werden, um ein System möglichst umfassend und zugleich einfach beschreiben zu können. Einen Vorweg-Überblick bietet Abb. C-3.

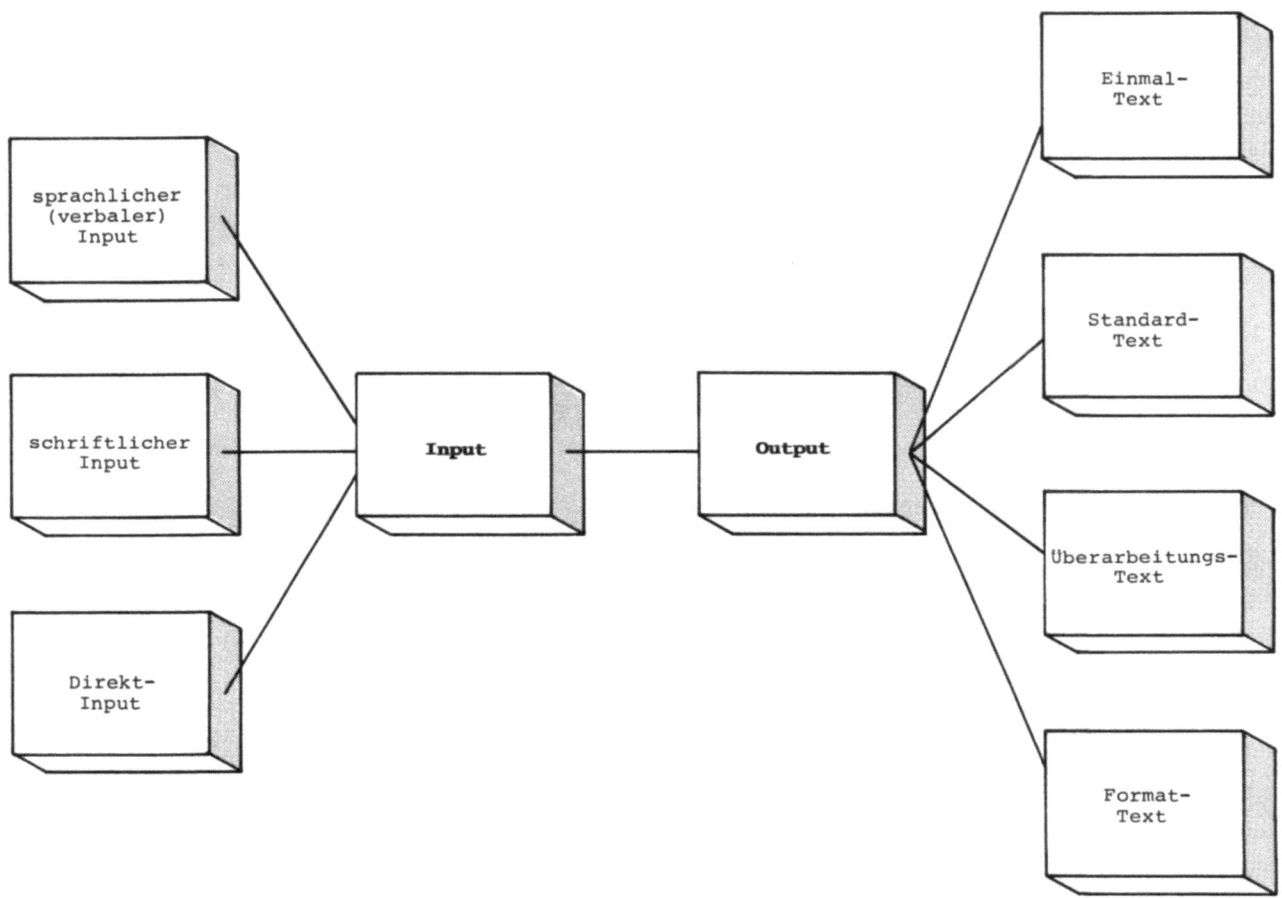

Abb. C-3: Input- und Output-Arten (Übersicht)

C.I.1. Das Input-Output-Schema

1.1. Arten des Text-Inputs

Auf der **Input-Seite** – bei den Textverarbeitungsvorlagen – ist eine Einteilung in drei Vorlage-Kategorien sinnvoll. Diese Kategorien entsprechen der betrieblichen Praxis und sind daher allgemein geläufig:

(1) Der Text geht in **verbaler Form**, d.h. als Diktat, in die Verarbeitung ein.

(2) Der Input besteht in einer **schriftlichen Vorlage**: einem Manuskript oder Typoskript.

(3) Der Text geht **direkt** in die Verarbeitung ein; er befindet sich "im Kopf" des Schreibers und wird unmittelbar – ohne greifbare Vorlage – weiterverarbeitet.

Zu (1):

Wenn der Text als **Diktat** in die Verarbeitung eingeht, existiert kein lesbarer, schriftlicher Text. Diktat-Input läßt sich deshalb auch weniger zeitraubend und "billiger" vorbereiten. Grundsätzlich bestehen zwei Möglichkeiten:

- das "**Diktat direkt in die Maschine**"
- das Diktat auf einen Ton-Zwischenträger, meist auf Tonbandkassetten (**Phono-Diktat**).

Der diktierte Text wird von der Schreibkraft in maschinengeschriebenen Text übertragen, der das Verarbeitungs-Ergebnis (Output) ist. Text-Input in Diktat-Form ist im betrieblichen Alltag sehr verbreitet. Ein Großteil Korrespondenz, Aktennotizen, Berichte u.ä. wird in Diktat-Eingabe-Form verarbeitet.

Zu (2):

Die "klassische" **Manuskript-Vorlage** unterscheidet sich vom Diktat-Input dadurch, daß der Input-Text bereits in schriftlicher Form erfaßt wurde: Er ist lesbar und kann notfalls ohne weitere Umformung abgelegt werden. Auch bei der handschriftlichen Vorlage bestehen grundsätzlich zwei Input-Möglichkeiten:

- Der Text-Autor hat die Text-Vorlage - i.d.R. in **Langschrift** - selbst niedergeschrieben.
- Der Eingabe-Text entstammt einem Diktat, das zunächst in **Kurzschrift** (stenographisch) fixiert wurde.

Auch im zweiten Fall geht ein handschriftlich erfaßter Text in den (Schreibmaschinen-)Verarbeitungsprozeß ein. Man könnte hier von einem "zweigestuften" Input sprechen, da der ursprüngliche Diktat-Input bereits zu einem handschriftlichen Input "aufbereitet" wurde. Unter Verfahrensaspekten mag die Steno-Vorlage einen engeren Bezug zum Phonodiktat haben (Steno-Diktat mit Betonung auf dem zweiten Wortteil - dazu genauer: Abschnitt F.I.1.); hier interessiert jedoch nur die Tatsache, daß der Text handschriftlich in den Maschinen-Schreibvorgang eingeht.

Die Eingabe handschriftlicher Text-Vorlagen ist im betrieblichen Alltag weit verbreitet. Nicht nur Aktennotizen und Korrespondenz werden in diese Form gebracht, vor allem umfangreichere Texte werden von ihren Verfassern meist in Langschrift-Manuskripten niedergelegt, wenn die ursprüngliche Erzeugung des Textes ein anspruchsvoller, schwieriger Vorgang ist, der große Konzentration erfordert.

Beim **Typoskript** liegt der Input bereits in einer Form vor, die dem Output-Text sehr nahe kommt. Zu dieser Input-Art zählen Text-"Vorlagen" oder Muster-Texte, die zur Orientierung dienten oder die in leicht überarbeiteter Form in die Textverarbeitung eingehen. Beispiele sind häufiger verwendete Produktlisten, Begründungen für Nichtlieferung, Allgemeine Geschäftsbedingungen, Auskünfte etc. In dieser Input-Art steckt am meisten "Vorbereitung", denn der Text ist zumindest einmal maschinell erfaßt worden.

C.I.1.1. Arten des Text-Inputs

Aus naheliegenden Gründen gehen die meisten routinemäßig und in überwiegend unveränderter Form verwendeten Texte (Standard-Texte) als Typoskripte in die Verarbeitung ein. Wenn auch der Vorbereitungsaufwand größer ist, so lassen sich solche Text-Inputs dafür wesentlich leichter und schneller verarbeiten als andere Formen. Zu dieser Input-Art zählen auch alle Typoskript-Texte, in denen handschriftlich Änderungen, Anpassungen oder Korrekturen vorgenommen wurden. Die Grenze zum Manuskript wird dann fließend: Bei einem sehr hohen Anteil solcher Änderungen oder Zusätze in der Vorlage dominiert nicht mehr Maschinenschrift sondern Handschrift. In diesem Fall büßt die Vorlage den Vorteil leichterer Weiterverarbeitung ein.

Zu (3):

Beim Text "ohne Vorlage" (**Direkt-Input**) liegt keine verbale oder schriftliche Fassung des Inputs vor. Vielmehr befindet er sich als Konzept noch "im Kopf" des Autors oder steckt zu Teilen in anderen Arbeitsmaterialien (Listen, Tabellen, Notizen etc.). Der Autor selbst setzt den Text direkt in maschinengeschriebene Form um. Die Vorlage ist also gewissermaßen "mental".

Mag auch diese Input-Art heute noch nicht so verbreitet sein und wird vor allem ihr Input- oder Vorlagencharakter nicht unmittelbar hervortreten, so gewinnt der Direkt-Input durch moderne Sachmittel doch immer mehr an Bedeutung. Er läßt nämlich die Text-Erzeugung im ursprünglichen Sinne und die maschinenschriftliche Text-Umformung in einen Arbeitsgang und bei einer Person zusammenfließen. Diese Input-Art bietet deshalb für eine Reihe von Anwendungsfällen - beispielsweise bei komplexen Sachbearbeitungs-Aufgaben - große Vorteile. Deshalb wird diese Form in automatisierten Textverarbeitungslösungen, vor allem bei Kombination mit automatisierter Datenverarbeitung, zunehmend wichtiger.

Arten des Text-Inputs   C.I.1.1.

1.2. Arten des Text-Outputs

Auf der **Output-Seite** - bei den Ergebnissen der Textverarbeitung (eng gefaßt) - können vier Kategorien unterschieden werden, die praktisch in jeder Unternehmung anzutreffen sind:

(1) Der Text wird nur für einen einzelnen Anlaß und - von Kopien abgesehen - nur einfach erzeugt. Diese Ausgabeform soll als "**Einmal-Text**" bezeichnet werden.

(2) Der Text wird mehrfach verwendet: entweder für mehrere Adressaten gleichzeitig (Serienbrief) oder als wiederholt eingesetzter Routine-Text (Text-Baustein). Beide Formen sind "**Standard-Texte**".

(3) Der Output-Text ist nur eine vorläufige Fassung; er wird nachfolgend noch weiter überarbeitet und verändert: es handelt sich um einen "**Überarbeitungs-Text**".

(4) Der Output-Text folgt einer ganz bestimmten, festgelegten Anordnung; er besteht in einer Tabelle oder einem Formular: Man kann vom "**Format-Text**" sprechen.

Zu (1):

Einmal-Texte sind im echten Wort-Sinn "zum einmaligen Gebrauch" bestimmt. Sie enthalten eine einmalige Mitteilung, beziehen sich auf einen einzelnen Geschäftsvorfall und behandeln Sonderfälle oder Ausnahmen im Geschäftsverkehr, die vermutlich nicht wieder auftreten. Einmal-Texte werden in einem Arbeitsgang erstellt. Von Kopien abgesehen, wird nur eine Ausfertigung erzeugt. Einmal-Texte werden später nicht mehr verwendet.

Zu (2):

Dagegen werden **Standard-Texte** mehrfach verwendet:

- sei es als Text, der für mehrere Adressaten gleichzeitig angefertigt wird, wie das beim klassischen **Serien-Brief** (z.B. im Rahmen einer Werbeaktion) geschieht;

C.I.1.2.   Arten des Text-Outputs

- sei es als immer wieder eingesetzter **Routine-Text**, der für einen bestimmten Zweck besonders gut geeignet oder seit langem bewährt ist.

```
                    Koehler & Kofka Fruchthandel    2.3.82
                    Machstr. 10-12
                    5300 Bonn 1

Verschiedene
Adressen            Fructus GmbH
                    Frucht-Großhandel
Spezieller          zu Hd. Herrn Bolter
Ansprechpartner     Postfach 1000

                    5000 Köln 1


                    Südfrucht-Import

Individuelle        Sehr geehrter Herr Bolter,
Anrede
                    es ist uns gelungen, einen großen Posten hoch-
                    wertiger Orangen einzukaufen. Der günstige Preis

                              von 3000.- DM

Groß- oder          je Tonne dürfte auch Sie interessieren. Als
Einzelhändler       Großhändler erhalten Sie darauf noch einen
                    Rabatt von 9%.
Individueller
Rabatt              Bestellen Sie deshalb rasch.

                    Mit freundlichen Grüßen

                    (Dorch)
```

Abb. C-4: Serienbrief (Beispiel)

Arten des Text-Outputs   C.I.1.2.

Textbaustein-Brief (Beispiel)

Seite: 14	TEXTHANDBUCH	Bereich: Ausbildung
3.1. Einladung	Einladung zum Seminar	Einladung zum Seminar
		Sehr geehrte............,
		das Bildungs-Zentrum DIDACTON veranstaltet ein
		"..........................."
		vom ..... bis ....,
		zu dem Sie herzlich eingeladen sind.
3.2.1. Tagungs-ort Mainz		Die Veranstaltung findet im DIDACTON-Kolleg in Mainz, Sander-Weg 7, statt.
3.2.2. Tagungsort Wiesbaden		Die Veranstaltung findet im Haus der Bildung in Wiesbaden, Am Kurhof 6, statt.
3.2.3. Tag.ort sonst.		Die Veranstaltung findet .... statt.
3.3.1. Anmeldung Mainz		Damit wir Ihnen rechtzeitig einen Seminarplatz reservieren können, senden Sie bitte das beiliegende Anmeldeformular bis zum ...... an Bildungs-Zentrum DIDACTON Sander-Weg 7 6500 Mainz 17
3.3.2. Anmeldung Wiesbaden		Damit wir Ihnen rechtzeitig einen Seminarplatz reservieren können, senden Sie bitte das beiliegende Anmeldeformular bis zum ...... an Haus der Bildung DIDACTON-Seminar Am Kurhof 6 6200 Wiesbaden 1
3.4. Anmeldung Tel.		Sie können sich beim Bildungs-Zentrum DIDACTON auch telefonisch unter 06131/45 678 anmelden. Bestätigen Sie aber auch in diesem Fall Ihre Anmeldung bitte noch auf dem Anmeldeformular.
3.5.1. Programm endgültig		Die genauen Themen, die Referenten und den Zeitplan finden Sie in beiliegendem Programm.
3.5.2. Programm geplant		Die vorläufigen Themen-Schwerpunkte ersehen Sie aus beigefügtem Seminar-Plan-Info. Für weitere Anregungen hierzu sind wir Ihnen sehr dankbar. Das endgültige Programm erhalten Sie so bald als möglich.
3.6. MfGr Anlage		Mit freundlichen Grüßen Anlage

Beispielbrief:

Bildungs-Zentrum DIDACTON   10.1.82
Sander-Weg 7
6500 Mainz 17

WELLECK und Partner
Weiner-Gasse 88

8000 München 4

Einladung zum Seminar

Sehr geehrter Herr Welleck,

das Bildungs-Zentrum DIDACTON veranstaltet ein Seminar

"Elektronisches Archiv im Büro"

vom 3. bis 5. März 1982,

zu dem Sie herzlich eingeladen sind.

Die Veranstaltung findet im Haus der Bildung in Wiesbaden, Am Kurhof 6, statt.

Damit wir Ihnen rechtzeitig einen Seminarplatz reservieren können, senden Sie bitte das beiliegende Anmeldeformular bis zum 20. 2. an

Haus der Bildung
DIDACTON-Seminar
6200 Wiesbaden 1

Sie können sich beim Bildungs-Zentrum DIDACTON auch telefonisch unter 06131/45 678 anmelden. Bestätigen Sie aber auch in diesem Fall Ihre Anmeldung bitte noch auf dem Anmeldeformular.

Die genauen Themen, die Referenten und den Zeitplan finden Sie in beiliegendem Programm.

Mit freundlichen Grüßen

Anlage

C.I.1.2. Arten des Text-Outputs

Standard-Texte können größere Text-Einheiten umfassen: z.B. ein längeres, allgemein gehaltenes Angebot von zwei oder drei Schreibmaschinen-Seiten. Sie können aber auch aus kleineren Einheiten bestehen - aus einzelnen Absätzen oder Sätzen -, die man dann als **"Bausteine"** bezeichnet. Charakteristisch für jeden Standard-Text ist, daß er noch mehrfach in dieser Form Verwendung finden wird. Das unterscheidet ihn deutlich vom Einmal-Text und vom Überarbeitungs-Text.

Standard-Texte finden sich - oft von ihren Autoren und von denen, die sie verwenden, nicht als solche erkannt - in sehr vielen betrieblichen Bereichen vor. In manchen Branchen können sie sogar die absolut vorherrschende Text-Art sein. Sie gehören zum großen Rationalisierungs-Potential der Textverarbeitung. Vielfach wird man bei der Ist-Untersuchung des Textverarbeitungs-Bereichs nur relativ wenige Standard-Texte vorfinden; gerade dann ist es wichtig, gezielt nach standardisierbaren Texten zu suchen.

Zu (3):

Der **Überarbeitungs-Text** hat mit dem Einmal-Text gemein, daß er gewöhnlich nur einmal verwendet wird. Während der Einmal-Text jedoch - von kleinen Korrekturen abgesehen - auch in einem einzigen Arbeitsgang von der Schreibkraft erstellt wird, steht bei einem Überarbeitungs-Text von vornherein fest, daß er in mehreren Schritten - wobei der Text zwischen Autor und Schreibkraft hin- und herpendelt - in seine endgültige Fassung gebracht wird. Bei der erstmaligen Verarbeitung eines solchen Textes - und das ist hierbei entscheidend - entsteht also lediglich eine vorläufige Fassung oder Roh-Fassung. An dieser vorläufigen Fassung werden vom Autor Korrekturen, Einfügungen, Umformatierungen und Kürzungen vorgenommen, die im nachfolgenden Arbeitsgang von der Schreibkraft in den Text eingearbeitet werden. Auch die jetzt entstandene Fassung kann wieder vorläufig sein; dann wird der Prozeß erneut durchlaufen.

```
      XXXXXXXXXXXXXXXXXXXXXXXXXXXX XXXXXXXXX
      XXXXXXXXXX

      XXXXXXXXXXXXXXXXXXXXXXXXXXXXXXXXXXXXXX
      XXXXXXXXXXXXXXXXXXXXXXXXX XXXXX XXXXXXX
      XXXXXXXXXXXXXXXXXXXXXXXXXXXXXXXXXXXXXXX
      XXXXXXXXXXXXXXXXXXXXXXXXXXXXXXXXXXXXXXX
      XXXXXXXXXXXXXXXXXXXXXXXXXXXXXXXXXXXXXX
      XXXXXXX DEI TEXTAUTOMATN XXXXXXXXXXXXXXX
      XXXXXXXXXXXXXXXXXXXXXXXXXXXXXXXX

      XXXXXXXXXXXXXXXXXXXXXXXXXXXXXXXXXXXXXXX
      XXXXXXXXXXXXXXXXXXXXXXXXXXXXXXXXXXXXXXX
      XXXXXXXXXXXXXXXXXXXX.
      XXXXXXXXXXXXXXXXXXXXXXXXXXXXXXXXXXXXXXX
      XXXXXXXXXXXXXXXXXXXXXXXXXXXXXXXXXXXXXXX
      XXXXXXXXXXXXXXXXXXXXXXXXXXXXXXXXXXXXXXX
      XXXXXXXXXXXXXXXXXXXXXXXXXXXXXXXXXXXXXXX.
      XXXXXXXXXXXXXXXXXXXXXXXXXXXXXXXX.
      XXXXXXXXXXXXXXXXXXXXXXXXXXXXXXXXXXXXXXX
      XXXXXXXXXXXXXXXXXXXXXXXXXXXXXXXXXXXXXXX
      XXXXXXXXXXXXXXXXXXXXXXXXXXXXXXXXXXXXXX
      XXXXXXXXXXXXXXXXX.

      XXXXXXXXXXXXXXXXXXXXXXXXXXXXXXXXXXXXXXX
      XXXXXXXXXXXXXXXXXXXXXXXXXXXXXXXXXXXXXXX
      XXXXXXXXXXXXXXXXXXXXXXXXXXXXXXXXXXXXXXX
      XXXXXXXXXXXXXXXXXXXXXXXXXXXXXXXXXXXXXXX
      XXXXXXXXXXXXXXXXXXXXXXXXXXXXXXXXXXXXXXX


      XXXXXXXXXXXXXXXXXXX
```

Abb. C-6: Überarbeitungs-Text

Überarbeitungs-Texte kommen im allgemeinen nicht so häufig vor wie Einmal-Texte. Doch spielen sie bei vielen internen Berichten, umfangreicheren Angeboten (v.a. bei Einzel- oder Auftrags-

C.I.1.2.   Arten des Text-Outputs

fertigung) und bei manchen Dienstleistungs-Betrieben und freien Berufen (z.B. Architektur-Büro, Anwalts-Kanzlei, Notariat etc.) eine große Rolle. Diese Text-Art ist auch dann gegeben, wenn mehrere Personen für einen Text verantwortlich sind oder verschiedene Stellen Änderungswünsche äußern: Das ist etwa der Fall bei gemeinschaftlich erarbeiteten Untersuchungs-Ergebnissen oder bei wichtigen betrieblichen Richtlinien oder Regelungen, die in einem längeren Änderungs- und Genehmigungsverfahren mehrere Stellen durchlaufen müssen.

Für die Einordnung von Texten in diese Kategorie ist nicht entscheidend, wie oft sie überarbeitet werden, sondern allein die Tatsache, daß sie überarbeitet werden: Die Rückkehr der Texte an den Autor (oder zu anderen) und die nachfolgende Überarbeitung sind schon vor der ersten Erfassung durch die Schreibkraft vorauszusehen.

Zu (4):

Zur Output-Kategorie **"Format-Text"** sind alle Texte zu zählen, die die Form von Tabellen annehmen oder in Formulare eingearbeitet werden. Bei **Tabellen** ist vom Autor bereits vor der Erfassung durch die Schreibkraft festgelegt worden, daß die verschiedenen Teile dieses Textes eine bestimmte Anordnung einnehmen sollen: z.B. Listenform, Kolonnen- oder Matrix-Form. Auch bei den **Formularen** steht von vornherein fest, daß die einzelnen Textelemente in eine ganz bestimmte Position auf dem Formular eingetragen werden.

Der Format-Text ist also der am stärksten vorbestimmte Output-Text. Die Arbeitsgänge beim Schreiben solcher Texte unterscheiden sich wesentlich von denen beim Schreiben und Bearbeiten fortlaufender Texte, für die zwar auch gewisse Anordnungs-Grundsätze gelten (Absätze, Leerzeilen, Tabulationen etc.), deren Textelemente aber nicht bis ins Detail, von vornherein und eindeutig in ihrer Anordnung vollständig festgelegt sind.

Arten des Text-Outputs   C.I.1.2.

```
      XXXXXXX           XXXXX         XXXXXXXXXXX       XXX
      ─────────────────────────────────────────────────────

      XXXXXXXXX
      XXXXX            XX.XX              -             XX

      XXXXXXXX         XXX.XX          XXXXX XXXX       XX

      XXXXXXX          XXX.XX          XXXXXXXXX        XX

      XXXXXXXXX
      XXXXXXXX         XXXX.XX             -             -

      XXXX             XX.XX             XXX            XX

      XXXXXXXX            -                -            XX

      XXXXXXXX         XXXX.XX         XXXXXXX XX       XX

      XXXXX            XXX.XX          XXXXXXXX         XX

      XXXXXXX          XXX.XX          XXXXXX           XX

      XXXXXXXXX
      XXX              XXXX.XX             -            XX

      XXXXXXX          XXX.XX          XXXXXX           XX

      XXXXXXXX         XX.XX           XXXXXXXXX        XX

      XXXXX               -            XXXXXXX          XX

      XXXXXXXXX
      XXXXXXXX         XXXX.XX         XXXXXXXXX        XX
      ─────────────────────────────────────────────────────

      XXXXXXX          XXXXX.XX        XXXXXXXXXX
                       ========
```

Abb. C-7: Format-Text (Tabelle)

In jedem Betrieb gibt es eine Vielzahl von Format-Texten: technische Beschreibungen, Statistiken, Übersichten, Bilanzen u.ä. Oft sind sie nur Bestandteil umfangreicherer Texte. Das ändert jedoch nichts an ihren Besonderheiten und an den Konsequenzen für ihre Verarbeitung.

C.I.1.2. Arten des Text-Outputs

1.3. Darstellungsform und Schwierigkeit der Texte

Zur Kennzeichnung von Texten gehören neben der Art ihrer Verwendung (Output-Kategorie) auch das Ausmaß besonderer **Gestaltungs-Anforderungen** (Anordnung, Übersichtlichkeit, Fettschrift, verschiedene Schriftarten etc.) und der **Schwierigkeitsgrad** (fremdsprachlicher Text, viele Fachwörter etc.). Während die Gestaltung formale Anforderungen an den Text-Output stellt, betrifft der Schwierigkeitsgrad seine inhaltliche Seite.

Im betrieblichen Alltag können zahlreiche **Gestaltungs-Anforderungen** auftreten: Texte müssen z.B. völlig oder nahezu ohne Fehlerkorrekturen sein oder sie sollen besonders ansprechend - mit Schriftart-Variation, Fettschrift, Blocksatz etc. - oder besonders übersichtlich - durch Einrückungen, Zentrieren etc. - gestaltet sein. Anwendungsbeispiele für solche Gestaltungs-Texte sind: Werbe- und Angebotsschreiben, Arbeitsberichte, technische Texte, Projektentwürfe, Produktbeschreibungen u.a.

Besondere Gestaltungsanforderungen können bei Texten jeder Output-Art vorkommen: bei Einmal-Texten, bei Überarbeitungs-Texten, bei Standard-Texten und bei Format-Texten. Diese Anforderungen bestehen meist auch unabhängig von der Art des Text-Inputs.

Die **Schwierigkeit** eines Textes hängt stark von der jeweiligen Aufgabenstellung ab. Typische Beispiele für "schwierige Texte" sind einmal fremdsprachliche Korrespondenz - mit Geschäftspartnern im Ausland - und zum anderen Texte, in denen spezielle Nomenklaturen - z.B. chemische, physikalische oder ingenieurtechnische Fachtermini - mit einem großen Fremdwort-Anteil verwendet werden. Ein hoher Schwierigkeitsgrad kann bei allen Arten des Text-Outputs gegeben sein: "Schwierig" können Einmal-, Überarbeitungs-, Standard-, Direkt- und bisweilen auch Format-Texte sein. Als inhaltliches Kennzeichen eines Textes liegt der Schwierigkeitsgrad schon auf der Input-Seite - also vor dem Schreiben - fest.

Darstellungsform und Schwierigkeit der Texte   C.I.1.3.

```
    xxxxxxxxxxxxxx                      xxxxx,xxxxx
    xxxxxxxxxxxxxx

                    xxxxxxxxxxxxxx

    xxxxxxxxx xxxx xxxxxx xxxxxxxxxx xxxxxx xxxx
    xxxxx xxx xxxxxxxxxxxx xxxxxx xxxxxxxx xxxxxx
    xxxxxxx xxxxxxxxxxx xx xxxxxx xxxxx xxxxx xx
    xxxxx xxxxxx xxxx:

          - xxxxx xxxxxx xx xxxxxx xxxx
            xxxx xxxxxx xxxxx xx xxxxxx
          - xxxxxxxxx xxxxxx xxx xxxxxx
          - xxxx xxxxxxx xxxx xxx.

    xxxxxxx xxxxxxx xxxxx xx xxxxxxxxx xxxxxxxxxxx
    xxx xxxxx xxxxxxxx xxxxxxxxx xxxxxxxx xxxxxxxx
    xxxxxxxxxxxxxxxxx xxxxx: xxxxx xxx xxxxxxxxxxxx

    xxxxxxxxxxxxx xxxxx xxxxx xxxxxxxxxxx xxxxxxxxx xxxxxx
    xxx xxxxxx xxxxxxxxxxxx xxxxx xxxxxxxx xxxxxxxxxxx xxxx

           xxxxxxxxx          xxx xxxxxxx          xxxxxxxxx
             xxx                xxxxxxx              xxxxx
             xxxx               xxxxxxxx             xxx
             xxx                xxx xxx              xxxx
             xxxxx              xxxx                 xxxxxx
             xxxx               xx                   xxxxx
             xxxxxx             xxx                  xxx
             xxxxx              xxxx                 xxxx

    xxxxxx xxxxxxxx xxxx xxxxxxxxxxxxx xxxxx xxxxxxx xxxx
    xxxxx xxxxxxxxxxx xxx xxxxxx xxxxxxxxxxxx xxxxxxxxxxxx

    xxxxxxx xxxxxxxxx xxxxxxx xxxxxxxxxxxxxxx xxx
    xx xxxxx xxxxxx xxxxxxxx xxxxxx xxxxxxxxxx xx
    xxxxxxxxx xxxx xxxxxxxx xxx xxxxxxxxxxx xxx xx

    xxxxxxxxxxxxx
```

Abb. C-8: Gestaltungstext mit Fettschrift, Zentrieren, Blocksatz, Tabulation und Schriftarten-Variation

C.I.1.3.   Darstellungsform und Schwierigkeit der Texte

2. Typische Text-Profile

Aus den vorgestellten Input- und Output-Kategorien lassen sich Kombinationen zusammenstellen, mit denen Textverarbeitungs-Vorgänge beschrieben und klassifiziert werden können. Nicht alle formal möglichen Kombinationen treten auch praktisch auf: z.B. kann es keine Typoskript-Vorlage für einen Einmal-Text geben.

Außerdem sind einige der praktisch möglichen und auch auftretenden Kombinationen organisatorisch unzweckmäßig: Sie stellen Problem-Fälle dar, die bei einer rationalen Gestaltung der Text-Profile im Rahmen des Soll-Entwurfs unbedingt verändert werden sollten. So sind beispielsweise Manuskript-Vorlagen für Standard-Texte in jedem Falle durch entsprechende Typoskripte (etwa in einem Texthandbuch) zu ersetzen.

Von der größten praktischen Bedeutung sind folgende **Input-/Output-Kombinationen**:

Input	▶	Output
Diktat handschriftliche Vorlage	▶	Einmal-Text
handschriftliche Vorlage Typoskript	▶	Standard-Text
Diktat handschriftliche Vorlage	▶	Überarbeitungs-Text
Manuskript	▶	Format-Text
Direkt	▶	Einmal-Text Überarbeitungs-Text Format-Text

Abb. C-9: Die wichtigsten Input-Output-Kombinationen von Texten

Typische Text-Profile · C.I.2.

Stellt man die relativen Anteile dieser fünf wichtigsten Text-arten am Gesamtvolumen aller verarbeiteten Texte zusammen, so gewinnt man aussagefähige **Text-Profile**. Diese Profile bilden Hilfsmittel für die Beschreibung bestehender individueller Text-verarbeitungs-Systeme und liefern Anhaltspunkte für deren Neugestaltung, wie sie als Basis von Verfahrens-, Konfigurations-, und Anlagenentscheidungen benötigt werden.

So läßt sich stark vereinfacht feststellen: Standard-, Überarbeitungs- und Format-Texte sowie ein hoher Anteil gestaltungsintensiver Texte sprechen für Automatisierung. Auf die Zweckmäßigkeit einer Integration mit Datenverarbeitungsfunktionen deuten vor allem - aber nicht allein! - Direkt-Eingabe-Texte. Dagegen ist es wenig sinnvoll, Einmal-Texte mit Textautomaten zu erfassen.

Text-Profile geben neben den absoluten Mengen vor allem auch das Verhältnis an, in dem die verschiedenen Text-Arten zueinander stehen, und vermitteln damit ein "Gesamt-Bild" der betrieblichen Textverarbeitung. Im folgenden werden **vier Profil-Typen** vorgestellt, die sich an der jeweils vorherrschenden Text-Art orientieren und deshalb nach dieser benannt sind. Man kann die Profil-Typen auf unterschiedliche Untersuchungs-Einheiten beziehen, auf

- einzelne Schreibplätze
- Fachabteilungen oder
- die gesamte Unternehmung.

An einigen **Beispielen** wird verdeutlicht, welche Profile am häufigsten sind und wo sie vorwiegend auftreten: in welchen Betrieben, in welcher Branche oder in welchem Aufgabenbereich. Wie das **individuelle Text-Profil** bei der Ist-Untersuchung zu ermitteln ist, wird im Anschluß daran erläutert.

C.I.2.	Typische Text-Profile

2.1. Einmal-Text-Profil

Vorherrschend bei der Verarbeitung sind **Output-Texte**, die nur **einmal verwendet** werden. Der Input kann als Diktat oder Manuskript vorliegen. Welche Input-Art überwiegt, ist dabei nicht ausschlaggebend.

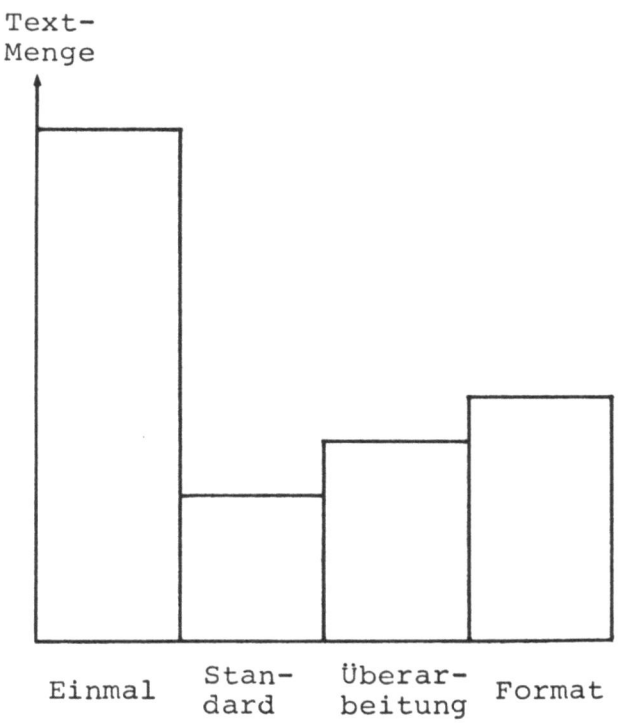

Abb. C-10: Einmal-Text-Profil (Beispiel)

Der Anteil von Standard-Texten ist im angeführten Beispiel-Profil gering. Überarbeitungsintensive Texte hingegen sind darin - ebenso wie Format-Texte - etwas stärker vertreten. Der Anteil gestaltungsintensiver Texte (der ja für das gesamte Profil ermittelt wird) ist weder besonders gering noch besonders groß. Derartige Einmal-Text-Profile sind in der Praxis vor allem dort anzutreffen, wo sehr viel verschiedenartige Korrespondenz anfällt: in Betrieben mit individuellem Leistungsangebot, mit Einzelfertigung oder hochspezialisierten Einzel-Dienstleistungen.

2.2. Standard-Text-Profil

Diese Profile sind im kommerziellen Bereich weit verbreitet. Hervorstechend ist der Anteil standardisierter (oder standardisierbarer) Texte, die sowohl **Serien-Texte** als auch **Baustein-Texte** umfassen können. Kennzeichnend für diese Profile ist auch der stärkere Anteil an formatierten Texten, während überarbeitungsintensive und echte "Einmal"-Texte eher selten sind. Standard-Text-Profile finden sich beispielsweise in Produktionsbetrieben und im Handel. In Handelsbetrieben, bei denen die Textverarbeitung in erster Linie Warenströme in den Betrieb hinein und aus dem Betrieb hinaus zu steuern hat (Bestellung, Beschaffung, Angebote mit Kundenbetreuung, Fakturen etc.), dürfte der Anteil von Baustein-Korrespondenz oft noch höher sein als im Produktionsbereich. Aber auch bei Dienstleistungs- und Verwaltungsbetrieben kommt dieses Profil häufig vor.

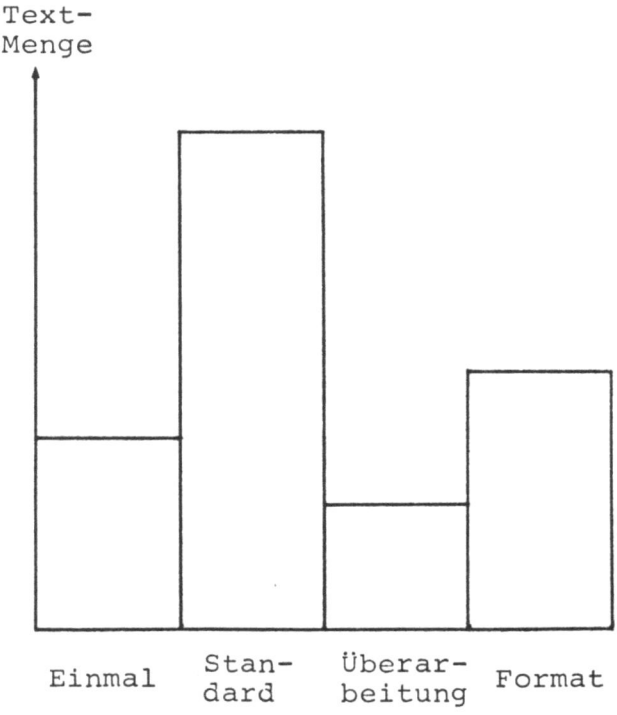

Abb. C-11: Standard-Text-Profil (Beispiel)

C.I.2.2.   Standard-Text-Profil

2.3. Überarbeitungs-Text-Profil

Bei diesen Profilen liegt der Akzent auf **längeren, überarbeitungsintensiven Texten**, die in mehreren Schritten entstehen und an denen u.U. auch verschiedene Personen mitwirken. Typisch ist auch ein hoher Anteil formatierter Texte (Tabellen, Übersichten, Statistiken etc.) in diesen Profilen. Der Anteil standardisierter Texte ist dagegen eher gering.

Da an längere Überarbeitungs-Texte (wie Berichte, Projekt-Beschreibungen, ausgearbeitete Angebote etc.) häufig auch größere Gestaltungsansprüche gestellt werden (Fehlerfreiheit, Übersichtlichkeit, ansprechendes Schriftbild), weisen sie einen höheren Anteil gestaltungsintensiver Texte auf.

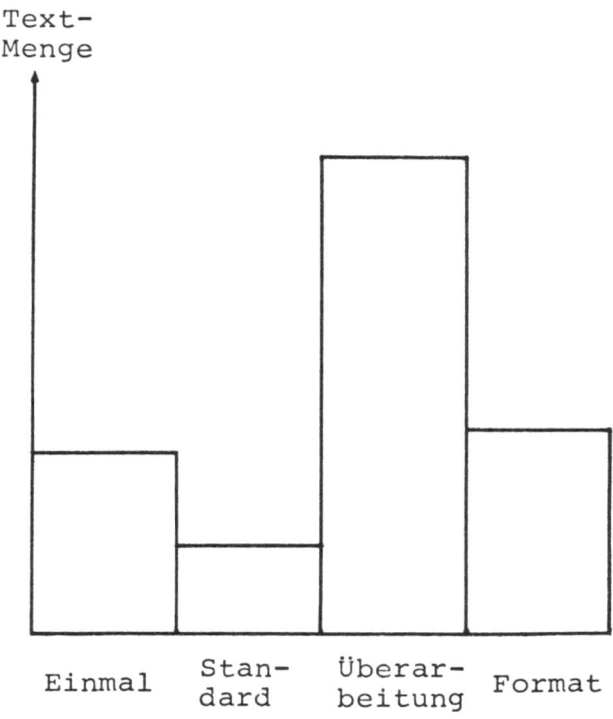

Abb. C-12: Überarbeitungs-Text-Profil (Beispiel)

Überarbeitungs-Text-Profile sind vor allem bei Dienstleistungsbetrieben anzutreffen, z.B. bei Unternehmensberatungen, Forschungsinstitutionen, Planungsfirmen oder Architektur-Büros. "Produkte" dieser Betriebe sind häufig Berichte, Gutachten oder Stellungnahmen.

2.4. Direkt-Input-Profil

Dieser Profil-Typ ist im Gegensatz zu den anderen durch die **Art des Inputs** bestimmt: Es überwiegt dabei der Anteil direkt eingegebener und verarbeiteter Texte. Solche Texte sind in ihrer Entstehung und Verarbeitung meist sehr eng mit Sachbearbeitungsfunktionen verknüpft.

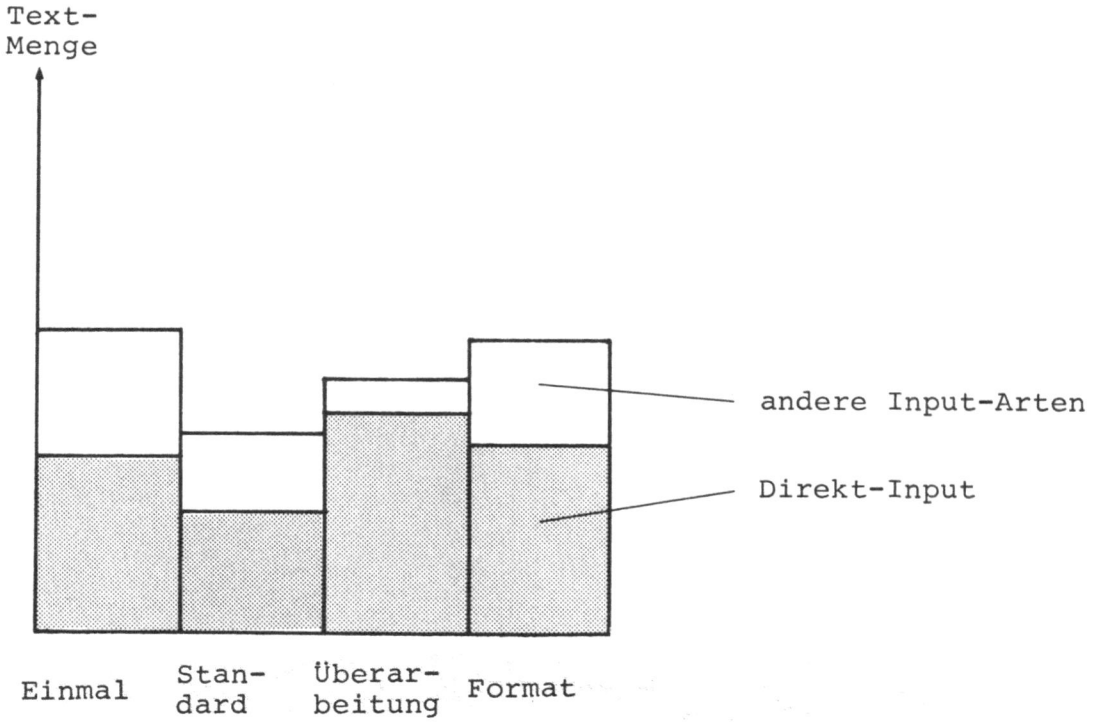

Abb. C-13: Direkt-Input-Profil (Beispiel)

Im Beispiel ist der Anteil direkt eingegebener Texte extrem hoch. Dagegen sind die Output-Arten relativ gleichmäßig verteilt. Auf ihnen basierend ließe sich kein eindeutiges Profil bestimmen. Erst die Einbeziehung der Input-Seite macht das möglich.

C.I.2.4.   Direkt-Input-Profil

Direkt-Input-Profile lassen sich in der Regel nur für einzelne Arbeitsplätze feststellen. Ihre Bedeutung wächst mit dem Vordringen dezentraler Textautomaten an die Büroarbeitsplätze und mit der technologischen Integration von Text- und Datenverarbeitungsfunktionen. Bei konventioneller Technik sind sie schon heute vor allem in kleinen und kleinsten Betrieben mit stark wechselndem Leistungsprogramm anzutreffen, z.B. im Handwerksbetrieb oder im Einzelhandel. Ebenso finden sich Direkt-Input-Profile vereinzelt in größeren Betrieben, wenn etwa Sachbearbeiter ihre Texte selbst mit Schreibmaschinen erfassen.

Auch wenn bei der Ist-Untersuchung relativ wenige Stellen mit Direkt-Input-Profilen ermittelt werden, ist doch im Einzelfall zu prüfen, ob ein Direkt-Input durch Verlagerung von Schreibarbeiten an den Ort der Textentstehung - z.B. an den Schreibtisch des Sachbearbeiters - organisatorisch möglich ist und u.U. sogar zu einer günstigen Lösung führen könnte. Interessant ist dies vor allem bei der EDV-gestützten Verwaltung großer Datenbestände oder bei der Verknüpfung mit Funktionen des Rechnungswesens (z.B. Kunden-Konten-Führung und Betreuung der Kunden).

3. Das individuelle betriebliche Text-Profil

Nach der Vorstellung von Input-Output-Schema und darauf basierenden typischen Text-Profilen wird im folgenden erläutert, wie solche Text-Profile bei einer Ist-Untersuchung im individuellen Fall ermittelt werden. Dabei ist zu klären, welche Untersuchungseinheiten zweckmäßigerweise zugrunde gelegt werden, welche Erhebungstechniken und -hilfsmittel zur Anwendung kommen und wie die Text-Profile schließlich zu einem aussagekräftigen Analyse-Ergebnis aufbereitet werden können.

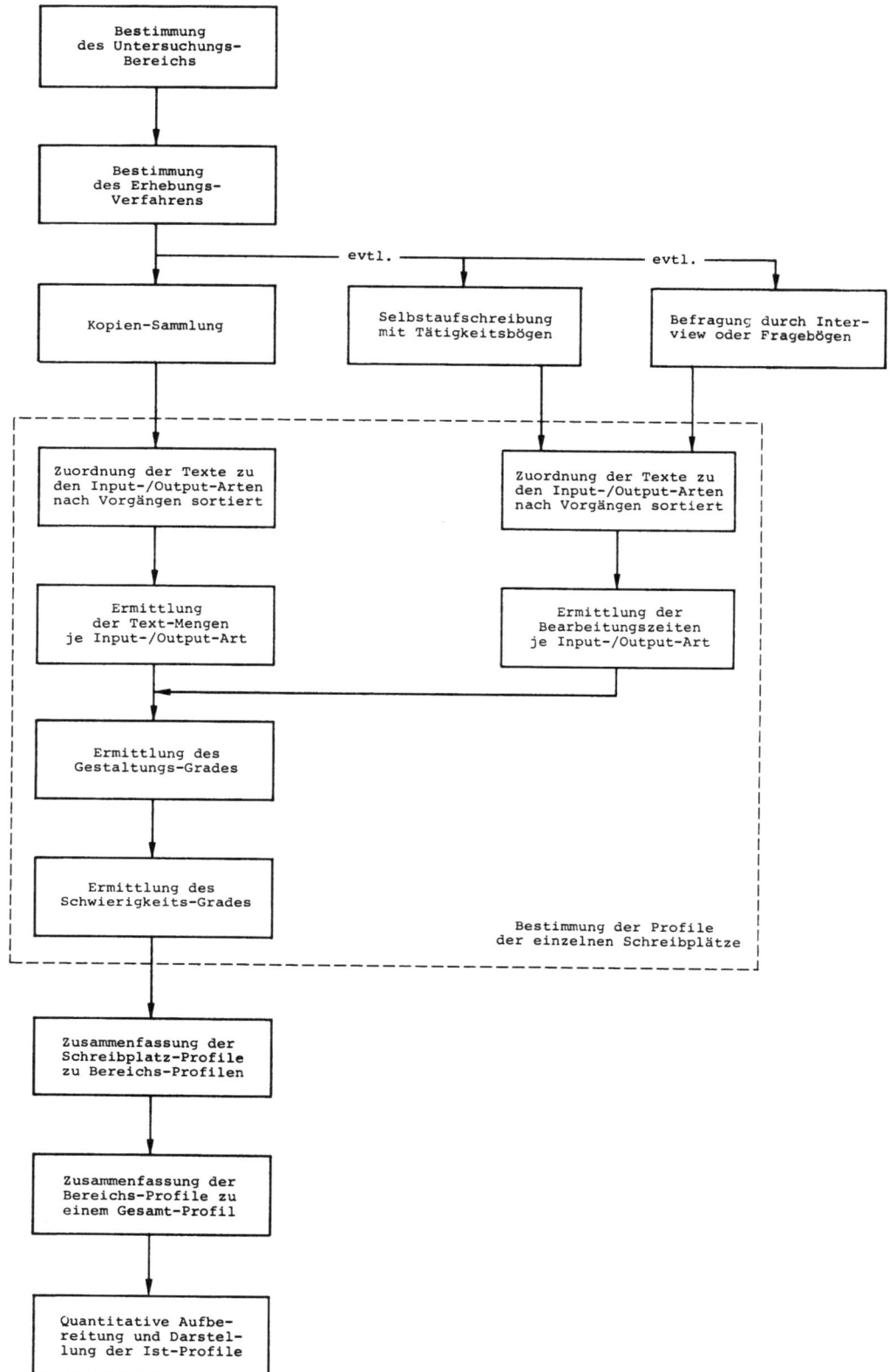

Abb. C-14: Vorgehensweise bei der Ermittlung der individuellen Text-Profile (Ablauf-Schema)

C.I.3.   Das individuelle betriebliche Text-Profil

3.1. Untersuchungs-Einheiten

(1) Bestimmung des Untersuchungsbereichs

Zunächst muß festgelegt werden, für welchen betrieblichen Bereich Text-Profile zu ermitteln sind. Grundsätzlich können einzelne Arbeitsplätze, eine oder mehrere Abteilungen oder aber die ganze Unternehmung untersucht werden. Im Klein- und Mittelbetrieb dürfte es im allgemeinen zweckmäßig sein, die **gesamte Unternehmung** als Untersuchungs-Einheit zu wählen. Denn oft wird erst dadurch ein Text-Volumen erreicht, das Überlegungen zu einer Automatisierung rechtfertigt. Auch ist eine umfassende Analyse in aller Regel notwendig, um den beträchtlichen organisatorischen Nachholbedarf dieser Betriebe auszugleichen.

Den Ausgangspunkt einer jeden Text-Profil-Analyse bildet jedoch der einzelne Schreibarbeitsplatz. Die Festlegung der Untersuchungs-Einheit entscheidet über die Zahl der einzubeziehenden Schreibarbeitsplätze. Darunter werden nicht etwa nur die "reinen" Schreibplätze verstanden, sondern alle Arbeitsplätze, an denen Typoskripte entstehen. In die Untersuchung der Text-Profile mit aufzunehmen sind also vor allem Sekretariatsplätze, auch wenn dort andere Aufgaben (administrative oder Verwaltungs-Tätigkeiten) dominieren, und alle Sachbearbeitungs-Plätze, an denen Schreibarbeit anfällt.

Die Bestimmung des Untersuchungsbereichs sollte wohlüberlegt sein, denn eine Text-Profil-Analyse ist aufwendig.

(2) Bestimmung der Text-Einheiten

Ein weiteres praktisches Problem bei der Ermittlung des individuellen Text-Profils bildet die Bestimmung einer **Maß-Einheit für Texte**: Wie groß muß ein Text sein, damit er einer Text-Output-Art zugeordnet werden kann? Wie sind "gemischte" Texte zu behandeln, in denen die verschiedenen Textarten nebeneinander vorkommen: also Tabellen, Übersichten, Standard-Text-Passagen,

Überarbeitungs-Text-Passagen und gestaltungsintensive Abschnitte? Wie werden längere (mehrseitige) und kurze Texte vergleichbar gemacht?

Brauchbar ist etwa folgende Festlegung: Als Maß-Einheit für Texte dient eine Schreibmaschinen-Seite von ca. 2.000 Zeichen oder aber ein Ein-Seiten-Brief mit Anschrift, Bezugszeile, Anrede, Brieftext und Schluß-Formeln. Dabei ist zu berücksichtigen, daß Einspannen, Justieren, Positionieren der Blätter, sowie Ausspannen, Abzeichnen, Ablegen etc. relativ aufwendige Arbeitsschritte sind, die bei jedem Text anfallen, auch wenn er - wie etwa eine Aktennotiz - nur wenige Zeilen lang ist. Auch Zeilenschaltungen, Einrückungen (Tabulationen), Unterstreichungen und weitere Handgriffe beim Schreiben selbst sind bei der Bestimmung der Text-Einheiten zu berücksichtigen.

Bei Formular-Texten, Tabellen und Vordruckbeschriftungen sind in Abstimmung mit den Schreibkräften Äquivalente für die Normal-Schreibmaschinen-Seite zu entwickeln: Z.B. könnte eine Tabelle mit Kopf und 3 x 10 Feldern (Eintragungen) oder ein Formular mit 20 Eintragungen einer halben Text-Einheit (Schreibmaschinenseite) gleichgesetzt werden. Diese Vorschläge sollen nur als Anregung dienen, denn auch die Bestimmung der Maß-Einheit für Texte ist an den individuellen Belangen des Betriebes auszurichten.

3.2. Erhebungstechniken

Eine **Schriftgutanalyse** zielt auf die möglichst lückenlose Erfassung aller Schriftstücke ab, die an den Schreibarbeitsplätzen erzeugt wurden: also auch solcher, die nur Dokumentationszwecken und nicht der Kommunikation dienen. Dagegen konzentriert sich eine **Korrespondenzanalyse** auf den Schriftverkehr innerhalb und außerhalb der Unternehmung, mit dessen Hilfe kommuniziert wird. Die **Ermittlung des Text-Profils** ist eine Kombination aus beiden Methoden.

C.I.3.2.   Erhebungstechniken

Wichtigste Technik dabei ist die **Kopiensammlung**; darum steht
sie auch auf den nächsten Seiten im Mittelpunkt. Die ergänzenden
Verfahren der Selbstaufschreibung und der Beobachtung werden im
Rahmen der Organisationsuntersuchung vorgestellt. Eine Kopiensammlung ist deshalb das wichtigste Instrument, weil mit ihr zugleich Text-Inhalte gewonnen werden, die den Ausgangspunkt für
die Standardisierung von Texten und die Entwicklung eines Text-
Handbuches bilden.

Die Kopiensammlung wird vom Projektteam und von den verschiedenen Schreibkräften durchgeführt. Von jedem Schriftstück fertigen
die Schreibkräfte eine (zusätzliche) Kopie an: in der Regel per
Durchschlag. Sie sammeln diese Kopien in dafür vorgesehenen Map-
pen, die vom Projektteam turnusmäßig eingesammelt werden, wobei
auch noch offene Fragen kurz besprochen werden können.

Die Sammlung erfolgt über einen vorher festgelegten **Zeitraum**.
Im allgemeinen gelten 6 bis 8 Wochen als ausreichend. Entscheidend ist aber nicht die absolute Zeitdauer; wichtiger ist vielmehr, daß für alle wesentlichen Vorgänge eine repräsentative,
d.h. **aussagekräftige Zahl** von Schriftstücken anfällt (z.B.
wenigstens 30 Angebotsschreiben). Eine aussagekräftige Anzahl ist
notwendige Voraussetzung für alle Standardisierungsüberlegungen,
da sonst Regelmäßigkeiten, Formulierungs-Varianten und Ausnahme-
fälle nicht offengelegt würden.

Der für die Kopiensammlung gewählte Zeitraum muß zudem frei von
außergewöhnlichen Einflüssen oder saisonalen Schwankungen sein.
Vorweihnachtszeit oder Haupt-Urlaubszeit sind deshalb ungeeigne-
te Untersuchungszeiträume.

Die Schreibkräfte sollen schon während der Kopiensammlung die
Schriftstücke **nach Vorgängen sortieren**. Sie können sich dabei
an ihnen vertraute Vorgänge anlehnen. Eine grobe Vorsortierung
genügt. Zusätzlich können auch die Fachabteilungen die von den
Schreibkräften gesammelten Schriftstücke nach abteilungsinternen
Themen vorsortieren.

Erhebungstechniken C.I.3.2.

Die Kopiensammlung sollte durch ein **Schreiben an alle** Beteiligten vorbereitet werden. In diesem Schreiben sollte der Zweck der Kopiensammlung erläutert und die Vorgehensweise genau beschrieben werden. Wo das möglich ist, sollten auch Kriterien für das Sortieren vorgegeben werden. Das Schreiben dient der Aufklärung über den Zweck der Kopiensammlung und der Vereinheitlichung des Vorgehens.

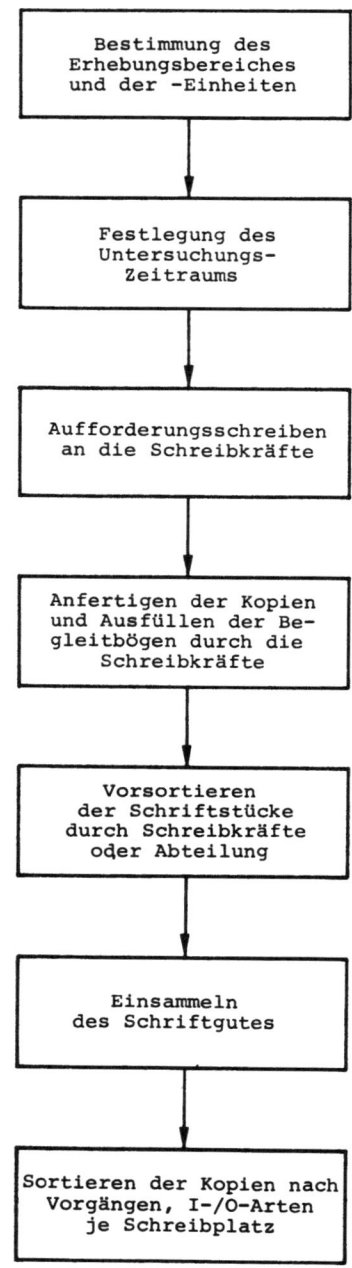

Abb. C-15: Vorgehensweise bei der Kopiensammlung (Ablauf-Schema)

C.I.3.2. Erhebungstechniken

Auf jeder Kopie sollte vermerkt sein, welche Vorlage verwendet wurde, wer Diktant, wer Schreibauftraggeber war, sowie Datum, Uhrzeit und ggf. auch die Bearbeitungszeit. Eine wesentliche Erleichterung bietet ein **Kopien-Begleitbogen** - wie hier dargestellt:

```
Kopien-Begleitbogen

1  Schreibkraft (Zeichen):        2  Abteilung:..................
   ........................
                                  4  Auftraggeber (Zeichen):
3  Datum:
   ...............                    ........................

5  Vorlage:                       6  Gestaltungsanforderungen:

   O  Phonodiktat                    O  besondere Anordnung (häufige
                                        Einrückungen, Zentrieren etc.)
   O  Stenodiktat
                                     O  Schriftwechsel/Fettschrift
   O  Maschinendiktat
                                     O  korrekturenfrei
   O  handschriftliche
      Vorlage
   O  Typoskript                  7  Schwierigkeit des Textes:

   O  Typoskript mit
      Überarbeitungen                O  in Fremdsprache

   O  Muster/Standard-Text           O  viele unbekannte/Fremdwörter

   O  ohne Vorlage                   O  unverständliche/unleserliche
                                        Vorlage

8  Sachgebiet:
              ..............................................

9  Bearbeitungszeit ca.  ....... Min.

10 Zahl der                       11 Anzahl Verteiler:
   Durchschläge:                                         .......
               ..........

12 Gab es besondere Probleme beim Schreiben (unverständliches
   Diktat, unklare Schreibanweisung, technische Probleme etc.) ?
   .............................................................

13 Verbesserungvorschläge, Anmerkungen, Ideen:  ................
   ..............................................................
   ..............................................................
```

Abb. C-16: Kopien-Begleitbogen

Grundsätzlich kann eine Kopiensammlung als **Voll-Erhebung** oder als **Teil-Erhebung** (Stichprobe) vorgenommen werden. Bei einer Stichproben-Erhebung müssen vom Projektteam einzelne Tage - ohne daß dies vorher bekannt wird - für die Erhebung bestimmt werden. An diesen ausgewählten Tagen führen die betroffenen Schreibkräfte eine vollständige Kopiensammlung durch. Auch hier ist auf Repräsentativität der Stichtage zu achten. Nachteilig wirkt sich bei Stichproben-Kopien-Sammlungen meist aus, daß die Anfertigung und Sammlung der Kopien sowie das Ausfüllen der Kopien-Begleitbögen nicht zur Routine werden können. Wer keine Lücken in Kauf nehmen will, sollte eine Voll-Erhebung vornehmen.

Wenn - etwa im Rahmen der Voruntersuchung - nur ein grobes Text-Profil zu ermitteln ist, um Schwerpunkte für das Reorganisationsprojekt herauszubilden, so kann man folgendermaßen vorgehen: Die relativen Anteile der verschiedenen Textarten werden durch einige ausführliche **Interviews** und stichprobenartige **Beobachtungen** gewonnen. Interviews sind u.a. mit den Abteilungsleitern, mit den Leitern/Leiterinnen des Schreibdienstes, einzelnen Schreibkräften und Sekretärinnen (an repräsentativ ausgewählten Arbeitsplätzen), Mitarbeitern der Poststelle etc. zu führen. Dabei sollten Checklisten und Einschätzbögen verwendet werden. Typische und ungewöhnliche Text-Beispiele - wie die häufigsten Briefe oder besonders komplizierte Tabellen - sollten kopiert und gesammelt werden. Diese Vorgehensweise liefert geschätzte Text-Profile auf einer groben Basis. Sie ersetzt auf keinen Fall eine richtige Profil-Analyse als Voraussetzung für die Gestaltung optimaler Text-Profile, wie sie insbesondere bei Automations-Projekten unumgänglich ist.

Eine Kopiensammlung dient der Bestimmung der Text-Profile durch die mengenmäßige Erfassung der tatsächlich geschriebenen Texte. Nun könnten Text-Profile auch über die **Bearbeitungszeiten je Text-Art** ermittelt werden. Allerdings ist dies keine echte Alternative, weil ohne Kopiensammlung keine inhaltliche Analyse des Schriftgutes möglich ist. Soll aber die Untersuchung durch

C.I.3.2.   Erhebungstechniken

Textarten-/Zeit-Studien ergänzt werden, so können die erforderlichen Daten auf zwei Wegen gewonnen werden:

- durch Tätigkeitsbögen, die die Schreibkräfte während ihrer täglichen Arbeit ausfüllen (Selbstaufschreibung), und in denen die Bearbeitungszeiten je Text-Art vermerkt werden, oder aber
- durch entsprechende Vermerke auf den Kopien-Begleitbögen.

Die Wahl des Verfahrens hängt vom Projektziel ab: Wünscht man – etwa für die Reorganisation des gesamten Büro-Bereichs – Informationen über alle Arten von Tätigkeiten, Pausen, die Verteilung von Belastungen etc. (v.a. bei Mischarbeitsplätzen), so empfiehlt es sich, zusätzlich einen **Tätigkeitsbogen** ausfüllen zu lassen. Zwar ist der Aufwand dann sehr hoch, doch wird dies durch ein Mehr an brauchbaren Daten ausgeglichen.

3.3. Analyse-Ergebnis

Die eigens angefertigten, vorsortierten und zusammengetragenen **Kopien** werden nun **analysiert**. Als Basis dienen die Kategorien der Input-Output-Analyse. Jede Text-Einheit wird entweder als Einmal- oder als Standard- oder als Überarbeitungs- oder als Format-Text registriert. Die Output-Text-Arten werden dann nach den jeweiligen Inputs aufgeschlüsselt. Text-Einheiten mit besonderen Gestaltungsanforderungen oder höherem Schwierigkeitsgrad werden zusätzlich vermerkt. Die Registrierung erfolgt zunächst für jeden Schreibplatz gesondert. Die Zahl der Text-Einheiten kann dann für die einzelnen Abteilungen zusammengefaßt und schließlich für den ganzen Betrieb ermittelt werden.

Neben dieser Erfassung der Text-Einheiten nach Kategorien des Text-Profils ist es sinnvoll, die Kopien inhaltlich zu ordnen. Dabei sollte die Vorsortierung durch die Schreibkräfte nur Orientierung sein. Darüberhinaus sollte das Projekt-Team aber schon jetzt mit dem Entwurf eines **Gliederungssystems** beginnen,

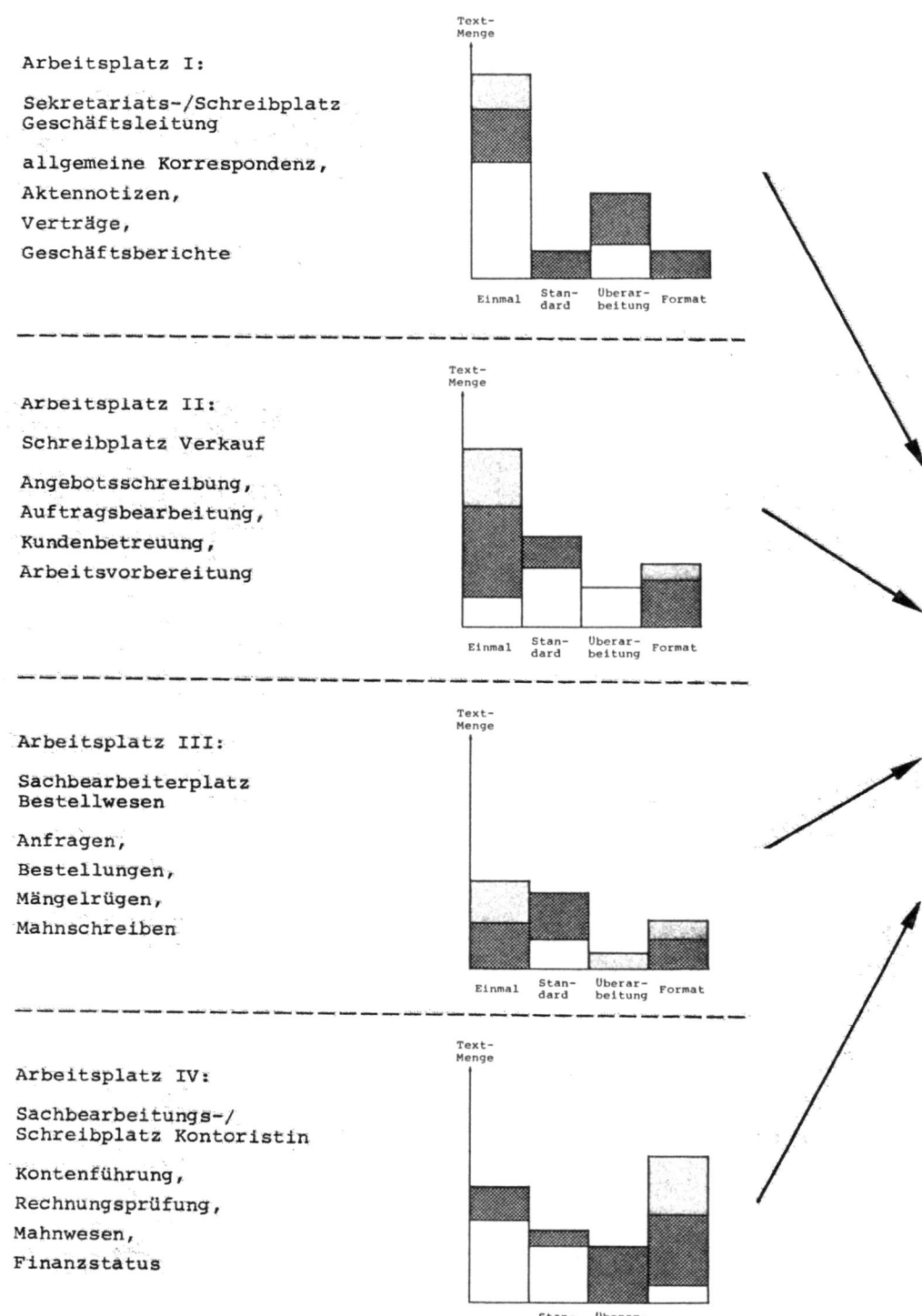

Abb. C-17a: Beispiele für die Ermittlung der Textprofile einer Unternehmung

C.I.3.3. Analyse-Ergebnis

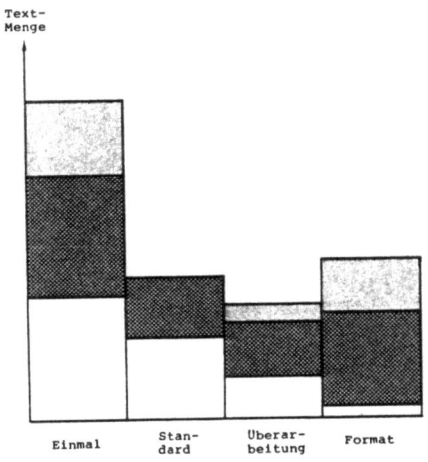
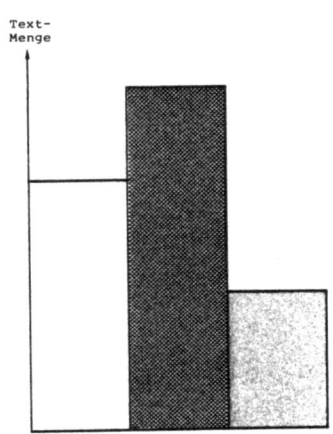

Abb. C-17b: Beispiele für die Ermittlung der
Textprofile einer Unternehmung

Analyse-Ergebnis C.I.3.3.

das sich als Grundlage für die Gestaltung der zukünftigen Text-Profile eignet.

Ergänzend zur Text-Mengen-Erhebung kann auch ein Text-Profil auf der Grundlage der Bearbeitungszeiten gewonnen werden. Dabei werden die relativen Anteile der Bearbeitungszeiten für die einzelnen Text-Arten an der Gesamt-Zeit ermittelt. Diese zweifache Bestimmung führt zu zuverlässigeren Werten für die Profile.

Die **Text-Mengen** je Kategorie werden gezählt, die Anteile am gesamten Text-Volumen anschließend bestimmt. Dies sollte zunächst für die einzelnen bestehenden Schreibarbeitsplätze erfolgen. Dann werden die Mengen innerhalb der vorbestimmten Untersuchungseinheiten - z.B. der Export-Abteilung - kumuliert. Auch ein Vergleich zwischen den Text-Profilen verschiedener betrieblicher Bereiche kann recht aufschlußreich sein.

Schließlich ist für alle derart ermittelten **Profile festzulegen**, welchem Profil-Typus sie am ehesten entsprechen. Die Profil-Darstellungen werden zusammen mit den quantitativen Daten (Anzahl Text-Einheiten) und der Aufschlüsselung nach Input-Art **dokumentiert**. Sie bilden die Basis für eine Neu-Gestaltung der Text-Profile (Soll-Profil). Die gesammelten Kopien sind inhaltliche Grundlage für die Entwicklung des Text-Handbuchs.

C.I.3.3.   Analyse-Ergebnis

II. Untersuchung der Büroorganisation

Eine **gründliche Ist-Analyse** der gesamten Büroorganisation bildet neben der Ermittlung des Text-Profils die Basis für die grundlegenden Verfahrensentscheidungen. Außerdem ist sie Voraussetzung für die Entwicklung einer umfassenden organisatorischen Soll-Konzeption.

Nicht selten wird in mittelständischen Betrieben eine eingehende Ist-Analyse als überflüssig empfunden. Doch erfahrungsgemäß treten bei einer unterlassenen oder bei einer unzureichenden Ist-Analyse gravierende Mängel auf. Sie führen zu unrationeller und damit unwirtschaftlicher Arbeit, indem etwa

- die vorhandenen oder die neu angeschafften Bürogeräte nur in geringem Maße ausgelastet werden
- die neuen Sachmittel sich für eine reibungslose Aufgabenerfüllung nicht eignen
- die Arbeitsabläufe zu umständlich gestaltet sind
- organisatorische Regelungen oder Sachmitteleinsatz bei den Mitarbeitern auf Widerstände stoßen.

Im folgenden wird zunächst gezeigt, welche **Gegenstände** die Erhebung des Ist-Zustandes - neben der Text-Profilermittlung - umfassen sollte und **wie** bei der Erhebung **vorzugehen** ist. Danach wird auf die **Durchführung** der Analyse näher eingegangen. Grundsätzlich sind alle Faktoren zu untersuchen, die auf die Aufgabenerfüllung Einfluß haben: neben den Organisationsformen und der Regelung von Abläufen und Beziehungen also auch die Menschen und Sachmittel im Büro. Schließlich werden die **Techniken zur Darstellung** der Analyse-Ergebnisse erläutert.

1. Erhebungsbereiche

Das generelle Ziel der Ist-Untersuchung besteht darin, Informationsmaterial zusammenzutragen und auszuwerten, das dem Projektteam als Entscheidungsträger eine optimale organisatorische Gestaltung ermöglicht. Um den weiteren Projektverlauf nicht auf falsche Voraussetzungen zu gründen, muß die Untersuchung mit größter Sorgfalt durchgeführt werden. Das bedingt entsprechende Vorbereitung: Insbesondere ist der **Erhebungsbereich** eindeutig **abzugrenzen**. Dabei kann ausgegangen werden von:

(1) den bestehenden **Organisationseinheiten** (Stellen, Arbeitsgruppen, Abteilungen)

(2) bestimmten **Aufgabenkomplexen** (z.B. Angebotserstellung, Bestellschreibung)

(3) den grundsätzlichen **Bürofunktionen** - Textverarbeitung, Datenverarbeitung, Kommunikation - oder daraus weiter abgeleiteten Einzelfunktionen.

Zu (1):

Eine Erhebung des Ist-Zustandes nach **Organisationseinheiten** betrachtet diese als in sich abgeschlossene Bereiche. Gegenstand der Erhebung sind alle Tätigkeiten, die Arbeitsbelastung der Personen, die Sachmittelnutzung und die ein- und ausgehenden Bearbeitungsobjekte (Texte). Festlegung und Auswahl der Organisationseinheiten hängen - wie bei der Untersuchung der Text-Profile - vom Untersuchungsziel ab. Bei einer Textverarbeitungs-Reorganisation in Klein- und Mittelbetrieben sollten grundsätzlich alle Stellen des Bürobereichs einbezogen werden: insbesondere natürlich die Schreibplätze (alle mit Schreibmaschinen ausgestatteten Arbeitsplätze), aber auch reine Sachbearbeiterplätze.

Der Hauptvorteil einer Abgrenzung nach Organisationseinheiten ist: Die Arbeitsgebiete der entsprechenden Stelle oder Abteilung können vollständig und eingehend untersucht werden. Nachteilig

C.II.1.   Erhebungsbereiche

ist aber, daß die Beziehungen zu anderen Organisationseinheiten dabei aus dem Blickfeld geraten. Es fällt deshalb schwer zu beurteilen, ob die in einer Stelle oder Abteilung anzutreffenden Tätigkeiten überhaupt notwendig sind und - wenn ja - ob sie nicht zweckmäßiger anderswo durchgeführt würden. Mängel in den Arbeitsabläufen sind vielfach nicht feststellbar. Doch auch der positive Effekt dieser Abgrenzung kann in sein Gegenteil umschlagen, wenn die Untersuchung zu breit oder zu tief angelegt wird und Arbeitsgebiete und -abläufe mit großem Aufwand erfaßt werden, die nur noch in losem Zusammenhang mit dem Untersuchungsziel stehen.

Zu (2):

Eine Abgrenzung nach **Aufgabenkomplexen** empfiehlt sich dann, wenn die Schwachstellen entsprechend eindeutig lokalisierbar sind. Vorteilhaft ist, daß eine Erhebung nur in den Organisationseinheiten durchgeführt werden muß, die mit der Bearbeitung der ausgewählten Sachgebiete befaßt sind. Auch werden die Beziehungen zwischen einzelnen Stellen und Abteilungen deutlich. Deshalb eignet sich das Vorgehen besonders gut, wenn man sich von einer Umgestaltung der Arbeitsabläufe Verbesserungen verspricht. Dagegen wird eine ungleichmäßige Aufgabenverteilung - mit der Folge einer Überbelastung oder Unterauslastung von Stellen - nicht aufgedeckt. Auch ob Hierarchiebeziehungen zweckmäßig und eingeräumte Kompetenzen der Aufgabenerfüllung angemessen sind, läßt sich nicht erkennen.

Zu (3):

Orientiert sich die Abgrenzung des Erhebungsbereichs an den grundsätzlichen **Bürofunktionen**, so ist bei Textverarbeitungs-Projekten zunächst festzulegen, in welchem Umfang auch Datenverarbeitungs- und Kommunikationsaufgaben in die Untersuchung einbezogen werden müssen. Die Textverarbeitung selbst kann nach den Teilfunktionen Textaufnahme, Schreiben, Reprographie und Archivierung weiter differenziert werden. Manchmal ist es zweckmäßig, die Untersuchung auf eine bestimmte Teilfunktion - z.B. das Diktieren - zu beschränken. In mittelständischen Betrieben reicht das jedoch im Regelfall nicht aus. Vielmehr müssen hier alle Einzelfunktionen mit ihren vielfältigen Verflechtungen betrachtet werden.

Erst wenn der Untersuchungsbereich feststeht, kann genau festgelegt werden, welche **Gegenstände** die **Erhebung** schwerpunktmässig umfassen soll, also:

- die Feststellung von **Aufgabeninhalt** und **-umfang** einzelner Stellen
- die Bestimmung der **hierarchischen Beziehungen**
- eine "Verfolgung" der **Arbeitsabläufe**
- den Bestand an verwendeten **Hilfsmitteln** und **Geräten** oder
- **personelle Fragen**, z.B. Motivation und Qualifikation des Personals.

2. Erhebungstechniken

Zur Informationsbeschaffung im Rahmen der Ist-Untersuchung stehen verschiedene Methoden und Techniken zur Verfügung. Da es keine Erhebungsmethode gibt, die allen Anforderungen gleichermaßen gerecht wird, muß die für das angestrebte Untersuchungsziel sowie für das jeweilige Untersuchungsobjekt am besten geeignete Methode ausgewählt werden. Das setzt entsprechende **Entscheidungskriterien zur Methodenwahl** voraus.

Grundsätzlich kommen folgende **Methoden** für die Ermittlung des Ist-Zustandes in Frage:
- Interview
- schriftliche Befragung (Fragebogen)
- Beobachtung (Dauerbeobachtung, Multimoment-Methode)
- Selbstaufschreibung.

| C.II.1. | Erhebungsbereiche |

Daneben kann auch die Auswertung von Sekundärmaterial Aufschlüsse geben: v.a. von Arbeitsanweisungen und Stellenbeschreibungen. Bei umfassenden Organisationsuntersuchungen ist es nur durch Kombination mehrerer Methoden möglich, alle entscheidungsrelevanten Gegenstände systematisch zu erfassen. In diesem Fall ist ein geeigneter Methoden-Mix festzulegen.

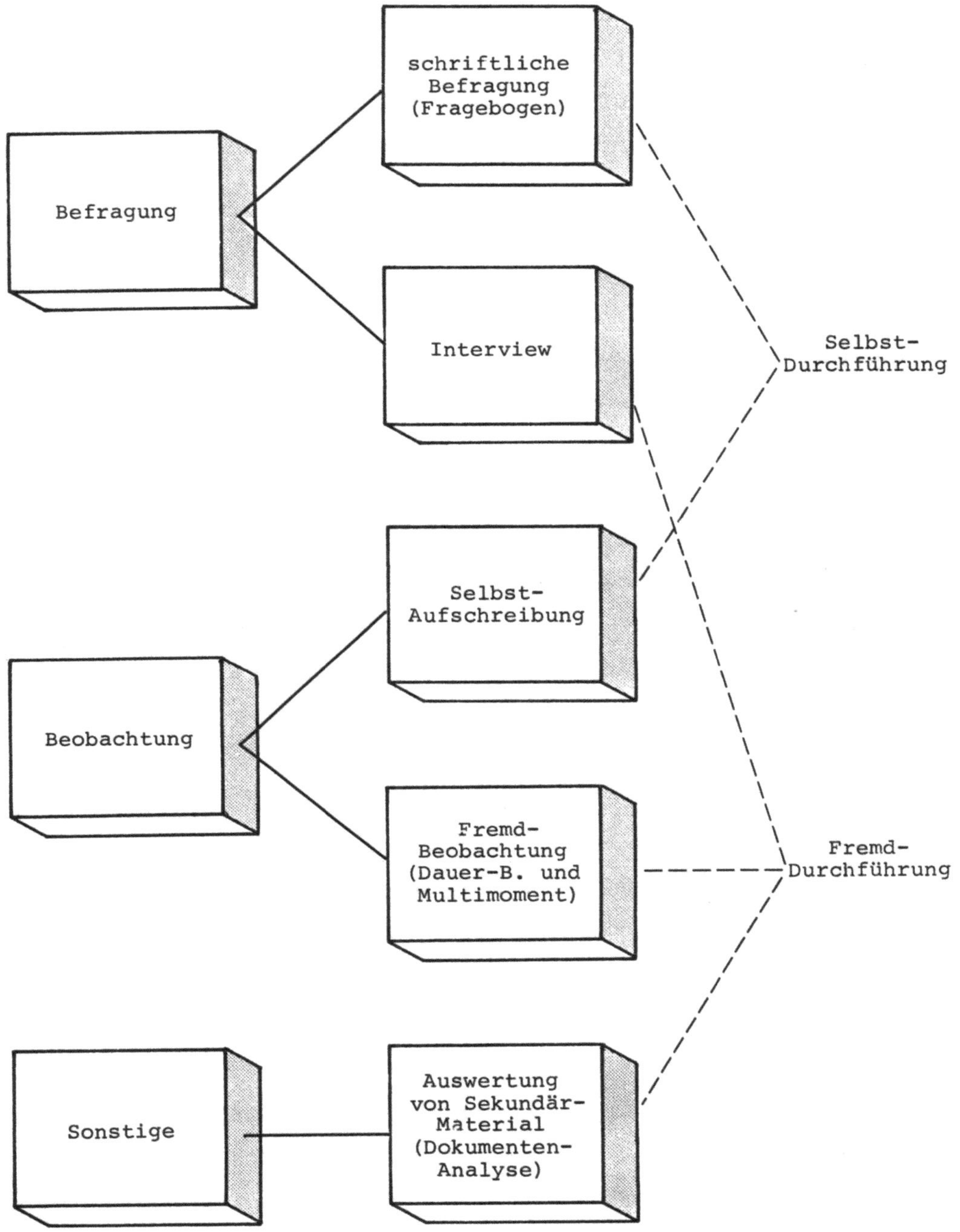

Abb. C-18: Erhebungstechniken (Überblick)

2.1. Interview

Im Interview werden die Mitarbeiter des Erhebungsbereichs von Organisatoren mündlich über Ihr Arbeitsgebiet befragt. Eine solche Befragung muß vorbereitet werden. Zumindest im Grobkonzept sollten die Fragen vorher festgelegt werden. Dies stellt dann einen **Gesprächsleitfaden** für den Interviewer dar. Die **Durchführung** von Interviews erfolgt in der Regel **frei**: Reihenfolge und Formulierung der Fragen werden dem Interview-Ablauf angepaßt. Die Antworten hält der Interviewer stichwortartig fest. Die angefertigten Notizen sind Grundlage für die Auswertung des Interviews, bei der die Ergebnisse dann systematisch aufbereitet, zusammengefaßt und dokumentiert werden.

Der Hauptvorteil des Interviews ist die hohe **Flexibilität** der Vorgehensweise: Der Interviewer kann jederzeit Zusatz- und Verständnisfragen stellen. Auf diese Weise können die diversen Probleme teilweise sehr detailliert erörtert werden. Auch ist eine unmittelbare Kontrolle der Erhebungs-Ergebnisse möglich. Allerdings verlangt die Methode vom Interviewer ein hohes Maß an Einfühlungsvermögen und Takt. Die Durchführung und die Auswertung der Erhebung sind wesentlich **zeitaufwendiger** als bei schriftlichen Befragungen. Auch läuft der Interviewer mitunter Gefahr, seine Objektivität zu verlieren.

Die Interviewmethode eignet sich besonders gut, wenn nur wenige Personen befragt werden müssen und als Antworten längere Ausführungen nötig sind. Interviews dienen deshalb vor allem der Erfassung schwieriger und schwer zu strukturierender Tatbestände: z.B. komplexer Arbeitsabläufe oder der Mitarbeiterzufriedenheit.

Eine besondere Form des Interviews ist die **Konferenzmethode** oder **Gruppenbefragung**, bei der mehrere betroffene Personen gleichzeitig interviewt werden. Dadurch können Zusammenhänge zwischen verschiedenen Tätigkeiten offengelegt sowie Unstimmig-

C.II.2.1. Interview

keiten und Widersprüche direkt geklärt werden. Von Nachteil ist aber, daß viele Befragte sich aus Furcht vor Sanktionen scheuen, negative Sachverhalte in einer größeren Runde zur Sprache zu bringen. Die Konferenzmethode ist angebracht, wenn die erhobenen Sachverhalte in mehrere Aufgabenbereiche fallen.

2.2. Schriftliche Befragung

Die von der Erhebung betroffenen Mitarbeiter erhalten einen **Fragebogen**, den sie selbständig - also ohne Mitwirkung des Organisators - auszufüllen haben. Die Fragebögen werden eingesammelt und vom Organisator bzw. dem Projektteam ausgewertet.

Der Erfolg dieser Methode hängt weitgehend von der Qualität des Fragebogens ab. Auf dessen sorgfältige Ausarbeitung muß also besonderer Wert gelegt werden. Als Haupt-Anforderungen gelten:

- eine **gezielte Ausrichtung** auf das Untersuchungsziel und die zu befragenden Personen
- eine **leicht** und **eindeutig verständliche** Fragenformulierung
- die weitgehende Verwendung **strukturierter Fragen** (Auswahlantworten oder Multiple Choice, Einsetzen von Zahlenwerten und Bezeichnungen).

Werden diese Grundsätze beachtet, so können die Ergebnisse später systematisch und mit geringem Zeitaufwand ausgewertet werden. Da in der Abfassung eines geeigneten Fragebogens die Hauptschwierigkeit liegt, werden im nächsten Abschnitt (C.II.3.) einige exemplarische Checklisten vorgestellt. Sie wurden so gestaltet, daß sie möglichst universell einsetzbar sind. Notwendigerweise sind deshalb die Fragen sehr allgemein gehalten und müssen für den konkreten Anwendungsfall modifiziert werden. Für die schriftliche Befragung sprechen der **geringe Zeit-** und

Kostenaufwand bei der Durchführung auch umfangreicher Erhebungen sowie die Möglichkeit, die Ergebnisse einfach und systematisch auszuwerten. Nachteilig ist, daß Antworten manipuliert werden können und daß bei unpräzise formulierten Fragen häufig **Mißverständnisse** auftreten. Die Methode ist immer dann sinnvoll, wenn eine größere Zahl von Mitarbeitern zu einfachen und gut vergleichbaren Tatbeständen Stellung nehmen soll.

2.3. Beobachtung

Im Gegensatz zu allen anderen Erhebungstechniken ist bei der beobachtenden Methode **nur** der **Organisator aktiv**, der die Erhebung durchführt. Dabei sind - in Abhängigkeit vom Beobachtungszeitraum - zwei Grundformen zu unterscheiden:

(1) **Dauerbeobachtung**

Der Organisator hält sich über längere Zeit - u.U. mehrere Tage - an einem Arbeitsplatz auf und notiert alle beobachteten Zustände und Vorgänge - reguläre wie Störungen.

(2) **Multimoment-Methode**

Dabei handelt es sich um eine stichprobenartige Beobachtung an ausgewählten Arbeitsplätzen. Bei der Auswertung wird mit statistischen Methoden auf die Häufigkeitsverteilung in der Gesamtheit geschlossen und damit die absolute Dauer und der relative Anteil einzelner Tätigkeitsarten oder etwa die Auslastung von Bürogeräten ermittelt.

Die Technik der Beobachtung bietet den Vorteil, ohne große Behinderung des Geschäfts-Alltags vor allem **quantitative Angaben** recht **genau** erheben zu können. Bei Dauerbeobachtung können zusätzliche Detail-Kenntnisse gewonnen werden. Allerdings kann durch die direkte Beobachtung das Verhalten der beobachteten Personen beeinflußt werden.

C.II.2.3.   Beobachtung

Nachteilig ist außerdem, daß Vorbereitung und Durchführung **sehr personal- und zeitaufwendig** sind und daß die Beobachtung von den Betroffenen als lästige Kontrolle mißverstanden werden kann. Beobachtende Methoden eignen sich vornehmlich für die Ermittlung der Tätigkeitsprofile einzelner Mitarbeiter und für die Feststellung des Auslastungsgrades von Personal wie von Sachmitteln.

2.4. Selbstaufschreibung

Bei dieser Erhebungstechnik führen die Mitarbeiter selbst die Ist-Aufnahme durch, indem sie alle im Laufe eines Tages oder einer Woche ausgeführten Tätigkeiten mit der dafür benötigten Zeit in ein vorbereitetes Formular eintragen. Erleichtert wird die Durchführung und Auswertung, wenn bestimmte **Tätigkeitsarten vorgegeben** werden und nur noch die Zeitangaben zu ergänzen sind.

Großer Vorteil der Selbstaufschreibung: Der Ist-Zustand wird umfassend und detailliert aufgenommen, dabei bleibt der **Arbeitsaufwand** für den Organisator äußerst **gering**. Allerdings besteht die Gefahr, daß bewußt **verfälschte** ("geschönte") **Daten** in die Tätigkeitsbögen eingetragen werden. Durch Selbstaufschreibung lassen sich besonders gut die Tätigkeitsprofile von Mitarbeitern, der Zeitbedarf für bestimmte Arbeiten und Arbeitsgänge sowie die Arbeitsauslastung ermitteln.

Tätigkeitsbogen Stelle: Gruppenleiter "Akquisition Inland" || Woche vom ...... bis			
Nr.	Tätigkeit	Std. pro Woche	Menge pro Woche	Bem.
1.	Textentwurf und Diktat			
1.1.	Angebote			
1.2.	Nachfaßbriefe			
1.3.	Besuchsberichte			
1.4.	Kunden-Infos			
1.5.	Reklamationsantworten			
1.6.	Interne Schreiben			
2.	Verhandlungen mit Kunden			
3.	Führen der Kundenkartei			
4.	Allg. Verwalt.tätigkeiten			
4.1.	Ablage			
4.2.	Reprographie			
4.3.	Postbearbeitung			
5.	Sonstiges			
	insgesamt:			

Unterschrift: ....

Abb. C-19: Tätigkeitsbogen (Beispiel)

C.II.2.4. Selbstaufschreibung

		Kurzcharakteristik	Vorteile	Nachteile
Befragung	schriftliche Befragung (Fragebogen)	Mitarbeiter füllen Fragebogen ohne Mitwirkung des Untersuchers aus	- großer Personenkreis erfaßbar - einfache und systematische Auswertung der Ergebnisse	- Manipulation bei Beantwortung möglich - hoher Vorbereitungsaufwand
	Interview	Mitarbeiter werden vom Untersucher über Arbeitsplatz und -tätigkeiten befragt	- Detailinformationen - sofortige Beseitigung von Unklarheiten - flexible Informationsgewinnung (auch neuer Sachverhalte)	- hoher Zeitaufwand - Einbußen an Objektivität möglich - Gefahr der Verzettelung
Beobachtung	Selbstaufschreibung	Mitarbeiter geben selbst Informationen über Art und Umfang ihrer verschiedenen Tätigkeiten auf vorbereiteten Formularen	- umfassende und detaillierte Informationen - geringer Zeitaufwand für den Untersucher	- Manipulationen möglich
	Dauer-Beobachtung	Untersucher beobachtet Mitarbeiter kontinuierlich an ihrem Arbeitsplatz (u.U. über mehrere Tage)	- große Genauigkeit	- hoher Zeit- und Kostenaufwand - Verzerrung des Mitarbeiter-Verhaltens durch dauernde Beobachtung möglich
	Multimoment-Beobachtung	Mitarbeiter werden an ihren Arbeitsplätzen stichprobenartig beobachtet (aus den Stichproben wird auf ihre gesamte Arbeitstätigkeit geschlossen)	- geringerer Zeitaufwand - geringere Manipulationsmöglichkeit - geringere Verzerrung durch Beobachtung	- falsche Schlußfolgerungen von der Stichprobe auf die Gesamtheit möglich
Sonstige	Auswertung von Sekundär-Material	Informationen werden vom Untersucher aus vorhandenen Dokumenten und Unterlagen gewonnen (Texte, Arbeitsanweisungen, Stellenbeschreibungen etc.)	- geringer Zeit- und Kostenaufwand	- Unterlagen möglicherweise nicht aktuell - keine Erfassung personenbezogener Informationen und "gewachsener" organisatorischer Verhältnisse

Abb. C-20: Vergleichende Beurteilung der Erhebungstechniken

3. Gegenstände der Erhebung

Nach der Festlegung von Untersuchungsbereichen und Erhebungsgegenständen und nach der Auswahl der geeigneten Methoden werden teilweise umfangreiche **Vorarbeiten** notwendig: die Entwicklung eines aussagefähigen Fragebogens, die Erarbeitung eines Interviewleitfadens, der Entwurf eines Beobachtungsplanes oder das Anfertigen eines Tätigkeitsbogens für die Selbstaufschreibung. Außerdem müssen Zeitpläne aufgestellt werden: Für Ist-Analyse und Erarbeitung des Soll-Entwurfs sollte ein Zeitbedarf von mindestens 6 Wochen angesetzt werden. Es ist zu klären, welche Personen für welche Teilaktivitäten bei der Ist-Analyse zuständig sind. Wenn Berater hinzugezogen werden, ist nun eine genaue Aufgabenverteilung festzulegen.

Spätestens jetzt sind auch alle betroffenen **Mitarbeiter** und die Mitglieder des **Betriebsrates** von der beabsichtigten Umstellung zu **informieren**. Dafür eignet sich etwa ein Rundschreiben, das die Gründe für die Reorganisation aufführt. Nur durch eine rationale Argumentation können keine unbegründeten Befürchtungen und emotionalen Abwehrhaltungen entstehen. Besonders zu beachten ist, daß bei tiefgreifenden Reorganisationsmaßnahmen eine wesentliche Betriebsänderung vorliegen kann. Dann hat der Betriebsrat nach § 111 BetrVG ein Mitspracherecht.

Die Analyse muß sich primär an der Art der Aufgabenerfüllung orientieren. Deshalb ist insbesondere zu untersuchen, ob

- die **organisatorische Struktur** des Bürobereichs sinnvoll ist
- die Gestaltung der **Arbeitsabläufe** verbesserungswürdig ist
- die **Kommunikationsbeziehungen** zweckmäßig gestaltet sind
- die **personelle Situation** zufriedenstellend ist
- die vorhandenen **Sachmittel** für die Aufgabenerfüllung ausreichen.

C.II.3.   Gegenstände der Erhebung

Im folgenden werden diese möglichen Erhebungsgegenstände detailliert beschrieben. Um dem Organisator oder dem Projektteam Anregungen zur Entwicklung eines Fragebogens zu geben, mit dem die wesentlichen Informationen gewonnen werden können, sind am Ende eines jeden Abschnittes die **wichtigsten Fragenkreise in Checklisten** dargestellt. Im Regelfall müssen diese Fragen den betrieblichen Besonderheiten entsprechend modifiziert werden; u.U. sind für die einzelnen Adressatengruppen - Sachbearbeiter, Sekretärinnen, Führungskräfte - unterschiedliche Fragebögen zu entwickeln.

3.1. Organisationsstruktur

Eine Untersuchung der Organisationsstruktur umfaßt die Art der arbeitsteiligen Erfüllung der Büro-Aufgaben (Aufgabenverteilung), die bestehenden Hierarchie- und Anweisungs-Beziehungen und den Zentralisierungsgrad verschiedener Bürofunktionen. Voraussetzung für die Analyse ist eine genaue **Erfassung der Tätigkeiten** aller im Bürobereich Beschäftigten. Auch wenn Stellenbeschreibungen vorliegen, reicht das nicht aus, um ein Bild von der zeitlichen Verteilung zu gewinnen.

Für die Erfassung der Tätigkeiten und deren Zeitbedarf am besten geeignet sind **Interview-** und **Selbstaufschreibungs**-Methode. Allerdings können beim Interview die Antworten zu stark von den aktuellen Eindrücken der letzten Arbeitstage geprägt sein. Die Ergebnisse sind dann nicht unbedingt repräsentativ für die durchschnittliche Arbeitssituation. Diese Gefahr wird bei der Selbstaufschreibung über einen längeren Zeitraum vermieden. Aus der Erhebungsliste müssen Art der Tätigkeit und deren Dauer - etwa durch die Eintragung von Anfangs- und Endzeitpunkten an jedem Tag - hervorgehen.

Eine Erhebung der bestehenden hierarchischen Beziehungen ist einfach, wenn in der Unternehmung ein **Organisationsplan** existiert. Wo das nicht der Fall ist, müssen die entsprechenden

Informationen aus der Personalabteilung oder von dem für Personalfragen zuständigen Mitarbeiter beschafft werden. Neben den formalen Unterstellungsverhältnissen sind vor allem die Kompetenzen der übergeordneten Stellen und die Handlungsspielräume der unterstellten Mitarbeiter zu erfassen. Wertvolle Anhaltspunkte dafür können **Arbeitsanweisungen** oder **Stellenbeschreibungen** liefern.

Als Kriterien für die Zweckmäßigkeit der Organisationsstruktur dienen die Indikatoren:

- Auslastungsgrad des Personals
- Leistungsergebnis der Mitarbeiter
- Arbeitszufriedenheit
- Flexibilität der Aufgabenerfüllung.

Ein **schlechter Auslastungsgrad** liegt vor, wenn bei der Erhebung Über- und Unterauslastung von Mitarbeitern festzustellen ist. Das kann seine Ursache in der Aufgabenverteilung haben. Weist etwa der Auslastungsgrad in den einzelnen Abteilungen sehr große Unterschiede auf, so deutet das auf eine unzweckmäßige Dezentralisierung von Aufgaben hin, da bei ihrer zentralen Erledigung bessere Möglichkeiten des Ausgleichs bestehen würden.

Ebenso kann sich eine **falsche Aufgabenverteilung** negativ auf die Arbeitsleistung auswirken, wenn zu viele unterschiedliche Aufgaben mit großem Schwierigkeitsgrad bei einzelnen Mitarbeitern konzentriert sind und sich dadurch keine Routine-Effekte einstellen können. Das beeinträchtigt schließlich auch die Zufriedenheit der Mitarbeiter - mit negativen Folgewirkungen für deren Leistungsbereitschaft.

Andererseits kann eine **zu ausgeprägte Zentralisation** - verbunden mit der Spezialisierung auf ständig gleichartige Abläufe - zu Arbeitsmonotonie führen, die von den betroffenen Mitarbeitern auch als unbefriedigend empfunden wird. Dies zeigt sich oft an reinen Schreibplätzen.

C.II.3.1.   Organisationsstruktur

Auch auf die Flexibilität der Aufgabenerfüllung hat der Zentralisierungsgrad erheblichen Einfluß. So mindern zentrale Lösungen oft die Flexibilität, da keine Möglichkeiten zu direkten Eingriffen in die zentrale Aufgabenerfüllung bestehen.

Checkliste zur Erfassung und Analyse der Struktur-Merkmale

(1) Fragen zur hierarchischen Eingliederung der Stellen

- Kennzeichnen Sie die Einordnung Ihrer Stelle im gesamten Unternehmungsgefüge (direkter Vorgesetzter, unterstellte Mitarbeiter)!

- Geben Sie an, welche Stellen Ihnen Anweisungen geben bzw. Aufgaben übertragen können: z.B. diejenigen Sachbearbeiter und/oder Führungskräfte, für die Sie Texte schreiben bzw. unterstützende Verwaltungstätigkeiten übernehmen!

- Wie ist die Stellvertretung bei Abwesenheit wegen Urlaub, Krankheit o.ä. geregelt? Wessen Stellvertreter sind Sie, und wer übernimmt Ihre Arbeit, wenn Sie abwesend sind?

- Halten Sie den organisatorischen Aufbau Ihrer Abteilung für sinnvoll? Wenn nein: Welche Änderungen würden Sie vorschlagen?

(2) Fragen zu Art und Umfang der übertragenen Aufgaben (Aufgabenverteilung)

- Welche Aufgaben fallen in Ihrer Abteilung grundsätzlich an? Beschreiben Sie Ihren eigenen Aufgabenbereich!

- Versuchen Sie, Ihre Haupttätigkeiten nach der Zeit, die sie erfordern, aufzuschlüsseln: Verfassen von Texten, Schreiben von Texten, Sachbearbeitung, unterstützende Verwaltungsarbeit u.a.!

- Welcher dieser Tätigkeiten gehen Sie am liebsten nach - welcher weniger gern?

- Wenn Ihnen Mitarbeiter unterstehen: Welche Tätigkeiten übertragen Sie diesen im einzelnen?

Organisationsstruktur C.II.3.1.

- Halten Sie die Aufgabenverteilung in Ihrer Abteilung für sinnvoll? Wenn nein: Wo sehen Sie Möglichkeiten einer Veränderung?

- Treten bei der Aufgabenerfüllung häufig Probleme auf? Wenn ja: Wie wirken diese sich nach Ihrer Meinung auf das Unternehmungsziel und auf das Betriebsklima aus? Welche Möglichkeiten zur Aufhebung dieser Probleme sehen Sie?

- Ist Ihre Abteilung von der derzeitigen Personalausstattung her dem Arbeitsanfall gewachsen? In welchem Umfang fallen Überstunden an?

- Fühlen Sie sich durch Ihre Tätigkeit ausgelastet? Bei Überlastung: Was sind die Ursachen? Geben Sie an, welche Aufgaben Sie gern abgeben würden! Bei Unterauslastung: Sind die Aufgaben nicht anspruchsvoll genug oder ist ihr Umfang zu gering?

- Welches Arbeitsvolumen erwarten Sie in Zukunft für Ihren Aufgabenbereich?

- Schwankt der Arbeitsanfall manchmal beträchtlich und führt das zu Engpässen bei der Aufgabenerfüllung? Wenn ja: Beschreiben Sie die Auswirkungen auf den Betrieb und, welche Maßnahmen zur Behebung Sie sehen!

(3) <u>Fragen zu den übertragenen Kompetenzen</u>

- Geben Sie einen generellen Überblick über die Zuständigkeiten Ihrer Stelle?

- Über welche Entscheidungskompetenzen verfügen Sie? Welche Grenzen hat Ihr Entscheidungsspielraum?

- Erläutern Sie die Unterschriftsregelungen, die in Ihrem Aufgabenbereich gelten!

- Wenn Ihnen Mitarbeiter unterstehen: Welche Anweisungsbefugnisse haben Sie ihnen gegenüber?

- Sollten in der Kompetenzverteilung Änderungen erfolgen? Wenn ja, welche?

C.II.3.1. Organisationsstruktur

3.2. Arbeitsabläufe

Damit untersucht werden kann, ob die Arbeitsabläufe zweckmäßig gestaltet sind, müssen die einzelnen Arbeitsgänge oder Teilarbeiten erfaßt werden. Wichtig sind dabei ihre Reihenfolge, ihr jeweiliger Zeitbedarf und schließlich die "Durchlaufzeit" von Texten als Bearbeitungsobjekten. Als Erhebungsmethoden sind Befragung und Beobachtung geeignet. In jedem Falle müssen die erhobenen Informationen schriftlich - in einer Art **"Arbeitsgang-Verzeichnis"** - festgehalten werden. Darin ist auch anzugeben, welche Stellen am untersuchten Arbeitsablauf beteiligt sind.

Unter der **Durchlaufzeit** eines Textes als Bearbeitungsobjekt soll der Zeitraum verstanden werden, der zwischen der Auslösung des Bearbeitungsprozesses - z.B. dem Eingang einer Kunden-Anfrage - und dem Zeitpunkt liegt, an dem das Bearbeitungsergebnis (i.d.R. ein Schriftstück) fertiggestellt ist und für die Weiterverwendung in anderen Abläufen bereitsteht. Die Durchlaufzeit besteht aus Komponenten wie

- Liegezeiten beim Text-Autor
- Zeit des Textentwurfs
- Diktierzeit
- Transportzeiten
- Liegezeiten beim Schreibpersonal
- Bearbeitungszeit am Schreibplatz
- Korrekturzeiten.

Bei der Betrachtung dieser Teilzeiten werden die Auswirkungen unterschiedlicher organisatorischer Regelungen deutlich:

- liegen **strenge Hierarchiebeziehungen** vor - z.B. auf den Einzelfall abgestimmte und genau einzuhaltende Unterschriftsregelungen -, so führt das zu größeren Transport- und Korrekturzeiten, u.U. auch zu weiteren Liegezeiten bei den Unterschriftsberechtigten

- eine stärkere **Zentralisierung** der Schreibarbeit ist zwar mit höheren Transport- und Liegezeiten verbunden, andererseits sind geringere Bearbeitungszeiten durch das Schreibpersonal wahrscheinlich (Routinisierungs-Effekt)

- durch **Vermeidung** zu **starker Spezialisierung** und durch Mischung der Funktionen am Arbeitsplatz müssen im allgemeinen höhere Bearbeitungszeiten in Kauf genommen werden, dafür verringern sich die Transportzeiten; andere Komponenten wie die Diktierzeit können - z.B. beim Direkt-Input - ganz entfallen.

<u>Checkliste zur Erfassung der Arbeitsabläufe</u>

(1) <u>Feststellung der grundsätzlichen Abläufe und Vorgänge</u>

- Geben Sie die abteilungsinternen und die abteilungsübergreifenden Arbeitsabläufe an, die mit einer Texterstellung in Ihrer Abteilung verbunden sind!

- Welche Teilfunktionen umfassen die genannten Abläufe; welche davon werden in Ihrer Abteilung erledigt? Nennen Sie die Stellen, die außerdem mit dem jeweiligen Vorgang befaßt sind!

- Ordnen Sie jedem der grundsätzlichen Abläufe die Textverarbeitungs-Teilfunktionen zu, die Sie übernehmen: Diktieren (mit Verfahren), Schreiben, Archivieren, Reproduzieren!

- Halten Sie die Organisation der Arbeitsabläufe in Ihrer Abteilung für zweckmäßig? Wenn nicht: Beschreiben Sie die Probleme, die Ihnen bekannt sind: Engpässe, umständliche und aufwendige Arbeitswege, auftretende Wartezeiten, Qualitätsmängel usw.! Zeigen Sie mögliche Ursachen auf: z.B. unzweckmäßige Verfahren oder schlechte Arbeitsverteilung!

C.II.3.2.   Arbeitsabläufe

(2) <u>Erfassung von Arbeitsanfall und Zeitaufwand</u>

- Nennen Sie die wesentlichen Ihren Arbeitsplatz betreffenden Schriftstücke: z.B. Angebote, Begleitschreiben zum Angebot, Nachfaßbriefe, Auftragsbestätigungen, Besuchsberichte, Informationsschreiben an Kunden!

- Geben Sie an, wieviel davon im Wochen- oder Monats-Durchschnitt jeweils anfallen!

- Wie sehen Sie die künftige Entwicklung Ihres Arbeitsvolumens? Wenn es möglich ist, differenzieren Sie diese Einschätzung nach einzelnen Schriftgut-Arten!

- Wie hoch ist die Gesamtdurchlaufzeit der Texte, die Sie betreffen? Beispiel: Wie lange dauert es nach dem Eingang einer Kundenanfrage, bis ein Angebot fertiggestellt ist und abgeschickt wird?

- Wieviel Zeit brauchen Sie bei den einzelnen Bearbeitungsobjekten (Texten)
    a) für Entwerfen und Diktieren
    b) für maschinenschriftliche Texterstellung
    c) für die verschiedenen Tätigkeiten der Text-Weiterverwendung (Reprographie, Archivierung, Übermittlung)?

- Welche durchschnittlichen Wartezeiten vergehen,
    a) bis eingehende Schriftstücke von Ihnen verarbeitet werden
    b) bis von Ihnen bearbeitete Objekte an andere Stellen im Betrieb weitergeleitet werden?

- Wie hoch sind die Transportzeiten der Texte,
    a) die an Ihren Arbeitsplatz kommen
    b) die von Ihnen an andere Stellen weitergegeben werden?

- Welche Möglichkeiten einer Verkürzung sehen Sie für
    a) Wartezeiten (Liegezeiten)
    b) Bearbeitungszeiten
    c) Transportzeiten?

Arbeitsabläufe   C.II.3.2.

3.3. Kommunikationsbeziehungen

Die Qualität der innerbetrieblichen und der externen Kommunikationsbeziehungen läßt sich nach verschiedenen Kriterien beurteilen:

- **ausreichender Informationsstand** - die übermittelten Informationen eignen sich als Entscheidungs- und Handlungsgrundlage
- **rechtzeitige Informationen** - notwendige Informationen stehen dann, wenn sie gebraucht werden, zur Verfügung
- **reibungslose Kommunikationsabwicklung** - die Kommunikationswege sind nicht ständig überlastet
- **kostengünstige Informationsübermittlung** - alternative Kommunikationsmittel werden nach ökonomischen Gesichtspunkten genutzt.

Um entsprechende Verbesserungsmöglichkeiten festzustellen, ist das betriebliche Kommunikationssystem in die Ist-Untersuchung einzubeziehen. Insbesondere sind zu erheben:

(1) die bestehenden Kommunikationswege und die übermittelten Inhalte

(2) die Art der Kommunikationskontakte und die dabei eingesetzten Kommunikationsmittel

(3) die Häufigkeit der Kommunikationsvorgänge.

Zu (1):

Zunächst ist festzustellen, wie die **Kommunikationswege** verlaufen und welche Inhalte auf ihnen übermittelt werden. Bei der innerbetrieblichen Kommunikation kann zwischen vertikalen und horizontalen Kommunikationswegen unterschieden werden.

C.II.3.3. Kommunikationsbeziehungen

Vertikale Kommunikationswege werden durch die Trennung von Entscheidungs- und Durchführungsaufgaben erforderlich. Auf allen Ebenen der Hierarchie ist zu untersuchen, welche Informationen vorgesetzte Stellen weitergeben und ob sie umfangmäßig ausreichen.

Viele horizontale Kommunikationsbeziehungen innerhalb der ausführenden Hierarchie-Ebenen wiederholen sich in Abläufen und Inhalten sehr stark. Das erleichtert ihre Organisation. Auf den oberen Stufen der Hierarchie ist dagegen eine derartige Strukturierung schwieriger, weil die Aufgaben nicht so gleichförmig sind. Dennoch können auch hier institutionalisierte Formen auftreten: etwa regelmäßige Besprechungen und Konferenzen.

Bei der Ist-Aufnahme der bestehenden Kommunikationswege ist darauf zu achten, ob die Arbeitsplätze räumlich zweckmäßig angeordnet sind oder ob sich zu lange bzw. zu aufwendige Wege für den Informationsaustausch ergeben. Dafür sind die Kommunikationsströme in ihren Inhalten und in ihrem zeitlichen Verlauf zu erfassen.

Zu (2):

Treffen sich die Kommunikations-Partner am gleichen Ort, dann treten sie in direkten **persönlichen Kontakt**. Wenn aber räumliche Entfernungen zwischen ihnen zu überwinden sind, wird es sinnvoll, nach **mündlichen** und **schriftlichen Kontakten** zu unterscheiden. Dabei können unterschiedliche Kommunikationsmittel zum Einsatz kommen. Mit welchen Sachmitteln die Arbeitsplätze ausgestattet sind, ist bei der Untersuchung der Sachmittelsituation festzustellen (dazu: Abschnitt C.II.3.5.). Bei der Kommunikationsanalyse ist jedoch zu erheben, welche Art von Kommunikationskontakten im einzelnen bestehen und welche Sachmittel dafür genutzt werden.

Zu (3):

Schließlich ist die **Häufigkeit der Kommunikationsvorgänge** zu ermitteln. Hierfür empfiehlt sich besonders die Form der Selbstaufschreibung: In einer Strichliste sind - nach Kommunikationskontakten getrennt - alle Vorgänge festzuhalten. Naturgemäß wird dabei nur selten Vollständigkeit erreicht. Doch ist für schriftliche Kontakte eine sinnvolle Ergänzung durch die Auswertung der Kopiensammlung gegeben.

Die Erhebung läßt die Intensität der Kommunikationsbeziehungen erkennen. Auch können Engpässe bei den Kommunikationsmitteln aufgedeckt werden: So wird etwa die Installation einer Gegensprechanlage zweckmäßig, wenn durch häufige und intensive Telefonate ständig Nebenstellen-Apparate blockiert werden. Zudem kann die Belastung der Tätigkeit durch störend wirkende Kommunikationsunterbrechungen ermittelt werden.

Checkliste zur Erfassung der Kommunikationsbeziehungen

(1) <u>Fragen zu den bestehenden Kommunikationswegen und -inhalten</u>

- Nennen Sie die betrieblichen Stellen, mit denen Sie während Ihrer Aufgabenerfüllung häufig in Kontakt treten!

- Erhalten Sie von Ihren Vorgesetzten ausreichende Informationen?

- Entstehen Probleme bei der Aufgabenerfüllung, weil wichtige Informationen nicht an Sie weitergegeben werden?

- Welche Informationsinhalte sind an bestimmte Kommunikationswege gebunden, obwohl ihre Übermittlung in anderer Form wünschenswert wäre?

- Halten Sie den Informationsaustausch auf gleicher Hierarchie-Ebene für ausreichend oder sollte er verbessert werden: etwa durch Einrichtung regelmäßiger Konferenzen?

C.II.3.3.   Kommunikationsbeziehungen

(2) Fragen zu Art und Umfang der Kommunikation

- In welchen Anteilen bewegen sich Ihre persönlichen, fernmündlichen und schriftlichen Kontakte?
- In welchen Fällen halten Sie die Art des Kontaktes für unrationell? Können Sie sich sinnvolle Alternativen vorstellen?
- Welche Form des persönlichen Kontakts steht bei Ihnen im Vordergrund: Aufsuchen des Kommunikationspartners, das Aufgesuchtwerden, gemeinsame Besprechungen oder regelmäßige Konferenzen? Bei welchen Kommunikationswegen überwiegt welche Form?
- Geben Sie die Kommunikationsmittel an, die von Ihnen zur Abwicklung fernmündlicher und schriftlicher Kontakte genutzt werden! Reichen sie Ihrer Meinung nach aus oder wären andere Mittel sinnvoller?

3.4. Personalsituation

Eine Analyse der Personalsituation zielt vor allem auf die Ermittlung des personellen Leistungspotentials und dessen Ausschöpfung: Randbedingungen sind die (objektive) **Leistungsfähigkeit** und die (subjektive) **Leistungsbereitschaft** der Mitarbeiter. Indirekt lassen diese Faktoren sich erfassen über:

(1) berufliche Qualifikation
(2) bestimmte Persönlichkeitsmerkmale
(3) betriebliche Sozialbeziehungen.

Zu (1):

Zur **beruflichen Qualifikation** gehören zum einen alle Fachkenntnisse und Fertigkeiten, die durch Aus- und Weiterbildung erworben wurden: Schulbildung, erlernter Beruf, Kurse, Lehrgänge, Schulungen etc. Zum anderen umfaßt die Qualifikation das gesammelte Erfahrungswissen des vorhandenen Personals. Im Idealfall gelingt es, die Mitarbeiter so einzusetzen, daß ihre Leistungsmerkmale mit den Qualifikationsanforderungen der Stelle übereinstimmen. Dieses Ziel ist natürlich in der betrieblichen Praxis nicht vollkommen erreichbar. Eine Analyse des Ist-Zustandes muß dazu führen, bestehende Unter- und Überqualifikations-Situationen aufzudecken. Durch entsprechende Weiterbildung des Personals oder aber durch eine anspruchsvollere Arbeitsgestaltung wird es möglich, fehlende Übereinstimmungen auszugleichen.

Zu (2):

Neben den Qualifikationsmerkmalen sind **Persönlichkeitsmerkmale** wie Zuverlässigkeit, Belastbarkeit, Fähigkeit zur Teamarbeit etc. wesentlich. Ihre exakte Erfassung wird kaum möglich sein. Doch sollte eine Ist-Aufnahme zumindest Tendenzaussagen über die globale Situation im Erhebungsbereich enthalten.

Zu (3):

Ebenfalls kaum operationalisierbar sind die bestehenden **Sozialbeziehungen** im Betrieb oder in der untersuchten Abteilung. Sie dürfen bei der Ist-Untersuchung keinesfalls vernachlässigt werden. Denn herrscht etwa ein überaus positives und leistungsförderndes Betriebsklima, wird es wenig sinnvoll sein, bestehende Arbeitsgruppen durch Personalumsetzungen zu verändern. Andererseits ist bei der Auswahl neuer Mitarbeiter darauf zu achten, daß sie mit ihren künftigen Arbeitskollegen harmonieren. Das spricht für eine Beteiligung der Mitarbeiter auch und gerade bei personellen Entscheidungen.

C.II.3.4.   Personalsituation

Checkliste zur Erhebung der Personalsituation

(1) **Fragen zur beruflichen Qualifikation**

- Welche schulische und berufliche Vorbildung haben Sie?
- Beschreiben Sie kurz die wesentlichen Erfahrungen, die Sie im Laufe Ihres Berufslebens sammeln konnten!
- Werden Sie Ihren Fähigkeiten und Fertigkeiten entsprechend eingesetzt? Wenn nein: Fühlen Sie sich eher über- oder eher unterfordert?
- Welche Vorkenntnisse über Textverarbeitung - besonders über Textautomaten - haben Sie? Wie haben Sie diese Kenntnisse erworben: durch Weiterbildungsveranstaltungen, Selbststudium o.a.?
- Welche Schulungsaktivitäten sehen Sie für Ihre Abteilung als sinnvoll an, um vorhandene Wissensdefizite abzubauen?

(2) **Fragen zu Persönlichkeitsmerkmalen**

- Sind Sie mit den Ihnen übertragenen Arbeiten im wesentlichen zufrieden? Wenn nein: Ist Arbeitshektik, Leistungsdruck, fehlende Einweisung oder ein anderer Grund ausschlaggebend für die negative Situation? Oder liegen die Ursachen in Arbeitsmonotonie, unzulänglicher Delegation von Aufgaben, mangelnden Kompetenzen und ähnlichen Mißständen?
- In welchem Maß können Sie Ihre Arbeit selbständig einteilen? Sind die bestehenden Entscheidungsspielräume zu gering oder ausreichend?
- Würden Sie grundsätzlich akzeptieren,
  a) daß neue Organisationsformen eingeführt werden
  b) daß neuartige Sachmittel im Büro eingesetzt werden
  c) daß verstärkt Aus- und Weiterbildungsveranstaltungen durchgeführt werden?

Personalsituation   C.II.3.4.

(3) <u>Fragen zu den bestehenden Sozialbeziehungen</u>

- Sind Sie mit dem Arbeitsklima in Ihrer Abteilung und im gesamten Betrieb zufrieden? Wenn ja: Was wirkt sich besonders positiv auf das Betriebsklima aus? Wenn nein: Führen Sie die Ursachen auf: z.B. fehlende Kooperationsbereitschaft der Mitarbeiter, Arbeitshektik, Führungsstil des oder der Vorgesetzten, mangelnde Information über Planungen und mangelnde Beteiligung an Entscheidungen, unzureichende Arbeitsplatz- und Raumgestaltung!

- Wie beurteilen Sie die Zusammenarbeit zwischen den verschiedenen Abteilungen im Betrieb: z.B. das Aushelfen bei Arbeitsspitzen, die Eindeutigkeit von Kompetenzabgrenzungen etc.?

- Ist die jetzige Zusammensetzung Ihrer Arbeitsgruppe gut und sinnvoll oder würden Sie Änderungen vorziehen?

3.5. Sachmittelsituation

Bevor die Anschaffung neuer Sachmittel erwogen werden kann, muß eine **Bestandsaufnahme** der vorhandenen erfolgen. Sie umfaßt eine Aufstellung aller im Büro eingesetzten Geräte mit deren genauen Leistungsmerkmalen. Der Bestand kann dabei dem Inventar entnommen werden: Die wesentlichen Leistungskenngrößen der Geräte sind fast immer in Herstellerunterlagen aufgeführt (Bedienungsanleitungen, Service-Heften etc.).

Auch die **räumliche Zuordnung** der Sachmittel ist zu erheben. Der Standort von Geräten kann entscheidend für ihre Nutzung sein. Lange Wege und der damit verbundene langwierige und umständliche Zugriff etwa auf einen zentral aufgestellten Kopierer schrecken eher von der Nutzung ab. Häufig werden statt dessen aufwendige Durchschläge beim Schreiben erstellt. Umgekehrt kann bei der dezentralen (Mehrfach-)Ausstattung mit Bürogeräten deren Auslastungsgrad zum Problem werden.

C.II.3.5.   Sachmittelsituation

Checkliste für eine Bestandsaufnahme der Sachmittelsituation

(1) <u>Fragen zur Sachmittelausstattung und zum Standort</u>

- Mit welchen Bürogeräten ist Ihr Arbeitsplatz ausgestattet? Geben Sie - falls möglich - die wesentlichen Leistungskenngrößen an: z.B. bei Kopierern die Geschwindigkeit!

- Müssen Sie öfter ein für Ihre Arbeit notwendiges Sachmittel von Kollegen beschaffen, weil an Ihrem Arbeitsplatz keines verfügbar ist? Bei welchen Sachmitteln ist das der Fall? Mit welchen Nachteilen für Sie ist das verbunden?

- Auf welche zentral aufgestellten Geräte müssen Sie zugreifen? Welche zentral gelagerten Arbeitsmittel müssen Sie sich im Einzelfall beschaffen? Wie häufig ist das im Durchschnitt pro Tag nötig? Wie aufwendig ist der jeweilige Zugriff: Entfernung, Wege- und Wartezeiten?

- Sind Bürogeräte und Arbeitsmittel für Sie überhaupt nicht verfügbar, obwohl mit ihnen eine rationellere Aufgabenabwicklung möglich wäre? Wenn ja: Welche Sachmittel sollten Ihrer Meinung nach angeschafft werden? Welche Vorteile würde das mit sich bringen?

(2) <u>Fragen zum Entwicklungsstand der Sachmittel</u>

- Geben Sie - soweit bekannt - den Anschaffungszeitpunkt der von Ihnen genutzten Sachmittel an!

- Welche Sachmittel entsprechen Ihrer Meinung nach nicht mehr dem neuesten technischen Stand und sollten durch modernere Sachmittel ersetzt werden?

- Welche der von Ihnen genutzten Sachmittel fallen häufig wegen technischer Defekte aus? Geben Sie an, wie sich ein Ausfall auf Ihre Tätigkeit auswirkt: Bleiben beispielsweise wichtige Aufgaben zeitweilig unerledigt oder ergeben sich zusätzliche Kosten durch eine Auftragsvergabe außer Haus?

- Wie beurteilen Sie den Wartungsdienst für die einzelnen Geräte: in Schnelligkeit, Zuverlässigkeit usw.?

Sachmittelsituation   C.II.3.5.

4. Darstellungstechniken

Die **Ergebnisse** der Ist-Untersuchung müssen in systematischer Form **dargestellt** und **dokumentiert** werden. Nur dadurch ist sicherzustellen, daß diese für das weitere Vorgehen ausschlaggebenden Daten bei den Entscheidungen über Reorganisation und Sachmittelauswahl auch tatsächlich angemessen berücksichtigt werden. Bereits aus der Dokumentation der Analyse-Ergebnisse treten Art und Umfang der Reorganisation deutlicher hervor; auch ergeben sich erste Anhaltspunkte für konkrete Verbesserungen.

4.1. Verbale Beschreibungen

Eine rein verbale Darstellung des Ist-Zustands hat den Vorteil, allgemein verständlich zu sein. Außerdem ermöglicht sie eine umfangmäßig nicht beschränkte Darlegung der Probleme und der Lösungsvorschläge. Nachteilig ist hingegen:

- eine **einheitliche Form** der Unterlagen ist nur **schwer** erreichbar
- die Beschreibungen sind meist **zu umfangreich** und deshalb **wenig übersichtlich**; das erschwert ihre Auswertung
- **Berichtigungen** und **Aktualisierungen** sind **zu aufwendig**.

Trotz ihrer Nachteile sind verbale Darstellungen in bestimmten Fällen unerläßlich: So werden etwa die Funktionen, die Verantwortlichkeiten, die Anforderungsmerkmale und die hierarchische Einordnung einer Stelle in die verbale Form einer Stellenbeschreibung gefaßt. Ebenfalls schriftlich fixiert sind Arbeitsanweisungen für die Mitarbeiter.

Durch die Verwendung von Formblättern, Formularen und Formularsätzen lassen sich die Nachteile rein verbaler Beschreibungen mildern. Dann wird zumindest eine formale Einheitlichkeit der Darstellung erreicht. Das erleichtert Änderungen und Auswertung.

C.II.4./4.1.   Darstellungstechniken / Verbale Beschreibungen

4.1.1. Stellenbeschreibungen

Für die einzelnen Stellen im Büro sollten Stellenbeschreibungen verfaßt werden. Die Hauptbestandteile einer solchen Stellenbeschreibung sind:

- **Instanzenmäßige Einordnung** der Stelle
  Mindestangaben sind die übergeordnete Stelle (Vorgesetzte), die direkt unterstellten Mitarbeiter sowie die Regelung der Stellvertretung

- **Aufgaben** und **Befugnisse** des Stelleninhabers
  aufzuführen sind die regelmäßig anfallenden Sachaufgaben und eventuelle Sonderaufgaben sowie die Kompetenzen der Stelle (einschl. der Unterschriftsbefugnis)

- **Anforderungen an die Person** des Stelleninhabers
  anzugeben sind die notwendige Vorbildung und die erforderlichen Fachkenntnisse sowie wünschenswerte Erfahrungen und Persönlichkeitsmerkmale.

Konkrete Stellenbeschreibungen werden - je nach Betriebsgröße, Branche, Organisationsform und individuellen Besonderheiten - große Unterschiede aufweisen. Allgemeine Aussagen können deshalb nur als Richtschnur dienen und sind im konkreten Anwendungsfall entsprechend zu modifizieren.

Die Verwendung von Stellenbeschreibungen erleichtert eine jederzeitige Übersicht über die betriebliche Aufgabenverteilung. Außerdem werden personelle Leistungsbeurteilung und deren Kontrolle vereinfacht; auch kann neues Personal gezielter angeworben werden.

```
┌─────────────────────────────────────────────────────────────────────┐
│ Stellenbezeichnung: Sekretärin der Personalabteilung                │
├─────────────────────────────────────────────────────────────────────┤
│ 1. Organisatorische Eingliederung der Stelle:                       │
│                                                                     │
│    1.1. Vorgesetzte Stelle: Leiter der Personalabteilung            │
│    1.2. Untergeordnete Stellen: Auszubildende                       │
│    1.3. Stelleninhaber vertritt: Sekretärin des Einkaufsleiters     │
│    1.4. Stelleninhaber wird vertreten durch: wie 1.3.               │
├─────────────────────────────────────────────────────────────────────┤
│ 2. Aufgaben und Befugnisse des Stelleninhabers:                     │
│                                                                     │
│    2.1. Diktataufnahme                                              │
│    2.2. Schreiben von Verträgen, Zeugnissen, Bescheinigungen u.ä.   │
│    2.3. Postbearbeitung                                             │
│    2.4. Führung der Personalakten                                   │
│    2.5. Erstellen von Statistiken                                   │
│    2.6. Führung der Personalkartei                                  │
│    2.7. Betreuung der Auszubildenden                                │
│    2.8. Stelleninhaber hat Artvollmacht und unterzeichnet mit "i.V."│
├─────────────────────────────────────────────────────────────────────┤
│ 3. Anforderungen an den Stelleninhaber:                             │
│                                                                     │
│    3.1. Vorbildung:                                                 │
│         Mittlerer Bildungsabschluß oder Abitur, abgeschlossene      │
│         Berufsausbildung (Kaufmannsgehilfenprüfung)                 │
│    3.2. Berufserfahrung:                                            │
│         mind. zweijährige Sekretariatserfahrung nach Abschluß der   │
│         Ausbildung                                                  │
│    3.3. Kenntnisse und Fertigkeiten:                                │
│         kaufm. Grundkenntnisse, Kenntnisse der Büroorganisation,    │
│         Stenographiekenntnisse, Schreibfertigkeit                   │
│    3.4. Eigenschaften:                                              │
│         Verantwortungsbewußtsein, Zuverlässigkeit, Verschwiegen-    │
│         heit, sicheres und selbständiges Auftreten, Kollegialität,  │
│         Dispositions- und Organisationsvermögen                     │
└─────────────────────────────────────────────────────────────────────┘
```

Abb. C-21: Stellenbeschreibung (Beispiel)

C.II.4.1.1.   Stellenbeschreibungen

4.1.2. Arbeitsanweisungen

Um eine reibungslose Abwicklung von Arbeitsabläufen zu unterstützen, empfiehlt es sich, Richtlinien zu formulieren und schriftlich niederzulegen, die von den Mitarbeitern bei der Aufgabenerfüllung zu beachten sind. Diese Arbeitsanweisungen dienen also im wesentlichen als **Arbeitsvorgabe** für das Personal; neu eingestellte Mitarbeiter erhalten damit gleichzeitig eine erste **Einführung in** ihr **Arbeitsgebiet**.

An der Entwicklung der Arbeitsanweisungen sollten die betroffenen Mitarbeiter unbedingt beteiligt werden; denn sie kennen ihr eigenes Arbeitsgebiet am besten und gewährleisten erst eine realistische, auch tatsächlich anwendbare Fassung der Anweisungen.

4.2. Matrix-Darstellungen

Mit Matrizen – als einer Art zweidimensionaler Tabellen – lassen sich vor allem die Beziehungen zwischen den Analyse-Objekten anschaulich darstellen. Auch ermöglichen sie einen schnellen und eingängigen Gesamtüberblick. Zu dieser Darstellungsform zählen

- das Funktionendiagramm
- die Kommunikationsmatrix.

4.2.1. Funktionendiagramm

Die Verteilung der Aufgaben auf die verschiedenen Stellen läßt sich in einem Funktionendiagramm besonders übersichtlich darstellen. Dabei handelt sich um eine **Matrix**, deren Spalten die **Stellen** und deren Zeilen die **Aufgaben** (Funktionen) angeben. In den Feldern der Matrix wird dann durch Ankreuzen oder durch ein näher charakterisierendes Zeichen oder Symbol eingetragen, welche Aufgaben dem Stelleninhaber zugeordnet sind.

Zur genaueren Kennzeichnung der Aufgabeninhalte wird in der Regel angegeben, ob es sich um Planungs-, Entscheidungs-, Ausführungs- oder Kontrollaufgaben handelt. Dadurch lassen sich neben den Aufgaben der einzelnen Stelleninhaber auch die Kompetenzabgrenzung zwischen den verschiedenen Stellen und die Form der Koordination auf übersichtliche Art darstellen.

Ein Funktionendiagramm wird häufig für eine bestimmte Abteilung angefertigt. Es zeigt dann die Zerlegung der Abteilungsaufgabe in Einzelfunktionen und die Zuordnung der Stelleninhaber zu diesen Einzelfunktionen.

Das Beispiel zeigt nur die wesentlichen Einzelfunktionen innerhalb einer Einkaufs-Abteilung auf. Dabei wird nach Entscheidungs-, Planungs-, Ausführungs- und Kontrollaufgaben differenziert. Natürlich könnte das Diagramm weiter detailliert werden: etwa indem für Grundsatzentscheidung, Entscheidung im Normal- und Ausnahmefall, Mitentscheidungen, Vorschlagsrecht etc. zusätzliche Symbole eingeführt würden. Auch ließen sich Richtwerte oder Kommentare einfügen: z.B. die Entscheidungskompetenz über einen Bestell-Wert von bis zu DM 5.000,-. Weitergehende Detaillierungen sollten allerdings den Stellenbeschreibungen vorbehalten sein, da sie die Übersichtlichkeit des Diagramms aufheben würden.

C.II.4.2.1. Funktionendiagramm

Einkaufs-abteilung / Tätigkeiten	Einkaufsleiter	Gruppenleiterin Bestellwesen	Sachbearbeiter Bestellwesen I	Sachbearbeiter Bestellwesen II	Sekretärin	Gruppenleiter Rechnungsprüfung	Sachbearbeiter Rechnungsprüf. I	Sachbearbeiter Rechnungsprüf. II
Marktbeobachtung (Ermittlung von Bezugsquellen)	E	P,A	A	A				
Bedarfsfeststellung	E	P	A					
Vertreterempfang Preisverhandlungen	X	X						
Messebesuche Besuchsberichte	E,P				A			
Anfragen			X	X	X			
Bestellungen aufgeben		E	X	X	X			
Lieferantenkartei führen	P,K		X	X	X			
Lieferkontrolle (Terminüberwachung)						X		
Mahnschreiben an Lieferanten		E,P			X	E,P		
Rechnungsprüfung						E	X	X
Bestandsüberwachung							X	X
Inventurbewertung	P		X	X				
Mängelrügen schreiben					X	E	X	X
Postverteilung					X			
abteilungsinterne Personalfragen	X							

E = Entscheidung
P = Planung
A = Ausführung
K = Kontrolle
X = Gesamtfunktion (P + A + K)

Abb. C-22: Funktionendiagramm für die Einkaufs-Abteilung (Beispiel)

Funktionendiagramm   C.II.4.2.1.

4.2.2. Kommunikationsmatrix

Eine Kommunikationsmatrix bildet die **Häufigkeit der Kontakte** ab, die **zwischen den Stellen** bestehen. Sie dient als Hilfsmittel für die Auswertung der Kommunikationsanalyse. Im Beispiel sind in der ersten Spalte die Summen aller Kontakte je Stelle angegeben.

Für eine genauere Analyse wird es zweckmäßig sein, die festgestellten Kontakte auch ihrer Art nach - persönlich, fernmündlich oder schriftlich - aufzuschlüsseln. Das führt zu Anhaltspunkten für eine günstige räumliche Anordnung der Stellen und für den Einsatz zweckmäßiger Kommunikationsmittel.

C.II.4.2.2.　　　　Kommunikationsmatrix

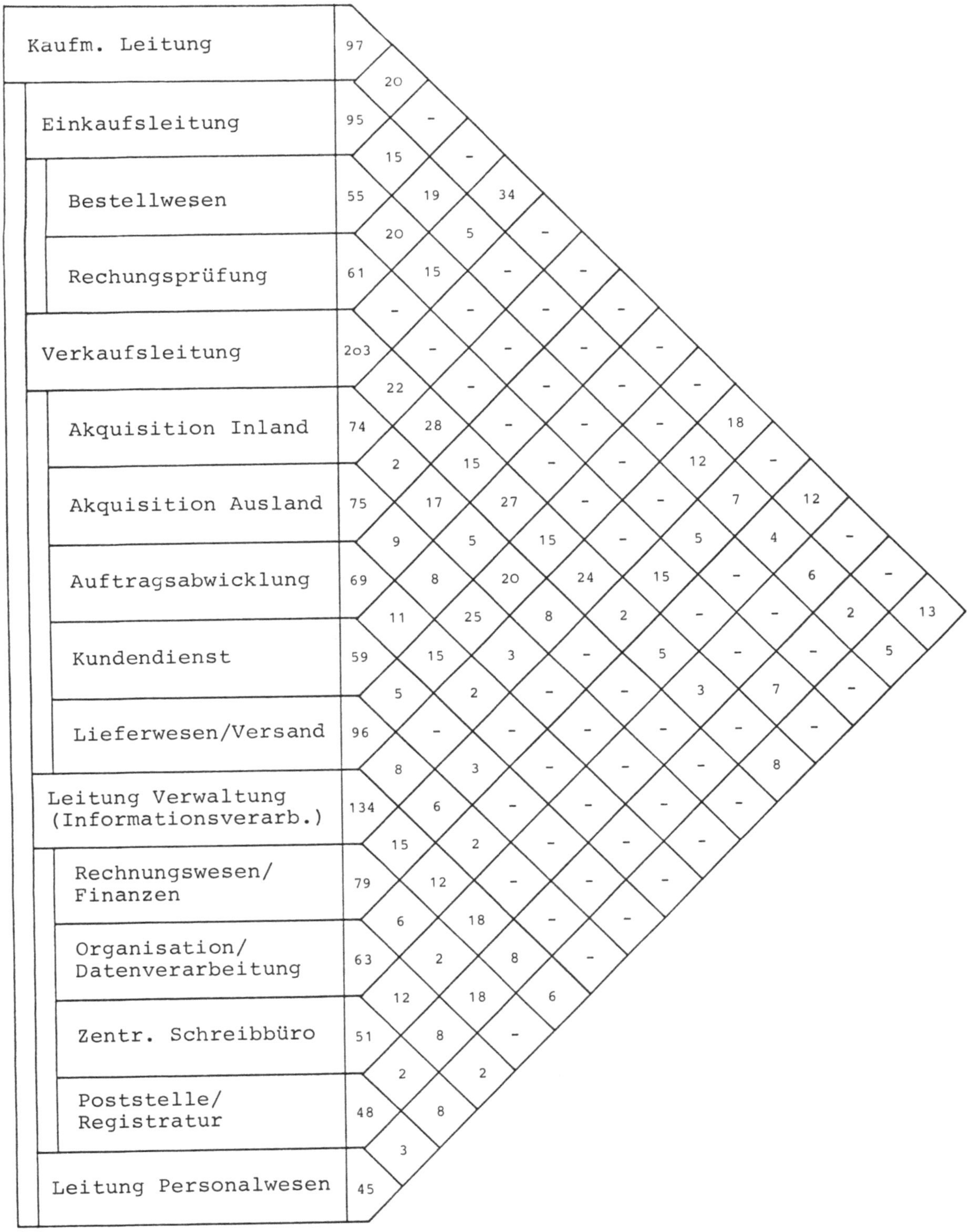

Abb. C-23: Kommunikationsmatrix (Beispiel)

Kommunikationsmatrix   C.II.4.2.2.

4.3. Schaubilder

Schaubilder sind Darstellungsformen, die Informationen besonders übersichtlich und prägnant vermitteln. Werden allerdings Symbole verwendet, setzt dies bestimmte Vorkenntnisse oder entsprechende Erläuterungen voraus: Die Bedeutung der einzelnen Symbole und die Regeln zu ihrer Kombination müssen festgelegt werden.

4.3.1. Organigramm

Über- und Unterordnungsverhältnisse lassen sich am besten in Form eines Organigramms darstellen. Es spiegelt die **Gliederung** der Unternehmung **in Stellen** und **Abteilungen** wieder.

Für die Form des Organigramms gibt es keine einheitlichen und verbindlich geltenden Regeln. Es hat sich jedoch eingebürgert, leitende Stellen durch Rechtecke und Stabsstellen durch Kreise zu kennzeichnen. Die Anordnungsverhältnisse werden durch Linien dargestellt, wobei Hierarchien absteigend von oben nach unten oder von links nach rechts dargestellt werden.

Zusätzlich zur Bezeichnung der Stelle oder Abteilung wird in den Symbolen häufig noch der Name des Stelleninhabers ausgewiesen. Darüber hinaus kann eine Angabe der Leitungsspanne sinnvoll sein, d.h. ergänzend wird vermerkt, wieviele Mitarbeiter der jeweiligen Stelle direkt unterstellt sind.

Der Detaillierungsgrad eines Organigramms hängt vom Untersuchungszweck ab. Ist eine Reorganisation im Textverarbeitungs-Bereich beabsichtigt, bietet es sich an, nur Ausschnitte aus dem Aufbau der Unternehmung darzustellen oder das Organigramm auf den engeren Erhebungsbereich zu beschränken.

Die Abbildung zeigt ein Organigramm der kaufmännischen Abteilung einer Unternehmung; dabei werden neben der Stellenbezeichnung auch Leitungsspanne und Name des Stelleninhabers angegeben.

C.II.4.3.   Schaubilder

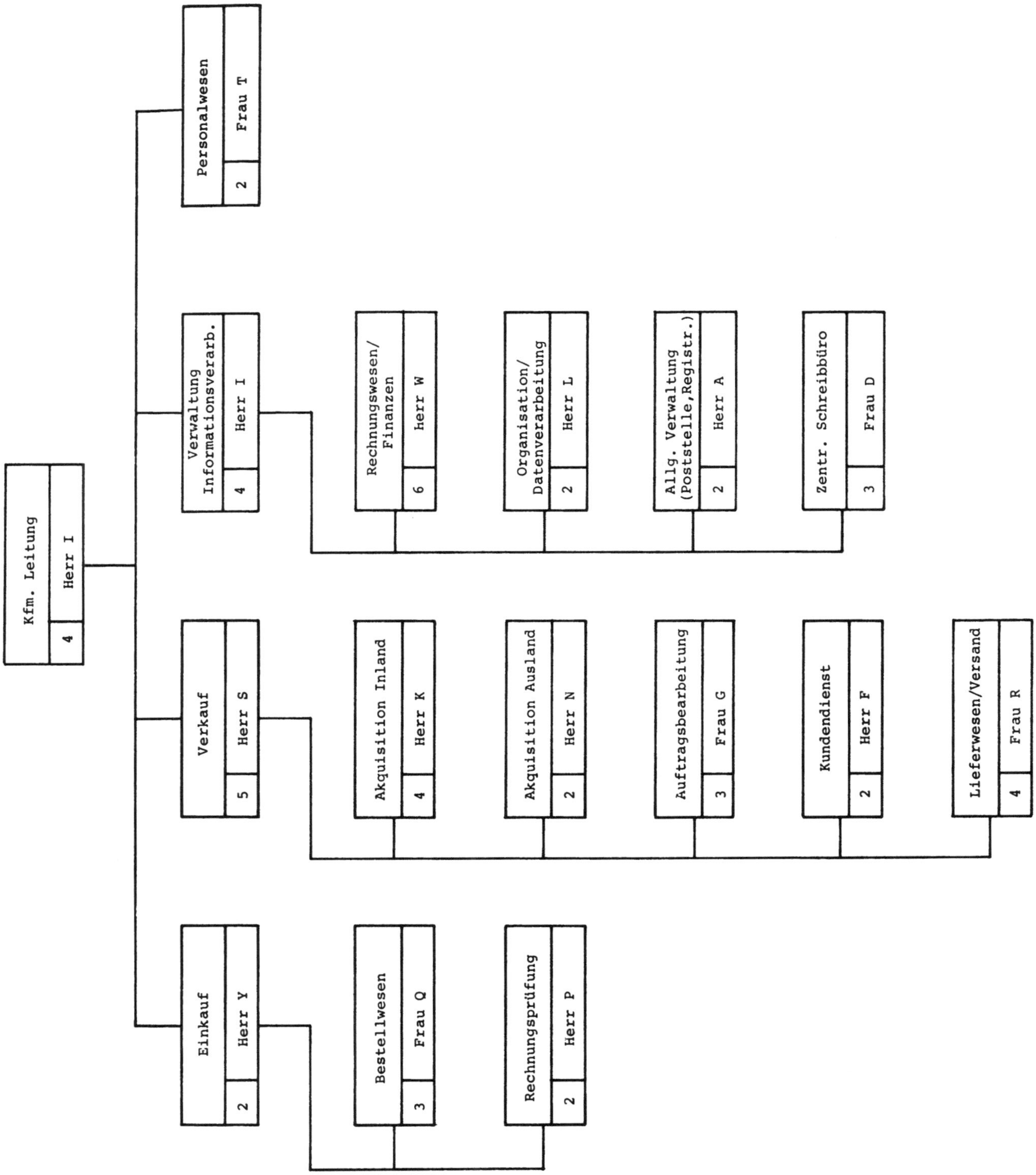

Abb. C-24: Organigramm (Beispiel)

Organigramm   C.II.4.3.1.

Insgesamt gibt das Organigramm einen vollständigen Überblick über die vorhandenen Abteilungen und Stellen, über die betriebliche Rangordnung und über die bestehenden "Dienstwege".

4.3.2. Ablaufdiagramm

Das Ablaufdiagramm dient als besondere Technik zur graphischen Darstellung von Arbeitsabläufen. Die einzelnen **Arbeitsstufen** (auch: Arbeitsgänge) **eines Ablaufes** werden in ihrer zeitlichen Reihenfolge aufgelistet und durch bestimmte Symbole gekennzeichnet.

Ablaufdiagramme werden in der Regel mit vorgedruckten Formularen angefertigt, in die nur noch die entsprechenden Tätigkeiten eingetragen werden müssen. Die Tätigkeiten gehören einer der Kategorien Bearbeitung, Transport, Prüfung, Wartezeit oder Ablage an. Jeder Tätigkeitskategorie entsprechen bestimmte Symbole, die in das Diagramm einzutragen sind. Das Ablaufdiagramm kann ergänzt werden durch Entfernungsangaben bei Transporten, durch die Mengen von Bearbeitungsobjekten oder durch die Wartezeiten bei Zwischenablagen.

Die Verwendung von Ablaufdiagrammen dient zum schnellen Einblick in die bestehenden oder in die geplanten Arbeitsabläufe. Eine Kontrolle der Arbeitsfolgen wird möglich. Der Organisator sieht schneller und leichter, welche Mängel der Ist-Zustand aufweist: z.B. unnötige Verzögerungen oder überflüssige Transportwege.

Einschränkend ist aber anzumerken, daß das Ablaufdiagramm die Darstellung von Arbeitsabläufen nur in relativ einfacher Form erlaubt: Es eignet sich **nur** für **lineare Abläufe**. Weist ein Arbeitsablauf Verzweigungen auf, so ist das im Ablaufdiagramm nicht mehr übersichtlich unterzubringen. Für diesen Fall bieten sich Ablaufmatrix oder Arbeitsflußplan an.

C.II.4.3.2.   Ablaufdiagramm

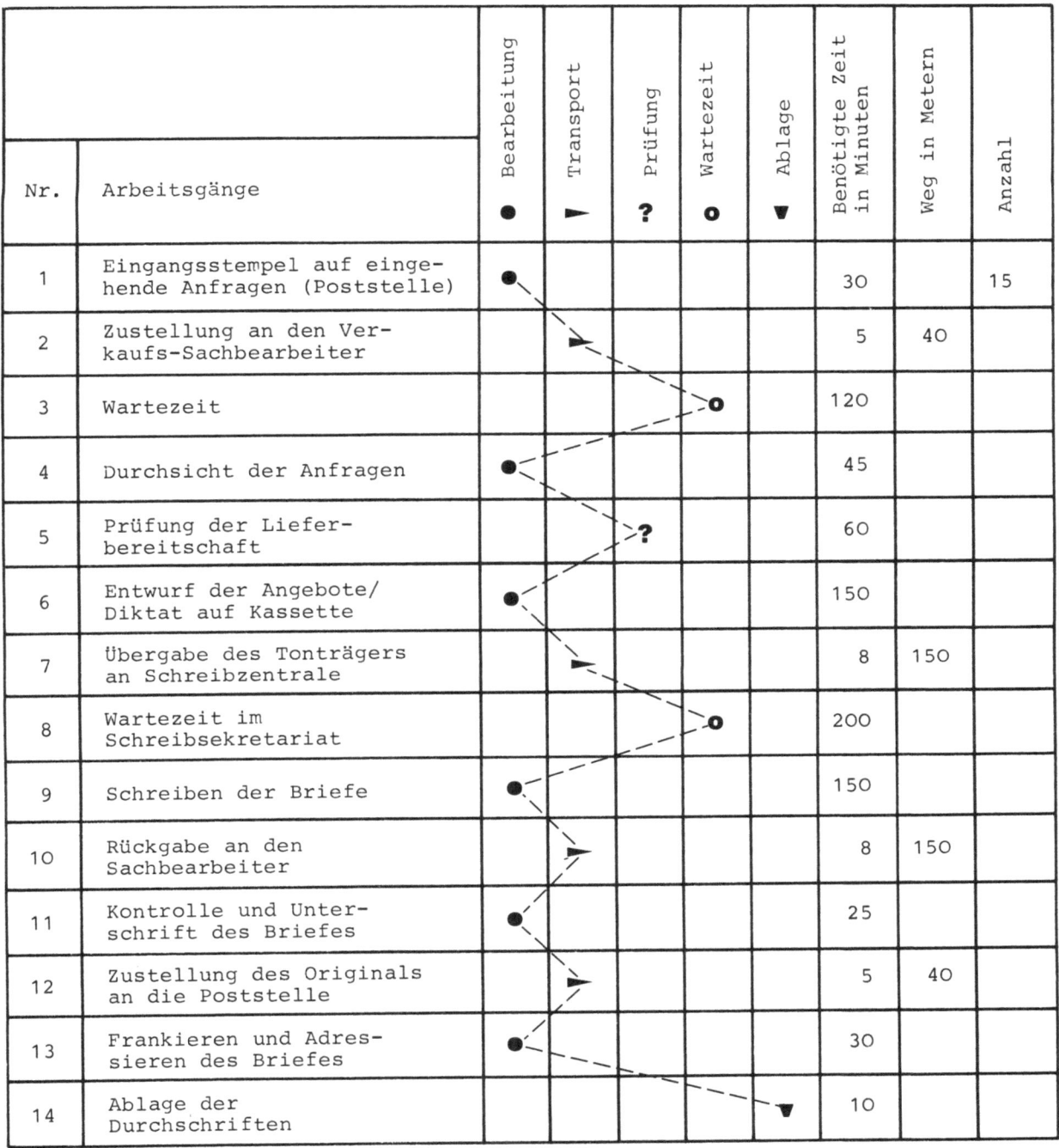

Abb. C-25: Ablaufdiagramm für die Angebotsschreibung
(Beispiel)

Ablaufdiagramm C.II.4.3.2.

4.3.3. Ablaufmatrix (Rasterdarstellung)

Bei dieser Darstellungstechnik werden die Arbeitsstufen eines Arbeitsablaufs stichwortartig beschrieben und in ein **Raster** eingetragen, das damit **als Vordruck** dient. Die Horizontale enthält die beteiligten Stellen, die Vertikale gibt den Fortgang in der Erledigung des Arbeitsvorganges wieder.

Vorteile dieser Darstellungstechnik sind eine – im Vergleich zur rein verbalen Beschreibung – hohe Übersichtlichkeit und die leichte Verständlichkeit für Dritte.

C.II.4.3.3.   Ablaufmatrix (Rasterdarstellung)

Arbeitsablauf: Abgabe eines Angebotes Ist/Soll		aufgestellt am .... durch		
Nr.	Poststelle	Sachbearbeiter Verkauf	Schreib-Sekretariat	usw.
1	Anfragen mit Eingangsstempel versehen und weiterleiten			
2		Durchsicht, Prüfung der Lieferbereitschaft, Angebotsentwurf, Diktat auf Tonträger		
3			Schreiben des Textes und Rückgabe	
4		Kontrolle und Unterschrift, Ablage der Durchschrift		
5	Frankieren, Adressieren und Absenden des Angebots			
usw.				

Abb. C-26: Rasterdarstellung für die Angebotsschreibung (Beispiel)

Ablaufmatrix (Rasterdarstellung)   C.II.4.3.3.

4.3.4. Arbeitsflußplan

Die derzeit in der betrieblichen Praxis am häufigsten verwendete Technik der Ablaufdokumentation ist der Arbeitsflußplan. Obwohl ursprünglich für Abläufe der **EDV** entwickelt (als Datenflußplan und Programmablaufplan), kann das Verfahren auch auf andere Abläufe gut **übertragen** werden.

Zur Darstellung werden verschiedene Symbole verwandt; sie dienen entweder zur Kennzeichnung des Bearbeitungsvorganges, des Informationsträgers (Beleg, Datenträger) oder des Informationsflusses.

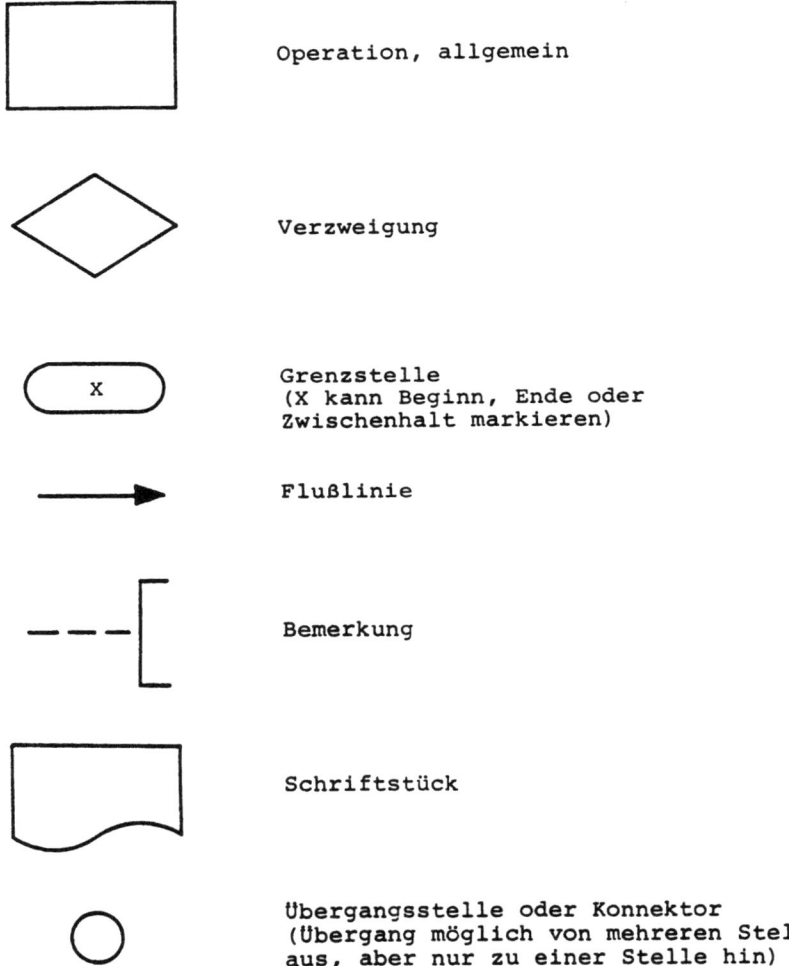

Abb. C-27: Symbole in Arbeitsflußplänen

C.II.4.3.4.   Arbeitsflußplan

D. Soll-Entwurf für den Textverarbeitungs-Bereich

I. Gestaltung der Text-Profile

Die Gestaltung muß an den Text-Profilen ansetzen, die in der Ist-Untersuchung ermittelt wurden. Zunächst sind Überlegungen anzustellen, in welcher Richtung und in welchem Ausmaß Veränderungen der Textverarbeitungs-Aufgaben in der nächsten Zeit zu erwarten sind. Vor allem ist zu untersuchen, welche Änderungen des betrieblichen Leistungs-Programms, der Absatz-Struktur (z.B. des Kundenkreises), der Fertigungsverfahren etc. sich auf die Textverarbeitungsaufgaben nachhaltig auswirken können. Weiter ist zu überprüfen, welche Texte künftig durch andere Kommunikationsformen (Telefonat, Gespräch) ersetzt werden können. Auch sollte untersucht werden, in welchen Fällen maschinengeschriebene Texte durch Vordrucke oder handschriftliche Texte ersetzt werden können. Die Untersuchung der Standardisierbarkeit von Texten schließt diese grundlegenden Umgestaltungsüberlegungen ab. Quantitativ und qualitativ sind die Text-Profile entsprechend anzupassen.

Den **Schwerpunkt** bei der Neugestaltung der Text-Profile bildet die **Standardisierung** oder auch "Programmierung" von Texten: Die bei der Ermittlung des Text-Profils zusammengetragenen Text-Inhalte werden auf Vereinheitlichung geprüft, und es werden sowohl Ganz-Texte (Serien-, Muster-, Ganzbriefe) als auch Text-Bausteine gebildet, die bei verschiedenen Vorgängen immer wieder Verwendung finden können. Eine Standardisierungs-Untersuchung sollte auch dann durchgeführt werden, wenn bereits standardisierte Texte vorliegen, d.h. wenn es Arbeitsplätze gibt, deren Profile Standard-Texte aufweisen.

Die Entwicklung von Standard-Texten führt in der Regel zu einer weitgehenden Umstrukturierung der bestehenden Text-Profile: insbesondere von den Einmal-Texten hin zu Standard-Texten; aber auch bei den Format-Texten und bei besonders gestalteten Texten können sich Verlagerungen ergeben. Die Standardisierung zielt auf den Aufbau eines Texthandbuches, mit dem eine wirkungsvollere Verarbeitung wiederkehrender Texte möglich wird - sowohl was Text-"Erzeugung" als auch was "Schreiben" angeht. Und zwar ist das unabhängig davon, ob die Text-Verarbeitung automatisiert wird oder nicht. Auf den Aufbau solcher Texthandbücher, auf das Arbeiten mit ihnen und auch auf ihre Gestaltung und Pflege wird deshalb näher eingegangen.

Ein weiterer Gestaltungs-Schritt ist die Umgruppierung und Zusammenfassung von Text-Profilen einzelner Arbeitsplätze. Dies kann mit unterschiedlicher Zielsetzung geschehen: Einmal lassen sich Standard- und Überarbeitungs-Texte auf Schreibplätze konzentrieren, die automatisiert werden sollen. Zum anderen können verschiedene Text-Arten gezielt gemischt werden, um ein Aufgabenbündel am Arbeitsplatz anzureichern. Schließlich kann angestrebt werden, z.B. "Direkt-Input-Texte" an den Arbeitsplatz des Sachbearbeiters (zurück) zu bringen.

1. Grundlegende Veränderungen der Text-Profile

Der Soll-Entwurf für das Schreiben von Texten - also die Textverarbeitung i.e.S. - verlangt zunächst zu klären, wie die betrieblichen **Text-Profile in Zukunft** überhaupt aussehen sollen. So ist zu prüfen,

- ob sich durch absehbare Veränderungen in der betrieblichen Aufgabenstellung auch die Textverarbeitungsaufgaben wandeln werden

- ob sich gegenüber den bisher verwendeten geschriebenen Texten andere Formen der Kommunikation nicht besser eignen (z.B. Telefonieren)

- ob maschinengeschriebene Texte nicht durch handgeschriebene oder vorgedruckte Texte ersetzt werden können und

- ob die bislang erzeugten Texte standardisierbar sind.

D.I.1.   Grundlegende Veränderungen der Text-Profile

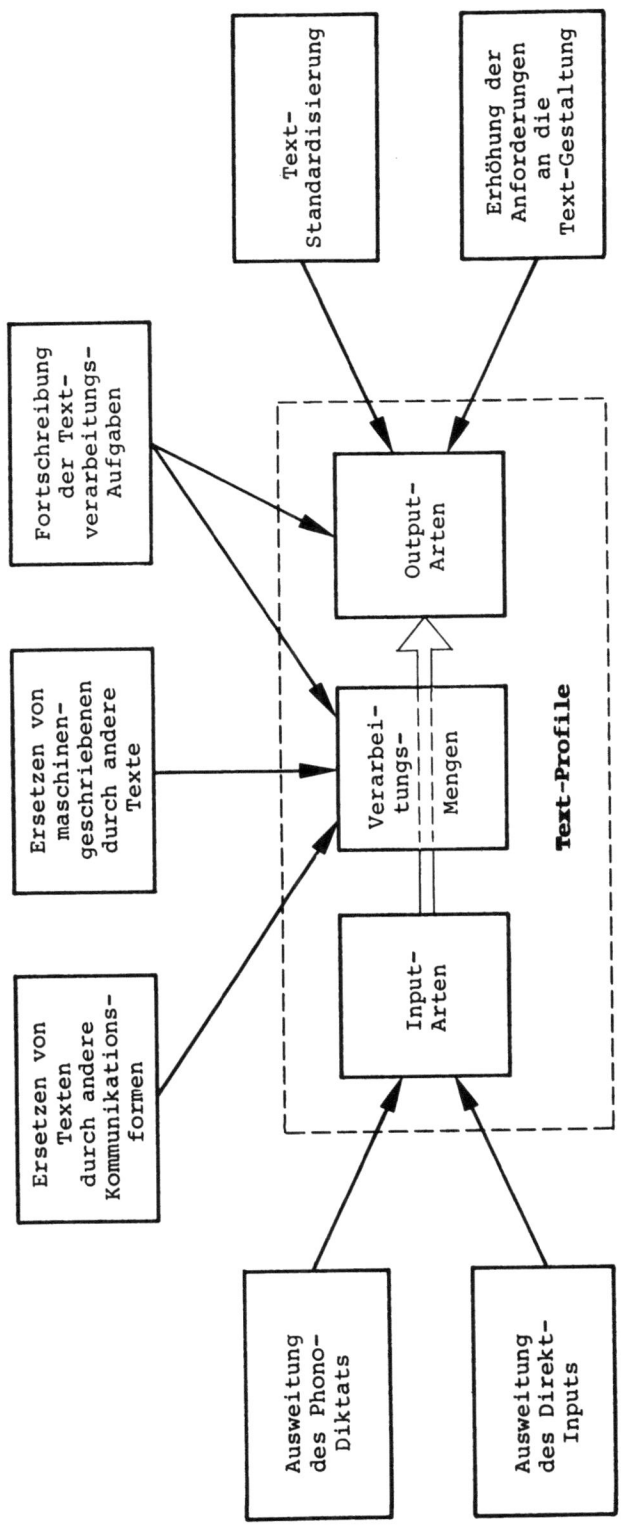

Abb. D-1: Die wichtigsten Einflüsse bei der Profilgestaltung

Grundlegende Veränderungen der Text-Profile   D.I.1.

Erst wenn diese grundlegenden Veränderungen im Schreib-Bereich in den Soll-Entwurf einbezogen wurden, ist es sinnvoll, die Text-Profile der einzelnen Schreib-Plätze umzugruppieren und diese Profile u.U. an die Text-Automation, in jedem Fall aber an die Reorganisation des Büro-Bereiches anzupassen: etwa an die Bildung neuer Schreibplätze, die Einrichtung eines zentralen Schreibbüros oder die Rückverlagerung einzelner Schreibfunktionen auf Arbeitsplätze von Sachbearbeitern oder Führungskräften, wenn eine Integration mit EDV vorgesehen ist.

Auch die Standardisierung (Programmierung) von Texten und die Entwicklung von Texthandbüchern muß von den zukünftigen Text-Profilen ausgehen. Einen Überblick über diese ersten Schritte des Soll-Entwurfs für den Schreib-Bereich gibt folgende Abbildung:

D.I.1. Grundlegende Veränderungen der Text-Profile

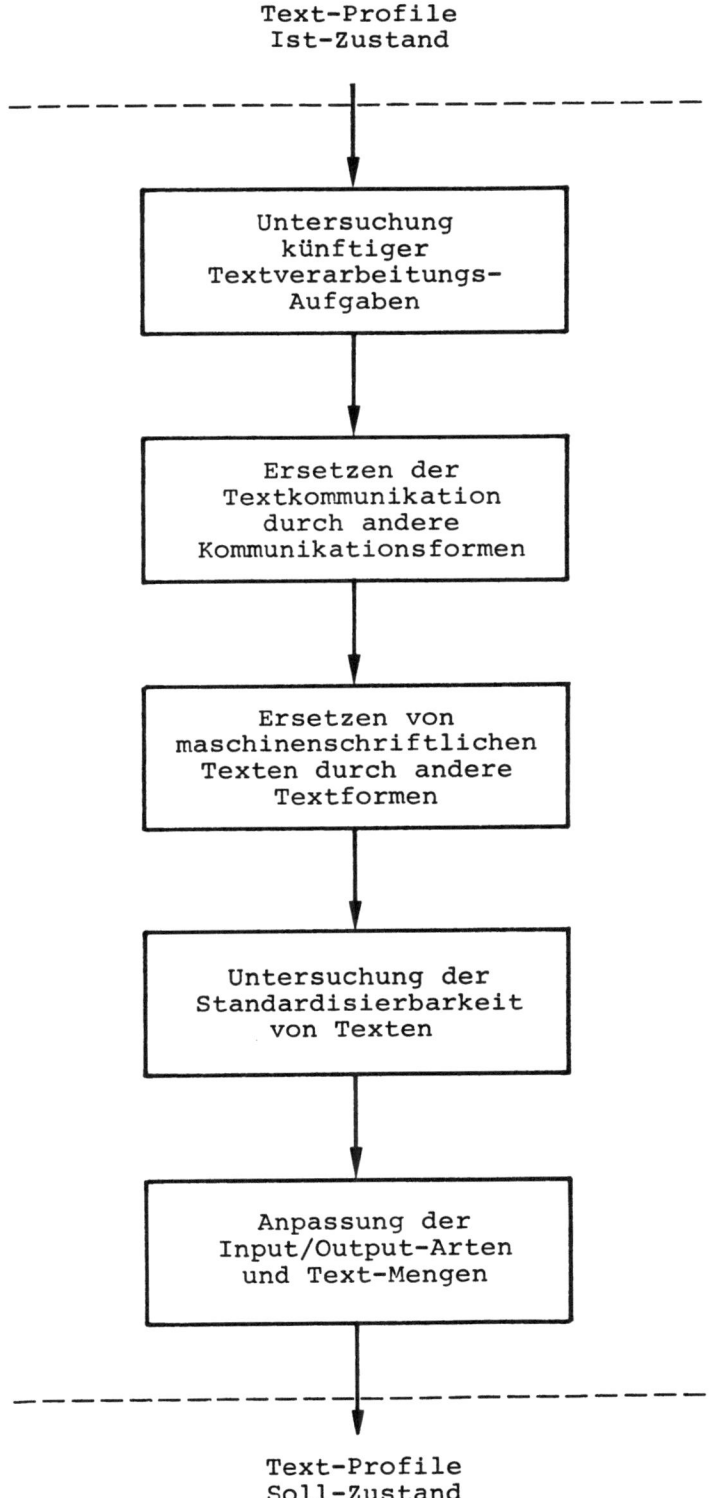

Abb. D-2: Vorgehensweise bei der Gestaltung im Schreib-Bereich (Anfangsschritte)

Grundlegende Veränderungen der Text-Profile   D.I.1.

1.1. Künftige Entwicklung der Textverarbeitungsaufgaben

Mit **Veränderungen** des betrieblichen **Leistungs-Programms** können sich auch die Textverarbeitungsaufgaben ändern. Bei der Umgestaltung der Text-Profile für den Soll-Entwurf sind deshalb folgende Fragen vorab zu klären:

- Werden sich die betrieblichen Sachaufgaben (Fertigung, Dienstleistungen) in absehbarer Zeit ändern?

- Wird es zu mengenmäßigen (z.B. Zu- oder Abnahme im Absatz bestimmter Produkte) oder qualitativen (z.B. Umstellung auf andere Materialien oder Verfahren, Erweiterung des Angebots oder Einstieg in einen neuen Produktbereich) Änderungen der betrieblichen Leistung kommen?

- Haben diese Veränderungen Einfluß auf die Textverarbeitungsaufgaben im Büro?

Fällt auch die letzte Antwort positiv aus, so ist für die Textverarbeitungsaufgaben zu präzisieren,

- ob sich die Text-Mengen allgemein verändern
- ob sich bestimmte Textarten (z.B. Einmal-Texte, Format-Texte) und damit die spezifischen Text-Profile ändern und
- ob etwa ganz neue Textverarbeitungsaufgaben hinzukommen: z.B. Werbeaktionen mit Serien-Briefen oder Überarbeitungs-Texte bei umfangreichen individuellen Angeboten.

Auf den ersten Blick mögen diese Fragen banal scheinen. Oft sind sie auch nicht leicht zu beantworten. Aber eine "Fortschreibung" der Textverarbeitungs-Aufgaben in Abhängigkeit von betrieblichen Veränderungen darf auf keinen Fall vergessen werden, wenn der Soll-Entwurf nicht schon bald von der Entwicklung überrollt werden soll. Schon hier können folgenschwere Fehler gemacht werden.

Ein Beispiel verdeutlicht das: Ein Betrieb beabsichtigt, noch im Laufe des Geschäftsjahres den Vertrieb einiger neuer Produkte aufzunehmen, die das bisherige Angebot abrunden. Die neuen Produkte benötigen aber ein Service-Angebot mit Kundenbetreuung. Damit verändern sich im Zuge der verwaltungstechnischen Abwicklung von Beschaffung und Vertrieb der neuen Produkte nicht nur die Textmengen, sondern mit der Intensivierung des Service treten auch neue Textverarbeitungs-Aufgaben (Korrespondenz) auf.

Die erwarteten **Veränderungen** werden im Soll-Entwurf zu einer Übersicht zusammengestellt, in der die bisherigen Arbeitsgebiete mit den bei der Profil-Untersuchung ermittelten Text-Mengen aufgelistet sind. Ihnen werden die grob geschätzten zukünftigen **Text-Mengen** gegenübergestellt. Auch die **neuen Text-Arbeitsgebiete** sind zu vermerken und als geplant zu kennzeichnen. Diese Übersicht wird bei allen nachfolgenden Gestaltungsschritten berücksichtigt.

1.2. Ersetzen von Text-Kommunikation durch andere Kommunikations-Formen

Im nächsten Schritt des Soll-Entwurfs ist zu klären, wo Texte – etwa Briefe, Aktennotizen, Berichte – durch andere Kommunikations-Formen – z.B. Gespräche, Telefonate – ersetzt werden können, die möglicherweise schneller und weniger aufwendig sind.

Texte im Betrieb erfüllen zwei Haupt-Funktionen:

(1) Fixierung von Informationen (zum Zwecke späterer Wiederverwendung, Archivierung etc.)

(2) Kommunikation, d.h. die Übermittlung an andere Personen, Abteilungen, Betriebe.

Die meisten Texte sollen beide Funktionen gleichzeitig erfüllen. Beispiel: Absenden und Ablegen eines schriftlich ausgearbeiteten Angebots. Dienen Texte jedoch vorwiegend der Kommunikation und tritt der Fixierungsaspekt in den Hintergrund, so wird es in einer Reihe von Fällen möglich, sie durch andere Kommunikationsformen zu ersetzen.

Ersetzen von Text-Kommunikation   D.I.1.2.

Für den Soll-Entwurf sind vor allem die folgenden **alternativen Kommunikations-Möglichkeiten** zu untersuchen:

- Wo läßt sich schriftliche Kommunikation (Aktennotizen, Korrespondenz etc.) mündlich - im direkten Gespräch - abwickeln?

- Wo können Telefonate den Austausch von Texten ersetzen?

- Welche Texte (z.B. Produkt- oder Verfahrens-Beschreibungen) können durch bildliche Darstellungen (Graphiken, Schaubilder, Fotos, Schemata) ersetzt werden?

Natürlich kann es nicht darum gehen, Texte grundsätzlich "abzuschaffen" und die mit ihnen vermittelte Information vollständig auf andere Kommunikationsformen zu verlagern. Der Anteil von Texten, die auf diese Weise ersetzt werden können, ist im allgemeinen gar nicht sehr hoch.

Bei einigen Arbeitsgebieten gibt es aber durchaus Text-"Auswüchse", so daß sich einzelne Text-Profile beim Soll-Entwurf spürbar ändern können, wenn man sich zu anderen Kommunikationsformen entschließt.

Mit den angedeuteten Überlegungen soll geklärt werden, wo sich schriftliche Kommunikation überhaupt ersetzen läßt. Sind solche Bereiche eingegrenzt, dann müssen Formen der Kommunikation abgeschätzt und mit denen der bisherigen Text-Kommunikation verglichen werden. Zwei Bewertungskriterien stehen im Mittelpunkt:

(1) Welche Kosten verursachen alternative Kommunikationsformen?

(2) Wie leistungsfähig sind sie? Sind sie schneller, genauer, flexibler?

Erst wenn sich herausstellt, daß **andere Formen** der Text-Kommunikation überlegen sind, werden sie im Soll-Entwurf berücksichtigt. Sie müssen **effizienter**, d.h. in Aufwand (Personal-, Tele-

D.I.1.2. Ersetzen von Text-Kommunikation

fon-, Kopierkosten etc.) und Leistungsmerkmalen (Schnelligkeit, Flexibilität etc.) günstiger sein als das Entwerfen, Schreiben und Transportieren von Texten.

Dabei muß ein korrekter Soll-Entwurf der Text-Profile die Frage nach den **Austauschmöglichkeiten** auch **umgekehrt** stellen: Wo läßt sich mündliche Kommunikation im direkten Gespräch oder per Telefon durch Texte ersetzen? Dies kann sinnvoll sein, wenn nachträglich und mit zusätzlichem Aufwand der Verhandlungsgegenstand schriftlich festzuhalten ist - beispielweise in größeren Gesprächsnotizen - oder wenn etwa Ferngesprächs-Kosten ausufern.

1.3. Ersetzen von maschinenschriftlichen Texten durch andere Text-Formen

Ebenso ist zu prüfen, wo auf aufwendige maschinenschriftliche Korrespondenz verzichtet werden kann, weil der gleiche Zweck auch durch handgeschriebene Kurzbriefe oder Kurzantworten, durch Vordruckbriefe oder Laufzettel erreichbar ist.

Als handgeschriebene **Kurzbriefe** kann der Textautor selbst Anfragen oder Mitteilungen verfassen, wenn nur wenige Informationen schnell zu übermitteln sind und praktisch keinerlei Gestaltungsanforderungen bestehen. Vor allem betriebsintern sind solche Kurzbriefe sehr zweckmäßig.

Der **Vordruckbrief** ist im Grunde eine besondere Art des Standard-Briefs, denn er enthält mehrere auf dem Papier aufgedruckte Text-Bausteine. Sie beziehen sich auf verschiedene Sachverhalte; der jeweils zutreffende Textteil wird einfach angekreuzt. Eng verwandt mit dem Vordruckbrief ist der **Formularbrief,** in dem zusätzliche Kurzangaben (Zahlen, Bezeichnungen etc.) handschriftlich - oder mit Maschine - eingetragen werden. **Laufzettel** sind eine noch einfachere Variante des Vordruck-Briefs: Sie begleiten andere Schriftstücke und enthalten - ebenfalls zum Ankreuzen - unterschiedliche Bezugsinformationen.

Auch die **Kopie-Antwort** (oder Kurz-Antwort) ist eine Ersatzform für Normal-Korrespondenz. Ein gewisser Aufwand entsteht dabei, weil jedesmal zwei Kopien anzufertigen sind: Das kopierte Original geht mit der u.U. handschriftlichen Anwort an den Absender zurück; eine Kopie davon bleibt beim Empfänger. Allerdings kann auch das Originalschreiben gleich aus zwei Exemplaren bestehen: Eins ist dann für Antwort und Rücksendung bestimmt (Pendelbrief). Der Empfänger schreibt seine Antwort direkt auf das Original und sendet dies wieder zurück zum Absender. Das erlaubt einen Informationsaustausch auf engstem Raum und in sehr knapper Form, der - für die Ablage - auch schriftlich fixiert ist.

Alle aufgeführten **Ersatz-Brief-Arten** eignen sich vornehmlich zur Vereinfachung und Beschleunigung des innerbetrieblichen Schriftverkehrs. Aber auch für Kommunikationszwecke mit externen Geschäftspartnern kommen sie immer dann in Frage, wenn Repräsentativität keine Rolle spielt.

Ihr Einsatz setzt eine inhaltliche Analyse der Korrespondenz voraus, wie sie bei der Ermittlung der Text-Profile erfolgt. Vordruckbriefe werden sinnvollerweise im Zusammenhang mit der Text-Standardisierung analysiert und gestaltet. Denn der Routinecharakter solcher Korrespondenz tritt oft erst bei einer Untersuchung der Standardisierbarkeit deutlich zutage.

Werden solche vereinfachten Formen der Text-Kommunikation eingeführt, so sind die Profile mengenmäßig anzupassen. Diese Texte sind ja nicht mehr - wie im Ist-Profil - den Schreibplätzen zuzurechnen.

1.4. Untersuchung der Standardisierbarkeit

Zunächst muß eine **Systematik** der Arbeitsgebiete oder Textverarbeitungsvorgänge entwickelt werden, mit der sich die verschiedenen Aufgabengebiete der Korrespondenz abdecken lassen: ein soge-

D.I.1.3.   Ersetzen von maschinenschriftlichen Texten

nannter **Themenschlüssel**. Dabei wird auch auf die Vorgangs-Gliederungen zurückgegriffen, die von den Schreibkräften selbst oder von den Fachabteilungen bei der Kopien-Sammlung vorgeschlagen wurden.

Die **Kopien** werden nun den **Themen zugeordnet**. Die Texte (Kopien) die sich bei einem Themenbereich angesammelt haben, werden durchgelesen. Ähnliche Text-Teile, die in den verschiedenen Briefen öfter wiederkehren, werden markiert (z.B. mit farbigem Stift). Dabei kommt es nicht auf gleiche oder ähnliche Formulierungen an, sondern auf den Text-Inhalt bzw. auf die Information, die dem Adressaten übermittelt werden soll.

Es empfiehlt sich, eine Liste - genauer: eine "**Textanalyse-Liste**" - anzulegen, in der Kopie und Text-Teil vermerkt werden. Ein Stichwort oder eine kurze Erläuterung zum vorgefundenen Textelement geben an, worum es geht: z.B. "Anrede", "Lieferbedingungen", "Terminvorschlag". Außerdem wird die Länge des Text-Teils (in Zeilen) eingetragen. Auch bei Texten, die zur Gänze standardisierbar scheinen (Serien-Briefe oder Briefe nach Muster), wird so vorgegangen.

Untersuchung der Standardisierbarkeit   D.I.1.4.

Kopie-Nr./Abschnitt	Stichwort / Erläuterung	Länge in Zeilen
C 14/I	Anrede Mitglieder	2
C 14/II	Seminar-Angebot aus der Halbjahres-Planung	3
C 14/III	Preis und Anmeldung für Mitglieder	5
C 14/IV	Grußformel	1
C 27/I	Anrede neue Kursteilnehmer	3
C 27/II	Seminar-Angebot Sonderveranstaltung / Stand. nur bedingt möglich!	4
C 27/III	Beschreibung des Tagungsortes	5
C 27/IV	Preis und Anmeldung für Nicht-Mitglieder	6
C 27/V	Grußformel	1

Abb. D-3: Textanalyse-Liste (Beispiel)

Für jedes Thema (Arbeitsgebiet) wird nun bestimmt, welche **Text-Teile** (Absätze oder Sätze, manchmal auch ganze Briefe) **standardisierbar** sind, und wie groß ihr Anteil an der gesamten Textmenge des jeweiligen Vorgangs ist: geschätzte Menge in Zeilen und relativ zu den insgesamt je Thema während der Kopien-Sammlung geschriebenen Text-Mengen. Auf der Grundlage dieser inhaltlichen Durchsicht und Zusammenfassung wird der Anteil standardisierbarer Texte ermittelt.

Entsprechend werden nun die **Text-Profile umgestaltet.** Die Veränderungen betreffen auf der Output-Seite vor allem die Einmal-Texte, zum Teil auch die Überarbeitungs-Texte. Aber auch die Veränderungen auf der Input-Seite sind zu berücksichtigen: Auch Texte, die bislang im Direkt-Input verarbeitet wurden, sind häufiger von der Standardisierung betroffen: z.B. Vordruck- oder Formularbriefe. Besonders stark verringert sich der **Diktat-Input:** bei

D.I.1.4. Untersuchung der Standardisierbarkeit

den Texten nämlich, die nun - da sie standardisiert verarbeitet werden können - nicht immer wieder neu diktiert zu werden brauchen. An die Stelle des Volltext-Diktat-Inputs tritt ein **Schreibauftrag** - entweder in schriftlicher Form (als Schreibauftrags-Formular) oder in mündlicher Form (als Schreibauftrags-Diktat).

Die Untersuchung der Standardisierbarkeit ist der Entwicklung von Standard-Texten vorgeschaltet und nicht mit dieser gleichzusetzen. Sie dient vielmehr dazu, das Potential an standardisierbaren Text-Elementen auszuloten. Denn das ist für die langfristige Reorganisation und Auslegung mit Sachmitteln ausschlaggebend. Die Untersuchung gibt zudem die Grundlage für eine Auswahl der Arbeitsgebiete ab, deren Texte überhaupt standardisiert werden sollen. Auch stellt sich dabei heraus, welches Arbeitsgebiet als erstes in Angriff genommen werden soll.

Allerdings sollte die Standardisierbarkeits-Untersuchung methodisch so durchgeführt werden, daß die erarbeiteten Materialien - Kopien-Sammlung, Text-Markierungen, Textanalyse-Listen - danach unmittelbar für die Entwicklung von Standard-Texten (mit Text-Programmen) verwendet werden können.

2. Text-Standardisierung (Programmierung) und Entwicklung von Texthandbüchern

2.1. Arten von Standard-Texten

Die Text-Standardisierung kann sich auf verschiedene Arten von Standard-Texten richten. Eine erste wesentliche Unterscheidung wurde bereits bei der Text-Profil-Untersuchung getroffen:

(1) Standard-Texte mit **Serien**-Charakter:
Ein gleichbleibender Text wird in vollem Umfang mehrfach verwendet, entweder als Routinebrief oder als Massenbrief (beides: Serienbriefe); es variieren meist nur Anschrift und Anrede.

(2) Standard-Texte mit **Baustein**-Charakter:
Aus bewährten Standard-Elementen werden Texte für den individuellen Gebrauch zusammengestellt. Da diese Zusammenstellung - in Abhängigkeit von den unterschiedlichen Anlässen - jedesmal anders ausfallen kann und sich elastisch dem zugrundeliegenden Vorgang anpaßt, wird oft auch von "programmierter (Baustein-)Verarbeitung" gesprochen. Bausteine können unterschiedlich groß sein: Manchmal umfassen sie ganze Absätze, mitunter aber auch nur einen Satz.

Eine ähnliche Text-Form wie der Serienbrief ist der sogenannte **"Ganzbrief"**: Neben der Variation von Anschrift und Anrede sind zusätzliche variable Einfügungen möglich - Produkt-Bezeichnungen, Beträge, Summen, Maßeinheiten, Namen u.a. Damit kann ein Text schon feiner auf den Einzelfall abgestimmt werden.

Manche Formulare stellen eine Art Standard-Text dar - z.B. **Formularbriefe**: Sehr häufig gebrauchte und immer gleichbleibende Text-Teile sind aufgedruckt (oder anders vervielfältigt). Der Brief wird - ähnlich dem Ganzbrief - nur um Einfügungen ergänzt. Unter Standardisierungsaspekten kommen dafür natürlich Formulare in Frage, deren Standard-Text-Passagen aus dem untersuchten Betrieb selbst stammen und die beim Soll-Entwurf entsprechend gestaltet werden können. Alle anderen Formulare (v.a. externe) fallen unter das Format-Text-Problem, weil ihre Text-Inhalte (Bausteine) gar nicht zur Disposition stehen und lediglich das Ansteuern der Felder fürs Schreiben bedeutsam ist (Positionierung).

2.2. Auswahl von Texten für die Standardisierung

Welche der standardisierbaren Texte tatsächlich standardisiert werden - d.h. "programmiert" und zu einem Texthandbuch zusammengefaßt werden -, das hängt vor allem von folgenden Kriterien ab:

D.I.2.1.   Arten von Standard-Texten

- Wie häufig treten standardisierbare Text-Einheiten in einem Arbeitsgebiet auf?
- Wie groß sind die standardisierbaren Text-Einheiten (Elemente) und wieviele Text-Varianten kommen vor?
- Wie groß ist der eingesparte Arbeitsaufwand (beim Text-Entwurf, Vorbereiten, Diktieren etc.)
- Wie aufwendig ist die Programmierung des Arbeitsgebietes?

Nach diesen Kriterien ist das Arbeitsgebiet **als erstes** zur Standardisierung auszuwählen, dessen Text-Einheiten **häufig** auftreten, relativ **lang** sind und **wenige Varianten** aufweisen. Die Verarbeitung der Text-Einheiten führt im alten Verfahren zu relativ großem Aufwand. Der Programmieraufwand ist mitunter nicht einfach abzuschätzen. Aus den anderen Kriterien läßt sich aber bereits eine Vor-Entscheidung ableiten.

Ein oft unterschätztes Kriterium ist die **Durchsetzbarkeit** der ersten, d.h. der "Pilot"-Anwendung: Danach sollte vorrangig das Arbeitsgebiet in Angriff genommen werden, dessen Textautoren und Schreibkräfte das größte Interesse und die größte Kooperationsbereitschaft zeigen. Der Standardisierungs-Erfolg hängt entscheidend von einer kreativen Zusammenarbeit zwischen Textverarbeitungs-Team und Betroffenen ab. Nur der gelungene Abschluß des ersten Standardisierungs-Schrittes schafft die richtige Grundlage für weitere Standardisierungs-Etappen.

2.3. Entwicklung und Test von Standard-Texten

Die Standardisierung von Texten - die Text-"Programmierung" - basiert auf zwei Informationsquellen:

(1) dem "Schriftgut", d.h. den in der **Kopien-Sammlung** zusammengetragenen und geordneten Texten bzw. Text-Teilen.

(2) **Interviews** mit Textautoren (z.B. Sachbearbeitern) und Schreibkräften.

Im allgemeinen setzt die Text-Programmierung an den vorliegenden Texten an. Sollen Arbeitsabläufe stark verändert oder gar neue Abläufe eingeführt werden, dann liegen dafür noch keine Texte vor. Auf Interviews kann dann nicht verzichtet werden. Sonst können Interviews - gerade bei problematischen Arbeitsgebieten - ergänzend hinzugezogen werden. Allein auf der Basis von Interviews Texte zu standardisieren, setzt eine sehr genaue Kenntnis der Arbeitsgebiete voraus. Auch muß bereits eine Modell-Vorstellung von den entstehenden Arbeitsabläufen existieren.

Bei der Untersuchung der Standardisierbarkeit wurden bereits Textanalyse-Listen angelegt, die nach Themen gegliedert die Text-Elemente der Kopien mit Kurz-Angabe und Länge enthalten. Diese **Textanalyse-Listen** sind Grundlage für die Text-Programmierung. Die zunächst ungeordneten Text-Teile müssen nun so geordnet werden, daß alle (Sach-)Aussagen mit gleicher oder ähnlicher Bedeutung beisammenstehen. Ihre Abfolge sollte sich bereits an der Struktur des späteren Textes ausrichten.

Briefe - die häufigste Text-Form - weisen folgende **Komponenten** auf, nach denen die Text-Teile zu ordnen sind:

(1) Adressat, Anschrift, Versendungs-Vermerke

(2) Bezugsdaten, Kurzzeichen, Datum und Absender-Adresse, Bearbeiter, Durchwahl etc.

(3) Betreff (Stichwortartige Inhaltsangabe ohne vorgesetztes "Betr.")

(4) Anrede

(5) Sachverhalt (v.a. vorausgehende Aktion des Adressaten) mit Schlußfolgerungen

(6) Aktionen des Absenders: "wir teilen mit ...", "wir bestätigen ..." etc.

(7) Erwartungen an den Adressaten: "wir bitten Sie ...", "wir fragen an ..." etc.

D.I.2.3. Entwicklung und Test von Standard-Texten

(8) Briefschluß mit Abschluß-/Grußformeln einschließlich der Unterschrift im Klartext (Unterzeichner)

(9) Referenzen (Anlagen, Anmerkungen, P.S.)

In ähnlicher Weise ist die Struktur anderer Texte - z.B. interner Kurz-Berichte, Angebote etc. - zu klären und der Ordnung ihrer Text-Elemente zugrunde zu legen. **Geordnete Text-Listen** bilden die Vorlage für eine (vorläufige) Grobformulierung von Standard-Text-Elementen.

Bei der **Grobformulierung** soll man zunächst versuchen, möglichst umfassende Text-Einheiten zu entwerfen. So müßte bei der Standardisierung der Korrespondenz als erstes - gedanklich - versucht werden, ganze Briefe zu konstruieren, und zwar so, daß möglichst viele Einzelfälle abgedeckt werden: sei es durch allgemeingültige Formulierungen, sei es durch variable Einfügungs-Stellen.

Wo dies nicht möglich ist, sind Standard-Texte für die nächst kleinere Stufe zu bilden: bei Brief-Komponenten meist den Absätzen entsprechend. Ein Beispiel: Im Sachgebiet Angebotsschreiben wird der Anlaß (Wunsch des Adressaten nach einem Angebot und nach Angabe der Konditionen) zu einem eigenen Textbaustein (mit Varianten) verarbeitet, während der Aktionsteil (6) ebenfalls als gesonderter Textbaustein gefaßt wird. Bausteine müssen auf dieser Text-Komponenten-Ebene vor allem dann gebildet werden, wenn verschiedene Aktionen des Adressaten (z.B. Verlangen nach Information, Bitte um ein Angebot oder Zahlungsaufforderungen) mit verschiedenen Aktionen des Absenders zu verbinden sind. Denn die Berücksichtigung aller möglichen Kombinationen in Ganzbriefen würde zu einer unüberschaubaren Fülle von Brief-Varianten führen.

Aber auch die einzelnen Brief-Komponenten sind bisweilen noch zu komplex, als daß sie jeweils in einem Standard-Text-Absatz (Bau-

Entwicklung und Test von Standard-Texten   D.I.2.3.

stein) allgemeingültig formuliert werden könnten. Dann wird es
notwendig, die Komponenten inhaltlich noch weiter in "Unter-
Sachverhalte" zu zerlegen und auf dieser Ebene die Bildung ver-
allgemeinernder Text-Elemente zu versuchen.

Bei der Entwicklung von Standard-Texten stellt sich neben dem
logisch-inhaltlichen Problem der Segmentierung ein zweites und
ebenso wichtiges Problem: das der **Formulierung**. Gerade weil
Standard-Texte vielfach verwendet werden sollen, sind höchste
Ansprüche an

- orthographische und grammatikalische Korrektheit
- Stil-Qualität
- Klarheit der Argumentation und des Textaufbaus
- psychologisch-kommunikative Wirksamkeit

zu stellen. Von diesen Forderungen muß sich bereits die Grobformulierung leiten lassen, denn jede spätere Überarbeitung der
Roh-Entwürfe kann nur das Vorhandene verbessern, aber grundlegende Mängel in der Argumentation nur noch schwer ausmerzen.
Deshalb müssen oft auch Usus gewordene Formulierungen und Denk-
weisen rigoros in Frage gestellt werden. Von den Textgestaltern
werden sprachliche Fähigkeiten und einige Erfahrung verlangt.
Meist kann bei der Entwicklung von Standard-Texten auf fachkundige externe Hilfe nicht verzichtet werden.

Jeder Roh-Entwurf für einen Standard-Text (ob Ganzbrief oder
kleiner Baustein) soll auf einem eigenen Blatt niedergelegt werden, wo noch genügend Raum für Änderungen bleibt. Auf diesem
Blatt wird der Code (Nummer) des **Themenschlüssels** (der Systematik) und das vorläufige **Stichwort** vermerkt.

Die Standard-Text-Entwürfe werden pro Arbeitsgebiet zu einem ersten Text-Programm zusammengefaßt und gehen dann an die Fachabteilung.

D.I.2.3.   Entwicklung und Test von Standard-Texten

Diese leitet den nächsten Schritt der Standardisierung ein: die inhaltliche **Überprüfung** und die anschließende **Überarbeitung**. Geprüft wird vor allem, ob sich mit den Standard-Text-Entwürfen alle Text-Vorlagen (aus der Kopiensammlung) - sinngemäß - erzeugen lassen und ob alle darüber hinaus möglichen Sachverhalte abgedeckt sind.

Diese Phase der kritischen Durchsicht und Bearbeitung gilt zu Recht als "Flaschenhals" der Text-Standardisierung: Die Sachbearbeiter - die späteren Benutzer - werden nun erstmals mit dem Text-Programm konfrontiert; sie bekommen jetzt eine erste konkrete Vorstellung von der Arbeit mit Standard-Texten. Durch die vorgegebenen Text-Teile (Komponenten), mit denen sie zukünftig arbeiten sollen, wird ihre Kritik wachgerufen. Nur wenn die Verbesserungsvorschläge und weiteren Anregungen der Fachabteilung in einem kooperativen Klima aufgegriffen werden, besteht die Chance, daß die Standard-Text-Benutzer die Texte wirklich in "ihr" Arbeitsgebiet integrieren und die Texthandbücher akzeptieren (**Akzeptanzproblem**).

Die Text-Entwürfe sollen mit den Benutzern Schritt für Schritt durchgesprochen werden, um formale und inhaltliche Mängel sowie Abweichungen von den Arbeitsabläufen aufzudecken.

Der nächste Schritt besteht in der **Feinformulierung** der Standard-Texte und in der Prüfung der **Baustein-Übergänge**. Die zunächst separat gebildeten Text-Segmente müssen in ihren möglichen Abfolgen geprüft und "geglättet" werden. Dabei zeigt sich dann beispielsweise: Baustein-Anfänge wie "Deshalb möchten wir ..." oder "Daraus ergibt sich ..." wirken in manch einer Kombination holprig oder gar sinnentstellend und müssen deshalb abgewandelt werden. Auch wird der unfreiwillige "Standard"-Eindruck deutlich, den etwa stereotype Anfänge mit "Wir ..." hinterlassen und der die psychologisch-kommunikative Wirkung beeinträchtigt.

Für die praktische Durchführung solcher Abfolge-Prüfungen wurden verschiedene Verfahren vorgeschlagen: Ihr Grundprinzip besteht darin, die Textelemente auf kleinere Karten oder Blätter zu schreiben, so daß man sie leicht aneinanderlegen kann und das Bild eines kompakten Fließtextes entsteht. Auch lassen sich die Bausteine nun leicht sortieren; Änderungen können direkt angebracht und im Gesamt-Eindruck überprüft werden.

Neben dem Glätten von Anfang und Ende der Text-Bausteine (Überleitungen) werden die Formulierungen insgesamt überarbeitet und die Anregungen der Fachabteilungen eingearbeitet. Damit ist die inhaltliche Entwicklung der Standard-Teile bzw. Text-Programme abgeschlossen.

Auch nachdem die Texthandbücher bereits erstellt sind, folgt eine **Test-Phase**, die zu einer nochmaligen, abschließenden Überarbeitung führen kann.

2.4. Gestaltung von Texthandbüchern

Wenn die inhaltliche Entwicklung der Standard-Texte abgeschlossen ist, wenn sie geprüft wurden und dem Praxis-Test standgehalten haben, können die **Texthandbücher** (abgekürzt oft: THB) angelegt werden.

Soll ihre Rationalisierungswirkung sich voll entfalten, so müssen die Texthandbücher sich optimal für den täglichen Gebrauch eignen. Oberstes Gestaltungsprinzip ist dabei Benutzerfreundlichkeit.

Benutzerfreundlichkeit setzt voraus, daß Texthandbücher

- einfach zu handhaben,
- übersichtlich und gut lesbar,
- robust und
- leicht zu ändern sind.

D.I.2.4.   Gestaltung von Texthandbüchern

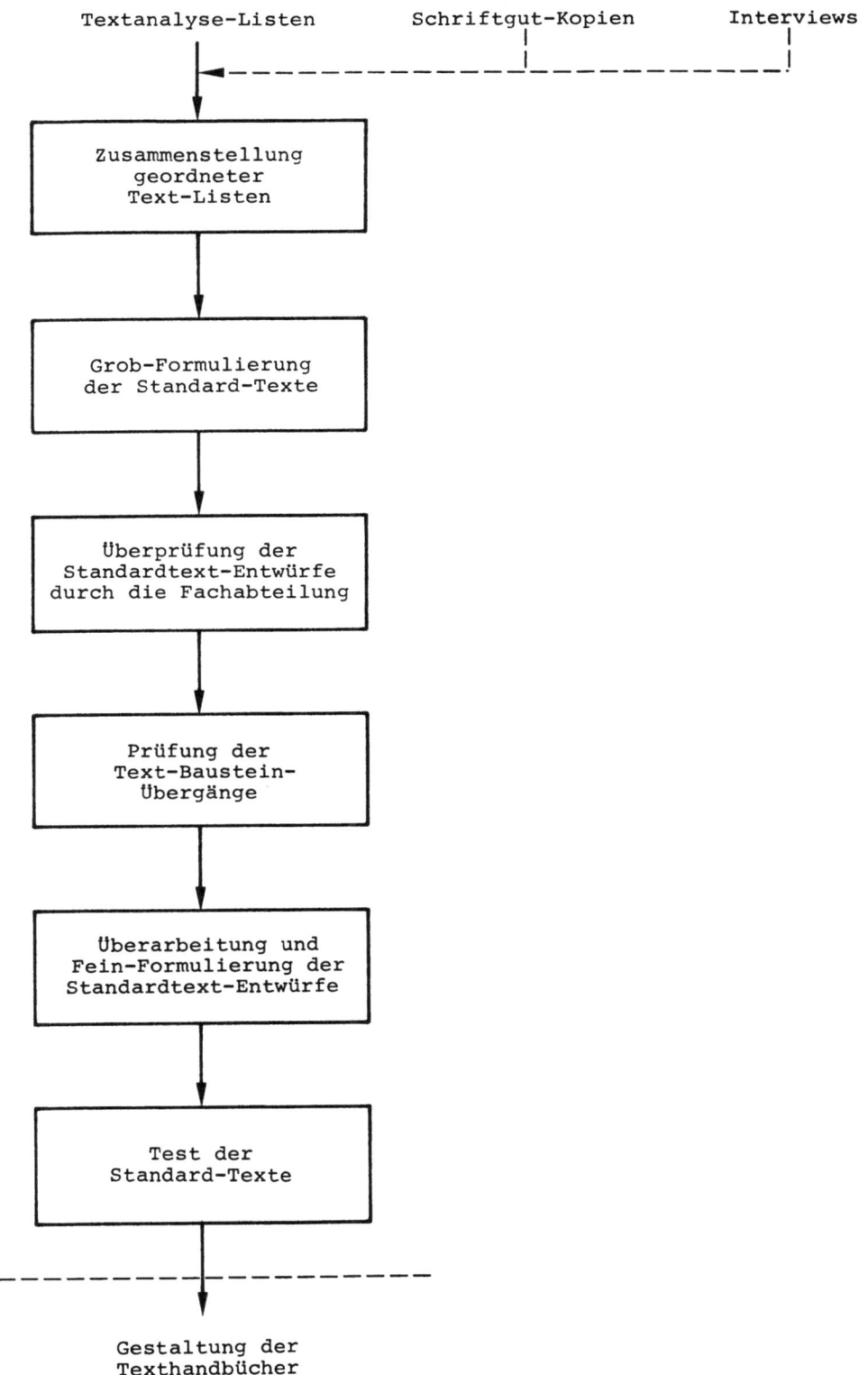

Abb. D-4: Vorgehensweise bei der Entwicklung von Standard-Texten

Daraus ergeben sich verschiedene Konsequenzen hinsichtlich

    (1) **Systematik** (und Aufbau)
    (2) **Aufmachung**
    (3) **Änderungsdienst**.

Zu (1):

Das Texthandbuch enthält für jeden Standard-Text (Text-Baustein, Ganzbrief, Serienbrief)

- die Nummer des Standard-Textes
- ein Stichwort (bzw. eine Kurzcharakteristik)
- den Standard-Text in voller Länge mit markierten Stellen, wo Einfügungen (Datum, Preise etc.) erforderlich sind.

Beispiel: Die **Nummern** (auch: Codes, Selektions-Nummern oder Selektionen; manchmal auch: Baustein-"Adressen") für den Standard-Text orientieren sich an der Gliederungs-Systematik der Sachgebiete (Themen), Unter-Sachgebiete, Varianten und Sonderfälle, wie sie bei der inhaltlichen Erarbeitung der Standard-Texte entwickelt wurde. Die Gliederungs-Schlüssel der Textverarbeitungs-Arbeitsgebiete und die Numerierung (sowie die Anordnung im Text-Handbuch) müssen übereinstimmen.

Es empfiehlt sich, die Gliederungs-**Systematik dezimal** aufzubauen - und zwar so, daß die Nummer eines Text-Bausteins höchstens 5-stellig ist -, denn sonst verliert der Handbuch-Benutzer im Zahlendickicht den Überblick. Kürzere Nummern werden besser behalten; dadurch treten weniger (Übermittlungs-)Fehler auf.

Auch der Aufbau des gesamten Texthandbuchs muß dieser Gliederungs-Systematik Rechnung tragen. Die Text-Bausteine werden einzeln - oder der Gliederung entsprechend gruppiert - auf einer Seite mit ihrer Nummer und dem Stichwort niedergelegt. Die Anordnung der Seiten folgt - in aufsteigender Reihenfolge - der Gliederung der Sachgebiete.

D.I.2.4.   Gestaltung von Texthandbüchern

Auch die verschiedenen Arten von Standard-Texten - die Serienbriefe, Ganzbriefe und Text-Bausteine - sollten nicht voneinander getrennt, sondern nach ihrer Zugehörigkeit zu den Arbeitsgebieten im Texthandbuch untergebracht werden.

Folgender **Gesamt-Aufbau** empfiehlt sich für das Texthandbuch: Es beginnt mit einem **Inhaltsverzeichnis**, das die Gliederung wiedergibt und die Stichworte der Standard-Texte enthält. Der Übersichtlichkeit halber sollte es zudem nicht mehr als eine Seite umfassen. **Benutzungshinweise** schließen sich an, die in knapper Form über die Handhabung des gesamten Buchs, über das Auffinden und Zusammensetzen von Standard-Texten und über die richtige Abfassung von Schreibaufträgen Auskunft geben. Sehr hilfreich ist es, hier ein **praktisches Beispiel** anzuführen. Außerdem sollte auch über den **Änderungsdienst** informiert werden.

Danach erst folgen die **Standard-Texte** selbst: **nach Sachgebieten geordnet**. Um die gesuchten Texte schnell auffinden zu können, sollten **Trennblätter** zwischen die Sachgebiete eingelegt werden. Darauf kann eine weitere Gliederung (ein **Register**) des Sachgebietes abgedruckt werden. Die zu einem Sachgebiet zusammengefaßten Texte sollten nicht allzu zahlreich sein, sonst muß zuviel geblättert werden, bis der gewünschte Text gefunden ist. Besser ist es dann, ein umfangreiches Sachgebiet aufzuteilen, um schneller zugreifen zu können. Überschreitet das Texthandbuch einen gewissen Umfang, dann sollten die Benutzer nur die Standard-Texte in ihrem Ordner haben, die sie selbst brauchen.

In den letzten Teil des Texthandbuchs können auch die häufiger benötigten **Korrespondenz-Anlagen** aufgenommen werden. Auch sie sollten dann sortiert und numeriert sein.

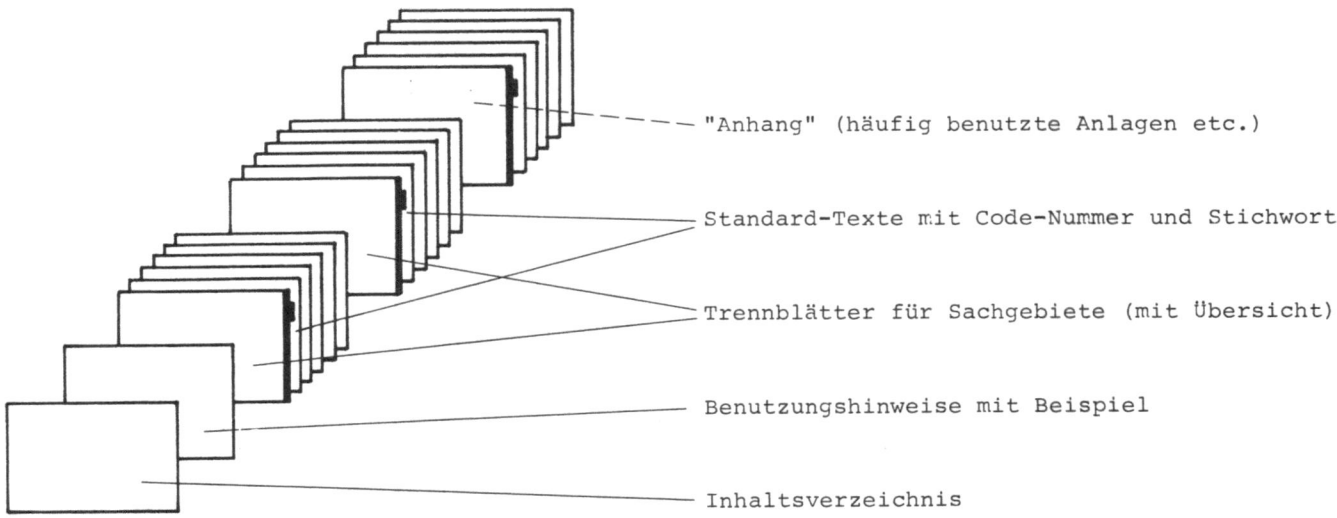

Abb. D-5: Aufbau des Texthandbuchs

zu (2):

Als **Formate** für das Texthandbuch kommen sowohl DIN A4 als auch DIN A5 in Frage. Im Querformat läßt sich entsprechend mehr Text (mehr Text-Bausteine) auf einer Seite unterbringen. Aber dieser Vorteil breiter Formate ist nicht so entscheidend. Häufig ist es eine Frage des Geschmacks. Deshalb sollten die Handbuch-Benutzer darüber entscheiden.

Als Einband empfehlen sich stabile Plastik-Ordner mit Rund-Ring-Mechanik; die Text-Seiten werden meist in Transparent-Hüllen eingesteckt. Stärkeres Papier oder Karton sind immer dann sinnvoll, wenn sich häufig Änderungen der Textbausteine ergeben und dann jedesmal die Seiten in den Klarsichthüllen ausgewechselt werden müßten.

Von farbiger Darstellung ist abzuraten, weil sie den Änderungsaufwand vergrößert (Farben lassen sich auf den üblichen Geräten nicht kopieren). Allerdings kann zur besseren Übersicht und, um Abschnitte gegeneinander abzuheben, **farbiges Papier** verwendet werden.

D.I.2.4.   Gestaltung von Texthandbüchern

zu (3):

Änderungen von Text-Bausteinen können viele Gründe haben: Bearbeitungsabläufe können sich verändern, so daß sich auch ganze Sachverhalte oder Argumentationsweisen wandeln; auch Bearbeitungsrichtlinien unterliegen Änderungen. Schließlich können Text-Elemente sich nicht bewähren - weil sie zu umständlich oder zu ungenau sind - und müssen deshalb ausgetauscht werden.

Darum ist es wichtig, die Systematik - das System der Selektionsnummern und die Gliederung des Texthandbuchs - nicht zu "eng" auszulegen, so daß z.B. nicht alle Ziffern der einzelnen Dezimalstellen belegt sind. Auch Querverweise, die über ein Arbeitsgebiet hinausgehen, sind nicht empfehlenswert: Bei einer Verschiebung der Nummern-Codes müssen dann nämlich alle Verweise umgewandelt werden.

Änderungen sind bei allen in Umlauf befindlichen Texthandbüchern gleichzeitig vorzunehmen, damit alle Handbücher auf dem neuesten Stand sind und jederzeit austauschbar bleiben.

Änderung und Pflege der Texthandbücher sollten einem Mitarbeiter fest zugeordnet werden. Wenn schon bei der Reorganisation ein **"Textverarbeitungs-Beauftragter"** eingesetzt wurde, liegt es nahe, ihm auch den Änderungsdienst - bzw. dessen Koordination - zu übertragen. Sonst muß spätestens bei der Texthandbuch-Entwicklung die Einrichtung eines solchen Funktionsbereichs erwogen werden. Diesen Funktionsbereich kann ein Mitarbeiter auch zusätzlich zu seiner eigentlichen Aufgabenstellung übernehmen.

Zu den Aufgaben der Texthandbuch-Änderung und -Pflege gehören z.B. die Anpassung an neue Durchführungsbestimmungen, die Änderung von Arbeitsabläufen (in Absprache mit den Fachabteilungen), die Vorbereitung und Pflege der Text-Dateien und Adreß-Dateien bei automatisierter Textverarbeitung, das Aufgreifen und Diskutieren von Anregungen der Texthandbuch-Benutzer sowie die Vorbereitung und Einpassung neuer Arbeitsgebiete für die Text-Standardisierung.

Voraussetzung für den kontinuierlichen und intensiven Gebrauch von Standard-Texten in Texthandbüchern sind eine lebendige Auseinandersetzung der Benutzer mit "ihren" Textwerkzeugen und ein flexibler Änderungsdienst, der diese Anregungen aufgreift und das Handbuch entwicklungsfähig hält. Hierzu kann der Textverarbeitungs-Beauftragte einen wesentlichen Beitrag leisten.

3. Die Umgruppierung von Text-Profilen

Während das Ersetzen von maschinengeschriebenen Texten durch andere Formen der Kommunikation oder andere Text-Formen die (Text-) Mengen der Text-Profile insgesamt beeinflußt, wirkt sich der verstärkte Einsatz von Phonodiktat oder die Erweiterungen des Direkt-Input als Veränderung der Input-Struktur aus. Standardisierung oder erhöhte Anforderungen an die Textgestaltung führen zu Veränderungen in der Output-Struktur der Text-Profile.

Sind die geplanten Veränderungen im Soll-Entwurf berücksichtigt, so kann die Umgruppierung und Zusammenfassung der einzelnen Schreibplatz-Profile in Angriff genommen werden:

- im Hinblick auf Verfahrens- und Konfigurationsentscheidung im Schreib-Bereich
- im Hinblick auf die Organisation im Büro: also Arbeitsplatzgestaltung, Schreibumfeld, Zentralisation/Dezentralisation von Schreibfunktionen u.a.

Im folgenden werden einige Aspekte und Kriterien dieser Phase der Profil-Gestaltung dargestellt.

D.I.3. Die Umgruppierung von Text-Profilen

3.1. Text-Profile und Verfahrens-/Konfigurationsentscheidung

Für die Verfahrensentscheidung ist das gesamte betriebliche Text-Profil ausschlaggebend. Neben den Gesamt-Text-Mengen - wie sie sich nach der zukünftigen Entwicklung, nach dem geplanten Ersetzen von maschinengeschriebenen Texten durch andere Kommunikations- oder Text-Formen im Soll-Entwurf ergeben - sind für die verschiedenen Verfahren folgende Mengen-Verhältnisse bedeutsam:

(1) für **Schreibmaschinen**: ein hoher Anteil von Einmal-Texten gegenüber Standard-, Überarbeitungs-, Format- und Gestaltungs-Texten

(2) für **Textautomaten**: ein hoher Anteil von Standard-, Überarbeitungs-, Format- und gestaltungsintensiven Texten gegenüber Einmal-Texten

(3) für **Text-/Datenverarbeitungs-Integration**: ein hoher Anteil von Standard-, Format- und Überarbeitungs-Texten gegenüber Einmal-Texten, wobei außerdem Direkt-Input überwiegt.

Die Input-Arten des Gesamt-Profils sind für die Verfahrens- und Konfigurationsentscheidung, z.B. bei neuen Diktiersystemen, relevant oder bei Integration von Textautomation und EDV für die Direkt-Input-Verarbeitung. Dabei sind die Gesamt-Mengen des Text-Inputs im Soll-Entwurf zu berücksichtigen.

Die Umgestaltung der Text-Profile ist weiterhin im Zusammenhang mit der Konfigurationsentscheidung zu sehen. Die einzelnen Text-Arten stellen unterschiedliche Anforderungen an die Auslegung der Textautomaten oder EDV-Anlagen.

Ganz allgemein lassen sich folgende Einflüsse feststellen:

(1) **Baustein-Texte** bestimmen die Anforderungen an die Ausstattung mit Speicher-Kapazitäten. Standard-Texte mit Serien-Charakter sind, falls sie in großer Zahl anfallen,

für die Drucker-Ausstattung maßgeblich (Durchsatz). Beide Standard-Textarten stellen außerdem Anforderungen an Bedienerführung und Datei-Organisation.

(2) **Überarbeitungstexte** stellen besondere Anforderungen an die Erfassungs- und Überarbeitungs-Funktionen - wie Einfügen, Löschen, Vertauschen von Wörtern und Text-Teilen - u.U. auch an die Bildschirmgröße.

(3) **Format-Texte** stellen besondere Anforderungen an die Bedienungsfunktionen, z.B. für die Kolonnen-Verarbeitung; bei großflächigen Texten auch an die Bildschirmgröße.

(4) **Direkt-Input-Texte** sind darauf zu prüfen, welche der Textverarbeitung zugrundeliegenden, d.h. vorausgehenden Aufgaben über EDV zu erfüllen sind (oder bereits erfüllt werden): z.B. Kundenpflege, Debitoren-Buchhaltung und Mahnwesen, Kalkulation und Angebots-Erstellung. Um zu integrierten Direktverarbeitungs-Aufgaben zu gelangen, sind vor allem die EDV-Abläufe um entsprechende Textverarbeitungs-Funktionen auszuweiten.

(5) **Gestaltungsintensive Texte** stellen Anforderungen an Druckerausstattung (z.B. Schriftarten-Wechsel) und an Bedienungsfunktionen: etwa die Benutzerunterstützung bei Schrift- und Satzspiegel-Gestaltung (Fettschrift, Zentrieren u.a.)

3.2. Text-Profile und organisatorische Umgestaltung im Schreib-Bereich

In einem weiteren Schritt sind die Textverarbeitungsaufgaben auf die einzelnen Büro-Arbeitsplätze neu zu verteilen: Bestimmte Text-Arten und mit ihnen verbundene Schreibfunktionen werden entsprechend den Arbeitsgebieten im Soll-Entwurf umverteilt. Drei Zielsetzungen sind dabei entscheidend:

D.I.3.1.   Text-Profile und Verf.-/Konf.-Entscheidung

(1) Durch die Zusammenfassung einzelner Text-Arten werden die **quantitativen Voraussetzungen** für den Einsatz von Automaten geschaffen. Dies ist vor allem bei kleinen Text-Mengen sinnvoll. Die Zusammenfassung kann auch unter dem Aspekt einer organisatorischen Zentralisierung und Spezialisierung bestimmter Schreibfunktionen bzw. Text-Arten vorgenommen werden.

(2) Die Text-Profile werden so umgruppiert, daß es zu einer **Dezentralisation** einzelner Schreibfunktionen bzw. Text-Arten kommt. Dabei kann beabsichtigt sein, eine gleichmäßigere Mischung von Schreibfunktionen bzw. Text-Arten an den verschiedenen Büro-Arbeitsplätzen zu erreichen.

(3) Die Text-Arten werden so umverteilt, daß eine **Verknüpfung** von **EDV** und **Textautomation** möglich wird. Dies ist bei den Direkt-Input-Texten besonders wichtig und geht meist mit der Dezentralisation bestimmter Schreibfunktionen bzw. Text-Arten einher. Dann können Schreibfunktionen auch auf Arbeitsplätze gebracht werden, auf denen bislang nicht geschrieben wurde.

Zu (1):

Einzelne Text-Arten müssen auf die Text-Profile der einzelnen Schreibplätze so umverteilt werden, daß die Voraussetzungen für eine Text-Automation überhaupt entstehen. In diesem Fall werden standardisierbare Texte, Überarbeitungstexte, eventuell auch Format-Texte in einem Text-Profil vereinigt, um die quantitativen Voraussetzungen für die verschiedenen Textverarbeitungsverfahren prüfen zu können (Verfahrensentscheidung). Dies ist vor allem bei Klein- und Mittelbetrieben sinnvoll, wenn deren Text-Mengen insgesamt relativ gering sind, und das Volumen des einzelnen Schreibplatzes keine Text-Automation rechtfertigen würde.

Zu (2):

Unter Berücksichtigung der Sachgebiete und des Text-Inputs sind die Text-Arten zwischen den Text-Profilen möglichst gut auszugleichen. Dies kann damit einhergehen, daß die reinen Schreibplätze aufgehoben werden und nur noch Mischarbeitsplätze mit vielfältigen und abwechslungsreicheren Aufgabenstellungen entstehen. Die Text-Profile in dieser Weise umzugestalten, ist dann sinnvoll, wenn es um eine generelle Reorganisation der Textverarbeitung geht. Bei kleinen Text-Volumen können zwar Automaten ausscheiden, wohl aber elektronische Schreibmaschinen in Frage kommen. Ferner können Rationalisierungs-Möglichkeiten in einer Text-Standardisierung mit konventionellen Mitteln oder in einer Umgestaltung des Text-Inputs (z.B. neue Diktat-Organisation) gefunden werden.

Zu (3):

Eine Umgestaltung der Text-Profile mit dem Ziel der Verknüpfung von EDV und Textverarbeitung betrifft nicht nur die bestehenden Schreibplätze, sondern auch Arbeitsplätze, an denen bislang keine Textverarbeitung i.e.S. stattfand, vor allem Sachbearbeiterplätze.

D.I.3.2.   Text-Profile und Schreib-Bereich

II. Umgestaltung des Büros

Ein Kernproblem für jede organisatorische Gestaltung – nicht nur im Bürobereich – ist die Zuordnung der Aufgaben auf die verschiedenen Stellen und Abteilungen. Zum einen können gleichartige Aufgaben auf bestimmte Stellen konzentriert werden: Diese Stellen nehmen ihre speziellen Aufgaben – etwa Schreiben, Archivieren oder Reprographie – dann als eine Art zentrale Service-Funktionen wahr. Zum anderen können diese Aufgaben aber auch über die verschiedenen Stellen und Abteilungen gestreut werden. Die beiden alternativen Strukturierungs-Konzepte werden in der Praxis nie in reiner Form vorkommen. Gestaltungsziel ist es, das richtige Mischungsverhältnis aus **zentraler** und **dezentraler Aufgabenerfüllung** zu finden.

Vom gewählten Zentralisierungsgrad hängt unmittelbar ab, welche Spannweite von Aufgaben an den einzelnen Arbeitsplätzen anfällt. Grundsätzlich bietet sich hier die Alternative, auf bestimmte Funktionen spezialisierte **Arbeitsplätze** oder aber Mischarbeitsplätze einzurichten.

Mit der Gestaltung der **Arbeitsabläufe** im Bürobereich werden verschiedene Ziele verfolgt. Vor allem müssen zügige Aufgaben-Erledigung (Durchlaufzeit der Bearbeitungsobjekte), qualitativ akzeptable Ergebnisse sowie eine von extremen Schwankungen freie Auslastung erreicht werden.

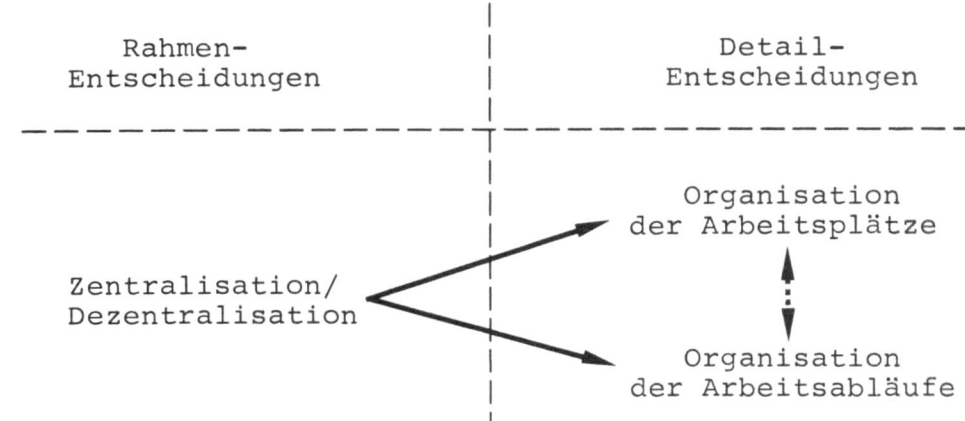

Abb. D-6: Rahmen- und Detail-Entscheidungen bei der Umgestaltung des Büros

1. Zentralisierung - Dezentralisierung

Empirisch gesicherte Erkenntnisse über die grundsätzliche Vorteilhaftigkeit einer dezentralen oder einer zentralen Organisation der Schreibarbeit liegen bis heute nicht vor. Jede dieser beiden Grundformen bringt sowohl Vorteile als auch Nachteile mit sich. Das gilt unabhängig von der eingesetzten Technik: Auch eine Ausstattung der Schreibplätze mit Textautomaten zwingt nicht zur Einrichtung zentraler Schreibdienste. Die organisatorische Gestaltung muß deshalb Lösungen anstreben, bei denen die Nachteile der beiden Grundformen weitgehend vermieden und ihre Vorteile ausgeschöpft werden.

Nicht nur für die Schreibarbeit, auch für die übrigen Textverarbeitungs-Funktionen sind angemessene Strukturen zu finden: insbesondere für die Abwicklung typischer Sekretariatsaufgaben sowie für die Aufgaben der Archivierung und Reprographie. Auch dabei kann es keine allgemein gültigen Empfehlungen für den Zentralisationsgrad geben. Maßgeblich sind vor allem unternehmungsspezifische Kriterien wie Betriebsgröße, Branche, Zusammensetzung und Qualifikation des Personals etc.

D.II.1.   Zentralisierung - Dezentralisierung

Generelle **Entscheidungskriterien** für die Auswahl zentraler oder dezentraler Lösungen können sein:

- **Aufgabenorientierte** Kriterien:
  Quantitativer Aufgabenumfang bzw. Arbeitsanfall
  Qualitätsanforderungen an die Aufgabenerfüllung
  Bindung von Aufgaben an bestimmte Arbeitsplätze

- **Ablauforientierte** Kriterien:
  Durchlaufzeit der Bearbeitungsobjekte
  Transport-Erfordernisse
  Transport-Wege

- **Aufgabenträgerorientierte** Kriterien:
  Benutzer-Aspekte (Qualifikation und Motivation)
  Sachmittel-Aspekte (Auslastungsgrad u.a.)

- **Kostenkriterien**:
  Personal- und Sachmittelkosten.

1.1. Formen der Zentralisierung

Anlaß zur Zentralisierung der Aufgabenerfüllung sind häufig mangelnde Leistung und die unzureichende Wirtschaftlichkeit dezentralisierter Organisationsformen.

1.1.1. Der zentrale Schreibdienst

Eine Zentralisation der Schreibarbeit liegt dann vor, wenn der größte Teil der Schreibaufgaben des Betriebes oder einzelner Abteilungen einer besonderen Stelle, Arbeitsgruppe oder Abteilung übertragen werden.

Charakteristisch für den zentralen Schreibdienst ist, daß für seine Schreibkräfte **keine direkte Verbindung zu** bestimmten **Auftraggebern** (Sachbearbeitern oder Führungskräften) mehr besteht. Umgekehrt führt das häufig dazu, daß die Sachbearbeiter oder Führungskräfte auf eine ihnen zugeordnete Sekretärin verzichten müssen.

Wo eine derartige Organisationsform nicht sinnvoll ist, bietet sich die Besetzung des Schreibdienstes in Form eines Bereitschaftsdienstes an. Die Sekretärin behält dann ihren bisherigen Arbeitsplatz bei ihrem Auftraggeber. Zu bestimmten Zeiten - etwa zwei- oder dreimal in der Woche halbtags - arbeitet sie allerdings nach einem festgelegten Dienstplan im zentralen Schreibdienst.

Auch kann die Schreibzentrale nur einen Teil der Schreibarbeiten übernehmen. Der Rest wird weiterhin dezentral geschrieben. Diese Lösung ist dann sinnvoll, wenn in einer Abteilung Sekretärinnen tätig sind, die neben allgemeinen Verwaltungsarbeiten auch Schreibaufgaben durchführen: vor allem kürzere, individuelle und/oder besonders dringende Texte schreiben (i.d.R. Einmal-Texte).

Voraussetzung für die Wirtschaftlichkeit einer zentralen Schreiborganisation ist, daß sich Schreib- und Verwaltungsaufgaben sinnvoll entmischen lassen. Auch müssen die zentral zu schreibenden Texte einen ausreichenden Umfang erreichen. Vom Gesamt-Volumen hängt die Anzahl der Personen ab, die im Schreibdienst tätig werden.

Die Einrichtung eines zentralen Schreibdienstes kann mit einer Reihe von **Vorteilen** verbunden sein:

- **Spezialisierung**
  Die Spezialisierung auf Schreibarbeiten kann durch die dann sich einstellende Routine zur Leistungsverbesserung führen: höhere Anschlagsmengen, weniger Fehler. Auch treten nicht die störenden Unterbrechungen auf, die für die Sekretariats-Arbeit kennzeichnend sind: Anrufe, Besucher, Stenogrammaufnahme etc. Die Schreibarbeit kann ungestörter erledigt werden.

- bessere **Sachmittel-Auslastung**
  Größere Automaten können bei einem dezentralen Einsatz nicht

D.II.1.1.1.   Der zentrale Schreibdienst

ihrer Leistungsfähigkeit entsprechend ausgelastet werden. Eine Zentralisierung der Schreibarbeit ist dann wirtschaftlicher.

- **Ausgleich** personeller **Engpässe**
  Bei ungleichmäßigem Arbeitsanfall ermöglichen zentrale Lösungen einen besseren Ausgleich, weil die Arbeit auf mehrere Personen verteilt werden kann. Auch lassen sich Vertretungs-Regelungen – bei Urlaub oder Krankheit – besser handhaben.

- **Einheitlichkeit** des Schriftguts
  In zentralen Schreibdiensten können vereinheitlichende Regeln für die Schriftguterstellung besser eingeführt und eingehalten werden: z.B. Diktat- und Korrespondenz-Normen.

Von großer Bedeutung sind feste Regeln für die Arbeitsweise des Schreibdienstes. So sind Diktatorganisation, Schriftgut-Transport und vor allem klare Prioritäten für die Erledigung der Schreibaufträge festzulegen. Da die Schreibkräfte für mehrere Auftraggeber tätig sind, müssen Kollisionen bei der Dringlichkeits-Einstufung der Schreibaufträge vermieden werden.

Damit nicht bestimmte Auftraggeber von vornherein bevorzugt sind, sollte der zentrale Schreibdienst nicht einer einzelnen Fachabteilung unterstellt sein. Er muß die Funktion eines **neutralen Service-Centers** im Betrieb wahrnehmen.

Besonders wichtig sind genaue Richtlinien für die **Bearbeitungsfolge** der Schreibaufträge. Grundsätzlich sollten alle Schreib-Vorlagen in der Reihenfolge ihres Eingangs verarbeitet werden. Ausnahme-Regelungen sind für besonders eilige Texte zu schaffen. Um subjektive Willkür weitgehend auszuschalten, müssen dafür allerdings eindeutige Kriterien festgelegt werden.

Die größere **Unabhängigkeit** der Schreibkräfte im zentralen Schreibdienst von einzelnen Sachbearbeitern oder Führungskräften hat für die Schreibkräfte sicherlich Vorteile. Aber auf seiten der Diktanten wird gerade dies meist als Nachteil empfunden: Sie verlieren ja ihre eigene Sekretärin.

Dies kann zu ernsthaften Durchsetzungsproblemen bei der Einführung zentraler Schreibdienste führen. Außerdem kann sich für die Sachbearbeiter die Notwendigkeit ergeben, nun zu viele Verwaltungstätigkeiten übernehmen zu müssen: Ablage, Führung von Karteien etc. Sie sind dann häufig überfordert; ihre eigentlichen Sachbearbeitungsaufgaben kommen zu kurz.

Nachteilig beim zentralen Schreibdienst kann sich auch die **Einseitigkeit** der Schreibaufgaben auswirken. Eine dadurch entstehende Monotonie der Arbeit wirkt sich negativ auf die Arbeitszufriedenheit der Schreibkräfte und damit auch auf ihre Leistung aus. Auch erhöhen sich die Erfordernisse des Schriftgut-**Transports**. Die Transportwege werden länger. Das ist mit größeren Wartezeiten verbunden, der Transportaufwand steigt.

1.1.2. Zentrale Sekretariatsdienste

Um die wesentlichen Nachteile zentraler Schreibdienste zu vermeiden, können **Gruppensekretariate** eingerichtet werden, die dann neben dem Schreiben weitere Service-Funktionen übernehmen. Zum einen wird dadurch die Einseitigkeit der Schreibarbeit gemildert, zum anderen müssen Verwaltungstätigkeiten nicht auf Sachbearbeiter oder Führungskräfte übertragen werden.

Die Sekretärinnen bilden ein **Team**, das die anfallenden Tätigkeiten **selbstverantwortlich** organisiert. Dadurch wird eine Mischung der Tätigkeiten nach dem Arbeitsanfall, aber auch nach den Bedürfnissen der Sekretärinnen möglich.

Vor der Einrichtung zentraler Sekretariatsdienste muß allerdings genau geprüft werden, welche verwaltenden Tätigkeiten sich überhaupt vom Arbeitsplatz weg verlagern lassen. Es existieren zahl-

D.II.1.1.2. Zentrale Sekretariatsdienste

reiche an den Arbeitsplatz gebundene Verwaltungsaufgaben: z.B. Assistenzfunktionen sowie bestimmte Kartei-, Ablage- und Kommunikations-Aufgaben. Sie müssen aus organisatorisch zwingenden Gründen häufig unmittelbar am Arbeitsplatz erfüllt werden.

1.1.3. Die zentralisierte Reprographie

Da Schriftstücke im Büro oft in mehrfacher Ausfertigung zu erstellen sind, ist das Vervielfältigungswesen oder die Reprographie entsprechend zu organisieren. Neben der Wahl des Reprographie-Verfahrens (dazu: Abschnitt F.I.) sind die Standorte festzulegen, an denen die eingesetzten Sachmittel aufgestellt werden. Zentralisation bedeutet also vor allem die räumlich zentrale Aufstellung von Reprographie-Geräten.

Besonders bei Kopiergeräten ergeben sich Alternativen zwischen mehreren kleineren - dann in Arbeitsplatz-Nähe installierten - Kopierern oder einem an zentraler Stelle aufgestellen entsprechend leistungsfähigeren Gerät. Druck-Maschinen werden dagegen in mittelständischen Betrieben überwiegend zentral aufgestellt werden.

Entscheidungskriterien für die Zentralisierung der Reprographie sind u.a.:

- die Länge der **Wege**, die von den Mitarbeitern zurückzulegen sind
- die **Menge** und die **Häufigkeit** der Vervielfältigungen
- die **Anlässe**, aus denen heraus Kopien angefertigt werden
- die **Kosten** der Geräte
- die **Qualität**sansprüche, die an das vervielfältigte Schriftstück gestellt werden
- nicht zuletzt **ergonomische Aspekte** (z.B. Geräuschentwicklung).

Die zentralisierte Reprographie — D.II.1.1.3.

Nach diesen Kriterien empfiehlt sich die Installation eines leistungsfähigen Zentral-Kopierer, wenn

- die Länge der dann zurückzulegenden Wege nicht zu groß wird und nicht mit einem zu hohen Zeitaufwand verbunden ist
- ein hohes Vervielfältigungs-Volumen vorliegt.

Neben der Ausnutzung der Kostendegression können weitere Vorteile eines zentralen Gerätes sein:

- leistungsfähigere Geräte sind schneller; damit verkürzen sich die Kopier-Zeiten
- viele Kopien werden erst benötigt, wenn die entsprechenden Arbeits-Vorgänge abgeschlossen sind. Sie lassen sich sammeln; die Arbeitsabläufe werden nicht durch Unterbrechungen gestört
- höhere Qualitätsanforderungen sind zu realisieren.

1.1.4. Die zentrale Registratur

In jedem Betrieb - unabhängig von seiner Größe - ist neben Arbeitsplatz- und Abteilungs-Ablagen die Einrichtung einer zentralen Registratur zweckmäßig. Ein organisatorisches Problem ist die Auswahl des zentral abzulegenden Schriftguts. So sollten einerseits Schriftstücke zentral aufbewahrt werden, deren Bearbeitung abgeschlossen ist, die aber noch der gesetzlichen Aufbewahrungspflicht unterliegen. Andererseits bietet sich eine zentrale Archivierung für Schriftgut an, das für die verschiedenen Stellen des Betriebes im Zugriff sein muß.

Ein wesentlicher Vorteil der zentralen Registratur ist die wirtschaftliche **Raumausnutzung**. Auch kann besser vermieden werden, daß Schriftstücke doppelt abgelegt werden.

Soll die zentrale Ablage funktionsfähig sein, so muß allerdings ein **einheitliches** und klar gegliedertes **Ordnungs-System** ver-

D.II.1.1.4.   Die zentrale Registratur

wendet werden. Nur dann kann auf die gespeicherten Informationen gezielt und schnell zugegriffen werden. Auch ist das Auffinden von Schriftstücken dann nicht an die Anwesenheit bestimmter Personen gebunden.

Nachteilig sind - wie bei der zentralen Reprographie - die längeren **Wege**, die von den Mitarbeitern zurückzulegen sind. Es müssen klare Regelungen für die **Weiterleitung** von Schriftstücken an die zentrale Ablage geschaffen und eingehalten werden. Sonst kann durch ein zu langes Festhalten des Schriftguts in den einzelnen Abteilungen die Aussagefähigkeit der zentralen Registratur entscheidend beeinträchtigt werden.

1.2. Formen der Dezentralisierung

Dezentrale Organisationsformen der Textverarbeitung bieten den Vorteil einer größeren Flexibilität bei der Aufgabenerfüllung. Die Durchlaufzeiten der Bearbeitungsobjekte sind in der Regel kürzer als bei Zentralisierung. Die Arbeitsinhalte können durch Mischung von Tätigkeiten abwechslungsreicher gestaltet werden. Das wird von den Mitarbeitern häufig positiv aufgenommen.

Nachteilig ist die geringere Auslastung von Personen und Sachmitteln. Aber durch geeignete organisatorische Maßnahmen kann dem gegengesteuert werden. Auch vermindert die technologische Entwicklung - vor allem durch den sinkenden Investitionsaufwand - den Zwang zur permanenten Sachmittel-Auslastung.

1.2.1. Der dezentrale Schreib- und Sekretariatsplatz

Kennzeichnend für diese Organisationsform ist: Eine oder einige wenige Personen nehmen Schreibarbeiten, aber auch allgemeine Verwaltungstätigkeiten für eine begrenzte Zahl von Sachbearbeitern oder Führungskräften wahr.

Typisches Sachmittel für eine dezentrale Schreib-Organisation ist die Schreibmaschine. Auch wenn elektronische Schreibmaschinen eingesetzt werden, ergeben sich meist noch keine Probleme der genügenden Sachmittel-Auslastung. Dagegen ist die dezentrale Ansiedlung von Textautomaten nur bei einem relativ hohen Schreib-Volumen gerechtfertigt. Recht aufwendig sind dann autonome Textautomaten als Einzelplatzsysteme. Eine bessere Auslastung wird durch die dezentrale Aufstellung der Bildschirme eines **Mehrplatzsystems** erreicht. Jedem Arbeitsplatz einen eigenen Drucker zuzuordnen, ist dann oft vom Textvolumen her nicht notwendig und auch aus ergonomischen Gründen (Geräuschpegel) gar nicht anstrebenswert.

Nachteilig an der dezentralen Organisation ist der mangelhafte Ausgleich von Arbeits-Spitzen. Oft sind einige Sekretärinnen ständig mit Arbeit überlastet, während andere noch erhebliche freie Kapazität aufweisen.

Nicht eindeutig geklärt sind die Auswirkungen, die sich aus der direkten Zusammenarbeit von Sachbearbeiter/Führungskraft mit ihrer Schreibkraft oder Sekretärin ergeben. Einige sozialwissenschaftliche Untersuchungen zeigen, daß die weniger formalisierte Zusammenarbeit sich überwiegend motivationsfördernd auswirkt. Durch die direkte Zuordnung zwischen Personen und bestimmten Problembereichen stellt sich danach ein persönlicheres Verhältnis zur Arbeit ein. **Arbeitszufriedenheit** und **Effizienz** steigen gegenüber zentralen Schreibdiensten.

Aber es gibt auch entgegengesetzte Erfahrungen: Vielfach wird das Abhängigkeitsverhältnis von einem oder mehreren Diktanten als störend empfunden. Die geregelte Arbeit in einem Schreibdienst wird häufig vorgezogen, weil die größere Flexibilität einer dezentralen Form auch ein größeres Engagement erfordert (Überstunden, Arbeitsüberlastung).

D.II.1.2.1.   Der dezentrale Schreib- und Sekretariatsplatz

1.2.2. Dezentrale Organisation von Reprographie und Registratur

Auch Tisch-Kopiergeräte werden durch die technische Entwicklung immer leistungsfähiger. Dadurch und mit dem Sinken ihrer Preise wird ihr dezentraler Einsatz in Arbeitsplatz-Nähe zunehmend wirtschaftlich.

Von Vorteil ist: Eilig benötigte Vervielfältigungen können ad hoc erstellt werden. Lange Wege zur zentralen Reprographie entfallen. Wichtig ist das, wenn während eines Arbeitsvorganges häufig Kopien angefertigt werden müssen.

Eine dezentrale Reprographie ist allerdings nur dann sinnvoll, wenn die Zahl der anzufertigenden Kopien gering bleibt. Auch dürfen keine allzu hohen Qualitätsansprüche bestehen. Sonst kann auch ein Nebeneinander von zentraler und dezentralen Lösungen erwägenswert sein.

Der zweckmäßige Archivierungs-Ort für Schriftgut hängt vor allem von dessen 'Wertigkeit' ab. Schriftstücke, die sich gerade in Bearbeitung befinden oder die aus anderen Gründen permanent am Arbeitsplatz benötigt werden, müssen dezentral abgelegt werden. Gleiches gilt für vertrauliches Schriftgut. Auch ist eine dezentrale Ablage immer dann sinnvoll, wenn nur eine Stelle auf das Schriftgut zugreifen muß. Vorteilhaft bei dezentraler Registratur ist der schnellere und gezieltere Zugriff. Die Wege und Wartezeiten der zentralen Ablage entfallen.

2. Büro-Arbeitsplätze

Ein Gestaltungsziel bei der Arbeitsplatz-Organisation ist es, die Arbeitsaufgaben so zu verteilen, daß einerseits eine hohe Arbeitsleistung erreicht wird, daß andererseits aber die Arbeitsbedingungen den Bedürfnissen des Menschen angepaßt werden.

Eine Steigerung der Arbeitsleistung zu erreichen, wird häufig mit der weitgehenden Spezialisierung auf bestimmte Tätigkeiten angestrebt. Dabei tritt aber die Gefahr auf, daß von einzelnen Stellen allzu monotone und zusammenhanglose Teilarbeiten ausgeführt werden müssen.

Deshalb muß auch die gegenläufige Tendenz verfolgt werden, die Arbeit an einem Platz so zu strukturieren, daß die einzelnen Tätigkeiten als zusammengehörig und in sich geschlossen erkannt werden. Der im Büro Tätige sollte nicht zur Einhaltung fester Ablauf-Schemata gezwungen sein; vielmehr muß ihm die Möglichkeit zur weitgehenden Variation seines Arbeitsrhythmus in Eigenverantwortung gegeben werden. Diese allgemeine Zielsetzung verbirgt sich hinter Organisations-Prinzipien wie

- job enlargement (Aufgabenerweiterung)
- job enrichment (Aufgabenbereicherung)
- job rotation (Aufgaben- oder Arbeitsplatz-Wechsel).

2.1. Der Schreibplatz

Grundlage für die Einrichtung reiner Schreibplätze ist die **Trennung** des **Schreibens** von **verwaltenden Tätigkeiten**. Ein typisches Merkmal des reinen Schreibplatzes ist die örtliche und zeitliche Gebundenheit der Schreibkraft an ihren Arbeitsplatz. Dieser kann innerhalb einer Fachabteilung, aber auch in einem zentralen Schreibdienst angesiedelt sein.

Die Schreibkraft erhält als Schreib-Vorlagen besprochene Tonträger, schriftliche Vorlagen oder Schreibaufträge. Das Schreiben erfolgt häufig mit Leistungskontrollen, mitunter auch im Akkord. Hauptziel bei der Einrichtung reiner Schreibplätze ist es, eine Steigerung der Schreibleistung zu erreichen. Leistung, aber auch Arbeitszufriedenheit, hängen außer von den organisatorischen Regelungen im wesentlichen auch von den eingesetzen Sachmitteln ab.

Verfügen die Schreibkräfte nur über konventionelle Schreibmaschinen, so führt dies meist zu einer hohen **Arbeitsmonotonie**. Oft sind die Anforderungen an die Qualifikation der Schreibenden dann relativ gering.

Elektronische Schreibmaschinen und Automaten stellen - als Geräte mit größerem Funktionsumfang - dagegen höhere Anforderungen an die Bedienung. Dies kann die Arbeit anspruchsvoller und abwechslungsreicher machen. Von den Schreibkräften selbst werden als Vorteile dieser Sachmittel oft gesehen:

- Korrekturen lassen sich schneller und komfortabler durchführen
- das mehrmalige Schreiben gleicher Texte entfällt
- die formale Gestaltung anspruchsvollerer Texte wird einfacher.

Aber die Arbeit an solchen Sachmitteln stellt auch erhöhte Anforderungen an **Aufmerksamkeit** und **Konzentration**. Dadurch kann sich die psychische Belastung insgesamt erhöhen, wenn auch andere Faktoren - etwa Fehlerangst - wegfallen. Hinzu treten bei Bildschirmgeräten und vor allem bei unzweckmäßiger ergonomischer Gestaltung gewisse **physische Belastungen** (dazu: Abschnitt G.). Beides führt dazu, daß eine ununterbrochene Acht-Stunden-Arbeit an derartigen Geräten langfristig nicht zumutbar ist. Abhilfe wird erreicht durch die Einführung großzügiger Pausenregelungen - oder aber durch die Abkehr vom Konzept reiner Schreibplätze.

2.2. Der Sekretariatsplatz

Von Sekretärinnen werden - neben dem Schreiben von Texten - eine Vielzahl von **Assistenzfunktionen** für Sachbearbeiter oder Führungskräfte wahrgenommen. Dazu zählen Terminplanung und -überwachung, Ablage und Archivierung, Abwicklung von Telefonaten, Postbearbeitung, Vorbereitung von Reisen und Konferenzen sowie die Betreuung von Besuchern. Arbeitsplätze, an denen derartige

Assistenzfunktionen gegenüber dem Maschineschreiben überwiegen, sind echte Sekretariatsplätze.

In der Regel sind diese Arbeitsplätze dezentral, d.h. es besteht eine feste Zuordnung zwischen Sachbearbeitern bzw. Führungskräften und ihrer Sekretärin. Nur im Ausnahmefall werden zentrale Service-Bereiche für "Verwaltungsassistenz" eingerichtet, die dann mehrere Fachabteilungen bedienen.

Sekretariatsplatz	Schreibplatz
Assistenz-Funktion	Assistenz-Funktion
Verwaltungs-Tätigkeiten	Verwaltungs-Tätigkeiten
Text-Eingabe (Schreiben)	Text-Eingabe (Schreiben)

Abb. D-7: Sekretariats- und Schreibplatz (Beispiele für Tätigkeits-Verteilung)

2.3. Mischarbeitsplätze

Die Tätigkeiten am Mischarbeitsplatz sind nicht auf einen bestimmten Aufgaben-Typus beschränkt, sondern stellen eine Mischung aus Schreib-, Verwaltungs-, Assistenz-, Sachbearbeitungs- oder Führungsaufgaben dar.

D.II.2.2.   Der Sekretariatsplatz

2.3.1. Der Schreib- und Sekretariatsplatz

Der Aufgabenbereich umfaßt schreibende, verwaltende, aber auch Assistenz-Funktionen. Für die Arbeitsabläufe bestehen keine starren organisatorischen Regelungen. In gewissem Umfang kann die Arbeit frei eingeteilt werden. Von Vorteil ist, daß sich während eines Arbeitstages somit ein häufiger Wechsel der Tätigkeiten ergibt. Nachteilig kann sich allerdings auswirken, daß ein ungestörtes und konzentriertes Arbeiten an einem Vorgang häufig nicht möglich ist.

Eine Weiterentwicklung des Sekretariatsarbeitsplatzes besteht darin, daß die Sekretärin mehr **Sachbearbeitungsfunktionen** übernimmt. Damit wird der Nachteil vermieden, etwa Briefe schreiben zu müssen, ohne zum sachlichen Inhalt des Geschriebenen eine Beziehung entwickeln zu können.

2.3.2. Der Sachbearbeiterplatz

Die Reorganisation der Textverarbeitung - vor allem die Zentralisierung der Schreibarbeit - kann zu erheblichen Konsequenzen für den Sachbearbeiterplatz führen. So werden Sachbearbeiter häufig gezwungen, ihre Arbeitsgewohnheiten grundlegend zu ändern. Dies betrifft einmal die Form der Text-Vorlage: An die Stelle des Stenodiktats oder einer Aufzeichnung von Stichworten treten vermehrt Phonodiktat oder Schreibaufträge. Auch müssen zahlreiche Nebenarbeiten - Verwaltungstätigkeiten - vom Sachbearbeiter nun selbst erfüllt werden. Ferner wird die direkte Einflußnahme auf den Zeitpunkt der Text-Fertigstellung erschwert.

Die größere Entfernung zum zentralen Ort des Schreibens kann auch dazu führen, daß der **Sachbearbeiter** vermehrt **Schreib**funktionen **selbst** wahrnimmt. Dies empfiehlt sich sicher nicht für den größten Teil der anfallenden Texte. Vor allem ist das Schreiben längerer individueller Texte (Einmal-Texte) meist mit einem zu hohen Zeitaufwand verbunden. Dagegen können Kurz-Texte oder alle Texte, an die keine großen formalen Anforderungen gestellt werden, vom Sachbearbeiter selbst in die Maschine "eingetippt" werden.

Sind Erfassungs-Stationen (Bildschirme) von Automaten an den Sachbearbeiterplätzen installiert, so kann der Sachbearbeiter auch seine **Baustein-Texte** selbst zusammenstellen. Vor allem bei Integration mit EDV bietet dies den Vorteil, Informationen, die bisher manuell aus Katalogen, Listen oder Karteien zusammengesucht werden mußten, komfortabler und gezielter abrufen zu können. Für bestimmte Aufgaben kann die **direkte Text-Eingabe** durch den Sachbearbeiter sehr zweckmäßig sein: etwa die Abfassung standardmäßiger Verträge, den Entwurf von Angeboten oder Bestellungen sowie die Bestätigung von Kundenaufträgen. Aufwendige Routineprozesse wie das Konzipieren und Diktieren von Texten können dann entfallen.

Sinnvoll ist die Direkt-Eingabe auch beim **Ausfüllen von Formularen**. Bei Trennung von Sachbearbeitung und Schreiben hat der Sachbearbeiter zunächst handschriftlich ein Formular auszufüllen, um es dann der Sekretärin oder dem zentralen Schreibdienst zu übergeben. Bei einer automatisch unterstützten Formular-Verarbeitung können diese Prozesse am Sachbearbeiterplatz integriert werden.

Vorteile einer derartigen Sachbearbeitungs-/Schreib-Integration sind:

- eine schnellere Korrespondenzabwicklung, da Diktataufnahmen entfallen, keine Wege zurückgelegt werden müssen und keine Wartezeiten entstehen
- Entlastung des Sachbearbeiters von Korrekturen
- bessere Textqualität, da beim Schreiben eine direkte Beziehung zum Inhalt gegeben ist.

D.II.2.3.2. Der Sachbearbeiterplatz

```
┌─────────────────┐      ┌─────────────────┐      ┌─────────────────┐
│ Sachbearbeitungs-│     │ Sachbearbeitungs-│     │ Sachbearbeitungs-│
│    Vorgänge     │      │    Vorgänge     │      │    Vorgänge     │
│                 │      │                 │      ├─────────────────┤
│                 │      ├─────────────────┤      │    Diktieren    │
├─────────────────┤      │    Diktieren    │      ├─────────────────┤
│    Diktieren    │      │   von Texten    │      │                 │
│   von Texten    │      ├─────────────────┤      │   Text-Eingabe  │
│                 │      │   Text-Eingabe  │      │                 │
├─────────────────┤      │   (Schreiben)   │      ├─────────────────┤
│   Verwaltungs-  │      ├─────────────────┤      │   Verwaltungs-  │
│   Tätigkeiten   │      │   Verwaltungs-  │      │   Tätigkeiten   │
└─────────────────┘      │   Tätigkeiten   │      └─────────────────┘
                         └─────────────────┘
 Sachbearbeitung          Sachbearbeitung          Sachbearbeitung
 bei dezentraler          bei zentraler            bei Direkt-Input
 Schreiborganisation      Schreiborganisation
 (mit eig. Sekretärin)    (ohne eig. Sekretärin)
```

Abb. D-8: Formen des Sachbearbeiterplatzes (Beispiele für Tätigkeits-Verteilung)

3. Arbeitsabläufe

3.1. Textaufnahme

Die Einführung geeigneter Verfahren der Textvorlagen-Erstellung
- etwa des Phonodiktats - reicht allein nicht aus, um eine rationellere Abwicklung des Schreibens sicherzustellen. So müssen gerade beim Phonodiktat bestimmte Regeln eingehalten werden. Vorschläge für **Diktat-Regeln** wurden von Verbänden, aber auch von Diktiergeräte-Herstellern entwickelt. Um die Schreibenden nicht mit den Eigenarten einzelner Diktanten zusätzlich zu belasten, sollte ein unternehmungseinheitliches Regel-System eingeführt werden.

Auftraggeber	Name, Abteilung, Diktatzeichen, Telefonnummer
Ausstattung u. Gestaltung	Papier-Art, Format, Schriftart und zusätzliche Gestaltungs-Anforderungen wie Zeilenbreite etc.
Kopien	Anzahl, Farbe; (Verteiler s.u.)
Anschrift	Eigennamen - nach Buchstabieralphabet - buchstabieren oder schriftlich beilegen (Korrespondenz-Unterlagen; Referenzen ("Ihre Zeichen", "Datum") entsprechend
Betreff	mit "Betreff...." einleiten; das "Betr.:" braucht jedoch nicht geschrieben zu werden
Anrede	Titel-Vorsätze diktieren; Eigennamen buchstabieren oder schriftlich beilegen
Text	Beginn des Textes stets mit "Text..." markieren; Gliederungswünsche und andere Gestaltungs-Anmerkungen mit "Stop..." ankündigen und den Text mit "Text...." fortsetzen; Eigennamen und seltene Fachwörter zunächst aussprechen, dann buchstabieren ("Stop, ich buchstabiere....Text...") oder schriftlich beilegen
Grußformel	entsprechend
Anlagen	entsprechend
Kopien-Verteiler	entsprechend

Abb. D-9: Diktatregeln (Beispiel)

Ursache für unverständliche Diktate können aber auch Fehler bei der Gerätebedienung sein. Deshalb ist ein ausreichendes Diktier-Training vorzusehen.

Für Formulare (Format-Texte) sind besondere Diktier-Regeln einzuführen. Oft werden nämlich Formulare weiterhin handschriftlich ausgefüllt oder es werden beim Phono-Diktat die Bezeichnungen der einzelnen Formularfelder im Klartext mit angegeben: Beides sind unrationelle Verfahren. Zur ersten Vereinfachung sollten die For-

D.II.3.1. Textaufnahme

mularfelder fortlaufend numeriert werden. Wird mit Textbausteinen gearbeitet, dann können die häufig auftretenden Ausfüll-Varianten als Bausteine abgespeichert werden. Der Diktant muß für die entsprechenden Felder nur noch die Feldnummer und die Nummer des passenden Bausteins angeben.

Durch die Einhaltung gewisser Regeln wird die Arbeitsausführung erheblich erleichtert und außerdem eine wünschenswerte Vereinheitlichung des produzierten Schriftgutes erreicht. Die Notwendigkeit von Normen und Regeln kann deshalb den Diktanten und Schreibkräften auch leicht plausibel gemacht werden.

3.2. Texterstellung

Werden Schreibkräfte - z.B. in zentralen Schreibbüros - von mehreren Diktanten beliefert, dann sind klare **Prioritäten-Regelungen** für die Erstellung der Texte notwendig. Das anfallende Schriftgut sollte zumindest grob in folgende Kategorien eingeteilt werden:

- vordringlich zu bearbeitende Texte
- Korrespondenz im Rahmen des üblichen Tagesgeschäfts
- Texte für Sonderaktionen (z.B. Serienbriefe).

Auf der Grundlage solcher und ähnlicher Differenzierungen lassen sich dann Prioritäten festlegen. So sind Serienbrief-Aktionen im Regelfall weniger zeitkritisch. Um mit ihrer Abwicklung einen Schreibplatz nicht für längere Zeit zu blockieren, sollten für derartige Texte genaue Genehmigungs- und Durchführungsprozesse festgelegt werden.

Die Anfertigung von Einmal-Texten ist relativ unproblematisch. Da spätere Bearbeitungsprozesse nicht notwendig sind, entfällt meist auch ihre Speicherung.

Organisatorische Regelungen sind für die Erfassung und Bearbeitung von **Überarbeitungs-Texten** erforderlich. Die Texte sollten von den Diktanten von vornherein mit Angaben darüber versehen werden, daß es sich um später zu überarbeitende Entwürfe handelt. Sie können dann relativ zügig erfaßt werden; ein intensives Korrektur-Lesen durch die Schreibkräfte erübrigt sich.

Beim Einsatz von Automaten sollten die Diktanten auch angeben, unter welchen Bezeichnungen die Texte abzuspeichern sind (Textnamen) und wie lange sie gespeichert werden sollen. Um das spätere Wiederauffinden zu erleichtern, sollten die Texte mit entsprechenden Begleitzetteln versehen sein. Erreichen Korrekturen und Bearbeitung einen derartigen Umfang, daß ein erneutes Text-Erfassen weniger zeitraubend ist als die Textbearbeitung am Bildschirm, dann sollte die Entscheidung über Erfassung oder Modifizierung von der Schreibkraft selbst getroffen werden.

Als Vorlage für die Erfassung von **Standard-Texten** sind schriftlich oder per Phonodiktat fixierte Schreibaufträge einzusetzen. Für die Abfassung dieser Aufträge müssen - ähnlich den Diktat-Regeln - klare und eindeutige Vereinbarungen bestehen: Dies gilt besonders für die Art, wie variable Einfügungen zu behandeln sind.

Schreibaufträge sollten im zentralen Schreibdienst in der Reihenfolge ihres zeitlichen Eingangs abgearbeitet werden. Ausnahmen bedürfen einer ausreichenden Begründung, u.U. einer zusätzlichen Genehmigung. Spätere Korrekturen sind ähnlich wie bei Überarbeitungs-Texten abzuwickeln.

Da die Erstellung von **Serienbriefen** meist sehr zeitaufwendig ist, entsprechende Aktionen aber weniger terminkritisch sind, sollten diese frühzeitig angemeldet werden. Oft unterschätzen Sachbearbeiter den damit verbundenen Aufwand. Deshalb sind bestimmte Regelungen für Beantragung und Durchführung vorzusehen.

D.II.3.2. Texterstellung

Bei größeren Aktionen sind Zeit- und Kosten-Schätzungen anzustellen, vor allem auch um zu klären, ob alternative Erstellungs-Verfahren (externe Vergabe, Druck) nicht wirtschaftlicher sind.

Die Erstellung von **Format-Texten** - vor allem das Ausfüllen von Formularen - kann an Automaten relativ einfach abgewickelt werden. Dies hängt allerdings vom Funktionsumfang und der Bedienungsfreundlichkeit der Automaten ab, aber auch davon, wie gründlich die entsprechenden organisatorischen Vorarbeiten durchgeführt wurden: z.B. das Anlegen vorgefertigter Formular-Masken.

3.3. Schriftgutverteilung

Organisatorische Regelungen müssen für die Behandlung und Weiterleitung der eingehenden Post geschaffen werden. Um eine reibungslose Abwicklung zu gewährleisten, ist es zweckmäßig, die Wege zwischen den einzelnen Bearbeitungsstellen genau vorzuschreiben.

Bei der **Ausgangspost** entstehen häufig hohe Durchlaufzeiten durch die vorhandenen Unterschrifts-Gewohnheiten oder -Vorschriften. Oft muß fertiggestellte Korrespondenz grundsätzlich zur Durchsicht und/oder Unterschrift einem Abteilungsleiter oder gar der Geschäftsführung vorgelegt werden. Als Folge ergibt sich dann meist eine Überlastung von Führungskräften mit Routineaufgaben. Durch eine großzügigere Delegation von Aufgaben und Verantwortung auf nachgeordnete Stellen ist hier häufig Entlastung zu schaffen. Vor allem sollten Vorgänge, die voll in den Kompetenzbereich eines Sachbearbeiters fallen, von diesem direkt und ohne Einschränkungen bearbeitet werden können. Auch sollte dabei von den weniger aufwendigen Korrespondenz-Formen - vor allem Kurzbriefen - reger Gebrauch gemacht werden. Allein durch eine Reduzierung der Bearbeitungs-Stationen lassen sich meist erhebliche Rationalisierungen erzielen.

Bei allen Formen zentralisierten Schreibens muß der Transport des Schriftguts zwischen Schreibkräften und Diktanten geregelt werden. Dabei bieten sich folgende Alternativen:

(1) Transport durch Personen
(2) Beförderung über Transportanlagen
(3) Diktat-Übermittlung auf Leitungswegen (zentrale Diktieranlage).

Zu (1):

Der **persönliche Transport** der Vorlagen durch den Diktanten selbst kommt nur dann in Frage, wenn die Transportwege sehr kurz sind. Meist ist dieses Verfahren jedoch viel zu zeitaufwendig und führt zu unzumutbaren Unterbrechungen bei der eigentlichen Aufgabenerfüllung. In größeren Organisationen kann ein regelmäßiger Botendienst sinnvoll sein. Verteilen und Abholen von Schriftgut sollte dann in einem Arbeitsgang erfolgen.

Zu (2):

Sachmittel für den Schriftguttransport sind etwa Rohrpostanlagen, Förderbänder, Aktenaufzüge oder Aktenpaternoster. Die Installation solcher Anlagen ist naturgemäß mit gewissen Kosten verbunden; doch kann sie immer dann erwägenswert sein, wenn bei der Voruntersuchung der innerbetriebliche Schriftguttransport zu den gewichtigen Schwachstellen zu zählen war.

Zu (3):

Bei Installation einer **zentralen Diktieranlage** haben Sachbearbeiter und Führungskräfte die Möglichkeit, ihre Texte vom Arbeitsplatz aus auf ein im Schreibbüro installiertes Aufnahmegerät zu sprechen. Der Einsatz einer solchen Anlage kann sinnvoll sein, wenn sehr viele Personen häufig kurze Texte diktieren müssen.

Die Leitungsverbindung wird über die vorhandene Telefon-Nebenstellenanlage oder über eine besondere Diktierleitung herge-

D.II.3.3.   Schriftgutverteilung

stellt. Im ersten Fall wird das Aufnahmegerät über Telefon angewählt, im zweiten Fall über Fernbedienungstasten gesteuert (Aufnahme, Vorlauf, Rücklauf etc.). Die Schreibkraft greift auf die Text-Vorlagen - je nach eingesetzter Anlage - unterschiedlich zu: Bei einer Ferndiktieranlage entnimmt sie die besprochenen Tonträger dem Aufnahmegerät. Bei einer Diktattankanlage kann sie dagegen den aufgenommenen Text direkt aus dem zentralen Diktatspeicher abrufen.

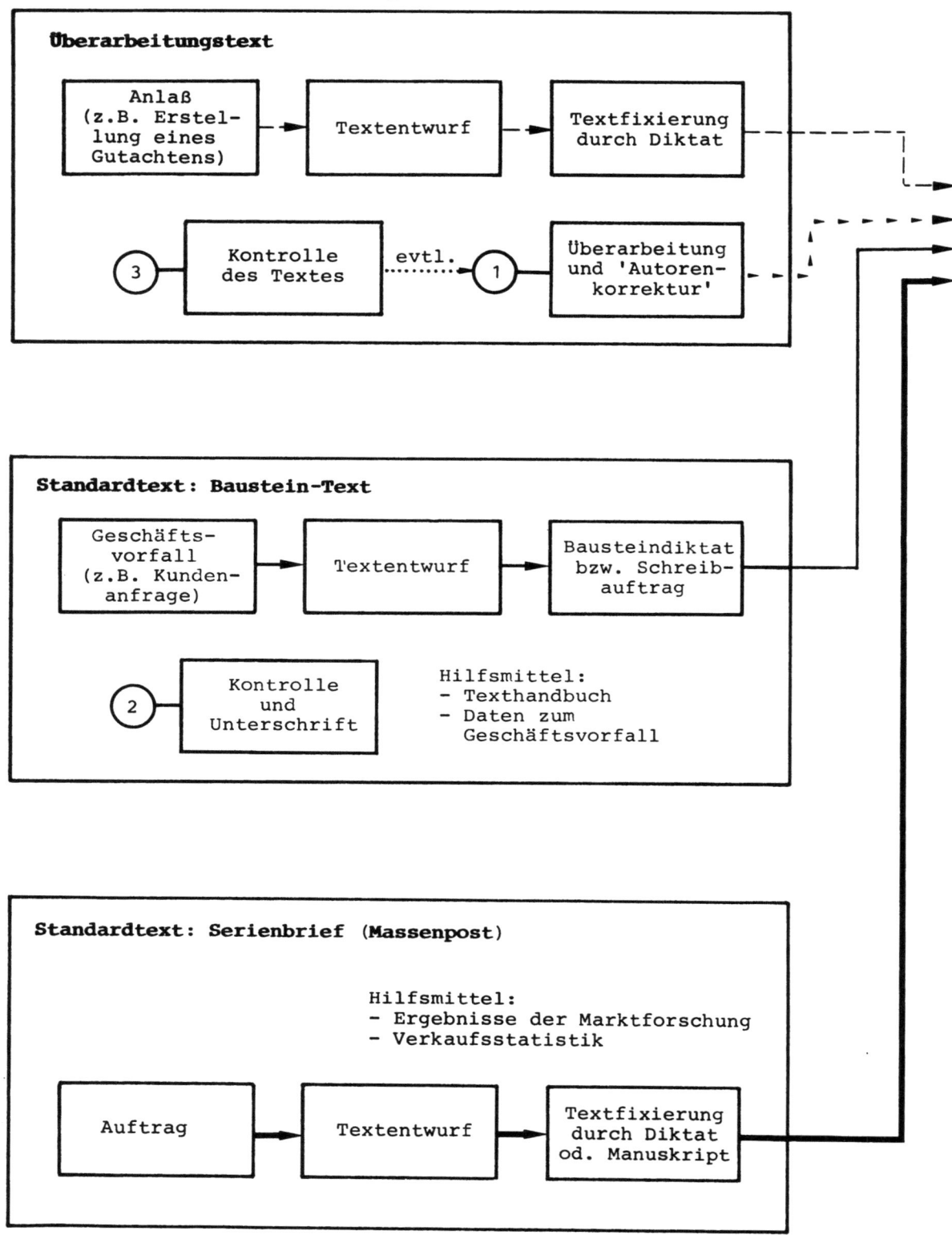

Abb. D-10a: Übersicht über die Text-Arten-abhängigen Arbeitsabläufe bei zentraler Schreib-Organisation mit Textautomaten (Beispiel)

D.II.3.3. Schriftgutverteilung

Schreibzentrale mit Textautomat

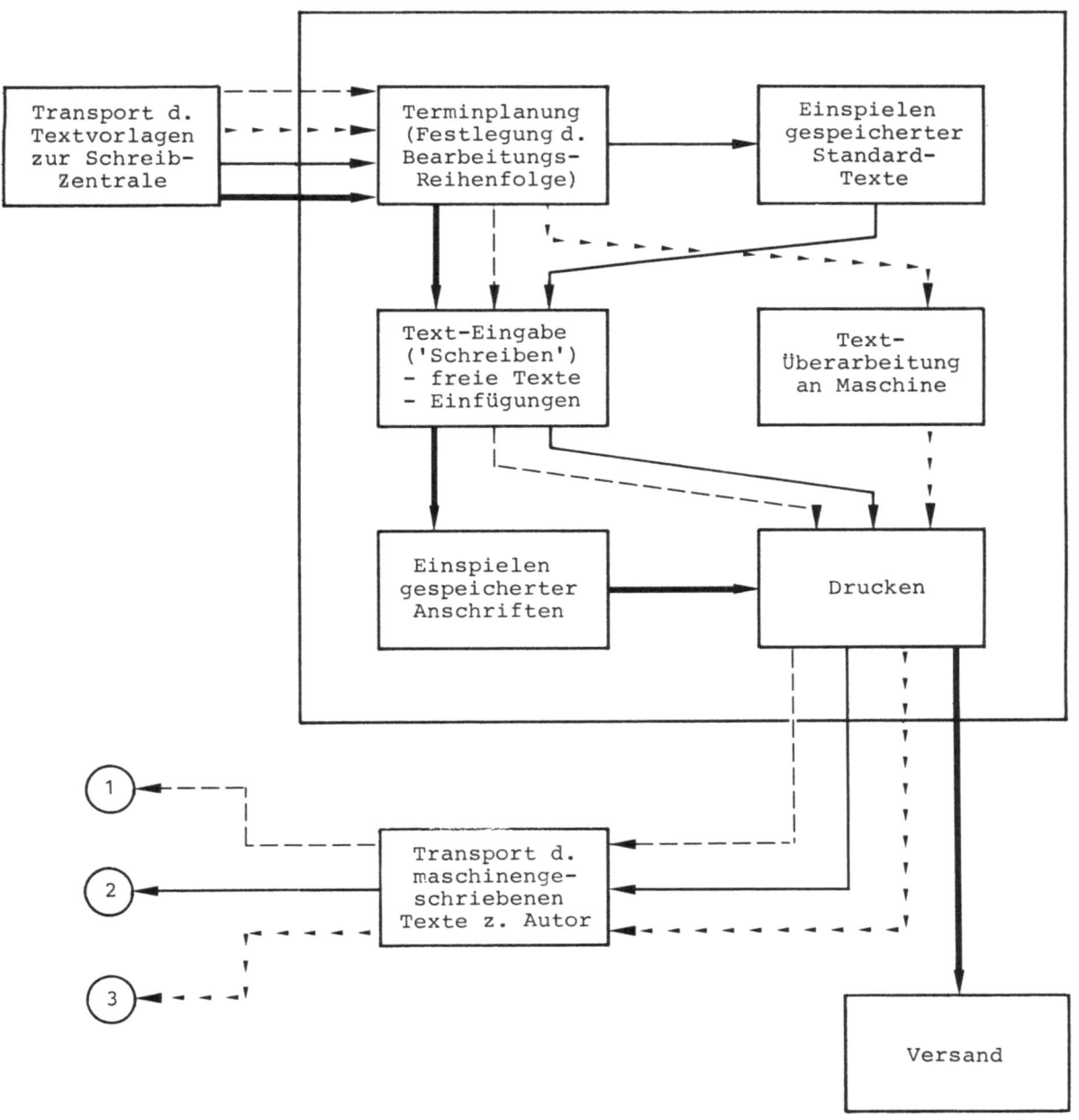

Abb. D-10b: Übersicht über die Text-Arten-abhängigen Arbeitsabläufe bei zentraler Schreib-Organisation mit Textautomaten (Beispiel)

Schriftgutverteilung   D.II.3.3.

E. Entscheidungen über Sachmittel der Textverarbeitung

Der Funktionsbereich der Textverarbeitung umfaßt mehr als nur das Entwerfen und Schreiben von Texten. Doch schon bei der organisatorischen Ist-Untersuchung und beim Soll-Entwurf für die Neugestaltung (Reorganisation) wurde deutlich: Den Kern der Textverarbeitung bildet die Schreibarbeit. Welcher Art die Text-Inputs - also die "Vorlagen" - sind und welche Art von Output - also fertigem Text - produziert werden soll: Das zu untersuchen und die Gestaltung darauf abzustellen, sind organisatorische Schwerpunktprobleme von besonderem Gewicht.

Entsprechendes gilt für die Sachmittel-Entscheidungen (Investitionsentscheidungen). Mit welchen Instrumenten soll die Schreibarbeit durchgeführt werden: mit konventioneller oder automatisierter Technik, durch Textautomaten unterstützt oder computergestützt? Dieses zentrale Entscheidungsproblem muß gelöst sein, ehe die Sachmittel-Entscheidungen im Schreibumfeld angegangen werden.

Deshalb behandelt der folgende Teil die Sachmittel der **'Textverarbeitung im engen Sinne'**: Schreibmaschinen, Textautomaten und EDV-Anlagen. Zunächst wird der Entscheidungsprozeß in den Konkretisierungsstufen der Sachmittel-Auswahl verfolgt: von der (globalen) Verfahrens- über die (einengende) Konfigurations- bis zur (ganz konkreten) Anlagen- bzw. Geräte-Entscheidung. Nach getroffener Auswahl sind im Zuge des Beschaffungsprozesses Fragen der Finanzierung und der vertraglichen Konditionen zu klären.

I. Die Verfahrensentscheidung

Mit der Verfahrensentscheidung erfolgt die grundlegende Weichenstellung in Richtung einer der Sachmittel-Alternativen

- Schreibmaschinen
- Textautomaten
- EDV-Anlagen (Computer).

Ergebnis der Verfahrensentscheidung kann sein, den bisherigen Sachmittelbestand beizubehalten: wenn er für die Anforderungen des Soll-Entwurfs ausreicht. Im Regelfall wird es aber um die Anschaffung neuer, leistungsfähigerer Sachmittel gehen. Nur dann findet die Verfahrensentscheidung ihre Fortsetzung in weiteren Auswahl-Schritten.

1. Schreibmaschinen

Fällt die Verfahrensentscheidung zugunsten einer Textverarbeitungslösung mit Schreibmaschinen, so bedeutet das nicht, daß auf moderne Technologien verzichtet werden muß. Denn das Spektrum des Markt-Angebots an Schreibmaschinen hat sich gerade in jüngster Zeit erheblich erweitert. Vor allem die zunehmende Verwendung elektronischer Bauteile führte dazu, daß heute zwei Haupt-Kategorien dieser Sachmittel unterschieden werden können (dazu auch: Einführung III.1.):

- **elektromechanische Schreibmaschinen** mit festen oder auswechselbaren Typenträgern
- **elektronische Schreibmaschinen** (mit internem Speicher) als Fortentwicklung der Speicherschreibmaschinen.

Dagegen gehören herkömmliche Speicherschreibmaschinen mit Magnetband-Schleifen oder Magnetkarten - obwohl sie erst Mitte der 60er Jahre eingeführt wurden - technologisch bereits der Vergangenheit an.

E.I.   Die Verfahrensentscheidung

Was unterscheidet die elektronische Schreibmaschine von einer elektromechanischen? Es ist die Ausstattung mit einem internen Arbeitsspeicher (**Hauptspeicher**), der kurzfristig Text aufnimmt. Im gerade erfaßten und noch gespeicherten Text kann also korrigiert und geändert werden. Auch gewisse **Hilfsfunktionen** - z.B. das Zentrieren von Zeilen, Fettschrift oder Blocksatz - werden von der Maschine übernommen: Sie verfügt über Mikroprozessor-Bauteile, die allerdings nicht frei programmierbar sind (PROM's). In der Kapazität des Textspeichers sowie in Zahl und Leistungsumfang der möglichen Funktionen weisen die einzelnen Geräte sehr große Unterschiede auf.

Oft wird das Attribut "elektronisch" auch Schreibmaschinen ohne Speicher zugeordnet, um ihre Ausstattung mit Bauteilen der Mikroelektronik hervorzuheben. Dieser Verwendung des Begriffs wird hier nicht gefolgt, da die weiter zunehmende Verbreitung von Mikroprozessoren seine Ausagekraft verblassen ließe.

Was unterscheidet die elektronische Schreibmaschine andererseits vom Textautomaten? Es ist das **Fehlen archivierbarer Extern-Speicher.** Die meisten elektronischen Schreibmaschinen verfügen nur über Intern-Speicher, deren Inhalt nach längerem Ausschalten der Maschinen nicht mehr rekonstruierbar, also flüchtig ist. Neu-Entwicklungen weisen allerdings bereits auf die Ausstattung elektronischer Schreibmaschinen mit nicht-flüchtigen Speichermedien hin (v.a. miniaturisierten Winchester-Platten). Textautomaten verfügen dagegen über auswechselbare Speicher, auf denen auch größere Texte über längere Zeit aufbewahrt werden können. Diese notwendige Voraussetzung für die Textbausteinverarbeitung und die zeitunabhängige Überarbeitung von Texten ist also bei elektronischen Schreibmaschinen nicht gegeben. Diese Geräte bieten allenfalls den Erfassungs- und Korrekturkomfort von Textautomaten, nicht aber deren Speicherungsmöglichkeiten.

Der Haupt-Anwendungszweck aller Schreibmaschinen liegt in der maschinellen Fixierung von **Einmal-Texten**, die in verbaler oder handschriftlicher Form vorliegen können. Überwiegen Einmal-Texte im Textprofil, so sollte die Verfahrens-Alternative 'Schreibmaschinen' ernsthaft erwogen werden. Denn für Einmal-Texte reicht das Sachmittel Schreibmaschine absolut aus: Der Erfassungsaufwand kann auch bei automatisierten Lösungen nicht reduziert werden.

Für die **Flexibilität der Erfassung** weisen Schreibmaschinen eher Vorteile auf: beispielsweise bei der Halbzeilenschaltung für hoch- oder niedriggestellte Ziffern (Fußnoten bzw. Indizes) oder beim Überschreiben von Zeichen (z.B. Symbol für den Durchschnitt: ∅). Mit einfachen Handgriffen bringt die Schreibkraft Walze und Schreibwerk manuell in die richtige Position und löst die entsprechenden Anschläge aus. Bei automatischen Sachmitteln sind dagegen Funktionstasten zu bedienen oder besondere Steuerzeichen im Text anzubringen. Dies setzt entsprechende Vorkenntnisse voraus und kann zu schwierigen Folgeproblemen führen (z.B. beim Zeilen-Umbruch). Die Grundzüge der Funktionsweise und der Bedienung einer Schreibmaschine gehören hingegen zum Standardwissen im Büro - und zwar nicht nur bei routinierten Schreibkräften.

Für den Einsatz von Schreibmaschinen spricht also:
- die Produktivität bei der Erfassung von Einmal-Texten kann auch durch Automaten-Einsatz nicht gesteigert werden
- die Bedienung ist unmittelbar verständlich und einfach.

Ein ernstzunehmendes Argument bildet die bei mechanischen und elektromechanischen Schreibmaschinen festzustellende Angst vor Tippfehlern - besonders am Ende fertiger Textseiten. Doch sind die **Korrekturmöglichkeiten** auch bei elektromechanischen Schreibmaschinen seit geraumer Zeit sehr stark verbessert worden. Die wichtigste Einrichtung ist der sogenannte Lift-off-

E.I.1.   Schreibmaschinen

Mechanismus, bei dem die - mit einem speziellem Farbband ausgedruckten - Zeichen durch ein Korrekturband wieder vom Papier abgezogen werden.

Elektronische Schreibmaschinen ermöglichen neben dieser Korrektur auf dem Papier auch die Korrektur im gespeicherten Text. So können die zuletzt erfaßten Zeichen vor dem Ausdrucken ad hoc korrigiert werden: Voraussetzung dafür ist ihre Anzeige über ein Zeichen- oder Zeilen-Display (eine Art Mini-Bildschirm). Ist der Arbeitsspeicher ausreichend groß, um zumindest eine Schreibmaschinenseite aufzunehmen, dann lassen sich auch Korrekturen im bereits fertiggestellten Text vornehmen: Dieser muß dann allerdings nochmals ausgedruckt werden. Der letzte Fall entspricht der nachträglichen Korrektur bei Textautomaten; nachteilig ist allerdings, daß Erfassung und Überarbeitung wegen der Flüchtigkeit des Speichers zeitlich nicht beliebig voneinander getrennt werden können - was besonders bei längeren Manuskripten sehr unbequem sein kann.

Auch hohen gestalterischen Anforderungen an die **Text-Qualität** wird die moderne Schreibmaschinen-Technologie gerecht. So bieten auswechselbare Typenträger (Kugelkopf, Typenrad) die Möglichkeit einer einfachen Schriftart-Variation. Immer mehr elektromechanische und alle elektronischen Schreibmaschinen verfügen über entsprechende Schreibwerke. Wo die absolute Fehlerfreiheit ein ausschlaggebendes Kriterium ist, kommen elektronische Schreibmaschinen mit größeren Arbeitsspeichern in Betracht: Denn auch die Lift-off-Korrektur hinterläßt noch minimale Spuren auf dem Papier.

2. <u>Textautomaten</u>

Textautomaten - von Herstellern oft auch als elektronische Schreib- oder Textsysteme bezeichnet - bestehen wie EDV-Anlagen aus einer Zentraleinheit und verschiedenen peripheren Geräten. Als Peripherie sind in jedem Fall vorhanden:

Schreibmaschinen E.I.1.

- eine Tastatur zur Texteingabe
- ein Schreib- oder Druckwerk
- ein externer Speicher zur Textablage.

Externe Speichermedien müssen - allein aus Sicherungsgründen - die Möglichkeit zur **Archivierung der Texte** bieten, d.h. die Datenträger müssen vom Standort der Anlage unabhängig aufbewahrt werden können.

Dies ist ein wesentlicher Unterschied zur elektronischen Schreibmaschine und bringt überall dort eine entscheidende Erleichterung mit sich, wo Texte über längere Zeit hinweg gespeichert werden müssen: Sei es, daß sie mehrmals zu überarbeiten sind; sei es, daß sie als Standard-Texte mehrfach verwendet werden sollen (Serienbriefe, Textbausteine).

Der gegenüber Schreibmaschinen **größere Funktionsumfang** von Textautomaten ist von Vorteil bei allen Format-Texten (Tabellen, Formularen), bei Texten mit hohen Gestaltungsanforderungen, aber auch bei Texten, die von weniger routinierten Schreibenden direkt eingegeben werden. Die Verfahrensalternative 'Textautomat' wird also erwägenswert, wenn das Textprofil Schwerpunkte bei Standard-, Überarbeitungs-, Format- oder Direkt-Input-Texten aufweist oder aber, wenn Texte mit besonders hohen Gestaltungsanforderungen dominieren.

Es gibt zwei Grund-Kategorien von Textautomaten: solche **mit und** solche **ohne Bildschirm**. Automaten ohne Bildschirm sind eng mit elektronischen Schreibmaschinen verwandt. Sie haben wie diese meist ein Zeilen-Display und unterscheiden sich von ihnen nur durch ihr nicht-flüchtiges und archivierbares Speichermedium.

E.I.2.   Textautomaten

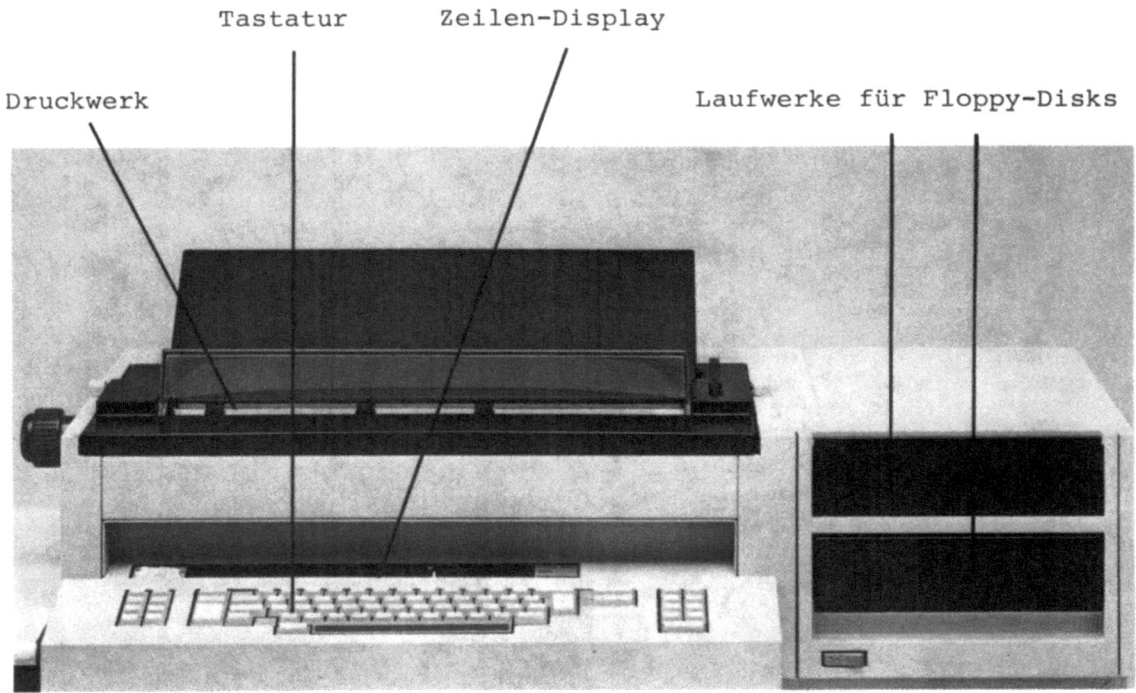

Abb. E-1: Textautomat ohne Bildschirm (Beispiel)

Das Angebot einiger Hersteller erlaubt dem Anwender nicht nur den Konfigurations-Ausbau innerhalb einer Sachmittelkategorie, sondern auch den Übergang zwischen diesen Kategorien durch **"Hochkonfigurieren"**:

- von der elektronischen Schreibmaschine zum Textautomaten ohne Bildschirm durch Anschluß externer Peripherie
- vom Textautomaten ohne zu einem solchen mit Bildschirm.

Textautomaten mit Bildschirm führen zu ganz anderen Bedienungsabläufen, als sie bei den herkömmlichen Verfahren üblich sind. Die direkte Verbindung zwischen Text-Eingabe über die Tastatur und Text-Ausgabe auf dem Papier ist aufgehoben. Der Text wird während der Erfassung nur auf dem Bildschirm sichtbar und erst, wenn die Erfassung einer Seite abgeschlossen ist, gespeichert oder gedruckt.

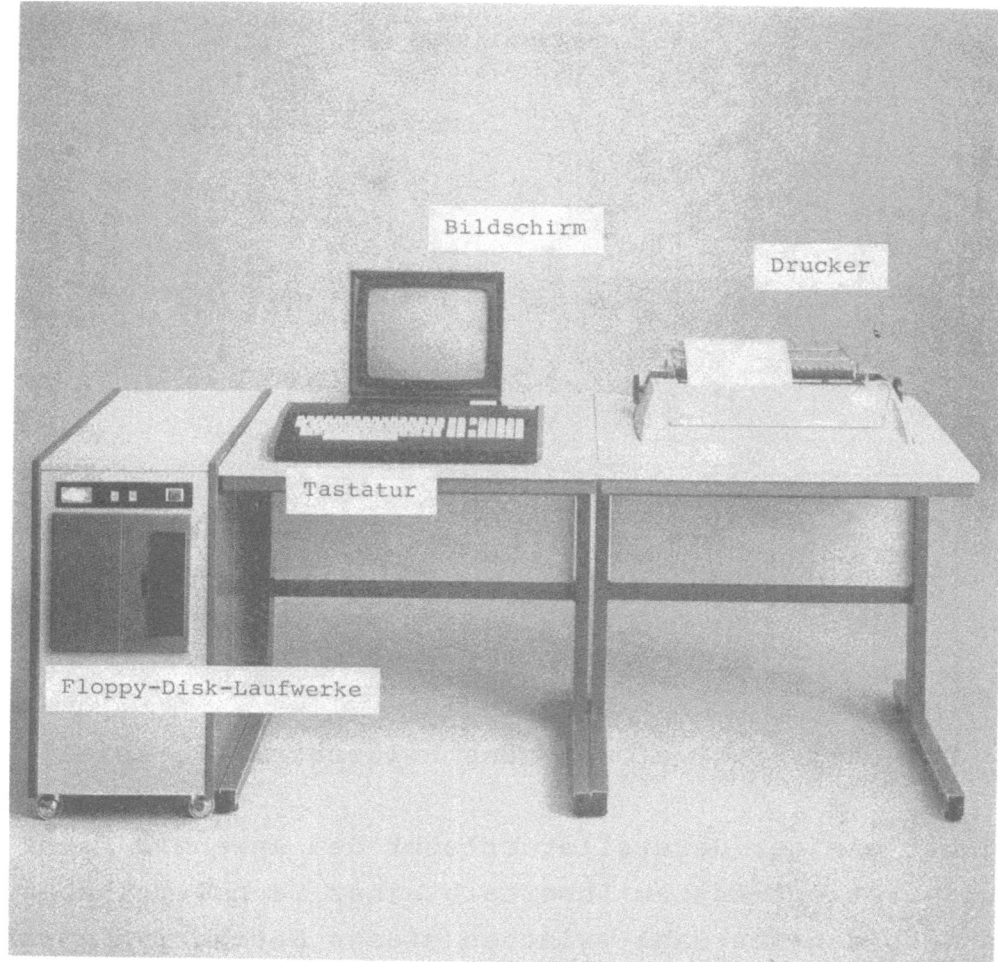

Abb. E-2: Textautomat mit Bildschirm (Beispiel)

Das ist bei der Verfahrensentscheidung zu bedenken: Texte, die stark korrekturanfällig sind, oder Baustein-Texte, die sich aus vielen Bestandteilen zusammensetzen, aber auch alle Texte mit höheren Gestaltungsanforderungen müssen bei einem Textautomaten ohne Bildschirm zu Kontrollzwecken immer wieder ausgedruckt werden. Der dafür notwendige Zeit- und Materialaufwand sollte nicht unterschätzt werden.

Textautomaten sind nicht wie Schreibmaschinen gut überschaubare Einzelgeräte, sondern Systeme, die sich aus verschiedenen Komponenten zusammensetzen und in der Zusammenstellung dieser Komponenten vielfältige Kombinationsmöglichkeiten bieten. Deshalb

E.I.2. Textautomaten

ist vor der Sichtung konkreter Anlagen die Konfiguration in ihren Grundzügen festzulegen. Genau wie bei der Systemauswahl im EDV-Bereich ist also eine Konfigurationsentscheidung zu fällen.

3. EDV-Anlagen

Textverarbeitung auf EDV-Anlagen ist nur möglich, wenn entsprechende **Software** (Anwender-Programme) zur Verfügung steht. Doch bieten heute fast alle EDV-Hersteller Textverarbeitungs-Software an. Den Computer zur Textverarbeitung zu nutzen, ist mithin eine Verfahrens-Alternative für jede Unternehmung, die ihre Datenverarbeitung bereits automatisiert hat oder dies noch beabsichtigt.

Software-Lösungen werden für Computer jeder Größenordnung und jeder Preisklasse angeboten. Die Anschaffungskosten der Hardware entsprechen denen bei Textautomaten; oft ist die Datenverarbeitungs-Hardware sogar preisgünstiger. Die Preise für Textverarbeitungs-Software weisen eine sehr große Spannweite auf: von einigen Hundert DM bis zu mehreren Zehntausend DM. Entsprechend unterschiedlich ist aber auch der Leistungsumfang.

In ihrer Ein-/Ausgabe-Peripherie sind die meisten EDV-Anlagen nicht von vornherein für Textverarbeitungsanforderungen gerüstet. Vor allem die Tastaturen sind überwiegend auf den amerikanischen Zeichensatz abgestellt: verschiedene bei uns unübliche Sonderzeichen, dafür keine Umlaute und kein ß. Auch fehlt die bei Textautomaten häufig anzutreffende Vielfalt von Funktionstasten. Oft können auf den Bildschirmen keine Kleinbuchstaben dargestellt werden (wegen deren Unterlängen). Schließlich dominieren vor allem bei kleineren Anlagen Matrix-Drucker, deren Schriftbild von dem der Schreibmaschine erheblich abweicht.

Textverarbeitungs-Verfahren mit EDV-Anlagen haben besonders für den mittelständischen Betrieb einen entscheidenden Vorzug: Es müssen **nicht zwei komplette Hardware-Systeme** angeschafft werden - eins für Daten-, eins für Text-Verarbeitung. In der Regel reicht der Anschluß zusätzlicher Peripherie aus: etwa eines weiteren Bildschirm-Platzes und eines Typenrad-Druckers. Dies berührt jedoch bereits die Konfigurations-Entscheidung oder - bei vorhandener EDV-Hardware - die Frage des Konfigurations-Ausbaus.

Nur wenn im Textprofil Serien-Briefe absolut dominieren, können dafür einfache Stapelverarbeitungs-Programme ausreichen. Andernfalls muß die EDV-Anlage - soll sie eine ernsthafte Alternative zum Textautomaten darstellen - eine wirkliche Dialog-Verarbeitung ermöglichen: Das gilt, wenn Baustein-, Überarbeitungs- und Direkt-Input-Texte vorliegen.

Weist das Textprofil einen hohen Anteil an Format-Texten auf, deren Montage am Bildschirm besonders anspruchsvoll ist, dann kann dies zum negativen Auslesekriterium werden: Denn nur sehr wenige Hersteller sehen den EDV-Anschluß großformatiger Bildschirme vor, die für eine übersichtliche Gestaltung großer Formular- oder Tabellen-Werke (z.B. Statistiken, Bilanzen) benötigt werden.

Umgekehrt ist die Verfahrensalternative 'EDV' für Direkt-Eingabe-Profile geradezu prädestiniert, wenn die notwendigen Schnittstellen zu Datenverarbeitungsabläufen softwaremäßig realisiert werden können. Der Zugriff auf Datenbestände der EDV oder gar die Verflechtung der direkten Text-Eingabe mit Datenverarbeitungs-Dialogen bilden ein Integrations-Potential, das zum ausschlaggebenden Entscheidungskriterium werden kann.

E.I.3.   EDV-Anlagen

	TV mit elektromechanischen oder elektronischen Schreibmaschinen	TV mit Textautomaten	TV mit EDV-Anlagen
Vorteile	- geringe Sachmittelkosten - leichte Bedienbarkeit (kein Einarbeitungsaufwand) - hohe Erfassungsflexibilität	- Anschluß von externen Speichern (ermöglicht die Verarbeitung von Standard-Texten) - großer Umfang von Textverarbeitungsfunktionen	- für Textverarbeitung und EDV ist nur ein Hardware-System notwendig (Einsparung von Sachmittel-Kosten) - Nutzung externer Speicher - bei integrierten Datenbeständen Zugriff auf EDV-Datenbestände möglich
Nachteile	- Korrekturprobleme (Ausnahme: Sofortkorrektur mit elektronischen Schreibmaschinen) - fehlende Möglichkeit externer Speicherung	- hoher Sachmittelaufwand (nur bei entsprechendem Text-Profil und großem Text-Volumen gerechtfertigt)	- vorhandene Tastatur und Bildschirm für Textverarbeitung häufig nicht geeignet - geringe Schriftqualität der vorhandenen Drucker
Anwendungs-Bereiche	- für maschinenschriftliche Fixierung von Einmal-Texten ausreichend - bestimmte Texte mit hohen Gestaltungsanforderungen (mit elektronischen Schreibmaschinen)	- Verarbeitung von Standard-Texten (Serienbriefe und Text-Bausteine) - Überarbeitungstexte - Formattexte - bestimmte Texte mit hohem Gestaltungsanteil	- für die Anwendungsbereiche von Textautomaten oft ausreichend - besonders geeignet für Direkt-Input-Texte und Serienbriefe

Abb. E-3: Verfahrensentscheidung (Vergleichender Überblick)

II. Die Konfigurationsentscheidung

Ist die Verfahrensentscheidung zugunsten einer der beiden automatisierten Alternativen

- Textautomat oder
- EDV-Anlage

gefallen, dann wird es sinnvoll, über die Konfiguration zu entscheiden, bevor es an Beurteilung und Auswahl konkreter Anlagen geht. Denn anders als Schreibmaschinen sind Textautomaten und Computer Sachmittel-Aggregate, deren einzelne Elemente vielfältig konfigurierbar sind.

Wenn der Anwender im Zuge der Konfigurationsentscheidung die Art der System-Elemente und deren grundsätzliche Größenordnung - und damit Leistungsfähigkeit - festgelegt hat, wird die Varianten-Vielfalt der angebotenen Sachmittel sich sinnvoll einengen. Von Herstellern, deren Produkte aus dem vorgegebenen Konfigurations-Spektrum fallen, brauchen dann gar nicht erst Angebote eingeholt zu werden.

Zunächst ist die **Hardware-Konfiguration** zu bestimmen: Anzahl und Art von Bildschirmen, Druckern, externen Speichern, u.U. weiterer Peripherie. Diese Konfigurations-Festlegung ist in unserem Rahmen nur für Textautomaten von Interesse: Denn ein Computer wird im Normalfall nicht vorrangig zur Textverarbeitung angeschafft. Deshalb hat die Entscheidung über die EDV-Konfiguration schwerpunktmäßig von Datenverarbeitungs-Anforderungen auszugehen; die Textverarbeitung als einer von vielen Anwendungsbereichen gibt allenfalls Anlaß zu Erweiterungsüberlegungen.

Dagegen betrifft die **Software-Konfiguration** die Leistungsfähigkeit der Textverarbeitungsprogramme - sowohl bei Textautomaten wie bei Computern. Läßt sich die Hardware-Leistung überwiegend quantifizieren, so kann bei der Software-Beurteilung nur

E.II. Die Konfigurationsentscheidung

angegeben werden, welche Funktionen notwendig, welche wünschenswert und welche weniger dringlich sind. Im Abschnitt E.II.2. wird eine entsprechende Systematik von automatisierten Textverarbeitungs-Funktionen entwickelt.

Eine Besonderheit für die Konfigurations-Entscheidung ergibt sich, wo **Text- und Datenverarbeitung** enger aufeinander abgestimmt werden sollen. Auf der Software-Seite wird es dann - bei Textautomaten und Computern - notwendig werden, die programm- und dateimäßigen Schnittstellen aufzudecken.

1. Hardware-Konfiguration

Die wichtigsten Konfigurations-Elemente von Textautomaten sind: Bildschirmgeräte, Zentraleinheiten, externe Speichermedien und Drucker. Oft wird auch der Anschluß weiterer Ein-/Ausgabe-Peripherie sinnvoll: etwa von Klarschrift-Lesern (auch OCR-Lesern) auf der Eingabeseite und von Fotosatz-Einrichtungen auf der Ausgabeseite. Diese Sachmittel entsprechen aber nur im Ausnahmefall den Bedürfnissen und auch den Möglichkeiten einer mittelständischen Unternehmung. Anders ist das bei den Kommunikations-Schnittstellen: Sie werden später unter den Sachmitteln des Schreibumfeldes abgehandelt (Abschnitt F.I.4.).

1.1. Bildschirm und Tastatur

Schon bei der Verfahrensentscheidung kann, spätestens bei der Konfigurationsentscheidung aber muß festgelegt werden, ob der Textautomat über einen Bildschirm verfügen soll oder nicht. Ohne Bildschirm wird man überall dort auskommen, wo die Erfassung von Einmal-Texten im Textprofil dominiert. Auch wenn hoch standardisierte Texte überwiegen, können Textautomaten ohne Bildschirm gute Dienste leisten: also wenn Baustein-Texte oder Serienbriefe produziert werden, in die nur sehr wenig variabler Text manuell eingefügt werden muß.

Eine wertvolle Unterstützung bietet der Bildschirm allerdings bei der **Überarbeitung längerer Texte**. Bestimmte Stellen im Text wieder aufzufinden und gezielt anzusteuern - das ist bei Textautomaten ohne Bildschirm nur auf Umwegen möglich: sei es durch zeilen- oder absatzweises Springen, sei es durch das Suchen nach bestimmten Worten (Suchwort-Methode).

Auch bei der **Montage von Texten** aus sehr vielen Einzelbausteinen sind Bildschirm-Textautomaten den kleineren Anlagen eindeutig überlegen: Der Benutzer hat die jeweils aktuelle Version des Textes vor Augen, bevor sie ausgedruckt wird. Das gleiche gilt für die Gestaltung von Format-Texten: Die richtige Anordnung etwa für die Elemente einer Tabelle zu finden, ist über die permanente Bildschirm-Anzeige wesentlich einfacher, als wenn dafür mehrere Probedrucke gemacht werden müssen. Auch die Flexibilität bei der Gestaltung von Fließtext wird durch den Bildschirm größer: z.B. wenn Einrückungen geändert oder Kolonnen verschoben werden sollen.

Textsysteme ohne Bildschirm verfügen oft über ein **Zeilen-Display**, das oberhalb der Tastatur angebracht ist. In der Regel lassen sich darin mehrere der zuletzt eingegebenen Text-Zeichen (also eine Teilzeile) anzeigen: Ebenso ist die Anzeige aktuell aufgerufener Funktionen möglich: das Verändern des Randes oder das Setzen eines Tabulators. Die Zeichen werden meist durch ein LED-Punkt- oder Strich-Raster dargestellt (LED für: Light-Emitting-Diode).

Bildschirmgeräte pflegt man nach Halb- und Ganzseiten-Bildschirmen zu unterscheiden. **Halbseiten-Bildschirme** entsprechen im Format dem EDV-Standard-Bildschirm, der eine Kapazität von 24 Zeilen zu je 80 Zeichen aufweist - also insgesamt 1.920 Zeichen darzustellen erlaubt. Dagegen lassen sich auf **Ganzseiten-Bildschirmen** mindestens 50, meist sogar noch mehr Text-Zeilen gleichzeitig abbilden. Die Zeilenbreite ist auch dabei 80 Zei-

E.II.1.1.   Bildschirm und Tastatur

chen. Vereinzelt werden auch Großbildschirme mit doppelter Zeilenbreite angeboten, auf denen 2 Textseiten nebeneinander Platz finden (**Zweiseiten-Bildschirm**): Sie eignen sich besonders gut für die Gestaltung von größeren Format-Text-Seiten.

Die weitgehend üblichen Bildschirme sind technisch als Kathodenstrahlröhren (CRT's) realisiert, welche die Einzelzeichen als **Punkt-Raster** zeilenweise abbilden (ähnliches Prinzip wie beim Fernsehgerät). Die Qualität der Zeichendarstellung und damit die gute Lesbarkeit hängen von Größe und Dichte des Punktrasters ab. Meist wird eine 7 x 9, manchmal auch eine 9 x 12 Punkte-Matrix für ein einzelnes Zeichen benutzt (Minimum: 5 x 7 Raster).

Dagegen arbeiten die sogenannten **graphischen Bildschirme** nach einem nicht-zeilengebundenen Koordinatenprinzip: Alle Bildschirmpunkte werden direkt angesteuert; die Bildschirm-Oberfläche ist quasi karthographisch vermessen (bit-mapped screen). Das erhöht die Flexibilität der Darstellung und - durch größere Auflösung - die Lesbarkeit der Zeichen. Es wird damit ein größerer Zeichensatz darstellbar; auch können gestalterische Besonderheiten - wie Fettschrift oder Hoch-/Tiefstellung von Zeichen etwa in komplexen Formeln - auf dem Bildschirm sichtbar gemacht werden. Graphische Bildschirme sind teurer als Normal-Bildschirme und können heute erst an wenige Systeme angeschlossen werden.

Eine grundsätzliche technische Alternative zu CRT-Bildschirmen sind **Gas-Plasma-Bildschirme**, die Zeichen nicht aus fluoreszierenden Punkten, sondern aus kleinen Gasentladungs-Strecken zusammensetzen. Sie ermöglichen präzise und flimmerfreie Darstellungen. Diese zukunftsträchtige Technologie ist jedoch - für größere Anzeigen - bislang nur sehr selten realisiert.

Entscheidungs-Kriterium für die Bildschirm-Auswahl ist der Anteil von Format-Texten und von Texten mit besonderen Gestaltungsanforderungen im Text-Profil. Großformatige Tabellen oder umfangreiche Formulare lassen sich naturgemäß auf Ganz- oder Zweiseiten-Bildschirmen übersichtlicher abbilden als auf einem Halbseiten-Bildschirm. Komplexe wissenschaftliche Formeln, häufig vorkommende Symbole oder Abbildungen im Text - wie Balkendiagramme, statistische Verteilungen etc. - erfordern zu ihrer Darstellung einen graphischen Bildschirm. Im Normalfall reicht jedoch zur Erfassung, Korrektur und Überarbeitung von Fließtext der Standard-Halbseiten-Bildschirm völlig aus.

Ein qualitatives Hardware-Merkmal von Bildschirmen ist die **farbliche Darstellung**: die Art der Farben und vor allem das Verhältnis von Zeichendarstellung und Hintergrund. Die meisten Bildschirme arbeiten mit einer Negativ-Darstellung: helle Zeichen auf dunklem Grund. Einige Textautomaten-Bildschirme basieren dagegen auf Positiv-Darstellung: dunkle Zeichen auf hellem Grund - somit der Darstellung auf dem Papier entsprechend. Einige Bildschirme lassen sich auch von einem Modus auf den anderen umschalten (Invertierung). Viele graphische Bildschirme ermöglichen eine mehrfarbige Darstellung.

Die Wahl des geeigneten Darstellungsverfahrens hängt weniger von organisatorischen, sondern mehr von ergonomischen Entscheidungskriterien ab (dazu: Abschnitt: G.II.1.1.). Das gleiche gilt für Größe und Präzision der Zeichendarstellung und für die Flimmer- und Reflexionsfreiheit. Erforderlich ist bei jedem Bildschirm ein Helligkeitsregler, angenehm zusätzlich ein Kontrastregler.

Die **Tastatur** von Textautomaten sollte unbedingt der 1976 festgelegten Norm für Schreibmaschinentastaturen nach DIN 2137, Teil 1, entsprechen. Diese Norm weicht nur in Satz- und Sonderzeichen von der früher üblichen Schreibmaschinentastatur nach DIN 2127 ab. Einige Automaten verfügen zusätzlich über eine separate numerische Tastatur (Zehner-Blocktastatur nach DIN 9753). Das ist vorteilhaft, wenn viele Zahlen erfaßt werden müssen.

E.II.1.1.   Bildschirm und Tastatur

Tastenfeld nach DIN 2127:

Tastenfeld nach DIN 2137:
(Veränderungen gegenüber DIN 2127
durch Raster gekennzeichnet)

Abb. E-4: Alte und neue Norm-Tastatur

In Anzahl, Umfang und Anordnung der **Funktionstasten** weisen Textautomaten große Unterschiede auf. Unumgänglich sind - wenn nicht mit einer festen Schreibzeile gearbeitet wird - Tasten zur Bewegung des Cursors über den Bildschirm. Von ihrer Funktionsweise hängt ab, wie bequem sich der Cursor innerhalb eines Textes positionieren läßt (z.B. verschiedene Geschwindigkeiten). Üblich sind fünf **Cursor-Tasten**: nach links, rechts, oben, unten und an den Seitenanfang. Weitere Tasten ermöglichen etwa zeilen-, satz-, absatz- oder seitenweises Springen.

Eine Alternative zu Funktionstasten ist die analoge Cursor-Bewegung über eine **Sensoren-Einrichtung** (vor allem bekannt als: Mouse, Puck und Pen Tablet). Analog ist auch die Eingabe über einen Lichtstift (engl.: lightpen), der über die Bildschirm-

Oberfläche geführt wird. Beim berührungsreagiblen Bildschirm (engl.: **touch sensitive screen**) sind schließlich begrenzte Eingaben durch unmittelbares Betasten des Bildschirms möglich (mit Finger oder Bleistift).

Viele Funktionen können durch spezielle Funktionstasten ausgelöst werden. Um deren Anzahl jedoch in Grenzen zu halten (Übersichtlichkeit und Griffreichweite der Tastatur), wird fast immer mit einer **Sonder-Umschalt-Taste** gearbeitet: Ihre vorherige Auslösung läßt die normalen Tasten des Schreibfeldes zu Funktionstasten werden. Separate Funktionstasten bieten den Vorteil, daß die Systemfunktionen leicht erkennbar sind (an der Tasten-Beschriftung) und auch ungeübte Benutzer schnell mit dem Automaten zurecht kommen. Dagegen ermöglicht die codierte Belegung von Alpha-Tasten eine schnelle Bedienung durch geübte Benutzer. Bei allen Textautomaten ist eine Kombination aus beiden Prinzipien realisiert.

1.2. Zentraleinheit

Zentraleinheiten unterscheiden sich im Typ des verwendeten Prozessors und vor allem in der Größe der verfügbaren Hauptspeicher (auch: Intern- oder Arbeitsspeicher). Die Zentraleinheit als Kernstück eines Automaten steht beim Konfigurieren eines Systems nicht in der gleichen Weise zur Disposition wie die einzelnen peripheren Geräte. Dennoch müssen ihre grundlegenden Leistungsmerkmale im Rahmen der Konfigurationsentscheidung beachtet werden, da sie den Bezugsrahmen herstellen, innerhalb dessen verschiedene Konfigurationen erst möglich werden.

Die Beurteilung einer Zentraleinheit bereitet dem weniger EDV-erfahrenen Anwender naturgemäß die meisten Probleme. Auch ist hierbei die Gefahr am größten, vom Hersteller entweder mit wohlklingenden Schlagworten oder aber mit systemtechnischen Details überhäuft zu werden, die beide der Entscheidung nicht förderlich

E.II.1.2.   Zentraleinheit

sein können. Ein anwenderrelevantes Leistungsmerkmal ist etwa das **Zeitverhalten** des Systems: also die Rechengeschwindigkeit und die Antwortzeiten am Bildschirm. Diese Größen hängen jedoch nicht nur von der Prozessor-Architektur ab - z.B. der Wortbreite: 8-Bit-, 16-Bit-, 32-Bit-Rechner -, sondern vor allem auch von der Gestaltung der Systemsoftware. Um einen verläßlichen Eindruck davon zu gewinnen, wird der Anwender nicht umhin können, sich das Zeitverhalten in konkreten Situationen demonstrieren zu lassen:

- Dauer des Systemstarts (Laden des Betriebssystems)
- benötigte Zeit für das Abspeichern eines Textes - vor allem auf stärker belegten Datenträgern
- Wartezeit beim Abruf eines einzelnen Bausteins aus einer großen Anzahl von Textbausteinen
- Zeitverhalten bei bestimmten Verarbeitungsvorgängen, z.B. der Selektion von Adressen
- bei Anschluß mehrerer Bildschirme: Änderung des Zeitverhaltens, wenn zwei oder mehr Bildschirme gleichzeitig aktiv sind.

Von großer Bedeutung für den Anwender ist die **Kapazität des Hauptspeichers.** Dieser wird in der Regel zum überwiegenden Teil vom Textverarbeitungsprogramm belegt und nur zum geringeren Teil von dem Text, der aktuell bearbeitet wird.

Weniger interessant ist daher die absolute Größe des Hauptspeichers: Ein Speicher von 96 K kann für Anwendertexte weniger Raum lassen als ein solcher von 64 K. Abhängig ist dies nicht nur vom gesamten Umfang des Textverarbeitungsprogramms, sondern vor allem von der Art, wie dieses Programm aufgeteilt ist (Programm-Segmentierung; auch: Overlay-Technik). Denn das ganze Programm befindet sich nicht ständig im Hauptspeicher. Es werden vielmehr bei Bedarf Programm-Teile von externen Speichern abgerufen. Voraussetzung dafür ist: Das Textverarbeitungsprogramm muß auf einem Datenträger im On-Line-Zugriff erreichbar sein.

Ist ein häufiges Abrufen von Programm-Teilen nötig und verschlingt dies zusätzlich Zeit, so kann die Arbeit am Automaten relativ unbequem werden: Auch Bruchteile von Sekunden kumulieren sich rasch. Zu ähnlich unangenehmen Folgen kann eine zu knapp bemessene Netto-Kapazität des Hauptspeichers führen: Der für Texte zur Verfügung stehende Platz reicht dann oft während der Erfassung nicht aus. So finden sich Geräte, deren Arbeitsspeicher nur soviel an Text fassen kann, wie auf dem Bildschirm aktuell dargestellt ist. Ein Auf- und Abwärts-Schieben von Texten auf dem Bildschirm (Rollen) erfordert dann jeweils das Wegschreiben des nicht sichtbaren Textteils auf den externen Datenträger und das Nachlesen eines Anschlußtextes von diesem Datenträger. Bei Magnetplatten-Systemen braucht das zu keiner spürbaren Verzögerung zu führen; bei Floppy-Disk-Speichern dagegen können recht lästige Wartezeiten auftreten. Auch dieses Zeitverhalten kann der Anwender am besten bei einer konkreten Demonstration beurteilen. In jedem Fall günstiger ist es, wenn der Hauptspeicher Kapazität für mehrere Anwender-Text-Seiten freihält.

Bisher war nur vom Textautomaten als Einzelplatzsystem die Rede. Bildschirm-Systeme ermöglichen aber oft den Anschluß mehrerer Bildschirm-Stationen an eine Zentraleinheit. Man spricht dann von **Mehrplatzsystemen.** Bei der Konfigurationsalternative 'Mehrplatzsystem' sind zwei Grundformen zu unterscheiden:

- eine einzige Zentraleinheit bedient alle Stationen; die zentrale "Intelligenz" wird per Multi-Programming aufgeteilt (deshalb auch oft: Shared-Logic-Systeme)
- die einzelnen Bildschirme verfügen über eigene - mehr oder minder selbständige - Zentraleinheiten; die maschinelle

E.II.1.2. Zentraleinheit

"Intelligenz" ist dezentral über das System verteilt (deshalb auch: Distributed-Logic- oder Distributed-Intelligence-Systeme).

Auch Mischformen zwischen diesen beiden Extremfällen kommen vor: etwa wenn die Bildschirme zwar von einer Zentraleinheit gesteuert werden, aber über eigene Hauptspeicher für Anwendertexte verfügen (Bildschirmspeicher). Bei der dezentralisierten Version nutzen die einzelnen Arbeitsplätze gemeinsam einen Extern-Speicher, d.h. ein oder mehrere Magnetplatten-Laufwerke. Wird dagegen nur ein Drucker gemeinsam genutzt, so läßt sich nicht von einem echten Mehrplatzsystem sprechen: Es handelt sich dann eher um lose verbundene Einzelplatzsysteme. Bei einem zentralisierten Mehrplatzsystem - mit einer gemeinsam genutzten Zentraleinheit - ist neben der Aufteilung eines Massenspeichers (Magnetplatte) auch der Zugriff auf dezentrale Floppy-Disk-Stationen möglich.

Eine vollkommen zentrale Textautomaten-Lösung kann zu Geschwindigkeits-Engpässen und zur Überlastung der Zentraleinheit führen, denn Textverarbeitungs-Programmfunktionen sind durch ihre zeichenweise Verarbeitung oft sehr prozessor-intensiv. Deshalb hält der Trend an, Intelligenz in die Peripherie zu verlagern.

1.3. <u>Externe Speicher</u>

Für den Anwender von Bedeutung sind vier organisatorische Entscheidungs-Kriterien zur Beurteilung externer Speicher:

- Zugriffszeit
- Kapazität
- Archivierbarkeit
- Zuverlässigkeit.

Die wesentlichen Konfigurations-Alternativen für Externspeicher sind heute:

- Magnetbandkassette
- Magnetkarte
- Floppy Disk oder Diskette in verschiedenen Formaten
- fest mit dem Laufwerk verbundene Magnetplatte (Festplatte)
- auswechselbare Magnetplatte (Wechselplatte).

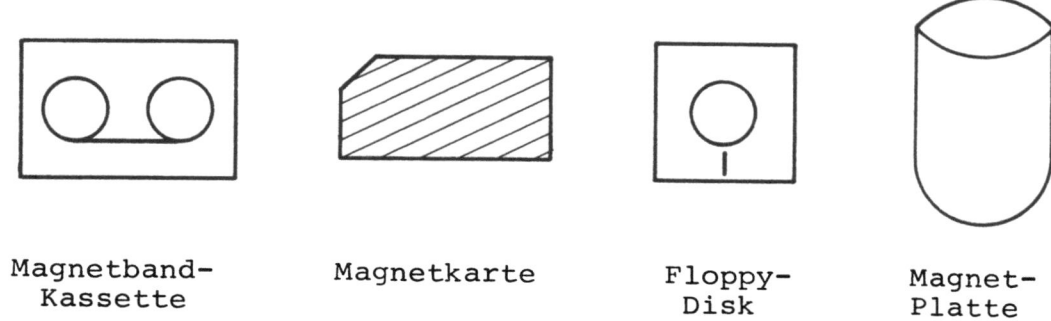

Abb. E-5: Symbole für Externspeicher

Bis auf die Festplatte sind alle hier aufgeführten Datenträger archivierbar. Eine Festplatten-Anlage muß also - damit die Daten gesichert und archiviert werden können - mit einem zusätzlichen auswechselbaren Speichermedium ausgestattet sein. Häufig werden dafür Magnetbandkassetten, oft auch Floppy Disks oder zusätzliche Wechselplatten-Stationen eingesetzt.

Magnetbandkassetten sind in verschiedenen Größenordnungen und mit sehr unterschiedlichen Leistungsmerkmalen verfügbar. Sehr verbreitet ist die sogenannte Kompakt-Kassette (engl.: magnetic tape cassette) mit einem 3,81 mm breiten Magnetband und einer Kapazität von ca. 250.000 Zeichen (genormt nach DIN 66211 und ECMA 34). Größere Versionen (engl.: tape cartridge) ermöglichen ein dichteres Beschreiben in mehreren Spuren und dadurch Gesamtkapazitäten von mehreren Millionen Zeichen (10 bis maximal 75 Megabyte). Diese Datenträgerart erlaubt nur einen sequentiellen Zugriff auf die gespeicherten Daten; für Direktzugriffs-Anforderungen sind die Suchzeiten (Vor-/Zurückspulen) zu hoch. Magnet-

E.II.1.3.   Externe Speicher

bandkassetten dienen heute bei Textautomaten allenfalls als zusätzliche Datenträger. Ihre (frühere) Rolle als dominierende Externspeicher haben sie an Direkt-Zugriffs-Speicher abtreten müssen.

Magnetkarten sind mit magnetisierbarer Folie beschichtete Klein-Datenträger - oft im Lochkartenformat. Ihre Speicherkapazität geht im Regelfall nicht über die einer DIN-A4-Textseite hinaus (mehrere Kilobyte). Sie können deshalb keinen Direkt-Zugriff auf größere Bestände bieten. Um einen Text verfügbar zu machen, muß die entsprechende Karte manuell aus dem Archiv entnommen und in die Lesestation eingelegt werden. Als organisatorischer Vorteil wird oft gewertet: Einzel-Texte werden wie eine Papier-Seite physisch durch einen Text-Träger verkörpert. Sie erfordern also keine zusätzliche Kennzeichnung durch Speicheradressen (Text- oder Dateinamen), um verfügbar zu sein. Trotz dieser Anlehnung an herkömmliche Verfahren haben auch Magnetkarten durch die Entwicklung der Direkt-Zugriffs-Speicher ihre frühere Bedeutung eingebüßt.

Floppy Disks - oft auch als **Disketten** bezeichnet - sind kleine flexible Einzel-Magnetplatten, für die sich zwei Hauptformate durchgesetzt haben:

- Standard-Floppy oder Standard-Diskette (Durchmesser: 8 Zoll oder 200 mm, 77 Spuren; genormt nach DIN 66237)
- Mini-Floppy oder Mini-Diskette (Durchmesser: 5 1/4 Zoll oder 130 mm, 35 Spuren; genormt nach DIN 66247).

Die Platten sind von einer kartonierten Schutzhülle umschlossen und werden so ins Laufwerk eingelegt, wobei kleine Aussparungen in der Hülle das Lesen und Beschreiben ermöglichen. Die **Kapazität** üblicher Standard-Disketten liegt zwischen 200 und 300 Kilobyte (KB), bei Mini-Disketten sind ca. 50 KB sehr verbreitet.

Mittlerweile ist durch verbesserte Aufzeichnungsverfahren - wie größere Aufzeichnungsdichte, doppelseitiges Beschreiben oder zwei Schreib/Lese-Köpfe (engl.: double oder dual density / double sided / double headed) - eine bemerkenswerte Steigerung der Kapazitäten gelungen: bis zu mehr als 1 MB für die Standard-Floppy. Auch die weitere Verkleinerung schreitet fort: 1981 wurden Mikro-Floppies mit 3 1/2 Zoll Durchmesser und einer Kapazität von über 200 KB vorgestellt; 1982 noch kleinere angekündigt: 2 1/4 Zoll, 160 Spuren und bis zu 1 MB Speicherraum.

Die mit Floppy Disks erreichbaren **Zugriffszeiten** lassen sich allgemein nur schwer angeben. Sie hängen weniger von der physikalischen Beschaffenheit des Datenträgers, sodern mehr von der logischen Organisationsform der Dateien und den vom Betriebssystem vorgesehenen Zugriffsprozessen ab.

Physisch ist der Zugriff auf eine bestimmte Stelle des Datenträgers in Bruchteilen von Sekunden möglich. Da nach der Angabe einer Textadresse - also eines frei vergebenen Textnamens - aber erst die entsprechende Position ermittelt werden muß, sind für einen (logischen) Text-Zugriff immer mehrere physische Zugriffe notwendig: u.a. das Lesen im Inhaltsverzeichnis. Deshalb kann die Zugriffszeit auch steigen, wenn der Datenträger stärker belegt ist. Die bei Textautomaten beobachteten Zugriffszeiten auf einzelne Texte liegen zwischen einer und fünf Sekunden; mitunter betragen sie auch bis zu 10 Sekunden.

Magnetplatten sind Massenspeicher, deren **Kapazitäten** bei etwa 2 bis 3 Megabyte beginnen (Einzelplatten in Kassetten; engl.: Disk Cartridges) und heute bis in den Bereich mehrerer hundert Megabyte reichen (Plattenstapel; engl.: Disk Pack). Neu-Entwicklungen (größere Winchester-Platten) stoßen bereits bis in den Gigabyte-Bereich vor: d.h. eine Platteneinheit bietet Raum für mehr als 1 Milliarde Zeichen.

Aber: Der für den mittelständischen Anwender in Frage kommende Kapazitätsbereich liegt eher zwischen 5 und 100 bis 200 Megaby-

E.II.1.3.   Externe Speicher

te. Diese Größenordnung bieten zunehmend auch kleinere Fest-Platten in Winchester-Technologie (Durchmesser: 5 1/4 Zoll), deren Bandbreite heute zwischen 5 und 16 MB liegt, die aber vereinzelt bereits bis zu 80 MB erreichen (Stand: 1982).

Die physischen **Zugriffszeiten** auf Platten sind um den Faktor 10 geringer als bei Floppy-Disk-Systemen: mehrere hundertstel Sekunden pro Zugriff. Doch gilt das gleiche für die organisatorisch relevante tatsächliche Zugriffszeit auf Texte: Sie hängt wesentlich von der Plattenorganisation (Inhaltsverzeichnis, Dateien) und der Organisation des Betriebssystems ab. Die geringsten physischen Zugriffszeiten lassen sich - wegen der extrem hohen Aufzeichnungsdichte und der besonderen Schreib-/Lesekopf-Positionierung - bei Winchester-Platten erreichen.

Magnetplatten sind in Zugriffsgeschwindigkeit und Kapazität die weitaus leistungsstärksten unter den angeführten Datenträgern - allerdings auch die teuersten. Besteht die organisatorische Notwendigkeit, große Textbestände im On-Line-Zugriff zu halten, so sind sie Floppy Disks als Externspeicher vorzuziehen. Ab einer gewissen Größe ist eine Floppy-Disk-Lösung nicht mehr praktikabel. Liegt allerdings ein mittleres betriebliches Textvolumen vor, das zwar insgesamt Text-Archive in der Größenordnung mehrerer Megabyte, nicht aber die gleichzeitige Verfügbarkeit aller Texte erfordert, so müssen die Konfigurations-Alternativen 'Magnetplatten' oder 'Floppy Disks' nach weiteren Entscheidungskriterien beurteilt werden: Es sind dies **Archivierbarkeit** und **Zuverlässigkeit**.

Floppy Disks sind in der Anschaffung relativ preiswert. Das verführt zum Anlegen großer Bestände. Wenn aber der Umfang eines Floppy-Disk-Archivs ein gewisses Maß überschritten hat, können sich erhebliche Probleme für das manuelle Archiv-Handling ergeben. Werden dann nicht genaue schriftliche Inhaltsverzeichnisse geführt und ständig aktualisiert sowie auf den Datenträger-Etiketten angeglichen, so müssen Texte oft an der Anlage selbst durch eine aufwendige Trial-and-Error-Suche ausfindig gemacht werden, bevor die eigentliche Verarbeitung beginnen kann.

Auch eine dezentrale Archivierung der Disketten an den Arbeitsplätzen der Text-Autoren ist nicht die Ideal-Lösung. Denn auch dabei ergeben sich Such- und Retrieval-Probleme: Sachbearbeiter archivieren viele Dinge - nicht nur Floppy Disks. Zudem steigt die Gefahr einer Beschädigung der Datenträger während der Lagerung oder auf dem Transport. Floppy Disks sind ebenso wie Magnetkarten besonders anfällig gegen Beschädigungen, weil ihre Magnetschicht relativ ungeschützt ist und durch Druck oder Kratzer leicht zerstört werden kann.

Magnetplatten sind zwar noch empfindlicher, dafür aber durch ihre stabilere Umhüllung (Kassetten, Platten-Töpfe) besser geschützt. Die sichersten Umgebungsbedingungen finden sich bei den fest in ihr Laufwerk eingebauten Platten. Diese Datenträger werfen - ebenso wie Wechselplatten - bei genügend großer Kapazität in einem mittelständischen Betrieb kaum Archivierungsprobleme auf, da die jeweils benötigten Datenbestände zum großen Teil im On-line-Zugriff gehalten werden können.

Eine abgeleitete Archivierungsaufgabe ergibt sich jedoch aus der Notwendigkeit täglicher **Datensicherung**: Die Platten müssen auf einen zweiten Datenträger kopiert werden, der an einem anderen Standort aufzubewahren ist. Der Zeitbedarf für die entsprechenden Abläufe kann unterschiedlich hoch sein - auch er sollte als Entscheidungskriterium berücksichtigt werden.

Da bei Floppy Disks die Schreib-/Leseköpfe mit der Magnetschicht in unmittelbare Berührung kommen, sind diese Datenträger - wie Magnetbänder - einem Verschleiß unterworfen (Abrieb) und nützen sich nach einer gewissen Betriebsdauer (mehrere hundert Stunden) ab. Anders bei Magnetplatten: Ein direkter Kontakt ist - außer

E.II.1.3. Externe Speicher

bei Winchester-Platten im Ruhezustand - nicht vorgesehen. Er stellt im Gegenteil einen Unglücksfall dar und kann zur Zerstörung des Datenträgers führen. Diese Gefahr ist bei Wechselplatten - ihrer Verschmutzungsmöglichkeit wegen - größer als bei Festplatten.

Doch wenn Platten und ihre Laufwerke auch heute noch der empfindlichste Bauteil von Textautomaten und Kleincomputern sind, so stellen sie dennoch keine besonderen Anforderungen an die Umgebungsbedingungen mehr. Die im Büro üblichen klimatischen Verhältnisse reichen völlig aus.

Den Leitfaden für die Konfigurationsentscheidung über das geeignete Speichermedium gibt neben dem absoluten Textvolumen natürlich das ermittelte Text-Profil ab. Die beiden wichtigsten Text-Arten bei dieser Entscheidung sind der Standard-Text und der Überarbeitungs-Text.

Die **Überarbeitung** vor allem längerer Texte wird erheblich vereinfacht, wenn eine Textseite, nachdem die Korrekturen auf ihr abgeschlossen sind, nicht auf ihren alten Standort zurückgespeichert werden muß. Es sollte deshalb genügend Datenträger-Kapazität im On-Line-Zugriff vorhanden sein, um den überarbeiteten Text zusätzlich zur Ursprungsfassung unter einem neuen Namen abspeichern zu können und damit zumindest zwei Überarbeitungs-Generationen verfügbar zu haben. Das erhöht nicht nur die Übersichtlichkeit bei der Überarbeitung, sondern vor allem die Sicherheit des Textes (Gefahr des versehentlichen Überschreibens von Textseiten). Bei Floppy-Disk-Anlagen ist allein aus diesem Grunde ein zweites Laufwerk oftmals organisatorisch notwendig.

Beim **Standard-Text** dagegen kann die Zugriffszeit zum Engpaß werden. Keine Probleme entstehen, wo lediglich Serienbriefe ausgedruckt werden, denn der Zugriff wird dabei immer schneller als der Druck vonstatten gehen. Anders, wenn im Bildschirm Text-Bausteine abgerufen werden: Je kleiner die einzelnen Bausteine sind und je mehr Bausteine ein Einzel-Text enthält, um so mehr fallen die einzelnen Zugriffszeiten ins Gewicht. Mitunter liegt es dann näher, den Text erneut zu erfassen, als den Abruf aller Bausteine abzuwarten. Eine Entlastung von Erfassungsaufwand würde nicht eintreten, der angestrebte Rationalisierungseffekt wäre damit hinfällig. Soll in großem Umfang und intensiv von Textbaustein-Verarbeitung Gebrauch gemacht werden, dann kann somit auch die durchschnittliche Zugriffszeit für eine Magnetplatten-Anlage sprechen.

1.4. Drucker

Die beiden wichtigsten Entscheidungskriterien für die Beurteilung von Druckern sind

- Schriftqualität und
- Druckgeschwindigkeit.

Daneben spielen Fragen wie die Anzahl produzierbarer Durchschläge (Anschlagstärke) und vor allem ergonomische Kriterien (z.B. Geräusch-Entwicklung) eine Rolle.

Nach dem grundsätzlich angewandten Verfahren lassen sich Drucker in zwei Kategorien einteilen:

- Anschlagdrucker (engl.: Impact-Printer) und
- anschlagfreie Drucker (engl.: Non-Impact-Printer).

Als **anschlagfrei** bezeichnet man alle Drucker, bei denen die Zeichen nicht durch den festen Anschlag eines mechanischen Schreibwerks gegen Farbband und Papier produziert werden. Es sind dies zum einen **Ink-Jet-** oder Tinten-Spritz-Drucker, bei denen aus einer Düse winzige Tinte-Tröpfchen auf das Papier gespritzt und dabei durch ein elektrisches Feld genau positioniert werden. Zum anderen gehören dazu Drucker, die - ähnlich wie Lichtsatzgeräte - die Zeichen durch optische Einrichtungen generieren und – ähnlich wie Kopierer – auf elektrostatischem Wege auf dem Papier fixieren. Sie werden oft als **Seiten-Drucker** bezeichnet und sind technisch als **Laser-Drucker** realisiert. Schließlich gehören Thermo-Drucker dieser Kategorie an, für die allerdings ein wärmeempfindliches Spezial-Papier verwendet werden muß – der hohe Materialaufwand beschränkt ihren Anwendungsbereich.

Alle Non-Impact-Drucker sind Hochgeschwindigkeitsdrucker mit teilweise sehr guten Schriftqualitäten und mit höchst flexiblen Zeichensätzen. Nachteilig bei diesen Druckverfahren ist, daß sich keine Durchschläge anfertigen lassen. Vor allem aber liegen diese Drucker – bis auf die Thermo-Drucker – heute in ihrem Leistungsvermögen und in ihren Anschaffungskosten weit über den gewöhnlichen Anforderungen und wohl auch über den finanziellen Möglichkeiten mittelständischer Unternehmungen.

Für die hier betrachtete Konfigurationsentscheidung kommen also lediglich **Anschlag-Drucker** in die engere Wahl. Die beste Schriftqualität liefern – ihrer hohen Anschlagstärke wegen – **Kugelkopf**-Schreibwerke. Mit ihnen lassen sich bis zu 6 oder 7 Durchschläge anfertigen. Das äußere Schriftbild entspricht dem der Kugelkopf-Schreibmaschine und ist besonders bei Verwendung von Carbon-Bändern (Einmal-Farbbändern) makellos. Kugelköpfe sind robust, sie lassen sich leicht auswechseln und bieten eine breite Palette von Schriftarten. Allerdings sind die Kugelköpfe als notwendiges Zubehör erheblich teurer als Typenräder. Ihre Maximal-Geschwindigkeit liegt bei 15 Zeichen/sec.

Dagegen bieten **Typenrad-Drucker** die dreifache Druckgeschwindigkeit (ca. 45 - 55 Zeichen/sec.). In der Schriftqualität reichen sie nahezu an den Kugelkopf heran, erreichen allerdings nicht dessen Anschlagstärke (max. 4 bis 5 Durchschläge). Der Typenrad-Wechsel ist fast ebenso problemlos wie der des Kugelkopfs. Das Spektrum unterschiedlicher Schriftarten ist – zumindest für deutsche Zeichensätze - noch nicht ganz so umfangreich. Typenräder sind zwar preiswerter als Kugelköpfe, unterliegen dafür aber - vor allem wenn sie nur aus Kunststoff bestehen - einem höheren Verschleiß. Die Variation der Schriftart innerhalb eines fortlaufenden Textes - ohne daß dabei der Typenträger gewechselt werden muß - erlauben Drucker mit Zweifach-Typenrad (zwei Druckwerke nebeneinander). Ähnlichkeit mit dem Typenrad weist der selten angebotene Typenkorb-Drucker auf.

Kugelkopf- und Typenrad-Drucker werden von Praktikern oft auch "Schönschreib-Drucker" genannt. Sie gelten manchem EDV-Experten als Verkörperung der Textverarbeitung. Denn bei kleineren und mittleren EDV-Anlagen sind **Matrix-** oder **Nadel-Drucker** üblich. Dem einzelnen Zeichen entspricht dabei kein vorgeprägtes Typen-Element, vielmehr wird es durch eine geeignete Kombination einzelner Nadel-Anschläge als Punktraster aufs Papier gebracht. Matrixdrucker sind um ein Mehrfaches schneller als "Schönschreib-Drucker": Sie erreichen je nach Verfahren Druckgeschwindigkeiten von 100 Zeichen/sec. bis zu mehreren 100 Zeilen in der Minute. Sie bieten den Vorteil umfangreicher Zeichensätze, unterliegen aber häufig Einschränkungen, welche die Lesbarkeit eines Textes erheblich reduzieren können: z.B. keine Unterlängen bei Kleinbuchstaben. Neu-Entwicklungen bei diesen Druckverfahren haben jedoch zu Qualitätssteigerungen geführt, die mittleren Textverarbeitungs-Ansprüchen durchaus genügen können.

Unabhängig vom Drucker-Prinzip sind auf der Konfigurations-Ebene **Papier-Format-** und **Papier-Transport-**Anforderungen festzulegen. Nahezu alle Drucker bewältigen DIN-A4-Querformate, einige Typenrad- und Nadel-Drucker noch breitere Formate (dann meist bis 15 Zoll Breite oder 132 Zeichen pro Zeile). Vier Verfahren des Papier-Transports sind möglich:

- manuelles Einspannen - wie bei der Schreibmaschine
- automatischer Transport von Endlosformularen - über Stachelradwalzen oder -ketten, sogenannte Traktoren

E.II.1.4. Drucker

- automatische Einzelblatt-Zuführung (DIN A4 hoch) über einen oder zwei Zuführ-Schächte (engl.: Sheet Feeder)
- automatische Zuführung diverser Papier-Formate über eine Vorsteck-Einrichtung (engl.: Front Feed Device).

Zwei **Textarten** können die Konfigurationsentscheidung bei der Druckerauswahl besonders beeinflussen: Standard-Texte und Texte mit hohen Gestaltungsanforderungen. Bei einem hohen Aufkommen von Serientexten - mitunter auch von Bausteintexten - werden Druckgeschwindigkeit und Möglichkeit eines automatischen Papier-Transports zu wichtigen Kriterien. Dagegen muß bei hohen Gestaltungsanforderungen auf die Wahrung einer guten Schriftqualität, u.U. auch auf Möglichkeiten einer besonderen Schriftarten-Variation geachtet werden.

2. Software-Konfiguration

In der Datenverarbeitung ist es recht ungewöhnlich, von einer "Software-Konfiguration" zu sprechen. Für den Anwender von Bedeutung sind die Leistungseigenschaften des Betriebssystems, die Ausstattung mit Übersetzer-Programmen und deren Sprach-Umfang sowie schließlich die Verfügbarkeit von Anwendungssoftware, die unverändert oder modifiziert für die jeweiligen Aufgabenstellungen in Frage kommt. Die Auslegung der EDV-Anlage mit dieser und weiterer Anwendungssoftware ist prinzipiell nur durch die genannten Kenngrößen als Rahmenbedingungen beschränkt.

Textverarbeitungs-Software ist dagegen aus Herstellersicht ein hoch standardisiertes Anwendungsprogramm-Paket, das genau wie die Hardware als vorgefertigtes Produkt angeboten wird. Und aus Anwendersicht ist sie ein unentwirrbares Konglomerat aus System- und Anwendungs-Software, das in seinem Leistungsumfang weitgehend unveränderlich ist. Bei der System-Auswahl sind aus den betrieblichen Text-Profilen heraus Anforderungen an die Leistungsfähigkeit solcher Textverarbeitungs-Software zu entwickeln.

Und die Gesamtheit dieser **Anforderungen** läßt auf die jeweils **notwendige** oder **wünschenswerte** Software-Konfiguration schließen.

Wie lassen sich nun Software-Leistungsmerkmale genauer fassen? Dafür ist auf die Besonderheiten zurückzugreifen, die bei der Verarbeitung von Texten auftreten: vor allem auf die Operationen, die an den Texten als Verarbeitungsobjekten vorgenommen werden (dazu auch: Einführung II.4.3.). Charakteristisch für die automatisierte Ausführung von Textverarbeitungs-Operationen ist die Art der Arbeits- oder Funktions-Teilung zwischen Mensch und Maschine. Der Umfang der maschinellen - und das heißt: software-mäßigen - Funktions-Unterstützung kennzeichnet die Leistungsfähigkeit einer Software-Konfiguration.

Nun sind derartige **Funktionen** - z.B. Silbentrennung - und Gruppen von Funktionen - z.B. Bausteinverarbeitung - nicht in gleicher Weise quantitativ meßbar wie Hardware-Leistungen - z.B. Kapazität und Zugriffszeit. Oft läßt sich lediglich konstatieren, daß sie **erfüllt** oder **nicht erfüllt** sind: z.B. Vorhandensein eines Silbentrennprogramms oder Möglichkeit zur Bausteinverarbeitung. Die Art der Funktionsbewältigung - etwa der Umfang automatischer Unterstützung oder der Bedienungs-Komfort - kann dann immer noch recht unterschiedlich ausfallen.

Die Detail-Beurteilung einer Lösung aber läßt sich meist nicht in einen direkten Bezug zu den Anforderungen der Aufgabenstellung bringen. Hier spielen subjektive Präferenzen mancherlei Gestalt mit hinein: Dem einen Benutzer mag ein Funktions-Ablauf überzeugend scheinen, der für andere zu große Umständlichkeit aufweist. Eine generell gültige Konfigurations-Beurteilung kann deshalb nicht vorgezeichnet werden.

Auch sind das Vorhandensein von Funktionen und die Art und Weise, wie sie sich konkret in Bedienungsabläufen niederschlagen,

E.II.2. Software-Konfiguration

ein nicht weiter auflösbarer Komplex. Die globalere **Konfigurations-** und die konkrete **Anlagenentscheidung** lassen sich deshalb **nicht** so **leicht** voneinander **trennen**, wie das hardwareseitig möglich ist. Daß etwa Kapazitätsgründe eine Magnetplatten-Konfiguration erfordern, bildet eine zwingende Entscheidungs-Vorgabe für die Anlagenauswahl. Daß aber beispielsweise automatische Silbentrennung vorausgesetzt werden muß, kann nicht den gleichen Rang einer Konfigurations-Rahmenvorgabe beanspruchen: Lassen sich bei einer entsprechenden Anlage fehlerhafte Trennungen nur mit großem manuellen Aufwand wieder beseitigen, so kann eine Anlage mit manueller, aber einfach handhabbarer Silbentrennung durchaus vorzuziehen sein.

Die Software-Beurteilung ist also auf Konfigurations- und Anlagen-Ebene in einer ständigen **Iteration** vorzunehmen:

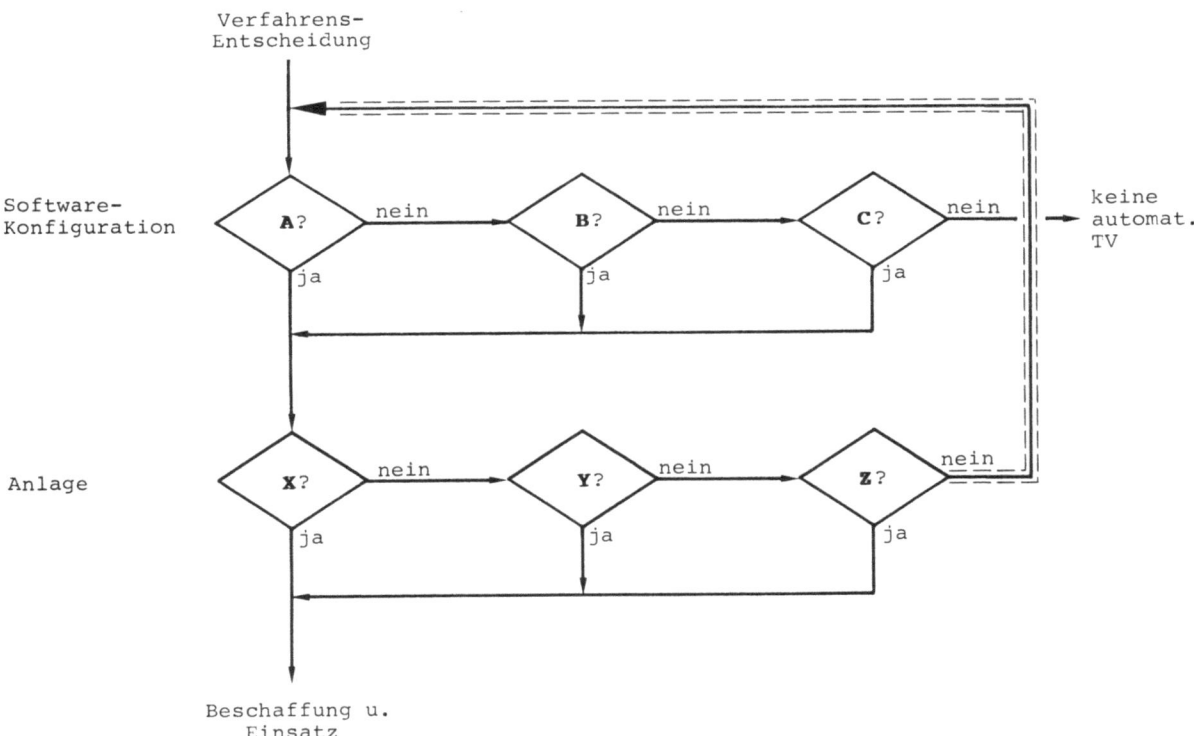

Abb. E-6: Iteratives Vorgehen bei der Software-Beurteilung

Auch die folgende Darstellung kann in diesem Sinne nicht trennscharf sein. So sollten viele Aussagen als erläuternde Beschreibung von Kriterien dienen, die sich später in Detail-Fragen zur Anlagenbeurteilung wiederfinden.

Da Text-Automaten und EDV-Anlagen **mit Bildschirm** den größten Funktions-Umfang ermöglichen, sind sie der Darstellung implizit zugrundegelegt. Wo die Entscheidung über die Hardware-Konfiguration in bildschirmlose Textautomaten mündete, können die entsprechenden Aussagen einfach übergangen werden.

2.1. Text-Erfassung und -Überarbeitung

Ein Funktions-Komplex, den jede automatisierte Lösung bieten muß, ist der der Erfassung und Überarbeitung von Texten: in der Praxis meist als "Text**be**arbeitung" bezeichnet. Dies entspricht der einmaligen oder mehrfachen maschinenschriftlichen Fixierung bei manuellen Verfahren (Schreibmaschine). Die Text-Erfassung führt jedoch zusätzlich zu einer maschinellen Speicherung des Textes. Nachträgliche Korrekturen und Text-Änderungen im Zuge einer Überarbeitung beschränken sich deshalb auf die Revision des einmal erfaßten Textes.

Eine wesentliche Erleichterung für die Text-Erfassung, aber auch für jegliche Zeichen-Eingabe und Funktions-Auslösung bietet der Zwischen- oder Puffer-Speicher für die Tastatur **(Anschlag-Puffer**, engl: input buffer). Zwar ist die maschinelle Aufnahme-Schnelligkeit der Eintast-Geschwindigkeit des Menschen bei einer einfachen Gegenüberstellung eindeutig überlegen. Doch kann der Tastatureingabe-Kanal der Maschine zeitweilig blockiert sein: entweder, weil gerade umfangreiche interne Verarbeitungs-Operationen abgewickelt werden, oder, weil andere Ein-/Ausgabe-Prozesse - z.B. die mit der Speicherung verbundenen - im Augenblick Vorrang genießen. In solchen Situationen nimmt der Anschlag-Puf-

E.II.2.1.   Text-Erfassung und -Überarbeitung

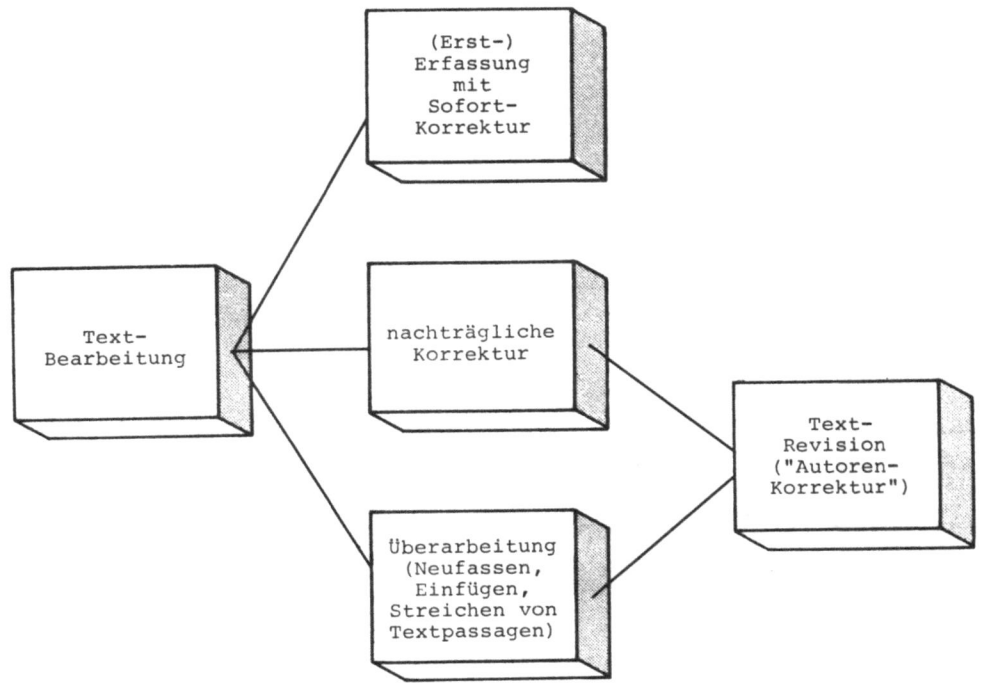

Abb. E-7: Text-Erfassung und -Überarbeitung (Schema)

fer die eingegebenen Zeichen auf und reicht sie als Warteschlange dem Prozessor weiter, sobald dieser sich ihrer wieder annehmen kann. Ohne Puffer müßte, damit keine Anschläge verlorengehen, die Eingabe vom Bediener wiederholt werden - eine sehr lästige Störung im Arbeitsrhythmus. Vor allem bei Mehrplatzsystemen ohne Bildschirmspeicher - die ihren zentralen Prozesssor ja stark beanspruchen - ist eine Tastatur-Pufferung unerläßlich.

2.1.1. Rahmen-Funktionen

Der Rahmen, in dem Erfassungs- und Überarbeitungs-Prozesse, aber auch alle anderen Funktionsabläufe abgewickelt werden, ist vor allem durch die **gestalterische Lösung** der **Bedienerführung** vorgegeben (dazu allgemein: Einführung II.1.3.). Für das "Mischungsverhältnis", in dem die Eingabe über Funktionstasten,

Normaltasten nach Sonderumschaltung oder das direkte Anbringen von Steuerzeichen im Text erfolgt, gibt es keine Patentlösung. Die Funktionstasten-Eingabe hängt auch von der jeweiligen Hardware ab; alle anderen Varianten sind ausschließlich in der Software verankert. Ihre Bewertung bleibt letztlich bedienungs-ergonomischen Kriterien - also solchen des "Human Engineering" - überlassen, die erst bei der Anlagen-Auswahl entscheidend ins Gewicht fallen.

Einige Anforderungen lassen sich jedoch schon auf der Konfigurations-Ebene festlegen. So sollte der **Einstieg** in die Texterfassung möglichst **einfach** sein: Nach dem Anschalten der Anlage - und dem Laden des Betriebssystems oder einem Programmaufruf - muß unmittelbar erfaßt werden können. Menus und Prompts sollten nur bei Bedarf eingeblendet werden und nicht bereits der Texterfassung vorgelagert sein. Denn überflüssiger Aufwand entsteht, wenn zuerst ein Teilprogramm anzuwählen oder gar Dateien einzurichten oder anzugeben sind, bevor mit dem Erfassen begonnen werden kann.

Eingabe-Anforderungen (Prompts), Bedienungshinweise und Fehlermeldungen sollten in gut verständlichem Klartext und in **deutscher Sprache** auf dem Bildschirm erscheinen. Als Default-Werte für die Erfassung reichen Zeilen-Ränder und Standard-Tabulatoren (sogenanntes Tab-Gitter) aus.

In der **Bedienerführungs-Zeile** werden im Regelfall permanent angezeigt:

- aktuelle Text-Zeile (Zeilenzahl)
- Erfassungs-Position (Grad) innerhalb dieser Zeile
- wenn bereits angegeben: Name des Textes, u.U. auch die Seite.

Oft wird in einer weiteren Bildschirmzeile ein **Zeilenlineal** mitgeführt: vor allem um aktuelle Ränder und Tabulationen anzu-

E.II.2.1.1. Rahmen-Funktionen

zeigen. Bei Systemen mit feststehender Schreibzeile wird diese durch das Lineal markiert. Mitunter wird die Bedienerführungs-Zeile außerdem zur Angabe der noch freien Hauptspeicher- und/oder Datenträger-**Kapazität** genutzt (bzw. umgekehrt zur Angabe des **Belegungsgrad**es).

Beim vertikalen und horizontalen **Text-Rollen** wird der Text jeweils um eine Zeile bzw. um ein Zeichen (Grad) nach oben/unten bzw. links/rechts verschoben (engl.: pan scrolling). Alternativ zu diesem "Schwenk" oder ergänzend dazu sehen einige Systeme ein Blättern im (Bildschirm-)Text vor: Dabei wird - entsprechend dem Film-Schnitt - die Bildschirm-Seite ganz oder überlappend umgeklappt (engl.: page scrolling). Was vorzuziehen ist, das muß - letztlich subjektiv - der Bediener entscheiden.

In jedem Falle vorteilhaft ist die - seltener realisierte - Möglichkeit, den Text zu verkleinern und dadurch größere Teile gleichzeitig abzubilden (**Zoom**-Funktion). So kann der Benutzer die vor allem bei Format- und Gestaltungstexten wichtigen Text-Zusammenhänge besser überblicken.

Der Eingabe-Erleichterung dient die Wiederhol- oder **Dauerfunktions-Taste** (engl.: repeat key). Leerschritt-, Unterstreichungs-, Cursor- und Rücktasten sollten immer mit Wiederholfunktion unterlegt sein. Umstritten ist dies für das übrige Tastenfeld. Mitunter ist prinzipiell eine zusätzliche Funktionstaste zu betätigen. Oft werden auch Verweilzeit oder Druckpunkt (Anschlagskraft) bei den Tasten zweistufig ausgelegt, um eine versehentliche Mehrfach-Auslösung zu unterbinden. Ähnliche Erleichterungen bieten Geschwindigkeits-Stufen für die Cursor-Bewegung (langsam/schnell - der Expreß-Rücktaste bei Schreibmaschinen vergleichbar).

Rahmen-Funktionen

2.1.2. Einfache Erfassungs-Funktionen

Funktionen, die auch bei der Eingabe eines Textes auf der Schreibmaschine anfallen, sind bei der Text-Erfassung an Automaten obligatorisch. Sie werden zur Abgrenzung von zusätzlichen Unterstützungs- oder Hilfs-Funktionen - z.B. dem automatischen Zentrieren - hier als einfache Funktionen der Texterfassung bezeichnet:

- (1) Rand-Variation
- (2) Tabulieren
- (3) Unterstreichen
- (4) Übereinanderschreiben (Doppelzeichen)
- (5) Halbzeilen-Schritt
- (6) manueller Zeilenumbruch (Zeilenschaltung).

Zu (1):

Linke und rechte Zeilenbegrenzung können bei Textautomaten durch spezielle **Randsetz**-Funktionstasten verändert werden - analog den Randstellern einer Schreibmaschine. Auf die - bei EDV-Anlagen per Sonderumschaltung - ausgelöste Funktion hin wird die Eingabe absoluter Grad-Positionen nötig. Nicht immer sind freilich - wie bei Schreibmaschinen - Randlöse-Tasten bzw. -Funktionen vorgesehen. Eingaben über die rechte Begrenzung hinaus machen dann eine zeilen-individuelle Ränder-Änderung erforderlich.

Zu (2):

Allgemein üblich sind Funktionen für das Setzen und Aufheben von **Tabulationen** (meist per Funktionstaste). Das Anspringen der Tabulierstelle muß über eine besonders markante Funktionstaste geschehen.

Zu (3):

Oft ist - wie bei Schreibmaschinen - ein nachträgliches **Unterstreichen** möglich. Der Unterstreichungs-Strich genießt dann

- als einziges Zeichen neben den Akzenten - das Privileg der Doppel-Darstellung (Übereinanderschreiben von Zeichen). Manchmal kann ein besonderer Unterstreichungs-Modus an- und abgeschaltet werden: Dann wird synchron zur Texterfassung unterstrichen. Mitunter kann auch wort- oder zeilenweise in einem Zuge nachträglich unterstrichen werden. Aufgehoben werden Unterstreichungen meist durch ihre Wiederholung.

Zu (4):

Da pro Schreibposition nur ein einziges Zeichen erfaßt werden kann und die Eingabe eines weiteren Zeichens als Überschreiben wirkt, sind für Doppelzeichen besondere Vereinbarungen nötig. In der Regel wird das **Übereinanderschreiben** von Zeichen durch ein besonderes Steuerzeichen erreicht.

Zu (5):

Halbzeilen-Schritte (Zeilenschaltungen um 1/12 Zoll, entsprechend einer Schreibmaschinen-Walzendrehung) sind erforderlich, um Textteile etwas tiefer oder etwas höher als die jeweilige Schreibzeile zu plazieren: z.B. um Indizes oder Fußnoten-Verweise anzubringen (engl.: sub/superscript). Anfang und Ende der Teil-Zeilenschaltung müssen durch Steuerzeichen im Text markiert werden.

Zu (6):

Das Auslösen der Zeilenschaltungs-Taste (auch: Wagenrücklauf, engl.: Carriage Return, abgekürzt: CR) bewirkt oft ein endgültiges Fixieren des aktuellen Zeilenendes. Beim späteren Umformatieren des Textes wird dieses Zeilenende dann wie das Ende eines Absatzes behandelt: Folgetext wird nicht angeschlossen. Um den Bediener von der automatischen Zeilenumbruch-Gestaltung - die nie perfekt ist - unabhängig zu machen, sehen jedoch einige Systeme den speziellen Erfassungs-Modus **'manuelles Zeilenende'** vor: Spätestens am rechten Zeilenrand muß eine Zeilenschaltung ausgelöst werden. Ein zusammen mit der Zeilenschaltung eingegebener Mittestrich wird als Silbentrennungsstrich erkannt und behandelt; spätere Zeilenumbrüche - automatisch durchgeführt - berücksichtigen das.

2.1.3. Unterstützende Erfassungs-Funktionen

Eine Erleichterung bei der Erfassung bieten - gegenüber der einfachen Schreibmaschine - folgende Hilfs- oder Unterstützungs-Funktionen:

(1) Tabulator-Fixierung
(2) Dezimal-Tabulation
(3) Spaltenweises Schreiben (auch: Kolonnen- oder Kolumnen-Schreibweise)
(4) Zentrieren
(5) Seitenende-Behandlung
(6) Tippfehler-Kontrolle
(7) Korrektur-Rückpositionierung (engl.: Relocate-Funktion)
(8) Einfüge-/Lösch-Korrektur
(9) Floskeln-Abruf (engl.: Term Dictionary, auch: Phrase Storage)
(10) automatischer Zeilenumbruch
(11) Formularmasken-Positionierung.

Einige dieser Funktionen werden auch von elektronischen Schreibmaschinen bewältigt. Sie müssen dann bei der Geräte-Auswahl berücksichtigt werden.

Zu (1):

Oft sollen ganze Absätze mit einer gleichbleibenden Einrückung erfaßt werden. Damit nicht jedesmal am Zeilenanfang ein Tabulator-Sprung manuell ausgelöst werden muß, ermöglichen manche Systeme die **Fixierung der Tabulation** (engl.: tab lock) - ähnlich dem Fixieren der Großbuchstaben-Schreibung (engl.: shift oder caps - für: capitals - lock). Die Vorteile dieser Funktion - die auch als Speicher-Tab oder **Tab-Gedächtnis** bezeichnet wird -

erweisen sich vor allem bei der Zeilenschaltung: wenn nämlich Wörter oder Silben aus der vorhergehenden Zeile gleich mit der richtigen Einrückung versehen in die Folgezeile gezogen werden. Bei Systemen ohne Tab-Lock-Funktion ist ihre Simulation durch vorübergehendes Ändern des linken Randes notwendig.

Zu (2):

Zahlen-Kolonnen erfordern die stellengerechte Eingabe der Ziffern. Diese **Dezimal-Tabulation** kann von der Software des Systems übernommen werden.

Zu (3):

Wird Text in **Spalten** (Kolonnen) erfaßt, so ändert sich die Logik des Zeilen-Umbruchs: Er muß nun pro Zeile mehrfach erfolgen; der Text-Zusammenhang besteht teilzeilen-, nicht mehr zeilenweise. Nicht jede Software-Konfiguration sieht die automatische Unterstützung dieser Schreibweise vor.

Zu (4):

Das exakte "Einmitten" oder **Zentrieren** eines Textes (z.B. einer Überschrift) innerhalb der Zeilenbegrenzungen ist eine manuell aufwendige, automatisch aber einfache Operation. Nicht immer lassen sich dagegen Textteile auch spaltenweise zentrieren.

Zu (5):

Text-Seiten dürfen nicht über eine bestimmte Zeilenzahl hinaus beschrieben werden. Bevor das **Seitenende** erreicht wird, kann eine Eingabe-Warnung erfolgen: ähnlich der beim Zeilenende (wie sie bei Schreibmaschinen realisiert ist). Manche Systeme führen auf Wunsch des Bedieners - wenn die vorgegebene maximale Zeilenzahl erreicht ist - das **automatische Abspeichern** der jeweiligen Textseite herbei. Die Erfassung wird dann auf einer neuen Seite fortgesetzt.

Unterstützende Erfassungs-Funktionen E.II.2.1.3.

Zu (6):

Tippfehler – nicht zu verwechseln mit orthographischen Fehlern – weisen in ihrer Mehrzahl bestimmte Regelmäßigkeiten auf: vor allem charakteristische Kombinationen von zwei oder drei aufeinanderfolgenden Textzeichen (z.B. "Dreher"). Programm-Algorithmen, die mit einer Zeichenfolge-Häufigkeitsanalyse im aktuell erfaßten Text verbunden sind, können wahrscheinliche Fehl-Eingaben aufdecken. Der Bediener wird dann während der Erfassung darauf aufmerksam gemacht – z.B. durch Blinken der fraglichen Zeichen (Prinzip: **Kontrolle**, nicht aber automatische Korrektur).

Zu (7):

Oft wird während des Erfassens ein Fehler in einer der vorangehenden Textzeilen bemerkt. Nachdem die fehlerhafte Stelle angesteuert und die Korrektur durchgeführt wurde, kann das System die selbsttätige Rückplazierung an die aktuelle Erfassungsposition vorsehen. Auch bei elektronischen Schreibmaschinen findet sich diese **"Relocate"**-Funktion.

Zu (8):

Sofort-Korrekturen bestehen nicht nur im lückenlosen Ersetzen fehlerhafter Zeichen (durch Überschreiben). Oft sind einzelne Zeichen einzufügen oder aber zu eliminieren. Anders als beim **Einfügen/Löschen** größerer Text-Teile, die mit Folgetext-Anpassungsprozessen verbunden sind, sollten Operationen begrenzten Umfangs **zeilenweise** durchführbar sein: durch Heranziehen bzw. Weiterschieben der Rest-Zeile.

Zu (9):

In einem Text können komplexere Fachbegriffe öfter auftauchen. Auch können kleinere Text-Passagen (**Floskeln**) wiederholt vorkommen. In entsprechenden Zwischenspeichern (Hauptspeicher-Segmenten) lassen sich solche Text-Teile kurzfristig aufbewahren und ad hoc abrufen: quasi als aktuelle **"Mini-Bausteine"**. Bei elek-

E.II.2.1.3.   Unterstützende Erfassungs-Funktionen

tronischen Schreibmaschinen erfüllen die sogenannten **"Konstanten-Speicher"** diese Funktion.

Zu (10):

Zusätzlich zum vollständig manuellen Zeilen-Umbruch sind drei Formen **automatischer Umbruch**-Unterstützung möglich:

- Umbruch ohne Silbentrennung (engl.: word wraparound)
- Silbentrenn-Vorschläge
- automatische Silbentrennung (engl.: automatic hyphenation).

Am einfachsten und bei allen Automaten realisiert ist der **trennungslose Umbruch**: Das letzte über den rechten Zeilenrand hinausreichende Wort - erkennbar an der vorangehenden Leerstelle - wird komplett in die nächste Erfassungszeile hinübergezogen. Für englisch-sprachige Texte reicht diese Umbruchform i.d.R. aus, da die Wörter meist sehr kurz sind. In deutschen Texten entsteht dabei aber ein nicht akzeptabler Flatterrand.

Silbentrennungen können vom Programm **vorgeschlagen**, ihre Ausführung aber der Einschätzung des Bedieners überlassen werden. Diese Vorschläge sind im Zuge der Erfassung möglich; das kann jedoch den Erfassungs-Fluß zu stark hemmen, da dem Bediener immer wieder Trenn-Überlegungen und -Entscheidungen abverlangt werden. Oft wird deshalb ein absatz- oder seitenweise nachträglicher Trenn-Durchlauf vorgesehen. Die zur Trennung angebotenen Wort-Teile können anhand eines Silbentrennungs-Algorithmus ermittelt worden sein: Dann handelt es sich um echte Trennvorschläge, die vom Bediener nur im Ausnahmefall zu revidieren sind. Mitunter werden aber einfach aus der Zeilenlänge willkürliche Wort-Bruchstellen berechnet (unechte Trennvorschläge): Der Bediener muß dann fast immer die regelgerechte Trennung selbst vorgeben.

Für ein **automatisches Silbentrenn-Programm** ist neben dem Trennregel-Algorithmus noch die Speicherung von Präfix-/Suffix-

Tabellen und Sonderfällen (Ausnahme-Wörterbuch) erforderlich. Wegen der vorkommenden Fremdwörter, der im Deutschen häufigen Wortzusammensetzungen und wegen semantischer Mehrdeutigkeiten (Homographe) ist keine vollständige Trenn-Sicherheit erreichbar. Bei der Angabe von **Fehlerraten** ist auf die Berechnungs-Basis zu achten. Diese kann sein:

- die Gesamtheit aller umbruchtechnisch möglichen Silbentrennungen oder aber
- die tatsächlich ausgeführten Trennungen.

Im zweiten Falle werden unterlassene Trennungen nicht als Fehler gewertet. Es läßt sich dann eine hohe Trefferquote erzielen - allerdings um den Preis häufiger Zweifelsfälle, denen manuell nachzuhelfen ist.

Die optimale Software-Konfiguration hält alle vier Umbruch-Behandlungsmöglichkeiten bereit (einschließlich des 'manuellen Zeilenendes'): Es bleibt dem Bediener überlassen, in welchem Modus er jeweils zu arbeiten wünscht.

Unerläßliche Voraussetzungen bei jeglicher Zeilenumbruch-Gestaltung sind:

- gegen ein Umbrechen **geschützte Leerstellen**, um Wort-Zusammenhänge zu erhalten (z.B. "DM 300,--" oder "Mod. F 999")
- die systemtechnisch **unterschiedliche** Behandlung von Silbentrennungs- und anderen **Mitte-Strichen** (Bindestrich, Gedankenstrich), v.a. um deren Wiederaufhebung bzw. Nicht-Aufhebung sicherzustellen.

Dagegen ist die Vorgabe einer **Randzone** (engl.: hot zone), innerhalb der automatisch umbrochen oder Trennvorschläge gemacht werden, nicht sinnvoll. Fast alle Programme sehen einen derartigen Zeilenendbereich vor, um durch seine Weiterfassung allzu häufige Falsch-Trennungen zu vermeiden. Ein leistungsstarkes Trennpro-

E.II.2.1.3. Unterstützende Erfassungs-Funktionen

gramm sollte aber immer von der kleinstmöglichen Randzone ausgehen: 3 Zeichen (= 2 Buchstaben + Trennstrich). Bei häufiger verwendeten Text-Bausteinen kann eine **Vor-Trennung** sinnvoll sein: In den einzelnen Wörtern verborgene Trennstriche (engl.: ghost oder soft hyphens) werden bei Bedarf aktiviert.

Zu (11):

Beim Erfassen in Formularen - v.a. solchen größeren Umfangs - ist anders vorzugehen als bei der Fließtext-Erfassung: Die einzelnen Felder sind anzuspringen; ein eventueller Umbruch an der rechten Feldbegrenzung folgt der Kolonnen-Logik. Eine automatische **Formular-Positionierung** setzt die Vorgabe entsprechender "Erfassungs-Sprünge" durch das Formular voraus. Bei Bildschirm-Automaten kann - wie in der EDV - eine Erfassungs-Maske zur Orientierung verwendet werden (Feldbezeichnungen mit Prompt-Funktion). Werden Eingaben vom Programm inhaltlich geprüft - z.B. auf Zeichenart (numerisch, alphanumerisch), Plausibilität und logische Konsistenz -, dann werden bereits erste Datenverarbeitungs-Funktionen in den Prozeß der Texterfassung integriert.

2.1.4. Überarbeitungs-Funktionen

Bei der nachträglichen Modifizierung eines bereits erfaßten Textes sind viele Funktionen mit denen der "Sofort-Korrektur" während des Erfassens identisch. Insofern ist eine vollkommen trennscharfe Darstellung nicht möglich. Doch sind einige Funktionen und Komplexe von Funktionen durchaus überarbeitungs-spezifisch:

(1) Springen im Text (einschließlich einer Textabschnitts-Definition)

(2) Einfügen/Löschen größerer Textteile

(3) Justieren, auch: Text-Anpassung, -Ausrichtung oder -Regulierung (engl.: adjusting)

(4) Bewegen von Textblöcken (engl.: move)

(5) Klein-/Groß-Schreibungs-Transformation

(6) Begriffs-Austausch oder Suchen-und-Ersetzen (engl.: search and replace)

(7) Orthographiefehler-Kontrolle

(8) Programmierung von Eingabe-Sequenzen.

Zu (1):

Wird ein gespeicherter Text auf den Bildschirm abgerufen, so wird der Cursor auf seinen Anfang oder sein Ende plaziert. Für das Aufsuchen der gewünschten Arbeitsposition im Text gibt es nun mehrere Alternativen:

- normale Cursor-Positionierung (also i.d.R. über Funktionstasten)
- Cursor-Sprung-Positionierung
- Ansteuerung über Suchwort-Eingabe.

Ein **Cursor-Sprung** - bzw. bei fester Schreibzeile: ein Textrollen - kann über verschiedene einmal vorzugebende oder ad hoc anzugebende Textabschnitte erfolgen: Wörter, Zeilen, Sätze, Absätze oder die ganze Seite. Die Definition solcher Abschnitte oder **Text-"Portionen"**, mit denen im folgenden etwas geschehen soll (hier: Überspringen, engl.: skip), wird im Regelfall durch spezielle Funktionstasten ermöglicht. Das abschnittsweise Springen beschleunigt die Cursor-Positionierung über größere Distanzen. Dagegen wird der Arbeitsweise routinierter Schreibkräfte - v.a. wenn nur an wenigen Stellen zu korrigieren ist - eher die **Suchwort**-Methode entgegenkommen: Die Eingabe einer charakteristischen Zeichenfolge - z.B. Korrekturwort-Anfang oder vorangehendes Wort - lenkt den Cursor unmittelbar an die zu korrigierende Position.

Zu (2):

Auch dem **Einfügen** (engl.: insert) oder **Löschen** (engl.: delete) größerer Passagen kann eine entsprechende Textabschnitts-Defi-

E.II.2.1.4.   Überarbeitungs-Funktionen

nition vorausgeschickt werden: Beim Löschen "schluckt" der Automat die angegebenen Text-Portionen in einem Zug; für das Einfügen wird eine geeignete Text-Lücke freigehalten. Größere Einfügungen müssen jederzeit möglich sein, **ohne** daß ein **Zwischenspeichern** auf Datenträgern notwendig wird (ausreichende Arbeitsspeicher-Kapazität). Der vorhandene Folge-Text sollte während des Einfügens auf dem Bildschirm sichtbar bleiben.

<u>Zu (3):</u>

Sowohl nach größeren Einfügungen und Löschungen wie auch bei Text-Format-Änderungen (andere Ränder, andere Tabulator-Einrükkungen) wird eine **Anpassung des Folge-Textes** notwendig. Denn ändert sich der Zeilenverlauf auch nur an einer Stelle, so hat das Folgewirkungen meist bis ans Ende des jeweiligen Absatzes. Format-Änderungen können sich gar auf komplette Text-Seiten auswirken.

Ebenso wie bei der Erfassung wird beim **Justieren** ein Umbrechen der Einzel-Zeilen nötig. Anders als bei der Erfassung muß aber zuvor der **bestehende Umbruch** wieder **aufgelöst** werden: U.a. sind Silbentrennungs-Striche zu eliminieren, Binde- und Gedankenstriche jedoch beizubehalten; Buchstabenveränderungen durch Silbentrennungen sind rückgängig zu machen (z.B. "ck" statt "kk"). Große Unterschiede weisen die verfügbaren Software-Konfigurationen auch bei der Behandlung von Einrückungen auf: Mangelhafte Programme durchsetzen den Text mit "Löchern", wenn sie Einrückungen als Leerschritt-Folgen fehlinterpretieren. Nur sehr wenige Automaten vermögen auch mehrstufige Tabulationen korrekt zu justieren.

Wie bei der Einzelzeile mitunter Leerzeichen gegen ein Umbrechen zu schützen sind, muß am Ende logischer Absätze - die nicht wie "physische" Absätze durch eine Leerzeile abgeschlossen werden - ein wirksamer Schutz gegen das Anfügen von Folgetext möglich sein (geschütztes Zeilenende).

Schließlich sollte in den automatischen Justier-Ablauf manuell eingegriffen werden können, da eine unzulängliche Umbruch-Gestaltung nie auszuschließen ist: und sei es nur, um durch Steuerzeichen verzerrte Zeilenlängen ins Lot zu bringen. Denn einige Automaten rechnen Steuerzeichen fälschlich mit zur Zeilenlänge.

Noch besser ist die vollständige Kontrollierbarkeit des Justierens durch umschaltbare Modi: Nur wenn der Bediener das wünscht, übernimmt der Automat die komplette Ablaufsteuerung.

Zu (4):

Die Überarbeitung kann ergeben, daß Satzteile, Sätze oder ganze Absätze in ihrer Reihenfolge anders anzuordnen sind, also miteinander **vertauscht** werden müssen. Gleiches kann für Kolonnen gelten. Manchmal müssen solche **Text-Blöcke** auch innerhalb einer Seite nach oben/unten oder seitlich frei **verschoben** werden können - besonders, wenn es sich um gestalterisch anspruchsvolle Texte handelt. Diese Textblock-Bewegungen setzen zweierlei voraus:

- das Markieren von Anfang und Ende des Textblocks durch den Bediener und
- das Zwischenspeichern verschiedener Blöcke - möglichst im Hauptspeicher, weil das schneller geht.

Die dabei notwendig werdende Bedienungsfolge ist bei den einzelnen Software-Konfigurationen unterschiedlich kompliziert - vorausgesetzt, diese Funktion ist überhaupt vorgesehen.

Zu (5):

Sollen nachträglich **kleine in große** Buchstaben **umgewandelt** werden - z.B. um die Familiennamen in einem Verzeichnis hervorzuheben -, dann wird das bei manchen Systemen erleichtert. Das Auslösen einer Dauerfunktionstaste erspart die erneute Einzelzeichen-Eingabe. Gleiches gilt für die umgekehrte Groß-/Klein-Umwandlung.

E.II.2.1.4. Überarbeitungs-Funktionen

Zu (6):

Häufig in einem Text verwendete Wörter können sich nachträglich als fehlerhaft herausstellen - und sei es nur, weil keine durchgängig einheitliche Schreibweise gewahrt ist. Oft soll auch für einen fremdsprachlichen Ausdruck die eingedeutschte Version, für eine Abkürzung die ausführliche Fassung eingesetzt werden. Programme mit automatischer **Such- und Ersetz-Funktion** nehmen dem Bediener das manuelle Durchforsten des Textes ab. Sie stellen auch sicher, daß keiner der fraglichen Begriffe übersehen wird. Voraussetzung ist freilich deren vollständige Übereinstimmung in jedem einzelnen Zeichen. Denn Automaten vermögen Texte als Zeichenketten nur auf formale Teilketten-Identität abzuprüfen. Diese "unstrukturierten" Informationen inhaltlich zu interpretieren, übersteigt dagegen ihre Leistungsfähigkeit (dazu auch: Einführung II.4.1.).

Zu (7):

Eine seltener realisierte Programmfunktion ist die Text-Prüfung auf **orthographische Fehler**. Sie ist nur möglich, wenn gespeicherte Wörterbücher (Glossare) auf externen Datenträgern im On-Line-Zugriff stehen. Auch müssen Zugriffs- und Verarbeitungs-Geschwindigkeiten einen erträglichen Rahmen einhalten. Die Prüfung kann dann während der Texterfassung als Hintergrundfunktion (Mehrprogramm-Betrieb) ablaufen. Regelfall ist jedoch eher die nachträgliche Textrevision als Batch-Lauf. Das Programm sollte vermeintliche Fehler anzeigen, den korrigierenden Eingriff aber dem Benutzer überlassen. Von Zusammensetzung und Umfang des Wörterbuchs hängt die Treffsicherheit ab. Die besten Werte erreichen anwendungsspezifische Glossare, die nicht einmalig angelegt, sondern mit dem Wachsen des betrieblichen Textbestandes "großgezogen" werden.

Zu (8):

Besonders, wenn ein vorliegender Text umgestaltet werden soll, aber auch, wenn stark formatierte Angaben zu erfassen sind (z.B.

mit Steuerzeichen durchsetzte Anschriften), muß der Bediener oft Funktionen wiederholt abrufen und zwischendurch immer wieder die gleichen Zeichen eintasten. Eine solche gleichbleibende Folge von Einzel-Eingaben läßt sich bei manchen Systemen als **"Tastensequenz-Programm"** im Hauptspeicher ablegen und dann vereinfacht aufrufen. Der Benutzer kann also bestimmte Funktions- und Eingabe-Abfolgen einmalig definieren. Ein "Programmieren" ist dies freilich nur im umgangssprachlichen Sinne. Beurteilungskriterien sind die maximal mögliche Länge solcher "Programme" und ihre Archivierbarkeit.

2.2. Speicherung

Um ein Arbeiten mit der Maschine zu ermöglichen, müssen der Kern des Betriebssysstems und die gerade gebrauchten Programm-Teile im Hauptspeicher "resident" sein. Sie belegen damit einen großen - bei Einzelplatzsystemen den größten - Teil des Hauptspeichers. Der Rest steht für die Texte bzw. Text-Teile zur Verfügung, die gerade erfaßt oder von einem externen Speicher abgerufen werden. An dem Text, der sich aktuell im Hauptspeicher befindet, kann der Benutzer seine von der Software unterstützten Operationen vornehmen. Der Hauptspeicher-Inhalt ist ihm unmittelbar zugänglich.

Doch ist jeder Hauptspeicher in seiner Kapazität begrenzt. Auch geht sein Inhalt nach Abschneiden der Stromzufuhr verloren (Flüchtigkeit). Deshalb müssen umfangreichere und/oder längerfristig zu konservierende **Texte auf externen Speichern** abgelegt werden. Nur dies soll hier als Speicherung verstanden werden. Und dieser Vorgang ist mit zwei entgegengesetzten Operationen verbunden:

- dem Abspeichern oder **"Wegschreiben"** eines Textes und
- seinem (Wieder-)Aufruf oder **-Abruf** (als Lesen vom Datenträger).

E.II.2.2. Speicherung

Beides wird vom Bediener ausgelöst und durchgeführt. Wie das geschieht und was dazwischen stattfindet - das hängt vom jeweiligen Betriebssystem ab.

Das Betriebssystem nimmt innerhalb der Software-Konfiguration eine ähnliche Stellung ein wie die Zentraleinheit innerhalb der Hardware-Konfiguration. Als Kern der Software steht es für den Anwender nicht in der gleichen Weise zur Disposition wie einzelne Programmfunktionen. Seine Leistungsmerkmale können nicht für sich genommen und unmittelbar gemessen werden. Sie lassen sich nur über abgeleitete Funktionen erschließen.

Zu den Funktionen, die in Art und Ausmaß primär von der "Architektur" des Betriebssystem abhängen, gehören die der Speicherung:

- Dateiverwaltung
- Text-Adressierung (Namen)
- Textnamens-Verzeichnis
- sonstige Zugriffs-Unterstützung
- Speicher-Reorganisation
- Sicherung und Schutz von Speicherbeständen.

2.2.1. Dateiverwaltung

Daten- und Text-Bestände auf externen Speichern sind in Dateien gegliedert. Sachlich zusammengehörige Daten bzw. Texte werden in einer Datei untergebracht; sie bilden deren einzelne (Daten-) Sätze. Daten - nicht dagegen Texte - werden auf der Satz-Ebene weiter in bedeutungsmäßig festzulegende Felder unterteilt, wobei diese Festlegung durch die Anwendungsprogramme erfolgt.

Die **Organisation der Dateien** kann sehr **unterschiedlich** sein - entsprechende Unterschiede ergeben sich für die Dateiverwaltung. Bei den gestalterischen Grundsatzentscheidungen über Dateiformen und -verwaltungsprozesse stehen zwei Hauptziele in Konkurrenz zueinander:

Dateiverwaltung   E.II.2.2.1.

- eine angemessene **Auslastung** der Datenträger-Kapazität zu erreichen und
- den Aufgabenstellungen gerecht werdende **Formen des Zugriffs** zu ermöglichen.

Von beidem wiederum hängt die Zugriffszeit ab.

Eine anspruchslose Zugriffsform ist die des **sequentiellen Zugriffs**: Auf Daten und Texte wird in der - vielleicht zufälligen - Reihenfolge, in der sie auf dem Datenträger angeordnet sind, nacheinander zugegriffen. Das ermöglicht eine **gute** Datenträger-**Auslastung**, da die Einzeldaten in unmittelbarer physischer Nachbarschaft hintereinander abgespeichert werden können. Der direkte Zugriff auf ein willkürlich ausgewähltes Informations-Segment ist freilich nicht möglich - (beim Zugriff mit sequentieller Suche und entsprechend langer Wartezeit spricht man nicht von Direkt- oder Random-Zugriff).

Für fast alle Textverarbeitungs-Abläufe ist aber ein solcher **Direkt-Zugriff** unumgänglich: ob man nun eine Text-Seite zur Überarbeitung abrufen will oder ob man auf mehrere Bausteine willkürlich zugreifen will, die zum Text zusammenzustellen sind. Um auf einen bestimmten Text direkt zugreifen zu können, muß dieser mit einem **Ordnungsmerkmal** versehen sein: Text-Name, Seite im Text.

Das Betriebssystem hat damit nicht nur die Texte selbst, sondern auch deren Ordnungsmerkmale zu verwalten. Damit auf einen Text gezielt zugegriffen werden kann, muß der Maschine seine genaue Position (**physische Adresse**) auf dem Datenträger bekannt sein. Bei Platten-Datenträgern dienen **Sektor-Nummern** als physische Speicher-Adressen. Die Zuordnung, die zwischen **Ordnungsmerkmalen** als "logischen" und den Sektoren als physischen **Adressen** besteht, muß auf den jeweiligen Datenträgern festgehalten - also zusätzlich gespeichert - werden.

E.II.2.2.1. Dateiverwaltung

Ordnungsmerkmale auf oberster Ebene sind die Namen der einzelnen Dateien. Deren physische Adressen enthält das **Inhaltsverzeichnis**, das auf jeder Floppy oder Platte mitgeführt wird (engl.: directory, auch: VTOC für <u>v</u>olume <u>t</u>able <u>o</u>f <u>c</u>ontents). Und wenn die Dateien weiter in direkt ansprechbare Sätze unterteilt sind, müssen datei-spezifische Verzeichnisse (**Tabellen**) angelegt und geführt werden.

Wegen der inhaltlichen und damit auch formalen Unbestimmbarkeit von Texten sind die Schwierigkeiten der internen Datei-Organisation anders gelagert als bei Daten mit ihren vorgebbaren Feldern. So läßt sich etwa die Länge eines Textes nicht von vornherein festlegen. Jederzeit müssen Einschübe, aber auch Löschungen möglich sein. Würden nun Texte in sequentieller physischer Nachbarschaft gespeichert, so käme es bei jeder Einfügung zur Kollision mit Nachbartexten. Denn diese können nicht einfach "weitergeschoben" werden: Das würde zu unabsehbaren Folgewirkungen und entsprechend zeitaufwendiger Dateiverwaltung führen, da alle Adressen sich ändern würden und neu fixiert werden müßten (Reorganisation). Und wenn ausreichende "Pufferbereiche" freigehalten würden, dann wäre der Datenträger bei den entstehenden Lücken kaum noch vernünftig auszulasten.

Eine sinnvolle Textspeicherung ist deshalb mit der **Streuung** von Text-Teilen **über** den gesamten **Datenträger** (Speicherraum) verbunden. Dann müssen aber auch die Zusammenhänge zwischen den Speicher-Segmenten festgehalten werden: Durch Vor- und Rückverweise entstehen **Ketten**, die bei jedem Zugriff - Lesen und Schreiben - nachzuverfolgen sind. Durch die Vielzahl einzelner physischer Zugriffe dauert der - logische - Zugriff insgesamt länger: Die **Zugriffszeit wächst**. Dafür kann der Speicherplatz besser ausgenutzt werden.

Umgekehrt gilt: Je schlichter Zugriffsform und -methoden sind, um so kürzer wird die Zugriffszeit. Um so schlechter allerdings werden dann die Kapazitäten eines Datenträgers ausgeschöpft. So kann etwa auf einer Floppy Disk für jeden Einzel-Text eine eigene Datei angelegt werden. Beim Wegspeichern wird jedesmal eine geeignete Lücke gesucht. Der Zugriff setzt nur den Umweg übers Inhaltsverzeichnis voraus, geht also schnell. Doch da die Zahl der Einträge in so ein Verzeichnis begrenzt ist, können Texte nur bis zu einer gewissen Anzahl aufgenommen werden. Auch wenn es sich ausschließlich um kurze Bausteine handelt - zum Engpaß wird schließlich ihre Zahl, nicht ihr Umfang.

Auch andere Ursachen - die eingehend zu beschreiben hier nicht der Platz ist - können zu ähnlichen Begrenzungen führen. Der Anwender darf sich bei seiner Auswahlentscheidung deshalb mit der Angabe einer absoluten Floppy- oder Platten-Kapazität nicht zufriedengeben. Vielmehr müssen die Restriktionen, die sich aus Dateiorganisation und -verwaltung ergeben, auf sein individuelles Textprofil bezogen werden. Nicht nur bei der Kapazität können sich Engpässe herausstellen; oft wird auch die Zugriffszeit länger, wenn Dateien umfangreich werden oder Datenträger stark belegt sind.

Ins Gewicht fallen diese Entscheidungskriterien vor allem, wenn Standard-Texte im Textprofil dominieren. Bei der Textbausteinverarbeitung sollte das gesamte Texthandbuch im On-Line-Zugriff stehen: Die Zahl der Bausteine ist oft sehr groß; die Bausteine selbst sind i.d.R. kurze Texte. Zum einen sollten die Datenträger raum-ökonomisch genutzt werden; zum anderen darf der Zugriff auf einen Baustein nicht zu lange dauern. Auch der Druck von Serienbriefen wird sehr unbequem, wenn etwa die Anschriften-Bestände über mehrere Datenträger verteilt werden müssen.

2.2.2. Text-Adressierung

Der Bediener darf nicht mit der Kenntnis physischer Speicher-Adressen (Sektoren) belastet werden. Die Angabe eines symboli-

E.II.2.2.1.　　　　Dateiverwaltung

schen **Text-Namens** durch den Menschen sollte in jedem Fall ausreichen (**logische Text-Adresse**). Wo der so benannte Text angesiedelt ist - das muß die Maschine dann selbst ermitteln.

Ein **Text-Name** hat - als Ordnungsmerkmal eines Textes - vorwiegend **mnemotechnische** Funktion: Der Benutzer muß eine sinnvolle Beziehung zum Inhalt des Textes herstellen können. Um ihm keine schwer erschließbaren Abkürzungen oder Namens-Stummel aufzuzwingen, müssen auch längere Namen möglich sein (15 bis 20 Zeichen). Auch sollten nicht zu viele Zeichen von der Verwendung ausgeschlossen sein. So dürfen etwa Schlüssel-Systematiken für Texthandbücher nicht dadurch behindert werden, daß keine Dezimal-Klassifikation in den Baustein-Namen unterzubringen ist.

Manche Systeme ermöglichen eine zweifache oder gar mehrstufige **Hierarchie von Text-Adressen**. Ein längerer Text kann nach Kapiteln gegliedert werden, die eigenständige Namen tragen und weiter in Seiten unterteilt sind. Eine solche Adreß-Organisation ist aber nur sinnvoll, wenn sie optional ist, also die Hierarchie nicht immer durchlaufen werden muß: z.B. beim Speichern kurzer Texte. Bei der einfachsten Version einer - optionalen - Adreß-Hierarchie werden an die symbolischen Namen bei Bedarf fortlaufende Seitenzahlen angefügt. Diese Zahlen können - bei entsprechender Abfolge von Vorgängen - auch automatisch, d.h. vom Programm, generiert werden. Erfassen und Überarbeiten von längeren Texten werden komfortabler, da der Bediener sich nicht mehr auf die Paginierungsvorgabe konzentrieren muß.

2.2.3. Textnamens-Verzeichnis

Der Benutzer kann auf einen Text zugreifen, indem er der Maschine dessen symbolischen Namen angibt. Ist ihm der Name unbekannt, dann muß er im Speicher nach dem Text "suchen". Die Maschine kann ihn dabei unterstützen, indem sie ihm Namensverzeichnisse derjenigen Texte zur Verfügung stellt, die sich im On-Line-Speicherzugriff befinden. Diese **Textnamens-Verzeichnisse** sind nur dann mit den Platten-Inhaltsverzeichnissen identisch, wenn für jeden Einzeltext eine eigene Datei eingerichtet ist. Sonst werden sie aus dem Inhaltsverzeichnis und den Ordnungsmerkmalen der Datensätze (Schlüssel) konstruiert.

Textnamens-Verzeichnisse können - soweit sie nicht ohnehin Inhaltsverzeichnisse sind - mit auf dem Datenträger gespeichert sein. Ihr Abruf geht dann sehr schnell. Sie müssen aber bei jedem Schreibvorgang (Abspeichern) aktualisiert werden (Updaten). Das verlängert die Wartezeit beim Wegschreiben jedes Textes. Wenn die Verzeichnisse allerdings ad hoc angefertigt werden, wird das zu spürbaren Wartezeiten bei der Auskunft führen.

Übersichtliche Verzeichnisse müssen **nach Textnamen sortiert** sein. Sind im Namen große und kleine Buchstaben zugelassen, so wird die Sortierfolge meist falsch werden. Viele Systeme vermeiden deshalb Kleinbuchstaben: Sie arbeiten bei der Namens-Eingabe im "Capslock"-Modus. Nur in seltenen Fällen werden die Unzulänglichkeiten der Zeichen-Codes durch geeignete Programmfunktionen ausgeglichen.

Systeme, die verschiedene Text-Arten vorsehen - z.B. Texte, Adressen, Formulare -, ermöglichen die Ausgabe entsprechender **Teil-Verzeichnisse**. Oft können auch Abschnitte der Sortierfolge herausgegriffen werden: "Von ... bis ...".

Wirklich aussagekräftig wird ein Verzeichnis erst dann, wenn die Text-Namen mit **erläuternden Zusätzen** verbunden werden können. Format-Restriktionen - wie sie für Datei-Namen und Datensatz-Schlüssel unumgänglich sind -, v.a. die Begrenzung der Zeichenzahl, engen das Verzeichnis in seiner wichtigen Übersichtsfunktion dann nicht mehr ein.

E.II.2.2.3.   Textnamens-Verzeichnis

2.2.4. Sonstige Zugriffs-Unterstützung

Texte müssen durch ihre Namen eindeutig identifiziert werden. Sie können zudem durch inhaltsbezogene Merkmale näher charakterisiert werden. Wenn dafür Ausdrücke der natürlichen Sprache verwendbar sind, handelt es sich um **Schlagwörter**, Deskriptoren oder Key-Words. Durch das Speichern der Verkettung oder "Vernetzung" zwischen Texten und Merkmalen wird die gezielte Direkt-Suche nach Texten über die Vorgabe von Schlagwörtern möglich. Diese äußerst wirkungsvolle Zugriffs-Unterstützung bieten EDV-Dokumentationssysteme mit **Information-Retrieval**-Funktionen ("elektronisches Archiv"). Sie geht über das Leistungsspektrum von Textautomaten weit hinaus.

Um einen Text aus dem Speicher abzurufen, muß der Bediener den Namen oder andere Merkmale eingeben. Bevor der gewünschte Text auf dem Bildschirm erscheint, verstreicht - auch bei effizientem Direkt-Zugriff - eine gewisse Wartezeit. Beides kann bei längeren zusammenhängenden Texten entfallen, wenn die Software-Konfiguration ein **Blättern** im gespeicherten Text vorsieht. Dieses Speicher-Blättern ist nicht mit dem Page-Scrolling zu verwechseln ("Blättern" in einem Text, der sich schon im Hauptspeicher, aber nicht zur Gänze auf dem Bildschirm befindet; dazu: Abschnitt E.II.2.1.1.). Das schnelle Blättern im Speicher-Text setzt sequentielle Plattenzugriffe voraus: Die Einzel-Seiten hängen auch in ihrer gespeicherten Form zusammen - meist als Sätze in einer Datei, die vor- und rückwärts gelesen werden kann. Textautomaten haben oft spezielle Funktionstasten für seitenweises Vor- und Zurückblättern.

Bei der Text-Überarbeitung am Bildschirm - aber auch bei anderen Formen des Direkt-Inputs - kann es notwendig werden, in anderen Texten nachzuschlagen. Nur wenige Systeme ermöglichen dies, ohne daß der aktuell bearbeitete Text verlassen werden muß. Der zweite oder zudem noch ein dritter Text wird in Bildschirm-Sektionen

(Felder oder "Fenster" im Bildschirm) eingeblendet, in denen er dann separat beweglich ist (durch Rollen). Programme mit der Fähigkeit, **Mehrfelder-Bildschirme** (engl.: split screens) aufzubauen, werden recht plastisch - wenn auch unpräzise - als Multi-Kamera-Systeme bezeichnet.

Linker und rechter Zeilenrand sind während der Arbeit am Bildschirm immer auf eine konkrete Position eingestellt. Tabulatoren können gesetzt sein, sie können auch fehlen. Ein Text, der aus dem Speicher abgerufen wird, muß auf dem Bildschirm in den jeweils vorgegebenen Format-Rahmen eingepaßt werden (durch Justieren). Soll ein Text aber die äußere Gestalt behalten, die er bei seiner Erfassung angenommen hat, so müssen Rand- und Tabulator-Positionen als Formatmerkmale mit dem Text zusammen gespeichert werden. Sie genießen dann Priorität vor den aktuell am Bildschirm eingestellten Werten. Der Text wird in seiner ursprünglichen Form abgebildet und nicht erneut justiert. Dies erleichtert auch den Zugriff, wenn Format-Werte und -Anforderungen nicht übereinstimmen: Denn ein Text mit Tabulierung könnte nicht mehr richtig justiert werden, wenn auf dem Bildschirm keine Tabulatoren gesetzt sind.

2.2.5. Reorganisation

Einige Datei-Organisationsformen - vor allem die mit gestreuter Speicherung und Kettenbildung verbundenen - erfordern die periodische Reorganisation der Datenträger und ihrer Text-Bestände. Dies wird sinnvoll oder notwendig, etwa um

- **Texte** kompakt **zusammenzuschieben**, damit zusammenhängender Speicherplatz frei wird und der Datenträger besser auszulasten ist
- Glieder von **Ketten neu anzuordnen**, damit zu große Streuung vermieden wird und die Zugriffszeiten reduziert werden können.

E.II.2.2.4.   Sonstige Zugriffs-Unterstützung

Werden in Direkt-Zugriffs-Dateien neue Datensätze eingefügt oder aus ihnen bestehende Sätze entfernt, dann ergeben sich Änderungen für die Tabellen, über die Ordnungsmerkmale verwaltet werden. Diese Schlüssel- oder Index-(Satznummern-)Tabellen müssen mit den neuen Vor-/Rückwärts-Verkettungen abgestimmt und entsprechend angepaßt werden. Leistungsstarke Systeme bewältigen das während des Dialogs; viele Systeme machen aber von Zeit zu Zeit nachträgliche Datei-Reorganisationen als Batch-Läufe erforderlich.

Wenn in vorhandenen Dateien sehr viele Änderungen vorgekommen sind, wird der Speicherraum meist nicht mehr optimal genutzt: Es sind Lücken entstanden; andererseits mußten zusammengehörige Datensätze aus Platzmangel weit verstreut gespeichert werden. Neben der internen Reorganisation der Dateien kann nun zusätzlich eine **Datenträger-Reorganisation** sinnvoll werden: Der gesamte Speicher wird kapazitäts- und zugriffs-ökonomischer in freie und belegte Sektoren aufgeteilt. Auch dabei werden Datensätze physisch anders positioniert; die Hilfsdaten (Ordnungsmerkmale, Kett-Verweise) müssen dem angepaßt werden.

Für beide Arten von Batch-Reorganisationsläufen stehen meist spezielle Dienstprogramme zur Verfügung. Von dieser Reorganisation auf der System-Ebene zu unterscheiden ist eine Reorganisation auf Anwendungs-Ebene: v.a. das **gezielte Löschen** nicht mehr benötigter Texte. Anspruchsvolle Software-Konfigurationen bieten dafür System-Unterstützung: Auf der Basis einer Text-Lebenszyklus-Verwaltung werden dem Benutzer Vorschläge unterbreitet, wie die Bestände um veraltete Texte bereinigt werden können. Kriterien für Lösch-Vorschläge können die Archivierungs-Dauer oder das längere Ausbleiben aktueller Zugriffe sein.

2.2.6. Sicherung und Schutz

Texte, die nur auf einem Datenträger gespeichert sind, können allzu leicht verloren gehen: durch **Beschädigung** oder **Zer-**

störung des Datenträgers oder aber durch **Fehler**, die das Betriebssystem bei der Dateiverwaltung macht (z.B. falsche Kettenbildung). Vor allem in Floppy-Laufwerken älterer Bauart werden nebeneinander liegende Spuren versehentlich mit gleichem Inhalt beschrieben - der vorher vorhandene Text ist nicht mehr da. Strom-Ausfälle unterbrechen Reorganisationsvorgänge, Platten-Spuren werden durch Verschmutzung unleserlich, bei anderen treten Materialfehler auf, Schreibköpfe kollidieren mit den Plattenoberflächen - die **Gefahren** sind vielfältig.

Deshalb ist eine **tägliche Sicherung** von Daten- und Textbeständen organisatorisch unumgänglich. Sie werden dafür auf einen auswechselbaren Zusatz-Datenträger kopiert oder dupliziert. Dienstprogramme zur Datensicherung unterscheiden sich im Bedienungskomfort (benutzerfreundliche Bedienerführung) und vor allem im Zeitverhalten: Müssen etwa - weil es das System nicht anders zuläßt - Datenträger immer komplett überspielt werden, so kann das mehr als eine halbe Stunde - täglich! - verschlingen. Die verfügbaren Sicherungs-Prozeduren sind also ein - oft vergessenes - Beurteilungskriterium für die Software-Konfiguration.

Auch während der täglichen Arbeit können Fehler auftreten - auch solche des Bedieners: beim Abspeichern etwa die irrtümliche Angabe eines Text-Namens, den bereits ein anderer Text trägt. Um diesen nun **vor** dem **Überschreiben** zu bewahren, sollte die Software den Bediener **warnen**.

Zu den Sicherungsvorkehrungen kommen solche des **Schutzes von Daten und Texten** - nach gesetzlichen, aber auch nach betriebsinternen Erfordernissen. Neben den vielfältigen Formen des Hardware-Schutzes - z.B. Terminal-Schlössern, Datenträger-Schränken - bilden Code- oder Paßwörter eine wirkungsvolle Einstiegsbarriere für den Aufruf bestimmter Programme oder den Zugriff auf bestimmte Dateien. Besonders vertrauliche Texte können zudem in kryptographisch verschlüsselter Form gespeichert werden. Auch

E.II.2.2.6.   Sicherung und Schutz

durch einen 1:1-Platten-Abzug (engl.: dump) können Unberechtigte
dann keinen Klartext gewinnen. Vor allem bei Mehrplatzsystemen
mit zentralen Speichern sind softwaremäßige Schutz-Maßnahmen
notwendig. Bei zusätzlichen Kommunikationsprozessen vergrößern
sich die Angriffsflächen noch: Nicht nur die Speicher, auch
Übertragungswege, Zwischen-Speicher und Übertragungs-Einrichtungen sind zu schützen.

2.3. Druck-Ausgabe

Maschinenschriftliche oder - bei automatisierter Verarbeitung im
Sinne des EDV-Fachbegriffs - "gedruckte" Texte sind der Output
des Schreibvorgangs. Ihr **Druck** ist die **wichtigste** Form der **Ausgabe** durch die Maschine. Welche Möglichkeiten bestehen, die gedruckten Texte zu gestalten - das hängt vom eingesetzten Gerät
(Drucker) ab. Zwar ist dessen Typ und Leistungsumfang im Rahmen
der Hardware-Konfiguration festzulegen, doch wird entsprechende
Software notwendig, um von der Leistungsfähigkeit eines Druckers
Gebrauch machen zu können. Erst die Auslegung mit Software entscheidet über die möglichen Abläufe beim Druck und über die Ausschöpfung des Drucker-Funktionsvorrats.

2.3.1. Ablauf des Druckens

Der Bediener sollte den Druckvorgang jederzeit vorläufig **unterbrechen**, aber auch endgültig **abbrechen** können. Werden Drucker
mit auswechselbaren Typenträgern eingesetzt (Kugelkopf, Typenrad), dann sollten Steuerzeichen im Text ('**Drucker-Stop**') zu
automatischen Unterbrechungen führen. Für Texte mit besonderen
Gestaltungsanforderungen können dann Typenträger mit verschiedenen Zeichensätzen verwendet und während des Drucks einer
Text-Seite ausgetauscht werden. Natürlich muß ein automatischer
Stop auch möglich sein, wenn manuelle Einfügungen nicht im Bildschirm, sondern erst beim Druck vorzunehmen sind.

Um Texte mehrfach ausdrucken zu können, muß die Bedienerführung die Vorgabe der gewünschten Auflage vorsehen: Anzahl **Druck-Wiederholungen**, oft auch als "Durchschläge" bezeichnet.

Die Druckgeschwindigkeit steigt, wenn das Druckwerk am Ende einer Zeile nicht an den Zeilenanfang zurückbewegt werden muß, sondern die Folgezeile rückwärts ausdrucken kann: Zwei-Richtungs- oder **bidirektionaler** Druck - meist zusätzlich mit Druckweg-Optimierung (Positionierung an die nächstgelegene Stelle). Fast alle Matrix-Drucker arbeiten so - wenn sie nicht ohnehin Zeilen komplett drucken -, aber auch einige Typenrad-Drucker erlauben den Vor-/Rückwärtsdruck. Jedoch muß die Software den Drucker entsprechend "ansteuern".

Ein wichtiges Beurteilungskriterium für die Software-Konfiguration ist die mögliche "Betriebsart" des Druckens:

    (1) Schreibmaschinen-Modus
    (2) Druck aus dem Bildschirm (d.h. aus dem Arbeitsspeicher)
    (3) Druck aus externen Speichern im Vorder- oder Hintergrund.

Zu (1):

Dabei wird eine **Schreibmaschine** bzw. ein bildschirmloser Textautomat **simuliert**: Dem Anschlag auf der Tastatur folgt unmittelbar der Ausdruck. Das sporadische Arbeiten in diesem Druck-Modus kann sinnvoll sein, wenn Texte positionsgerecht in Vordrucke einzupassen sind: also etwa beim Aufbauen einer Formularmaske. Generell dient es dazu, die Unzulänglichkeiten und Verzerrungen der Bildschirm-Darstellung auszuschalten und dem Bediener die gedruckte Text-Form unmittelbar vor Augen zu führen.

Zu (2):

Einmal-Texte brauchen nicht gespeichert zu werden, wenn ihr Umfang im Rahmen der Hauptspeicher-Kapazität bleibt. Es reicht

E.II.2.3.1.   Ablauf des Druckens

dann aus, den Text nach der Erfassung einmalig auszudrucken. Dafür ist die Betriebsart '**Druck des Bildschirm**-(Speicher-)Inhalts' vorgesehen. Der erfaßte Text wird unverändert - v.a. ohne neuerliches Justieren - gedruckt. Dieser Modus kann ebenfalls für die Gestaltung von Texten sinnvoll sein: iteratives Vorgehen mit mehrfachem Probedruck.

Zu (3):

Texte, die an Automaten erfaßt werden, sind im Regelfall zur späteren Wiederverwendung bestimmt: als Überarbeitungs- oder als Standard-Texte. Weil sie deshalb auf **externen Speichern** abgelegt werden, muß ihr **Druck** nicht unbedingt den Bildschirm in Anspruch nehmen. Er kann bei geeigneter Software als **Hintergrundfunktion** ablaufen: Die notwendige Kommunikation zwischen Speichermedium und Drucker wird in einem relativ begrenzten Teil des Hauptspeichers abgewickelt, ohne die Arbeit am Bildschirm zu beeinträchtigen (Vordergrund). Der Hauptspeicher braucht die jeweils zu druckende Textseite dabei nicht vollständig aufzunehmen. Er dient lediglich als Zwischenstation für eine oder - bei automatischen Umbruchfunktionen - einige wenige Text-Zeilen.

Manche Software-Konfigurationen lassen keine Hintergrundverarbeitung zu: dann kann entweder gedruckt oder am Bildschirm gearbeitet werden - nicht aber beides zur gleichen Zeit. Eine dazu konträre Lösung ist der **Off-Line-Druck**: Er setzt auf der Hardware-Seite "intelligente" Drucker voraus, in deren Prozessoren die gesamte Druck-Software ausgelagert ist. Da die Zentraleinheit des Automaten nun überhaupt nicht mehr tangiert wird, steht sie voll für Bildschirm- und Speicherprozesse zur Verfügung.

Um einen Text aus seiner gespeicherten Form in Druck-Output zu transformieren, müssen der Maschine Text-Identifikation (Name, Seite etc.) und Druckparameter angegeben werden: also Ränder, Zeichen- und Zeilenabstände etc. Für diesen Komplex von Bediener-Vorgaben - bzw. Default Values - wird häufig der Begriff

Ablauf des Druckens   E.II.2.3.1.

"**Druckauftrag**" verwendet. Und wenn mehrere Seiten zu drucken sind, kann ein derartiger Druckauftrag auch "Von ... Bis ..."-Angaben einschließen: vorausgesetzt, die Text-Namen hängen zusammen (Namens-Hierarchie) oder bilden eine geschlossene Sortierfolge. Viele Konfigurationen erlauben auch die Eingabe mehrerer Druckaufträge, die dann in eine Warteschlange eingereiht und vom System nach und nach bearbeitet werden.

Stimmen die Druck-Parameter mit den Format-Werten überein, mit denen der Text erfaßt und gespeichert wurde, dann kann dieser - wie beim Druck aus dem Bildschirm - in unveränderter Form ausgegeben werden. Bei gewissen Parameter-Differenzen - z.B. anderen Rändern - muß der Text aber für den Druck **umformatiert** und damit **neu justiert** werden. Vor allem der Zeilenumbruch wird nun mit seinen Einrückungs- und Silbentrenn-Verlagerungen erneut zum Problem. Konnte der Bediener bei der Gestaltung am Bildschirm noch in den Umbruch eingreifen, so laufen diese Prozesse beim Druck völlig automatisch - d.h. unter Programm-Kontrolle - ab. Gerade deshalb können prophylaktische Vor-Trennungen in häufig verwendeten Text-Bausteinen sehr sinnvoll sein. Wie sicher ein System auch auf extreme Parameter-Konstellationen reagiert, kann sich nur im praktischen Test herausstellen.

2.3.2. Seiten-Umbruch

Wenn jedes Blatt Papier - wie bei der Schreibmaschine - von Hand in den Drucker eingespannt wird, muß der Bediener die erste Druck-Zeile selber einstellen. Bei jeder Form des automatischen Papiertransports - von gefalzten Endlos-Bahnen wie von Einzelblättern - muß dagegen das System einen positionsgerechten **Papier-Vorschub** (engl.: form feed) sicherstellen: Alle Anfangszeilen müssen auf gleicher Höhe ausgedruckt werden.

Unzulängliche Druck-Software kann beim Vorschub zu **Zeilen-Verschiebungen** führen, vor allem wenn auf einer Textseite der Zei-

E.II.2.3.1.   Ablauf des Druckens

lenabstand variiert. Eine häufige Fehler-Ursache bilden auch unterschiedlich lange Anschriften-Teile in Serienbriefen. Fehlende oder überschüssige Zeilen-Vorschübe (engl.: line feeds) verschleppen sich dann rasch von Brief zu Brief.

Sind mehrseitige Texte zu drucken, so können die gespeicherten Text-Segmente einzeln ausgedruckt werden, solange ihre Zeilen-Zahl das Fassungsvermögen einer Papier-Seite nicht übersteigt. Sonst muß der ganze Text **zu Druck-Seiten** neu zusammengestellt, also **umbrochen** werden. Das kann bei den meisten Konfigurationen automatisch geschehen, wenn die gewünschte Anzahl von Zeilen pro Seite einmalig vorgegeben wurde. Zum automatischen Umbruch gehört die softwaregesteuerte **Paginierung**, u.U. mit Angabe der Folgeseite unterhalb des Textes. Auch können i.d.R. gleichlautende Text-Zeilen am Seiten-**Kopf** und am **Fuße** der Seiten generiert werden: Sie erfüllen dann die Funktion vorgedruckter Texte.

Umbruch-Regeln für den Schriftsatz werden allerdings nur von wenigen Systemen beherrscht:

- Eine neue Seite darf nicht mit der letzten Zeile des vorangehenden Absatzes beginnen (Typographen-Begriff: Hurenkind; engl.: widow).
- Umgekehrt darf die Seite nicht mit der ersten Zeile eines neuen Absatzes enden (Schusterjunge oder Waisenknabe; engl.: orphan).

Der automatische Seiten-Umbruch beim Druck sollte deshalb - wie der Zeilenumbruch am Bildschirm - manuell beeinflußbar sein.

Auch müssen zusammengehörige Text-Teile - z.B. abschließende Brief-Floskeln - durch Steuerzeichen gegen Umbrechen geschützt werden können.

Wie beim Papier-Vorschub wird auch beim automatisch unterstützten Umbruch eine exakte Berechnung der **Zeilenzahl** notwendig.

Seiten-Umbruch   E.II.2.3.2.

Sie ist aufwendiger, wenn der Zeilen-Zwischenraum (engl.: line space) nicht konstant bleibt, sondern innerhalb der Seite variiert. Während man in der Typographie diesen Abstand selbst mißt (Durchschuß; engl.: lead), ist in der Büro-Textverarbeitung ein Dichte-Maß üblich:

- 6 Zeilen pro Zoll (auch: **einzeilig**)
- 4 Zeilen pro Zoll (**anderthalbzeilig**)
- 3 Zeilen pro Zoll (**zweizeilig**).

Dies entspricht der Schreibmaschinen-Teilung in vertikale 1/12-Zoll-Schritte (12 Zeilen pro Zoll = halbzeilig). Bei einzeiliger Schreibweise faßt eine DIN-A4-Seite 72 Text-Zeilen (Default-Wert). Werden Absätze mit unterschiedlicher Zeilen-Dichte gedruckt, dann sind die Werte für den Umbruch entsprechend umzurechnen.

Bei der Aufteilung von Seiten in Fließtext und Fußnoten-Apparat ist außer der (üblichen) Zeilenabstands-Variation die Proportion zwischen den Seiten-Teilen in die Berechnung einzuschließen. Sobald die maximale Seitenlänge überschritten würde, kann die letzte Fußnote samt Text-Verweis auf die Folge-Seite übernommen werden. Wenn aber dann die aktuelle Seite zu leer würde, muß die Fußnote aufgeteilt werden (mit Fortsetzungs-Hinweis). Sind Fußnoten innerhalb einer Seite fortlaufend numeriert, so ist bei Verschiebungen diese Numerierung - auch in den Text-Verweisen - abzuändern. Diese und weitere **Fußnotenverwaltung**s-Prozesse werden von den wenigsten Konfigurationen softwaremäßig unterstützt. Sie können ins Gewicht fallen, wenn im Textprofil entsprechende Überarbeitungs-Texte größeren Umfangs dominieren.

2.3.3. Schrift- und Satzspiegel-Gestaltung

Der **Schriftzeichen**-Vorrat ist bei Schreibmaschinen und "Schönschreib"-Druckern stärker eingegrenzt als bei anschlagfreien Druckern oder gar im typographischen Satz (Schriftsatz): meist

E.II.2.3.2.   Seiten-Umbruch

auf 96 Zeichen. Durch die Verwendung auswechselbarer Typenträger läßt sich diese Einschränkung mildern: Eine - allerdings noch immer begrenzte - Variation der Schriftart (amerikan.: font) wird möglich. Auch viele Matrix-Drucker erlauben die softwaremäßige Zeichensatz-Umschaltung.

Gängige **Grundformen** sind - bei unterschiedlichem Duktus - Antiqua- und Groteskschriften (Pica und Elite als Schriftfamilien, Courier, Prestige, Advocate, Viktoria, Britannia, Bold Face, Letter Gothic, Polygo, Kent, Orator, Italic etc.). Ihr Schnitt ist in aller Regel mager, teilweise auch kursiv. Eine Art halbfetter Auszeichnung ("Fettschrift", genauer: **Schattenschrift**) kann durch leicht versetztes Überschreiben erzielt werden.

Auch in der **Schriftgröße** (Grad) bestehen Unterschiede. Anders als im Schriftsatz ist Bemessungsgrundlage nicht die Zeichenhöhe, sondern die - bei Schreibmaschinen durch ihren starren Transportschritt konstante - Zeichenbreite (Dickte). Auch ist die Maßeinheit nicht der typographische Punkt (1 p = 0,376 mm), sondern die Schritt-Teilung der Schreibmaschine (engl.: pitch). Aus dem englisch-amerikanischen Schriftsystem stammen die Bezeichnungen für die beiden Standardgrößen:

- **Pica** für die Schritt-Teilung von **10 Zeichen pro Zoll**
- **Elite** für die **12-Zeichen-pro-Zoll-Teilung**.

Sie wurden in Analogie zum 12-Punkt-Schriftgrad Pica und zur 10-Punkt-Schrift Elite gebildet (im deutschen System: Cicero und Garamond), umfassen tatsächlich aber Grade zwischen 6 und 10 Punkt.

Eine besonders enge Schreibweise ermöglicht die 15-Zeichen-pro-Zoll-Teilung: bei Schreibmaschinen auch Perl- oder Sparschrift genannt (Perl = 5-Punkt-Schriftgrad), bei Textautomaten und EDV-Anlagen oft fälschlich als Proportional-Schritt bezeichnet. Bei der seltener vorkommenden echten **Proportionalschrift** wird die

Schrift- und Satzspiegel-Gestaltung   E.II.2.3.3.

starre Schritt-Teilung aufgegeben: schmale Buchstaben (i) erhalten kleinere Dickten als breite Buchstaben (M). Das Schriftbild wird ausgeglichener als beim unruhigen Schreibmaschinensatz.

10-Pitch-Schriften
Artisan
Courier
Prestige Pica

12-Pitch-Schriften
Courier
Letter Gothic
Prestige Elite

Proportional-Schriften
Arcadia
Boldface
Essay

Schriften fremder Sprachen

$\alpha\beta\gamma\delta\epsilon\zeta\eta\theta\iota\kappa\lambda\mu\nu\xi o\pi\rho\sigma\tau\upsilon\phi\chi$

Окончательный текст может быть исполнен с различными выключками в автоматическом режиме.

Formeln

$$F(X) = \int_{-\pi}^{\pi} f(t)\, dt = \int_{-\pi}^{0} f(\xi)\, d\xi + \int_{0}^{\pi} f(\eta)\, d\eta$$

$$P_n^{(\alpha,\beta)}(x) = \frac{1}{2^n} \sum_{m=0}^{n} \binom{n+\alpha}{m} \binom{n+\beta}{n-m} (x-1)^{n-m} (x+1)^m$$

Abb. E-8: Schrift-Arten und -Größen, Schriftzeichen (Beispiele)

Wohl jede Textverarbeitungs-Software ermöglicht eine Druckausgabe mit rechtem Randausgleich: auch als ausgeschlossener Satz oder - im Gegensatz zum Flattersatz - als **Blocksatz** bezeichnet (engl.: justification printout). Derart gestaltete Texte sehen nicht mehr aus, wie von Schreibmaschine geschrieben. Das kann nicht immer erwünscht sein: Korrespondenz etwa würde damit ja gleichzeitig ihren Individualitätswert einbüßen.

E.II.2.3.3.   Schrift- und Satzspiegel-Gestaltung

Ein zufriedenstellender äußerer Eindruck wird durch den Randausgleich nur erreicht, wenn gleichzeitig Proportionalschrift verwendet wird. Denn die Kombination von starrer Schrittweite und Blocksatz ergibt ein allzu lebloses Schriftbild. Wenn der Ausgleich nur durch das Einfügen von Leerschritten zwischen Wörtern erreicht wird (engl.: interword spacing), können sich häufig untragbar große Wort-Zwischenräume ergeben (Löcher im Text). Besser ist deshalb die - allerdings sehr selten beherrschte - Variation der Zeichen-Zwischenräume oder Spatien (engl.: intercharacter spacing).

Mit Schriftarten-Variation, Proportionalschrift und Randausgleich wird die Grenze vom Schreibmaschinen-Satz zum **Schreibsatz** überschritten. Bereits in den 60er Jahren wurden dafür geeignete Büro-Sachmittel angeboten: Am bekanntesten ist bis heute der "Composer" (Produktbezeichnung) geblieben.

Eine Verbindung zwischen Schreiben und Setzen wird schließlich auf zwei Wegen möglich:

- durch einfach zu bedienende **Bürosatz**-Geräte oder
- durch die Weiterverarbeitung des Text-Outputs in **Fotosatz**-Geräten oder -Systemen.

Auch beim Schreibsatz wird der Text noch auf Papier ausgegeben. Dagegen werden beim Bürosatz - wie beim (professionellen) Fotosatz - die über optische Systeme (Linsen und Spiegel) generierten Zeichen auf fotografischen Materialien ausgegeben: Fotopapier oder Filme werden belichtet.

Manche Texte müssen oder sollten ihrer Wirkung wegen gesetzt werden: z.B. Zeitschriften, Fahr- und Flugpläne, Lexika, Kataloge, Prospekte, Preislisten, Geschäftsberichte. Aber generell gilt - und das ist in der Praxis bis heute viel zu wenig bekannt: Durch den **Satz** lassen sich große Mengen **Papier einsparen**: Zwei Schreibmaschinen-Seiten ergeben grob gerechnet eine ge-

Schrift- und Satzspiegel-Gestaltung　　　　　E.II.2.3.3.

setzte Seite. Das kann zu enormen Folge-Einsparungen führen: bei Archivraum, Versandkosten etc.

Die Satzherstellung kann auf den Texten basieren, die im Büro bereits erfaßt wurden. Im Normalfall müssen die Datenträger umgesetzt (konvertiert) werden, damit sie vom Fotosatz-Gerät gelesen werden können. Für die **Konvertierung** von Disketten, Magnetbandkassetten und Magnetkarten werden spezielle Geräte eingesetzt (Konverter). Dagegen sind Magnetbänder als EDV-Datenträger ohne Umsetzung weiterverwendbar (Kompatibilität durch Normung). In die Büro-Texte müssen am Satzgerät zusätzlich noch typographische Parameter (**Satzbefehle**) eingefügt werden. Diese Arbeit übernehmen Schriftsetzer, die durch ihre Ausbildung über satztechnische, gestalterische und sprachliche Kenntnisse für den Umgang mit Schriften verfügen.

Wenn Texte gesetzt werden sollen, stellt sich für die Anwender-Unternehmung eine neue **Verfahrensentscheidung**:

- Anschaffung eines eigenen Fotosatz-Geräts oder
- externe Erledigung durch eine Service-Setzerei.

Auch wenn vom Text-Volumen her eine interne Abwicklung in Frage kommt: Der notwendige Fachpersonal-Einsatz dürfte meist den Ausschlag für Satzherstellung außer Haus geben.

Um **Graphiken** auf Papier auszugeben, können Zeichengeräte (Plotter) als Peripherie angeschlossen werden. Doch ermöglichen auch Typenrad-Drucker durch vertikales und horizontales Positionieren in kleinen diskreten Einheiten die Anfertigung einfacher Strichgraphiken (z.B. für Tabellen oder Symbole in Ablaufplänen). Viele Matrixdrucker erlauben darüber hinaus auch flächige Darstellungen (für Balkendiagramme, Statistik-Zeichnungen etc.).

E.II.2.3.3. Schrift- und Satzspiegel-Gestaltung

2.4. Textbaustein-Verarbeitung

Text-Bausteine (engl.: boilerplates) werden meist in gleicher Form gespeichert wie Einzel-Texte. Sie können dann auf prinzipiell gleiche Weise abgerufen werden: durch Angabe ihres Namens, der mit der Baustein-Nummer oder 'Selektion' im Texthandbuch identisch ist (dazu: Abschnitt D.I.2.4.).

Allerdings wird zur Text-Montage auf dem Bildschirm der Abruf anders ausgelöst: Der Baustein soll den aktuellen Text auf dem Bildschirm ja nicht ersetzen (überschreiben), vielmehr muß er an diesen Text angefügt werden (oft auch als **"Anketten"** bezeichnet). Eine besondere Form des Abrufs ist das Einspielen eines Textbausteins an eine beliebige Stelle im vorhandenen Text: Sowohl die vorangehenden wie die nachfolgenden Text-Teile müssen erhalten bleiben; für den Baustein wird – wie bei der Einfügung per Erfassen – (Zwischen-)Raum geschaffen.

Beim Erfassen eines Textes wie bei seiner Überarbeitung (Textbearbeitung) muß jederzeit der Zugriff auf Bausteine möglich sein. Umgekehrt müssen **in** abgerufenen **Bausteinen** auch alle **Bearbeitung**s-Funktionen durchgeführt werden können: damit sich diese Standard-Texte individuell abändern lassen.

Oft sind Bausteine nicht vollständig. In vorgegebene Lücken müssen Text-Teile oder Daten eingefügt werden: seien es Tages-Datum oder bestimmte Termine, seien es Geld-Beträge oder nicht standardisierbare Formulierungen. Soll die **Einfügung** während der Text-Montage durch den Bediener – also **manuell** – erfolgen, dann gibt es dafür zwei Möglichkeiten:

- der Baustein wird komplett auf dem Bildschirm abgebildet; der Cursor springt nach und nach an die verschiedenen Einfüge-Stellen und wartet auf eine Eingabe

- der Baustein wird zunächst nur bis zu der Position auf dem Bildschirm dargestellt, an der die nächste Einfügung erfolgen soll (Steuerzeichen im Text wirkt als 'Cursor-Stop'); der Bediener löst nach seiner Eingabe die Fortsetzung des Baustein-Abrufs aus.

Eine anspruchsvolle Software sieht **Plausibilitäts**-Kontrollen für manuelle Einfügungen vor: So werden alphanumerische - d.h. mit Buchstaben und/oder Sonderzeichen durchsetzte - Eingaben zurückgewiesen, wenn nur numerische Werte - also Zahlen - zulässig sind. Oder es müssen bestimmte Formate für Datumsangaben eingehalten werden: z.B. generell 8 Stellen (01.04.83). Auch anwendungsbezogene Eingabe-Prüfungen sind möglich:

- nur Ziffern eines vorgegebenen Nummernkreises dürfen verwendet werden
- DM-Beträge müssen sich innerhalb einer festgelegten Bandbreite bewegen
- es werden nur Begriffe aus einem gespeicherten Vokabular akzeptiert usw.

Neben manuellen Einfügungen können auch vom Programm abgerufene Variablen in Textbausteine eingespielt werden: etwa das Tagesdatum oder Salden aus Buchhaltungs-Konten (**automatische Einfügung**). Der letzte Fall setzt allerdings zumindest eine Datei-Integration zwischen Text- und Datenverarbeitung voraus (dazu: Abschnitt E.II.3.).

Textbausteine können in **logischen Beziehungen** zueinander stehen: Wird auf einen Baustein zugegriffen, so verbietet sich der zusätzliche Abruf eines alternativ dazu verwendbaren Bausteins. Oder: Ein Baustein-Abruf zieht das Abrufen anderer sachlich zugehöriger Bausteine nach sich. Auch solche Interdependenzen können von der Software gesteuert werden.

E.II.2.4.   Textbaustein-Verarbeitung

Wo nicht mit eindeutig formulierten Schreibaufträgen gearbeitet wird – also etwa beim Direkt-Input –, da sollten Möglichkeiten zur Suche nach geeigneten Bausteinen bestehen: etwa indem auf dem **Bildschirm** im gespeicherten **Texthandbuch** nachgeschlagen oder geblättert wird. Mitunter reicht es aus, das Handbuch-Inhaltsverzeichnis oder ein Sachgebiets-Register im Bildschirm-Dialog verfügbar zu halten.

Stimmen Bausteine mit dem gerade zusammenzustellenden Text nicht in allen Format-Spezifikationen überein (z.B. in Rändern oder Tabulationen), dann müssen die Bausteine beim Anketten oder Einfügen justiert werden. In diesem Fall ist es sinnvoll, mit Vor-Trennungen zu arbeiten (dazu auch: Abschnitt E.II.2.1.3.).

Textbaustein-Verarbeitung sollte von der Software mit **Protokoll**- und Statistik-Funktionen unterstützt werden. Prüfprotokolle können auf Text-Randleisten ausgedruckt werden und die benutzten Selektions-Nummern und variablen Einfügungs-Texte auflisten. Sie werden zur Kontrolle nachträglich mit den Schreibaufträgen verglichen. Über die täglichen Verarbeitungs-Prozesse kann maschinell ein Logbuch geführt werden. **Statistiken** über Baustein-Benutzungs- und Änderungs-Häufigkeiten können dem Organisator schließlich wertvolle Hinweise für die Pflege des Texthandbuchs liefern.

2.5. EDV-Funktionen

Bei einer **Serienbrief**-Aktion werden Anschriften, persönliche Anreden – und u.U. auch variable Einfügungen in den Text – mit dem vorgegebenen Standard-Text selbst gemischt. Das geschieht nur beim Druck der Briefe; gespeichert werden die einzelnen Briefe nicht. Welche Anschriften und welche dazu gehörenden Variablen-Felder aus welchen Informationsbeständen herausgegriffen und weiterverarbeitet werden sollen: Dies bildet das Problem der **Adreß-Selektion**.

Wenn die Einfügungen unterschiedlich lang sind und damit der
Folgetext neu justiert werden muß, sind Textverarbeitungs-Funktionen nötig. Für alle anderen Prozesse reichen Datenverarbeitungs-Funktionen aus: vor allem für die Selektion anhand vorgegebener Merkmale oder Merkmals-Kombinationen.

Für eine exakte Zielgruppen-Ansprache kann es sinnvoll sein, etwa alle Kunden oder Interessenten aus einer bestimmten Region (Postleitzahlenbereich) zu selektieren, die darüber hinaus gewisse Merkmale aufweisen (Einkommenshöhe, Kfz-Besitz etc.), aber andere Merkmale nicht aufweisen (kürzliche Produkt-Anschaffung, Nichtraucher, Altersgrenzen etc.). Die einzelnen Software-Konfigurationen weisen erhebliche Unterschiede darin auf,

- wie diese Merkmale formuliert werden können und
- wie sie durch logische Operatoren (und, oder, nicht) auch zu längeren Ketten verbunden werden können.

Oft ist bereits die Anzahl der Selektions-Merkmale pro Anschrift sehr begrenzt. Oft müssen diese Merkmale numerisch verschlüsselt werden. Wo sie - ansonsten - formatfrei vergeben werden können, sind meist die Längen begrenzt oder bestimmte Zeichen von der Verwendung ausgeschlossen. Eine komfortable Adreß-Selektion hat sehr viel Ähnlichkeit mit dem Information-Retrieval-Problem bei der Suche von Texten (dazu auch: Abschnitt E.II.2.2.4.).

Adreß-Verwaltungs-Software muß weiteren Anforderungen genügen: Beispielsweise sollten die Anschriften aus einzeln ansprechbaren Feldern bestehen, damit die Bestände nach den verschiedenenen Teilen einer Adresse, aber auch nach den einzelnen Selektions-Kriterien mehrfach und beliebig **sortiert** werden können. Es wird dadurch auch möglich, etwa Telefon-**Listen** anzufertigen.

Eine einfache EDV-Funktion, die bei vielen Systemen während der Textverarbeitung genutzt werden kann, ist das **Rechnen im Text**: also die Addition und Subtraktion von Zahlen-Kolonnen und den

E.II.2.5. EDV-Funktionen

Werten einer Tabellen-Zeile, die Multiplikation von Mengen- und Wert-Angaben und das Errechnen von Prozentbeträgen (z.B. Provisionen, Steuern, Zinsen). Mitunter ist auch eine Rundungsrechnung vorgesehen. Rechnen im Text ist für zwei Text-Arten besonders interessant: für Standard- und Format-Texte (vor allem bei Tabellen und Formularen).

3. Text-/Datenverarbeitungs-Integration

Sind auf einem Hardware-System Textverarbeitungs- und Datenverarbeitungs-Prozesse möglich, so reicht deren bloßes Nebeneinander noch nicht aus, um von Integration zu sprechen. Dafür muß zumindest eine der beiden Voraussetzungen gegeben sein:

(1) einmal erfaßte und einmal gespeicherte Daten und Texte stehen für Prozesse beider Funktionsbereiche zur Verfügung (**Datei-Integration**)

(2) während Textverarbeitungs-Prozesse ablaufen, ist der Aufruf von Datenverarbeitungs-Prozessen möglich - und umgekehrt (**Programm-Integration**).

Für die meisten heute angebotenen Hardware-/Software-Konfigurationen ist noch ein weitgehend unverbundenes Nebeneinanderstehen charakteristisch. Erst durch integrierte Bürosysteme (electronic office systems) wird eine wirkliche Integration erreicht, die zudem Kommunikationsfunktionen mit einschließt.

3.1. Datei-Integration

Dateien für Datenverarbeitungs-Zwecke sind durch zwei Merkmale gekennzeichnet:

- zum einen wird überwiegend von fest vorgegebenen Maximal-Längen für die einzelnen Datensätze ausgegangen (**feste Satzlänge**)
- zum anderen sind die Datensätze selbst einer anwendungsbezogenen Schematik entsprechend in **Felder** unterteilt.

Das ist bei Texten - wie dargestellt (Abschnitt E.II.2.2.1.) - ganz anders:

- sie müssen **variabel** in der **Länge**nzumessung sein, denn auch in bereits abgespeicherten Texten müssen jederzeit Einfügungen und Löschungen in beliebigem Umfang möglich sein
- die **interne Struktur** eines Textes ist nur insoweit von Belang, als Format-Parameter vorkommen können (Absatz- oder Seiten-Ende, Hoch-/Tiefstellung etc.).

Die bei einem System grundsätzlich möglichen **Dateiformen** hängen von der Architektur der Systemsoftware ab. Aus verständlichen Gründen ist diese bei EDV-Anlagen auf die Bedürfnisse der Daten, bei Textautomaten dagegen vorrangig auf textliche Anforderungen zugeschnitten. Denn der Systemgestalter muß ja im Zielkonflikt zwischen Raum und Zeit (Speicherausnutzung und Zugriffsgeschwindigkeit) ein Optimum suchen. Der nachträgliche Einbau einer fehlenden Dateiart in bestehende Software wird notwendigerweise mit Optimalitäts-Einbußen erkauft.

Eine funktionstüchtige Lösung setzt deshalb ein **Betriebssystem** voraus, das **von vornherein** auf die **Integration** beider Informations-Arten hin konstruiert wurde. Bei allen Zwischenlösungen wird man sich damit abzufinden haben, daß Textautomaten Dateizugriffe nur sehr schleppend bewältigen und daß auf der anderen Seite Computer mit der Verwaltung von Textbeständen unterfordert, mit ihrer prozessor-internen Verarbeitung aber oft überfordert sind.

Dabei existieren zahllose **Anwendungsfälle,** bei denen eine Integration der Dateien sehr sinnvoll wird. Warum sollten etwa die in der EDV-Anlage bereits gespeicherten Anschriften-Bestände für Textverarbeitungszwecke (z.B. Serienbriefe) erneut erfaßt werden? Und warum sollten sich klassische EDV-Funktionen - wie das Schreiben von Erinnerungs- und Mahnbriefen - nicht über Textverarbeitungsprozesse viel ansprechender und damit auch erfolgrei-

E.II.3.1. Datei-Integration

cher abwickeln lassen? Ist doch Voraussetzung lediglich, daß während des Durchlaufens einer einfachen Schrittfolge - Mischen von Einzeldaten mit Standard-Texten - auf die notwendigen fallbezogenen Datenfelder in EDV-Dateien zugegriffen werden kann.

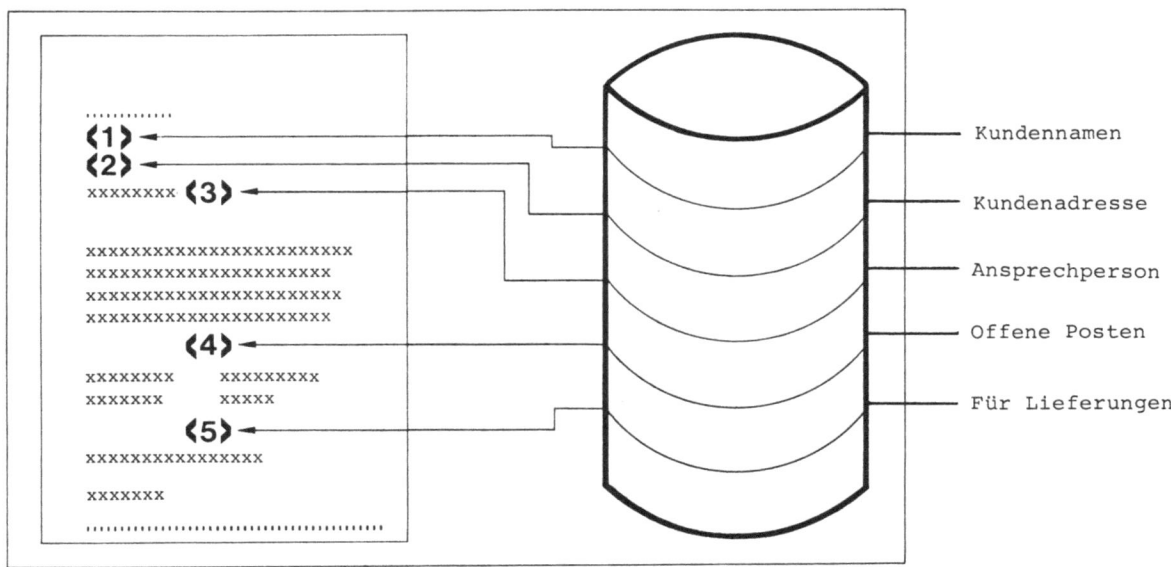

Abb. E-9: Beispiel für Datei-Integration (schematisch)

Eine ähnliche Anforderung kann sich auch während eines **Dialog**prozesses ergeben: Muß etwa ein Sachbearbeiter bei der Direkt-Eingabe eines Textes auf bestimmte Daten zurückgreifen, die in seine Notiz oder in seinen Bericht einfließen sollen, dann hat ein effizientes Verfahren ihm diese Daten im Direkt-Zugriff bereitzuhalten. Um Telefon-Listen zu erstellen oder hausinterne Verteiler zur Ad-hoc-Zuordnung von eingegangener Post bzw. eigenen Mitteilungen, um per Terminüberwachungs-Programm Texte als Wiedervorlagen zu präsentieren, um Vordrucke und Formblätter mit System-Unterstützung auszufüllen, oder um die eigene Arbeitsplatz-Ablage anderen zugänglich zu machen - für diese und viele weitere Aufgabenstellungen ist eine Integration der Datei-Arten notwendig. Freilich wird bei den meisten Dialog-Vorgängen bereits die zweite Integrations-Ebene berührt: die der Programme.

Datei-Integration　　　　　　　　　　　　　　　　　E.II.3.1.

3.2. Programm-Integration

Ob ein System Programm-Integration, d.h. eine Integration der Funktionsabläufe, ermöglicht oder nicht, zeigt sich an der Art des Wechselns zwischen Textverarbeitungs- und EDV-Anwendungs-Prozessen: Ist das Laden anderer Betriebssystem-Teile notwendig - also gewissermaßen ein Neu-Start - dann können die Funktionen softwaremäßig nicht verknüpft werden.

Das ist bei Textautomaten heute noch überwiegend der Fall: Ihre fest in der Systemsoftware verankerten Textfunktionen verhindern den Brückenschlag zur freien Programmierung von Datenverarbeitungsabläufen, die ja speziell auf den Anwendungsfall zugeschnitten sein müssen.

Oft kann ein System während der Erfassung und Bearbeitung von Texten als 'Personal Computer' genutzt werden, indem sich einfache Rechenoperationen durchführen lassen. Der gezielte Aufruf von Anwendungsprogramm-Funktionen - etwa, um Daten aus dem aktuellen Text oder aus vorhandenen Dateien zu verarbeiten - ist während der Textbearbeitung dagegen nur in den seltensten Fällen möglich. Der Grund dafür: Textbearbeitung ist ein hochgradig interaktives (Anwendungs-)Programm, das für weitere parallel verfügbare Programme kaum noch Spielraum läßt.

Eher schon ist der umgekehrte Fall anzutreffen: Während eines Datenverarbeitungs-Dialogs können die Textbe- und -verarbeitungs-Funktionen in vollem Umfang genutzt werden. Die entsprechende Text-Software ist dann so flexibel strukturiert, daß sie sich in Datenverarbeitungs-Programmen an beliebiger Stelle aktivieren läßt. Ein bis heute noch nicht befriedigend gelöstes Problem ist die Handhabung der Abläufe - angefangen vom Funktionstasten-Handling bis zu einer wirklich benutzerfreundlichen, und das heißt kinderleichten, Bedienerführung. Denn Software-Konstrukteure folgen anderen Denk- und Verhaltens-Schemata als die End-Nutzer im Büro.

E.II.3.2.   Programm-Integration

III. Die Anlagen- und Geräteentscheidung

Die Beurteilungskriterien für Schreibmaschinen sind weniger zahlreich und nicht so komplex wie die für Textautomaten und Computer. Schreibmaschinen als überschaubare Geräte können deshalb ausgewählt werden, ohne daß zuvor eine Konfigurationsentscheidung zu treffen war.

Dagegen sind bei den Entscheidungen über die Automaten-Konfiguration schon möglichst viele Anforderungen als **Muß-Bedingungen** zu fassen. Nur so läßt das Angebots-Spektrum an konkreten Anlagen sich eingrenzen, die im letzten Schritt auf ihre Leistungsfähigkeit hin zu beurteilen sind.

1. Pflichtenheft und Anlagen-Test

Muß- und Soll-Anforderungen der Konfigurations-Ebene sind - wie bei der EDV-Auswahl - in einem Pflichtenheft festzuhalten, das den Herstellern oder Anlagen-Lieferanten der engeren Wahl übergeben wird. Das Pflichtenheft ist die Aufforderung zur Abgabe eines Angebots. Gleichzeitig dient es zur Vorstrukturierung des erwünschten Angebots: Jeder Hersteller sollte auf die Fragen schriftliche und verbindliche Auskünfte geben, die das Pflichtenheft stellt. Er darf sich nicht mit vorgefertigten Allgemein-Aussagen oder gar der Übersendung von Prospekt-Material begnügen.

Deshalb ist ein **Pflichtenheft** sinnvollerweise **gegliedert** in:

- eine allgemeine Beschreibung der Unternehmung und ihrer Zielsetzung
- eine Darstellung der organisatorischen Soll-Konzeption
- eine Zusammenstellung der Mindestanforderungen (Muß-Anforderungen) an Hardware und Software

- den erwarteten Inhalt und Umfang des abzugebenden Angebots
- Termin und Modalität der Angebots-Abgabe.

Werden Muß-Bedingungen im Angebot nicht erfüllt, so wird die entsprechende Anlagen-Alternative von vornherein ausscheiden. Die **Soll-Bedingungen** können dazu dienen, die abgegebenen Angebote nach **Prioritäten** vorzusortieren. Die auf den jeweiligen Anwendungsfall abgestimmte Kombination aus **Soll- und Kann-Anforderungen** liefert die Basis für die **endgültige** Anlagen-Beurteilung und die abschließende Anlagen-**Auswahl**entscheidung.

Da gerade die Software besonders schwer zu beurteilen ist, sind Praxis-Tests unumgänglich:

(1) als Vorführungs-Test beim Anbieter
(2) als Erprobungs-Test in der Anwender-Unternehmung.

Zu (1):

Demonstrationen der Hersteller sind meist auf die konkreten Leistungsmerkmale ihrer Anlagen abgestimmt. Fehlende oder problematische Funktionen werden ausgespart - oder durch Vorführ-Tricks überspielt. Um realistische Demonstrations-Bedingungen zu schaffen, müßte der Anwender eigenes Text-Material erfassen und es in der gewünschten Weise be- und verarbeiten lassen.

Damit dieser Aufwand sich in Grenzen hält und **Vorführungen** zügig absolviert werden können (z.B. auf Messen), wurden vor einigen Jahren von namhaften Beratern Unterlagen für Muster-Demonstrationen entwickelt: als "Standard-Demos" oder "Testprogramme" bekannt. An vorgegebenen Texten sind genau bestimmte Operationen vorzunehmen. Die Art, in der eine konkrete Anlage dies bewältigt, dient als Indiz für ihr Leistungsvermögen.

E.III.1. Pflichtenheft und Anlagen-Test

Zur Beurteilung der marktgängigen Textautomaten sind die klassischen "Standard-Demos" aber heute nicht mehr geeignet. Die Hersteller haben sich in ihrer Vorführ-Praxis längst darauf eingestellt und wickeln "Standard-Demos" an präparierten Texten mittlerweile ebenso glatt ab wie ihre eigenen Szenarien. Doch für "Außenseiter"-Produkte und für manch eine EDV-Textverarbeitungs-Software können "Standard-Demos" noch gute Dienste tun.

Zu (2):

Viele Hersteller von Textautomaten bieten zu günstigen Konditionen eine **Test-Installation** ihrer Anlage über mehrere Wochen (i.d.R. mindestens 6) an. Durch den Probebetrieb im eigenen Hause kann das Projekt-Team verläßlich beurteilen, wieweit die Anlage den Anforderungen tatsächlich genügt. Insbesondere läßt sich dann feststellen, welchen Bedienungsaufwand die einzelnen Funktionen mit sich bringen, wie häufig Bedienungsfehler auftreten und welche Konsequenzen damit verbunden sind.

Um die Anlage während der Test-Zeit intensiv nutzen zu können, ist ein gewisses Volumen an Texten und Daten - v.a. Standard- und Überarbeitungs-Texte, Anschriften mit Selektionskriterien - zu erfassen. Natürlich sieht ein Hersteller das nicht ungern, werden doch dadurch anlagenspezifische Tatsachen geschaffen.

Der Anwender sollte deshalb vor Abschluß der Testvereinbarung sicherstellen, daß technische Möglichkeiten zur Umsetzung der Daten auf Datenträger anderer Anlagen bestehen - im Fachbegriff: eine Konvertierung möglich ist. Aber auch wenn das nicht oder nur mit allzu großem Aufwand machbar ist, sollte die endgültige Auswahl-Entscheidung sich doch ausschließlich an den Leistungs-Anforderungen orientieren. Der nochmalige Erfassungsaufwand darf dann nicht negativ ins Gewicht fallen - ist er doch einmalig zu bewältigen und würde er auch bei einer später notwendig werdenden Umstellung auf eine andere Anlage anfallen.

Pflichtenheft und Anlagen-Test   E.III.1.

2. Baukastenprinzip und Kompatibilität

Die festgelegte Konfiguration sollte in ihrer quantitativen Leistungsfähigkeit Toleranzen nach oben ("Luft") aufweisen, damit die eingesetzte Anlage mit den natürlich wachsenden Mengengerüsten von Texten und Daten Schritt halten kann und nicht zu schnell am Ende ihres Fassungsvermögens anlangt. Das gilt für Haupt- und Massen-Speicher-Kapazitäten; das gilt aber auch für den Anschluß zusätzlicher Bildschirm-Stationen oder Drucker. Andererseits muß aus Wirtschaftlichkeits-Gründen eine gewisse Auslastung der Anlage von Anfang an sichergestellt sein. Denn wenn eine Unternehmung Jahre braucht, um in ihre Anlagen-Konfiguration hineinzuwachsen, dann bezahlt sie zu früh oder zu lange für brachliegende Kapazitäten.

Um den Anwender nicht zu einer **Unter-** oder einer **Über-Dimensionierung** bei der Erst-Entscheidung zu zwingen, sind die Anlagen fast aller Hersteller heute nach dem Baukastenprinzip aufgebaut (Modularität): Erweiterungen innerhalb einer Anlagen-Kategorie sind - meist in gewissen Grenzen - möglich. Oft kann auch auf Anlagen einer höheren Kategorie gewechselt werden, ohne daß an den erfaßten Texten und Daten oder an der vorhandenen Software wesentliches geändert werden müßte.

Diese flexible Konfigurierbarkeit setzt zueinander passende, d.h. kompatible System-Elemente voraus. **Kompatibilität** zwischen den Hardware-Bauteilen wird durch technische Normen und - solange diese fehlen - durch Industriestandards für die Steckerverbindungen - auch: **Schnittstellen** (engl.: Interfaces) - zwischen Peripherie und Zentraleinheit erreicht. Der Informationsfluß zwischen den einzelnen Geräten einer Anlage kann auf zwei Arten hergestellt werden:

- indem auf einer Leitung die Einzel-Bits jedes Zeichens nacheinander übertragen werden (bitserielle Übertragung) oder

E.III.2. Baukastenprinzip und Kompatibilität

- indem die 8 Bits eines Zeichens gleichzeitig nebeneinander übertragen werden (bitparallele Übertragung). Das erhöht die Geschwindigkeit, ist aber technisch aufwendiger, da 8 parallele Leitungen nötig sind.

Für die bitserielle Übertragung gibt es zwei international akzeptierte Schnittstellen-Vereinbarungen: den Industrie-Standard **TTY** (20 mA-Stromschnittstelle) und den 25-poligen Stecker nach der CCITT-Empfehlung **V.24** (DIN 66020; in den USA als Norm RS 232C). Bitparallele Übertragung ist bislang in verschiedenen Industriestandards ausgebildet; erste Normen zeichnen sich ab (z.B. IEC-Bus 488).

Allerdings reicht die hardwaremäßige Schnittstellen-Kompatibilität allein nicht aus, um Peripherie-Geräte – u.U. von verschiedenen Herstellern – mit einer Zentraleinheit verbinden zu können. Die Anschlüsse müssen ihr Pendant auf der Software-Seite finden: im Betriebssystem, in einheitlichen Codes, vor allem aber in den gerätespezifischen Steuerzeichen (z.B. für die Druck-Ausgabe). Entsprechende Standards und Normen fehlen bislang noch; wichtige Impulse gehen jedoch von der Standardisierung im Telekommunikations-Bereich aus (dazu: Abschnitt F.I.4).

Ebenso wie die Halbleiter-Bauteile werden viele periphere Geräte – vor allem Drucker und Floppy- sowie Platten-Laufwerke – heute von wenigen darauf spezialisierten Herstellern angefertigt. Die meisten Textautomaten- und Computer-Hersteller beziehen ihre Peripherie deshalb als Teilfabrikate oder Fertigprodukte und beschränken sich auf das Realisieren softwaremäßiger Kompatibilität. Man nennt dieses Zukauf-Verfahren **OEM**-Geschäft (für: Original Equipment Manufacturer's). Auch in die Systemsoftware beginnt die Praxis des OEM Einzug zu halten; im Bereich der Personal Computer (Mikro-Computer; vereinzelt auch: Tisch-, Home- oder Hobby-Computer) ist sie bereits gängig: Fast alle Hersteller bieten für diese Kleinst-Anlagen heute das Betriebssystem CP/M (für: Control Program for Micro Computers).

Baukastenprinzip und Kompatibilität   E.III.2.

E.III.2. Baukastenprinzip und Kompatibilität

IV. Entscheidungen über die Anlagen-Beschaffung

Da die Anschaffung eines Textautomaten oder Computers eine nicht unerhebliche Investition darstellt, muß zunächst die Finanzierung der Anlage geklärt werden. Die damit zusammenhängenden Fragen sind zum größten Teil solche der allgemeinen kaufmännischen Praxis. Deshalb werden die üblichen Finanzierungsformen im folgenden auch nur kurz vorgestellt.

Doch ist die Beschaffung einer solchen Anlage nicht nur ein finanzielles Problem. Um die genauen Konditionen, Gewährleistungsansprüche etc. festlegen zu können, muß der Anwender auch die rechtliche Seite beachten. So sind vor allem Vertragsverhandlungen mit dem Hersteller bzw. Lieferanten der Anlage, u.U. auch mit Beratern, zu führen, bis alle strittigen Fragen geklärt sind. Denn nur ein genau überprüfbares Vertragswerk bietet hinreichend Gewähr, daß Installation und Einsatz der Anlage problemlos verlaufen.

1. Finanzierungsformen

Auch wenn die Hardware-Preise in der Vergangenheit stark gesunken sind, ist die Anschaffung eines Textautomaten oder Computers nach wie vor mit finanziellen Belastungen verbunden. Deshalb wird die Form der Finanzierung zum ersten Entscheidungsproblem. Grundsätzlich bieten sich folgende **Alternativen:**

- Kauf
- Miete
- Leasing und
- Mischformen (z.B. Mietkauf).

Welche Finanzierungsform vorzuziehen ist - dafür gibt es keine Faustregel. Entscheidungen sind von der individuellen betrieblichen Situation und vom anzuschaffenden Objekt abhängig. In jedem Fall ratsam ist deshalb, eine detaillierte Investitionsrechnung durchzuführen. **Kriterien** für die Alternativen-Bewertung sind Liquiditätsbelastung, Flexibilität, Risikobereitschaft, Finanzierungsaufwand und die steuerliche Belastung.

Die einzelnen Finanzierungsformen belasten die **Liquidität** der Unternehmung unterschiedlich stark. Beim Kauf ist zu prüfen, ob ein einmaliger und hoher Aufwand verkraftet werden kann. Eine **flexible** Anlagen-Lösung ist dann gegeben, wenn der Anwender jederzeit auf neuere Anlagen wechseln kann oder aber Anpassungen und Erweiterungen an der angeschafften Anlage vorgenommen werden können.

Finanzierungsaufwand sind einmal die Kosten, die mit der Anschaffung oder Nutzung der Anlage unmittelbar verbunden sind (Kauf, Miete oder Leasingraten). Hinzu kommen evtl. Fremdkapitalkosten sowie die Kosten für Wartung und Versicherung. Auch die **steuerlichen** Auswirkungen der einzelnen Finanzierungsformen sind unterschiedlich: vor allem wegen der Aktivierungsvorschriften. Die objektbezogenen Steuern (Gewerbe- und Vermögensteuer), die dabei entstehen können, sind ebenso zu berücksichtigen wie abzugsfähige Betriebsausgaben.

1.1. Kauf

Der Kauf eines Textautomaten oder Computers bedeutet für den Anwender eine hohe Liquiditätsbelastung. Die insgesamt aufzuwendenden Mittel sind allerdings geringer als bei Miete oder Leasing.

Zwar ist der Anwender nun vom Hersteller unabhängig, dafür kann er aber die Anlage nicht mehr so einfach umtauschen oder an Neuentwicklungen anpassen. Seine Flexibilität in dieser Beziehung ist eingeschränkt. Allenfalls kann er die Anlage später auf dem Gebrauchtmaschinen-Markt anbieten.

Gekaufte **Hardware** muß in der Bilanz **aktiviert** werden. Als Nutzungsdauer (AfA-Zeitraum) sind für Textautomaten und die Hardware kleinerer EDV-Anlagen je nach Auslegung der Finanzbehörden zwischen 4 und 5 Jahren anzusetzen.

1.2. Miete und Mischformen

Mit dem Abschluß eines Mietvertrages erwirbt der Mieter das Recht, die Anlage für einen festgelegten Zeitraum zu nutzen. Von der Länge des vertraglich festgelegten Zeitraums hängt die Höhe der monatlichen Mietzahlungen ab. Je nach Vertragsdauer (1 bis 6 Jahre) betragen diese bei Textautomaten und Klein-Computern 2,5 - 3,5 % des Kaufpreises (einschl. der Wartung, die sonst monatlich mit ca. 0,7 % vom Kaufpreis zu veranschlagen ist).

Die häufigste Vertragsform ist der **3- bis 5-Jahresvertrag**; Langzeitmietverträge und Anschlußverträge (bei auslaufenden Mietverträgen) zeichnen sich durch wesentlich günstigere Konditionen aus. Vermieter sind überwiegend Hersteller- oder Vertriebsfirmen, die auch in der Lage sind, die technische Betreuung der Anlage - Wartung bzw. Durchführung von Reparaturen - zu gewährleisten.

Die **Kosten** sind **bei Miete** insgesamt **höher als beim Kauf**. Dafür bietet ein Mietvertrag folgende Vorteile:

- Vielfach läßt das finanzielle Budget des Betriebes die hohen Anschaffungsausgaben für eine eigene Anlage nicht zu. Die **Verteilung** dieser Kosten auf einen **längeren Zeitraum** ist dagegen tragbar. Die gleichbleibenden monatlichen Zahlungen belasten die Liquidität nur geringfügig.

- Eine gemietete Anlage braucht **nicht aktiviert** zu werden. Die Monatsmieten sind steuerlich als Aufwand absetzbar.

- Durch Miete wird der **Anwender flexibler** bei technologischen Neuerungen. Unter Beachtung seiner Kündigungsfristen kann er sich neue und leistungsfähigere Anlagen liefern lassen. Andererseits ist seine Flexibilität aber auch eingeschränkt, da er ja nicht Eigentümer ist und Auflagen des Vermieters nachkommen muß. Änderungen und Erweiterungen setzen die Einwilligung des Vermieters voraus.

- Bei Softwaremängeln oder mangelhafter Wartung kann die Mietzahlung als Druckmittel gegenüber dem Eigentümer benutzt werden.

Eine abgewandelte Form ist die Miete mit späterem Kauf-Optionsrecht. Eine Mischform zwischen Miete und Kauf ist der **Mietkauf**. Da Aktivierungspflicht besteht, ist er aber steuerlich und bilanziell dem Kauf gleichzusetzen. Als Finanzierungsinstrument hat der Mietkauf dagegen eher die Eigenschaften des Mietvertrages: Es entsteht keine Liquiditätsbelastung, die Flexibilität bleibt durch Kündigungsrecht gewahrt.

1.3. Leasing

Bei Textautomaten und Computern hat Leasing mehr und mehr an Bedeutung gewonnen. Die Anlage wird dabei nicht vom Hersteller oder Lieferanten vermietet, sondern von einer speziellen Finanzierungsinstitution, der Leasing-Gesellschaft.

Sehr verbreitet ist das sogenannte "Finanzierungs-Leasing": Der Leasing-Vertrag wird auf eine **Dauer** von **3 - 5 Jahren** abgeschlossen und ist in dieser Zeit unkündbar. Die monatliche **Leasingrate** beträgt ca. 2 - 2,5 % des gesamten Auftrages (ohne Wartung). Die Monatsraten sind also **günstiger** als bei **Miete**.

Durch die längere Laufzeit ist der **Anwender** aber **weniger flexibel**. Der Anschaffungspreis zuzüglich einer Verzinsung muß innerhalb der Vertragslaufzeit an die Leasing-Gesellschaft zurückgezahlt werden. Auch bei vorzeitiger Rückzahlung sind kaum

E.IV.1.3. Leasing

Ermäßigungen zu erzielen. In Liquiditätsbelastung und steuerlichen Auswirkungen unterscheidet sich das Leasing von der Miete nicht wesentlich.

Allerdings muß bei einer Kaufoption der Kaufpreis - d.h. der Restkaufwert - in einer ganz bestimmten Relation zum Abschreibungswert und zur Nutzungsdauer stehen, da sonst der Leasing-Vertrag steuerrechtlich nicht anerkannt wird, sondern als Kauf-Vertrag gilt.

Anders als beim Mietvertrag liegen die **Risiken** einer Zerstörung oder Beschädigung der Anlage **beim Anwender**. Deshalb wird - wie beim Kauf - eine besondere Versicherung (Schwachstromversicherung) erforderlich: ca. 8-10 Promille vom Anschaffungswert. Auch das Wartungsrisiko liegt beim Anwender.

Unter Kostenaspekten ist ein Leasing-Vertrag dann günstiger, wenn die entsprechende Miete höher ist als die Summe aus Leasingrate, Wartungskosten, Versicherungsprämien und monetärer Risiko-Bewertung.

Finanzierungs-form Kenngrößen	Kauf	Miete	Leasing
Liquiditätsbe-lastung	sehr hoch (= Kaufpreis)	niedrig, variable gleich-mäßige Kosten-belastung je Vertragsdauer (2,5 - 3,5 % des Kaufpreises)	niedriger als Miete variable gleich-mäßige Kostenbe-lastung je Vertrags-dauer (2,0 - 2,5 % des Kaufpreises)
Finanzierungs-kosten	günstig (Eigen-/Fremd-kapitalkosten)	ungünstig (Eigen-/Fremd-kapitalkosten und Risikomarge)	günstiger als Miete (Eigen-/Fremd-kapitalkosten und Risikomarge)
Flexibilität für Umtausch und Erweiterung	sehr beschränkt für Umtausch; bei Erweiterung und Ausbau dagegen frei	hoch für Umtausch, nicht bei Mietkauf (techn. Neuerungen!) Abhängig von Auf-lagen des Vermieters	geringer als Miete
Steuerliche Belastung	abzugsfähige AFA evtl.: Verminde-rung der Körper-schaftssteuer bei Fremdkapital: Erhöhung von Ge-werbeertrags- und Gewerbekapital-steuer	abzugsfähige Kosten	abzugsfähige Kosten
Aktivierungs-pflicht	ja	nein (Ausnahme: Mietkauf)	nein
Eigentumsrecht	ja	nein	nein
finanzielles Risiko	allein beim Anwender	verteilt (bei den Misch-formen z.T. stärker beim Mieter)	verteilt (bei den Misch-formen z.T. stärker beim Mieter)
Haftungs- und Ausfallrisiko	allein beim Anwender	allein beim Her-steller/Lieferanten	allein beim Her-steller/Lieferanten
Wartung	nicht incl. (ca. 0,7 % des Kaufpreises monatliche Wartungs-kosten)	incl.	nicht incl. (ca. 0,7 % des Kaufpreises monatliche Wartungs-kosten)

Abb. E-10: Finanzierungsformen (Übersicht)

E.IV.1.   Finanzierungsformen

2. Vertragsverhandlungen

Den Ausgangpunkt für die Verhandlungen über die Gestaltung der Verträge zwischen dem Anwender und Herstellern bzw. anderern Vertragspartnern bilden meist deren Standard-Verträge. In einigen Fällen sind hier Änderungen erreichbar, in anderen Fällen nicht. Ziel von Vertragsverhandlungen muß das **Ausschöpfen** aller **Vertrags-Spielräume** sein.

Vielfach werden alle Aufgaben, die mit der Reorganisation verbunden sind, einem Hersteller oder einem Systemhaus - also dem Lieferanten der Hardware - übertragen. Das Prinzip **"alles aus einer Hand"** hat den Vorteil, daß die Verantwortung für die Projektdurchführung auf eine Stelle konzentriert wird. Als grundsätzliche Alternative bietet sich an, die verschiedenen Leistungen auf **mehrere Vertragspartner** aufzuteilen, da dann Spezialisierungs-Vorteile ausgeschöpft werden können und eine zu einseitige Abhängigkeit vermieden wird. Neben externen Unternehmensberatern können spezielle Bildungseinrichtungen mit der Schulung und Einweisung oder Softwarehäuser mit der Bereitstellung, Anfertigung oder Modifikation von Software beauftragt werden.

Unabhängig von der Zahl der Vertragspartner ist es allgemein üblich, für die einzelnen Vertragsgegenstände unterschiedliche Verträge abzuschließen.

2.1. Der Hardware-Vertrag

2.1.1. Kaufvertrag

Die Standard-Kaufverträge der Hersteller regeln im allgemeinen folgende Punkte:

(1) Kaufpreis
(2) Zahlungsbedingungen
(3) Liefertermin
(4) Lieferbedingungen
(5) Sondervereinbarungen.

Zu (1):

Die zum Verhandlungszeitpunkt gültigen **Kaufpreise** können den Preislisten der Hersteller entnommen werden. Im allgemeinen werden für die Grund-Konfigurationen bestimmte Festpreise angegeben. Für Anlagen-Erweiterungen – z.B. um externe Speicher – gelten Geräte-Einzel-Preise, die zum Grundpreis hinzukommen. Trotz der vorgesehenen Standard-Preise kann im allgemeinen über die Höhe des Kaufpreises durchaus noch verhandelt werden.

Zu (2):

Wurden im Vertrag keine Zahlungs-Zeitpunkte vorgesehen, so wird der gesamte Kaufpreis bei Lieferung sofort fällig (§ 271 BGB). In der Regel werden jedoch vertraglich bestimmte **Zahlungsmodalitäten** vereinbart:

- Zahlung nach Lieferung
- Aufteilung des Kaufpreises
- Ratenzahlung (Abzahlungskauf).

Bei der sehr häufigen Aufteilung des Kaufpreises werden Teilbeträge zu verschiedenen Terminen fällig: z.B. 1/3 bei Auftragserteilung, 2/3 innerhalb von 30 Tagen nach beendeter Anlagen-Installation (Abnahme).

Zu (3):

Der Anwender sollte als **Liefertermin** – wo immer möglich – den Zeitpunkt anstreben, zu dem seine sämtlichen Installations-Vorbereitungen abgeschlossen sind. Allgemein üblich ist es, entweder einen festen Liefertermin zu vereinbaren (Fixkauf) oder aber

E.IV.2.1.1. Kaufvertrag

die Lieferung innerhalb einer bestimmten Frist nach Auftragseingang vorzusehen (Zeitkauf).

Zu (4):

Hinsichtlich der **Transport-** und **Installationskosten** sowie des Transportrisikos weisen die Standard-Verträge der Hersteller erhebliche Unterschiede auf. Einige liefern die Anlage, ohne die zusätzlichen Kosten für Transport, Versicherung und Aufstellung in Rechnung zu stellen (Lieferung frei Aufstellungsort bzw. frei Haus). Andere berechnen dagegen für Lieferung und Aufstellung der Anlage eine einmalige Pauschalgebühr (z.B. 1 % vom vereinbarten Kaufpreis). Das **Transportrisiko** geht meist auf den Käufer über, sobald die Anlagen das Lager der Herstellerfirma verlassen haben (Lieferung ab Werk bzw. ab Lager). Unabhängig davon muß der Anwender in jedem Falle die Vorbereitungen für die Installation auf eigene Kosten durchführen: Bereitstellung geeigneter Räume, Sicherung der Stromversorgung etc. Häufig sind dafür allgemeine Normen, arbeitswissenschaftliche Empfehlungen und bestimmte Hersteller-Richtlinien zu beachten. Neben den **Lieferkonditionen** sollten klare **Abnahmebestimmungen** festgelegt werden. Auch die vertragliche Vereinbarung eines Rücktrittsrechts innerhalb einer bestimmten Frist nach Abnahme ist in der Regel möglich.

Zu (5):

Wie die Praxis zeigt, treten bei der Erfüllung von Kaufverträgen häufig erhebliche Leistungsstörungen auf: Nichteinhaltung festgelegter Liefertermine, Lieferung fehlerhafter Geräte etc. Die in den Standard-Verträgen der Anbieter enthaltenen Bedingungen zur **Beseitigung von Leistungsstörungen** weichen teilweise sehr stark zu ihren Gunsten von den Regelungen des BGB ab. So kann der Käufer bei Lieferung einer fehlerhaften Anlage (Sachmangel) kraft Gesetz (§§ 462, 463 BGB) die Rückgängigmachung des Kaufes (Wandlung), die Herabsetzung des Kaufpreises (Minderung), Umtausch oder entsprechenden Schadenersatz verlangen. Seine allgemeinen Geschäftsbedingungen (AGB) verpflichten den Hersteller in der Regel jedoch nur zur unentgeltlichen Behebung des Mangels (**Nachbesserung**). Weitere Ansprüche der Anwender werden meist ausdrücklich ausgeschlossen. Ein Ausschluß der Gewährleistungen wird hier ersetzt durch die Nachbesserungsabrede; sie gilt allerdings nur für den Fall, daß die Nachbesserung überhaupt möglich ist und von der Lieferfirma innerhalb eines angemessenen Zeitraums erfolgreich durchgeführt wird. Ähnliche Einschränkungen der Käuferrechte sind bei Überschreitung des vereinbarten Liefertermins vorgesehen.

Folgende Fragen sollten vor Abschluß eines Kaufvertrages geklärt sein:

(1) **Leistungsumfang**

- Sind die Hardwarebestandteile im Systemschein vollständig aufgeführt und exakt bezeichnet?
- Welche Systemprogramme werden zusammen mit der Hardwareausrüstung geliefert?
- In welchem Umfang steht der Hersteller für kostenlose Beratungsleistungen zur Verfügung?

(2) **Preisgestaltung**

- Wird ein Pauschalbetrag für die Lieferung der Anlage festgesetzt oder ergibt sich der Kaufpreis aus den anteiligen Einzelpreisen der verschiedenen Geräte?
- Enthält der Kaufvertrag besondere Regelungen für den Fall, daß der Hersteller nach Vertragsabschluß allgemeine Preisänderungen vornimmt?
Wenn ja: Unter welchen Voraussetzungen werden Preiserhöhungen oder Preissenkungen sofort wirksam?

E.IV.2.1.1.   Kaufvertrag

(3) Zahlungsbedingungen

- Ist eine besondere Regelung für die Bezahlung des Kaufpreises (Vorauszahlung, Zahlung nach Lieferung, Teilzahlung bzw. Ratenzahlung) vorgesehen?
- Welcher Termin ist maßgebend, wenn die Zahlung innerhalb einer bestimmten Frist erfolgen soll (Tag der Aufstellung, Zeitpunkt der Betriebsbereitschaft)?
- Wie hoch sind die zusätzlichen Zinskosten, die bei Abschluß eines Ratenkaufvertrages entstehen?

(4) Liefertermin

- Ist ein bestimmter Termin oder Zeitabschnitt für die Lieferung der Anlage festgelegt?
- Können zum vorgesehenen Liefertermin sämtliche Installationsvorbereitungen abgeschlossen werden?
- Besteht die Möglichkeit, den für die Anlage vorgesehenen Liefertermin hinauszuschieben, ohne dadurch in Annahmeverzug zu geraten?
  Wenn ja: Bis zu welchem Zeitpunkt ist dies möglich?

(5) Liefer- und Installationsbedingungen

- Werden Transport- und Installationskosten gesondert in Rechnung gestellt?
- Wer übernimmt das Transportrisiko für die Lieferung der Anlage?
- Sind eindeutige Bedingungen für die Installation der Anlage vorgesehen?

(6) Abnahmebedingungen

- Ist eine bestimmte Testperiode vorgesehen, in der die Funktionsfähigkeit der Anlage überprüft werden kann?
- Sind die Testanforderungen eindeutig im Vertrag fixiert?

Kaufvertrag   E.IV.2.1.1.

- Hat der Käufer während der Prüfungszeit das Recht, vom Vertrag zurückzutreten?

- Welche Ansprüche kann der Hersteller für den Fall geltend machen, daß der Kaufgegenstand nicht abgenommen wird (Schadensersatz wegen Nichterfüllung etc.)?

(7) **Leistungsstörungen**

- Enthält der Standardvertrag Regelungen für die Beseitigung von Leistungsstörungen (Lieferungsverzug, Sachmangel)? Wenn ja: Stellen die dort vorgesehenen Käuferrechte eine Einschränkung gegenüber den Bestimmungen des BGB dar? Stehen die vorgesehenen Regelungen mit dem AGB-Gesetz im Einklang?

- Ist für den Fall des Lieferungsverzugs eine Konventionalstrafe in bestimmter Höhe festgelegt?

- Welche Ansprüche stehen dem Hersteller im Falle des Zahlungsverzugs bzw. Annahmeverzugs zu?

2.1.2. <u>Mietvertrag</u>

Inhalt eines Mietvertrages ist:

(1) welche Leistungen der Hersteller zu erbringen hat (Leistungsumfang)

(2) wie hoch die monatliche Mietzahlung ist

(3) wann die Zahlung erfolgen soll (Zahlungsbedingungen)

(4) Vertragslaufzeit

(5) welche Kündigungsrechte bestehen

(6) wer Transportkosten und Transportrisiko trägt (Lieferbedingungen)

(7) Liefertermin

E.IV.2.1.2.   Mietvertrag

(8) Gewährleistungsansprüche

(9) zusätzliche Regelungen.

Zu (1):

Die Miete eines Textautomaten oder Computers gibt dem Mieter das Recht, die Anlage gegen Zahlung eines Entgeltes für eine bestimmte Zeit zu nutzen. Meist ist neben der **Überlassung der Anlage** auch ihre **Wartung** durch den Hersteller vorgesehen. Manchmal erstreckt sich die vertraglich vereinbarte Unterstützung durch den Hersteller auch auf organisatorische Umstellungsaktivitäten, auf die Schulung der Anlagenbediener sowie auf die Lieferung des jeweils aktuellen Systemsoftware-Release. Damit will der Hersteller sicherstellen, daß seine Anlage fachgerecht eingesetzt wird.

Zu (2):

Meist wird ein **monatlicher Pauschalbetrag** für die Miete festlegt. In der Regel sind Änderungen während der Vertragslaufzeit möglich. Die meisten Hersteller behalten sich vor, bei einer Änderung der wirtschaftlichen Verhältnisse die Mietpreise zu erhöhen: Etwa bei höheren Finanzierungs- und Wartungskosten (Preisgleitklausel).

Zu (3):

Die **Zahlungsmodalitäten** sind in den meisten Standardverträgen die gleichen. Günstigere Bedingungen sind daher durch Verhandlungen kaum zu erreichen. Bei geringen Mietsätzen werden mitunter auch Vorauszahlungen von bis zu 3 Monaten verlangt.

Zu (4):

Eine kurze **Laufzeit** – im allgemeinen ist eine Mindest-Mietdauer von einem Jahr vorgesehen – erhöht die Flexibilität des Anwenders. Durch längere Vertragslaufzeiten können jedoch die Kosten beträchtlich gesenkt werden, da in diesem Falle viele

Hersteller zu Preisnachlässen bereit sind: So werden bei Abschluß eines 5-Jahres-Mietvertrages Abschläge von 5 bis 10 % gegenüber einem 1-Jahres-Vertrag eingeräumt.

Zu (5):

Wird das Mietverhältnis vorzeitig gekündigt, so muß meist ein Ausgleichsbetrag gezahlt werden. **Kündigungsfristen** sind in den Standardverträgen unterschiedlich geregelt: von dreimonatigen Kündigungsfristen zum Monatsende bis zu Quartals- oder Jahresend-Kündigungen. Besonders kurze Kündigungsfristen (1 Monat) sind häufig vorgesehen, wenn während der Vertragslaufzeit die Miete erhöht wird.

Zu (6):

Auch die **Lieferbedingungen** sind unterschiedlich: Bei manchen Herstellern sind die Kosten für Transport und Aufstellung der Anlagen im Mietpreis eingeschlossen. Andere Hersteller stellen sie als "Einmalkosten der Installation" gesondert in Rechnung. Das Transportrisiko liegt allgemein beim Vermieter.

Zu (7):

Für die **Liefertermine** gilt gleiches wie beim Kauf. Ist der Hersteller nicht bereit, die Anlage auf Abruf zu liefern, so sollte zumindest ein Fixtermin oder eine Lieferfrist vereinbart werden. Auch empfiehlt es sich, bei Leistungsstörungen - z.B. dem Nichteinhalten von Lieferterminen - entsprechende Sanktionen schriftlich festzulegen.

Zu (8):

Bei fehlender Betriebsbereitschaft der Anlage hat der Mieter laut Standardverträgen meist nur einen Anspruch auf Instandsetzung der jeweiligen Geräteteile. Bei den Vertragsverhandlungen sollte versucht werden, weitergehende **Gewährleistungsansprüche** durchzusetzen: Etwa spezielle Schadensersatzverpflichtungen,

E.IV.2.1.2. Mietvertrag

wenn die Anlage infolge unverschuldeter Störungen über einen bestimmten Zeitraum hinweg nicht genutzt werden kann.

<u>Zu (9):</u>

Viele Standard-Mietverträge sehen bereits ein **Options**recht **auf den Kauf** der gemieteten Anlage vor. Oft wird auch eine bestimmte Umwandlungsfrist gesetzt: in der Regel 2 Jahre. Innerhalb dieser Frist wird die bisher gezahlte Miete auf den Kaufpreis voll oder teilweise angerechnet ("Optionsgutschrift").

Vor Abschluß eines Mietvertrages sollten folgende Fragen geklärt werden:

(1) **Leistungsumfang**

- Welche Leistungen muß der Hersteller aufgrund des Mietvertrages erbringen?
  Ist die Wartung der Anlage im Vertrag enthalten?
  Welche Leistungen (Schulung etc.) werden zusätzlich erbracht?
- Sind die Geräte im Mietschein vollständig aufgeführt und exakt bezeichnet?

(2) **Preisgestaltung**

- Auf welchen Zeitraum (Monat, Jahr) bezieht sich der vereinbarte Mietpreis?
- Enthält der Mietvertrag eine Preisgleitklausel zur Anpassung an geänderte wirtschaftliche Verhältnisse?
- Kann der Mietpreis während der Vertragslaufzeit reduziert werden?
  Wenn ja: Welche Voraussetzungen müssen gegeben sein?

(3) Zahlungsbedingungen

- Wie soll die Bezahlung der Miete erfolgen (Vorauszahlung, Zahlung nach Rechnungseingang)?
- Welcher Tag ist für den Beginn der Mietzahlungen vorgesehen (z.B. Tag der Aufstellung, betriebsbereite Übergabe, fehlerfreier Lauf der Anlage an dreißig aufeinanderfolgenden Kalendertagen)?

(4) Laufzeit

- Ist eine bestimmte Vertragsdauer festgelegt?
  Wenn ja: Räumt der Hersteller bei Abschluß eines Mehrjahres-Mietvertrages einen Preisnachlaß ein?

(5) Kündigung

- Besteht die Möglichkeit, das Mietverhältnis vor Ablauf der Vertragsperiode zu kündigen?
  Wenn ja: Welche Kündigungsfristen sind im Vertrag vorgesehen?
- Enthält der Mietvertrag eine besondere Kündigungsfrist für den Fall, daß während der Vertragslaufzeit Mieterhöhungen erfolgen?
  Wenn ja: Ist der Umfang der Erhöhung ohne Bedeutung oder wird ein bestimmter Prozentsatz festgelegt, der bei der neuen Preisfestsetzung überschritten sein muß?

(6) Lieferbedingungen

- Werden Transportkosten gesondert in Rechnung gestellt?
- Wer übernimmt das Transportrisiko für die Lieferung der Anlage?

E.IV.2.1.2.   Mietvertrag

- Müssen die Installationsvorbereitungen auf eigene Kosten und Verantwortung durchgeführt werden?
  Wenn ja: Ist der Hersteller zumindest zu einer kostenlosen Beratung bereit? In welchem Umfang?

(7) **Liefertermine**

- Ist ein bestimmter Termin oder Zeitabschnitt für die Lieferung der Anlage festgelegt?
- Können zum vorgesehenen Liefertermin sämtliche Installationsvorbereitungen abgeschlossen werden?
- Besteht die Möglichkeit, den für die Anlage vorgesehenen Liefertermin hinauszuschieben, ohne dadurch in Annahmeverzug zu geraten?
  Wenn ja: Bis zu welchem Zeitpunkt ist dies möglich?

(8) **Gewährleistung**

- Übernimmt der Vermieter die Gewährleistung dafür, daß die Geräte den bei Vertragsabschluß vereinbarten Anforderungen entsprechen?
- Welche Ansprüche bestehen, wenn die Anlage bei Störungen für eine gewisse Zeit nicht genutzt werden kann?
- Sind Vertragsstrafen exakt festgelegt?

(9) **Zusatzvereinbarungen**

- Besteht die Möglichkeit, den Mietvertrag in einen Kaufvertrag umzuwandeln?
  Wenn ja: Innerhalb welcher Frist ist dies möglich bzw. wieviel Prozent der gezahlten Miete werden auf den Kaufpreis angerechnet?

2.1.3. Leasingvertrag

Obwohl die Konfiguration der Anlage und alle gerätespezifischen Details direkt mit dem Hersteller vereinbart werden, muß der entsprechende Vertrag mit der Leasing-Gesellschaft geschlossen werden.

Leasing dient vor allem als **Finanzierungsinstrument**. Kapital muß - anders als beim Kauf - nicht bereitgestellt werden; die monatlichen Gebühren sind aber niedriger als bei Miete. Rechtlich hat das Leasing keine Sonderstellung. Solange nicht abweichende Vereinbarungen getroffen werden, gelten die Vorschriften des BGB für den Abschluß eines Mietvertrages.

Leasingverträge lassen sich unterschiedlich gestalten. Dabei muß auf folgendes geachtet werden:

    (1) die Abgrenzung des Leistungsumfangs
    (2) Regelungen für die Vertragslaufzeit
    (3) Kosten-Festsetzung (Aufstellung eines Mietplans).

Zu (1):

Durch den Abschluß des Leasing-Vertrages erwirbt der Anwender (Leasing-Nehmer) das **Recht,** die gelieferte **Anlage** gegen Zahlung einer monatlichen Gebühr an den Leasing-Geber (d.h. an die Leasing-Gesellschaft) für eine bestimmte Zeit **zu nutzen**. Die Leasing- oder Mietzeit beginnt in der Regel mit der Abnahme der Anlage. Während der vereinbarten Mietzeit bleibt die Anlage im Eigentum der Leasing-Gesellschaft. Im allgemeinen ist die Wartung nicht im Leasingvertrag mit eingeschlossen. Im Verantwortungsbereich des Leasing-Nehmers liegt es, den Leasing-Gegenstand in ordnungsgemäßem und betriebsfähigem Zustand zu halten und gegen die betriebsüblichen Risiken zu versichern. Auch das technische und wirtschaftliche **Risiko trägt** der **Leasing-Nehmer,** da er die Anlage in eigener Verantwortung ausgesucht

E.IV.2.1.3.   Leasingvertrag

hat. Sachmängel kann der Leasing-Nehmer allerdings direkt gegenüber dem Lieferanten geltend machen; zu diesem Zweck tritt die Leasing-Gesellschaft alle Garantie- und Gewährleistungsansprüche an den Leasing-Nehmer ab.

Zu (2):

Die **Grund-Mietzeit** muß aus steuerlichen Gründen zwischen 40 und 90 % der betriebsgewöhnlichen Nutzungsdauer des Leasing-Gegenstandes liegen: Sie umfaßt also immer **mehrere Jahre**. Meist ist sie erheblich länger als beim Hersteller-Mietvertrag, nämlich drei bis sechs Jahre. Während dieser Zeit kann der Vertrag vom Anwender nicht gekündigt werden. Die gesamte Vertragslaufzeit kann auf der Basis der Grund-Mietzeit mit der Leasing-Gesellschaft individuell vereinbart werden. Seit einigen Jahren wird eine besondere Vertragsform angeboten: Der kündbare Leasing-Vertrag. Er wird auf unbestimmte Zeit abgeschlossen und kann in der Regel nur vom Leasing-Nehmer gekündigt werden. Der Leasing-Nehmer hat dann Abschlußzahlungen zu leisten, die bei Vertragsabschluß - gestaffelt nach Kündigungszeitpunkt - festgelegt werden.

Zu (3):

Die Höhe der monatlich zu entrichtenden **Gebühren** richtet sich nach den Anschaffungskosten der Anlage sowie nach der vereinbarten Vertragslaufzeit. Bei einem Vollamortisations-Vertrag müssen sich innerhalb der unkündbaren Grund-Mietzeit für die Leasing-Gesellschaft sämtliche Kosten des Mietgegenstandes (Anschaffung, Finanzierung etc.) amortisieren. Nach Ablauf der Grund-Mietzeit hat der Leasing-Nehmer meist drei Wahlmöglichkeiten:

- Kaufoption (wobei der Kaufpreis sich am Restbuchwert oder am Verkehrswert der Anlage orientiert)
- Verlängerungsoption (die meist mit niedrigeren Gebühren oder einer kürzeren Kündigungsfrist verbunden ist)
- Rückgaberecht.

Bei einem Teilamortisations-Vertrag liegt die Grund-Mietzeit in der Regel zwischen 70 und 90 % der steuerlichen Abschreibungszeit. Die monatlichen Zahlungen decken dann nicht sämtliche Kosten des Mietgegenstandes. Nach Ablauf der Grund-Mietzeit hat der Leasing-Nehmer im allgemeinen folgende Optionen:

- Verlängerungsmöglichkeit (bei reduzierter Anschlußmiete)
- Andienungsrecht (die Leasing-Gesellschaft kann dann den Kauf der Anlage verlangen)
- Rückgabe an die Leasing-Gesellschaft (diese verwertet die Anlage anderweitig).

Unabhängig von der Art des Leasing-Vertrages sind die Gebühren niedriger als beim Hersteller-Mietvertrag. Die aufzustellenden Mietpläne sehen entweder gleichbleibende Mietsätze (Linear-Mieten) oder aber kontinuierlich sinkende Mietsätze (Degressiv-Mieten) vor.

2.2. Der Wartungs-Vertrag

Um die ständige Einsatzbereitschaft der Anlage zu gewährleisten, ist regelmäßige Wartung erforderlich. Da ein Anlagen-Ausfall immer zu Störungen im Ablauf und meist zu erheblichen Terminproblemen und zusätzlichen Ausgaben für den Anwender führt, muß sichergestellt sein, daß die erforderlichen Reparaturen und Ersatzteil-Lieferungen so schnell wie möglich durchgeführt werden. Dies wird mit dem Abschluß eines **Wartungs- oder Service-Vertrages** erreicht. Während bei gemieteten Anlagen die Wartung Bestandteil des Wartungs-Vertrages ist, muß der Anwender für gekaufte oder geleaste Anlagen separate Verträge abschließen. Genauer: Er **kann** einen Wartungsvertrag abschließen, ist aber dazu natürlich nicht verpflichtet.

Vertragspartner sind die Hersteller, ihre Kundendienst-Niederlassungen oder Vertriebsgesellschaften. Die Standard-Verträge

E.IV.2.2.   Der Wartungsvertrag

sehen während der Garantiezeit (zwischen 3 und 12 Monaten) eine kostenlose Wartung oder eine Wartung zu ermäßigten Sätzen vor. Im Wartungs-Vertrag sollte geklärt werden:

(1) Leistungsumfang
(2) Wartungsgebühren
(3) Terminliche Abstimmungen.

Zu (1):

Im allgemeinen umfassen Wartungsverträge die regelmäßige Wartung der Anlage (**Instandhaltung**), die Reparatur bei Maschinenausfällen (**Instandsetzung**) und den Austausch defekter und abgenutzter Teile (**Ersatzteile**). Für die Instandhaltung ist festzulegen, wie häufig die Anlage routinemäßig überprüft werden soll (i.d.R. viermal jährlich) und welche Leistungen die Wartungspauschale umfaßt (Löhne, Verschleißteile etc.). Die Verpflichtung zur Instandsetzung bezieht sich meist nur auf normale Arbeitszeiten des Herstellers. Die Kosten für Ersatzteile sind meist in den Wartungsgebühren enthalten; sie können aber auch gesondert in Rechnung gestellt werden.

Zu (2):

Als **Wartungsgebühr** wird in der Regel ein fester Jahresbetrag vereinbart, der sich prozentual vom Kaufpreis errechnet (ca. 3 bis 5 %). Die Gebühr wird meist für ein Kalenderjahr im voraus erhoben. Oft sind aber auch - gegen entsprechende Aufschläge - halbjährliche, vierteljährliche oder monatliche Vorauszahlungen möglich. Manche Aufwendungen werden gesondert in Rechnung gestellt: z.B. Fahrtkosten und Tagesspesen des Kundendienst-Technikers. Wo diese Kosten nicht in der Pauschale enthalten sind, wird der Kundendienst-Standort für den Anwender doppelt wichtig. Zuschläge zu den Grundwartungsgebühren werden dann erhoben, wenn Wartungsleistungen außerhalb der normalen Geschäftszeit in Anspruch genommen werden. Meist enthalten Wartungs-Verträge Preisgleitklauseln zur Anpassung an veränderte wirtschaftliche Verhältnisse.

Der Wartungsvertrag — E.IV.2.2.

Zu (3):

Um sicherzustellen, daß die vereinbarten Leistungen ohne größere zeitliche Verzögerung erbracht werden, müssen im Wartungsvertrag entsprechende **Termine** fixiert werden. Vor allem für plötzlich auftretende Störungen, die schnell behoben werden müssen, sind Fristen zu vereinbaren, in denen die Techniker nach Meldung der Störung ihre Arbeit aufgenommen haben müssen. Die Standard-Wartungsverträge bieten hierfür eine Verhandlungsgrundlage, die meist noch auszuschöpfende Spielräume aufweist.

2.3. Der Beratungs-Vertrag

Für das Hinzuziehen externer Berater sprechen folgende **Vorteile**:

- Berater verfügen über das Spezialwissen, das für Auswahl und Einsatz geeigneter Sachmittel erforderlich ist

- da Berater vom jeweiligen Betrieb unabhängig sind, können sie eher kreative Vorschläge machen (es besteht aber auch die Gefahr allzu ausschweifender Konzeptionen)

- Berater halten meist standardisierte Analyse- und Lösungsstrategien bereit, die bereits mehrfach für ähnliche Probleme verwendet wurden und sich in der Praxis bewährt haben

- ihr übergreifendes Know-how ermöglicht es, einen breiten Wissens- und Erfahrungshorizont zu nutzen.

Aber auch auf die **Nachteile** ist zu achten:

- Beratung verursacht meist nicht unerhebliche Kosten (aber diese können wiederum niedriger sein als die Kosten, die durch Fehler bei Auswahl- und Einsatz-Entscheidungen entstehen)

- die externe Stellung des Beraters erfordert einen relativ hohen Einarbeitungsaufwand; Recherchen müssen tief ange-

E.IV.2.3.   Der Beratungsvertrag

setzt werden, um auch informelle betriebliche Strukturen im Beratungskonzept berücksichtigen zu können

- schwierig ist meist die Auswahl des geeigneten Beraters; es ist dabei auf Herstellerunabhängigkeit zu achten sowie auf Referenzen, die Rückschlüsse auf die Qualifikation zulassen.

Beim Abschluß eines Beratungs-Vertrages müssen folgende Fragen geklärt sein:

(1) Art und Umfang der Beratungsleistung
(2) Höhe des Beratungs-Honorars
(3) Zahlungsmodalitäten
(4) Abnahme und Gewährleistung.

Zu (1):

Um eine reibungslose Zusammenarbeit mit den Beratern zu gewährleisten, müssen **Art und Umfang** der zu erbringenden **Leistung** möglichst präzise im Vertrag definiert werden. Dies gilt vor allem für:

- eine Festlegung der Auftrags-Ziele und
- eine Abgrenzung der Aufgabenstellung.

Dafür eignet sich ein Aktivitätenplan, der beispielsweise enthalten kann:

(1.1) **Abgrenzung der Aufgabenstellung**

- Aufnahme des Ist-Zustandes (Arbeitsabläufe, Schriftgutsammlung, Zeitstudien, Kostenuntersuchungen etc.)
- Ist-Analyse (Ermittlung von Mängeln und Schwachstellen)
- Soll-Konzeption (Verfahrensentscheidung, Festlegung der Anwendungsbereiche für anzuschaffende Anlagen, Konfigurations-Vorschläge)

Der Beratungsvertrag

- Prüfung alternativer Hersteller-Angebote, Gestaltung des Textprofils (einschließlich der Erstellung eines Texthandbuchs)
- Organisation des Einsatzes (Organisationsstruktur, Arbeitsabläufe, Arbeitsplätze)

(1.2) **Festlegung des Aufwands**
- Personaleinsatz
- Arbeitsmaterial, Räumlichkeiten
- verfügbares Budget

(1.3) **Vorgehensweise**
- detaillierte Zeit-/Aktivitätenplanung (Ablaufpläne mit Zwischenterminen)
- genaue Kostenplanung

(1.4) **Form der Ergebnis-Darstellung**
- Präsentation der Auswahl-Entscheidung (z.B. Konfigurations-Diagramm)
- ausführliche Begründung der Auswahl-Entscheidung (vor allem mit Wirtschaftlichkeitsberechnungen)
- Darstellung der durchgeführten Reorganisation in verbaler und graphischer Form (Aufbaudarstellungen, Ablaufdarstellungen, Beleg- und Formularmuster)
- Zusammenstellung der Plan-Abweichungen (Soll-Ist-Kosten, Soll-Ist-Termine)
- Realisierung der Benutzeranforderungen
- vorbereitende Regelungen für die Inbetriebnahme der Anlage (Arbeitsanweisungen, Organisationsrichtlinien, Terminpläne für den laufenden Betrieb u.a.).

E.IV.2.3. Der Beratungsvertrag

Zu (2):

Für die Höhe des **Honorars** kann alternativ vereinbart werden:

- ein **Pauschal-Betrag**

  Dies ist vor allem dann üblich und sinnvoll, wenn die Beratungs-Leistung einen eng begrenzten Aufgabenkatalog umfaßt (z.B. Betriebs-Analyse als Grundlage einer Verfahrens- und Konfigurationsentscheidung, Erstellung eines Texthandbuchs). Es handelt sich dann um endgültig verbindliche Beträge, manchmal werden aber auch lediglich "Cirka-Preise" ausgehandelt.

- ein **zeitabhängiges Honorar**

  Die Kostenplanung des Anwenders ist dann mit erheblichen Risiken verbunden. Empfehlenswert ist die Festlegung eines Höchstbetrages, der ohne Einwilligung des Anwenders nicht überschritten werden darf.

Zu (3):

Üblicherweise werden die Honorare erst **nach Vorlage** oder Abnahme **der Ergebnisse** (Gutachten, organisatorische Arbeiten) in Rechnung gestellt. Oft verlangen Berater auch angemessene Vorschüsse auf ihre Vergütung oder zumindest auf ihren Auslagen-Ersatz - besonders für längerfristige Aufträge.

Zu (4):

Die **Abnahme** von Beratungsleistungen bringt gewisse Schwierigkeiten: Ob das Ziel erreicht wurde, läßt sich meist nicht unmittelbar feststellen, da Erfolg oder Mißerfolg der vorgeschlagenen Maßnahmen sich erst später herausstellen. Um so wichtiger ist - bei der Festlegung des Leistungsumfangs - ein detaillierter Anforderungskatalog, aus dem die wesentlichen Aufgaben der Vertragspartner eindeutig hervorgehen. Für später auftretende Mängel enthalten die Standardverträge meist Einschränkungen der **Gewährleistungs**ansprüche. So ist der Berater nicht für Mängel verantwortlich, die aus der vorgegebenen Aufgabenstellung oder aus einer unzulänglichen Mitwirkung des Anwenders resultieren. Deshalb sind auch klare Vereinbarungen über die Unterstützung des Beraters wichtig: z.B. über den Einsatz eigener Mitarbeiter oder über Unterlagen, die zur Verfügung zu stellen sind.

Die Verwendung der Ergebnisse unterliegt meist Restriktionen. Fast alle Standard-Verträge sehen ein **Verbot der Ergebnis-Weitergabe** vor. Die Anwender-Unternehmung muß sich dann ausdrücklich verpflichten, die vom Berater erstellten Gutachten oder Dokumentationen nur für eigene Zwecke zu nutzen.

E.IV.2.3. Der Beratungsvertrag

F. Entscheidungen über Sachmittel des Schreibumfeldes

Sachmittel des Schreibumfeldes können kleinere Geräte oder Organisationsmittel sein: Diktiergeräte, Tischkopierer, Ordner, Telefone etc. Es kann sich bei ihnen aber auch um größere Anlagen handeln: zentrale Diktatanlagen, Offsetdrucker, Mikrofilm-Aufnahmegeräte, Nebenstellenanlagen etc. Dann gelten viele der generellen Aussagen über Auswahl und Beschaffung von Textverarbeitungs-Sachmitteln (des Schreib-Bereichs) analog.

I. Die Verfahrens- und Konfigurationsentscheidung

Das Schreibumfeld und die hier einsetzbaren **Sachmittel** decken einen breiten und **sehr heterogenen** Anwendungsbereich ab. Aus Darstellungsgründen ist es deshalb sinnvoll, die Entscheidungen über das grundlegende Verfahren mit den Entscheidungen über die Anlagen-Größenordnung und -Auslegung (Konfiguration) zusammenzufassen.

Natürlich sollte im individuellen Falle bei der Auswahl größerer Anlagen deren Konfiguration gesondert festgelegt werden: Allerdings hängen die darauf anzuwendenden Kriterien allzu stark vom jeweiligen Teil-Funktionsbereich und seinem spezifischen Sachmittel-Spektrum ab.

1. Die Verfahren der Textaufnahme

Werden Entwurf und Schreiben eines Textes von verschiedenen Personen ausgeführt oder sind beide Vorgänge zeitlich voneinander getrennt - liegt also kein Direkt-Input vor -, dann muß der Text in irgendeiner Form schriftlich oder akustisch aufgenommen werden. In der Regel sind an einem Textaufnahme-Vorgang zwei Personen beteiligt, die im folgenden als

- Diktant oder Autor und
- Schreibkraft

bezeichnet werden.

1.1. Darstellung der Verfahren

Nach der Art der Textfixierung lassen sich vier Textaufnahme-Verfahren unterscheiden:

(1) handschriftliche Vorlage
(2) Maschinendiktat
(3) Stenodiktat
(4) Phonodiktat.

Der Autor kann den Text, den er entwirft, handschriftlich festhalten. Da dieses **Manuskript** später als Schreibvorlage dient, spricht man vom Aufnahmeverfahren der handschriftlichen Vorlage.

Beim **Maschinendiktat** (Direkt-Diktat in die Maschine) wird der Text zwischen seinem Entwurf und seinem Schreiben dagegen nicht fixiert. Mit Diktat-Ende ist in der Regel auch das Schriftstück fertiggestellt.

Das **Stenodiktat** ist dadurch gekennzeichnet, daß die Schreibkraft den Text während des Diktierens in Kurzschrift (Stenographie) festhält und ihn anschließend "ins Reine" schreibt.

Beim **Phonodiktat** überträgt der Diktant seinen Text auf einen Tonträger. Als Sachmittel dient hierzu ein Diktiergerät. Die Tonträger sind grundsätzlich auswechselbar und leicht transportabel; sie können dadurch losgelöst vom Aufnahmegerät des Diktanten auf einem entsprechenden Wiedergabegerät der Schreibkraft während des Schreibvorgangs abgespielt werden.

F.I.1.1.   Darstellung der Verfahren

Bei der Textaufnahme werden Vorlagen und Diktatformen aus dem gemeinsamen Blickwinkel von Autor bzw. Diktant und Schreibkraft gesehen. Welche Formen des Text-Inputs beim Schreiben vorliegen, wird dagegen allein aus der Sicht der Schreibkraft betrachtet. Dabei ergeben sich einige Unterschiede für die Art der Vorlagen (i.w.S.):

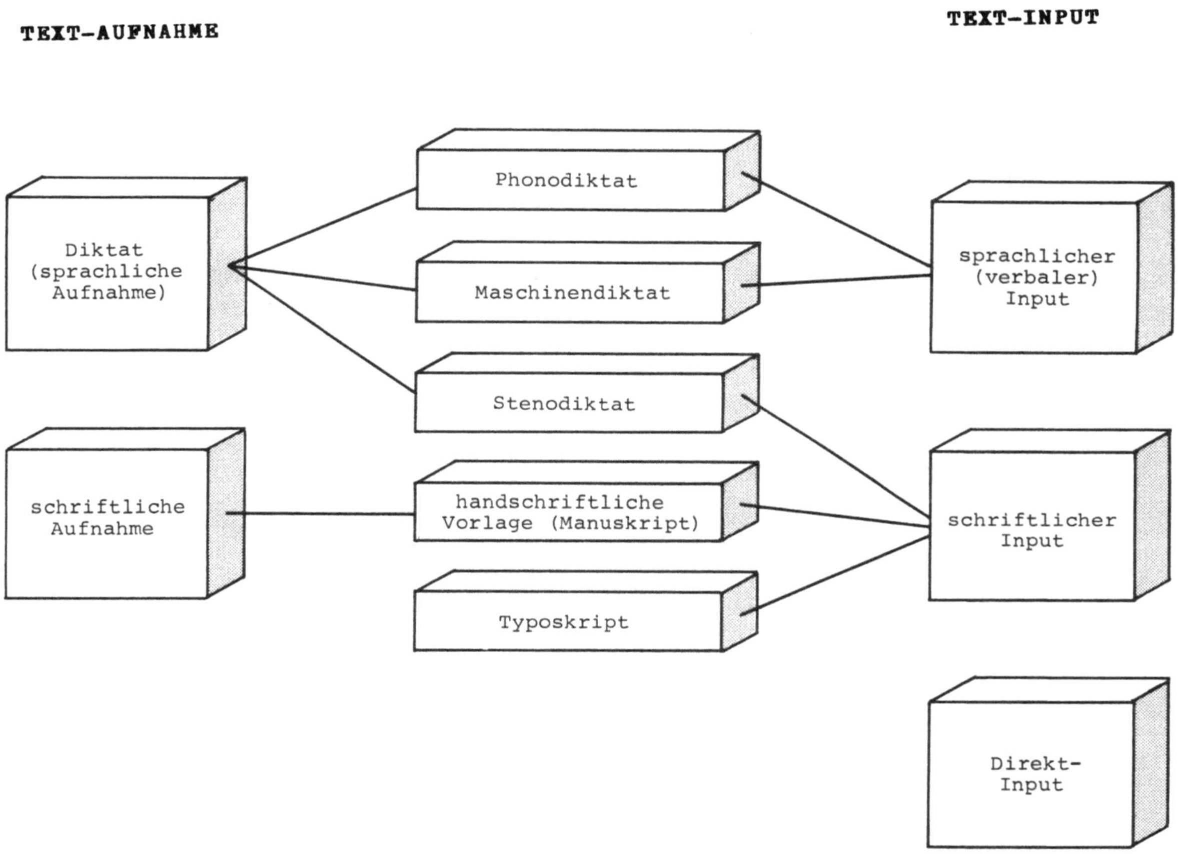

Abb. F-1: Textaufnahme-Verfahren und Text-Input-Arten (Gegenüberstellung)

Darstellung der Verfahren   F.I.1.1.

1.2. Entscheidungskriterien für die Alternativenbewertung

Um das im jeweiligen Einzelfall sinnvolle Verfahren festlegen zu können, müssen die vorliegenden Bedingungen den alternativen Möglichkeiten gegenübergestellt werden. Allgemein geltende Kriterien können die Auswahl-Entscheidung selbst erleichtern.

1.2.1. Abläufe bei der Textaufnahme

Charakteristisch für die Gestaltung der Abläufe sind

- zeitliches und räumliches Gebundensein der Beteiligten
- die Möglichkeit zur Fehlerkorrektur und Überarbeitung sowie
- die Anfälligkeit bei Störungen.

Eine besonders enge zeitliche und räumliche **Gebundenheit** ist immer dann gegeben, wenn während der Textaufnahme Diktant und Schreibkraft gleichzeitig tätig werden: (also **bei Maschinen- und Stenodiktat**). Dadurch können sich folgende Probleme ergeben:

- Die Zusammenarbeit muß zeitlich koordiniert werden, verursacht also zusätzlichen Aufwand, um Verzögerungen und Wartezeiten zu vermeiden.

- Eine der beteiligten Personen muß ihren Arbeitsplatz verlassen und u.U. ihre derzeitige Arbeit unterbrechen. Dies führt zu Störungen im Arbeitsablauf und damit zu höheren Rüstzeiten bei der Textaufnahme.

- Die gleichzeitige Bindung führt zur gegenseitigen Leistungsbeeinflussung: Einer der beiden Faktoren Diktiergeschwindigkeit und Schreibtempo kann zum Leistungs-Engpaß werden.

- Die räumliche und zeitliche Bindung erhöht die Anfälligkeit bei Störungen (Anrufe, Besucher), da beide an der Textaufnahme Beteiligten ihre Arbeit unterbrechen müssen. In der

F.I.1.2.   Alternativenbewertung Textaufnahme

Regel wird jedoch durch die Störung nur eine Person beansprucht, so daß die andere währenddessen unbeschäftigt ist.

Als positive Auswirkung bei diesen Verfahren der direkten Textaufnahme ist festzustellen: Unklarheiten und Mißverständnisse ermöglichen sofortige Rückfragen; Verzögerungen bei der Korrektur von Fehlern werden vermieden.

Zeitlich und räumlich **ungebunden** voneinander verlaufen Textfixierung und Schreiben bei den Aufnahmeverfahren der **handschriftlichen Vorlage** (Langschrift) und des **Phonodiktats**. Damit sind folgende Vorteile verbunden:

- Diktant bzw. Autor und Schreibkraft sind bei der Textaufnahme nicht aufeinander angewiesen
- Diese Unabhängigkeit ermöglicht eine störungsfreie und variablere Einteilung der Arbeit und somit einen gleichmäßigen Arbeitsrhythmus mit niedrigen Rüstzeiten und individuellem Freiraum bei der Arbeitsplanung
- Die Leistungsfähigkeiten von Diktant und Schreibkraft beeinträchtigen sich nicht wechselseitig
- Von Störungen wird nur einer der Beteiligten tangiert.

Allerdings ist bei diesen Textaufnahmeverfahren eine direkte Rücksprache zwischen Diktant und Schreibkraft unmöglich; auf das Diktat muß größere Konzentration verwandt werden.

1.2.2. Bearbeitungszeit

Für die Bearbeitungszeit sind vier Teilkriterien ausschlaggebend:

- Diktatvorbereitung
- Diktierleistung (Leistung des Diktanten)
- Schreibleistung (Leistung der Schreibkraft)
- Überarbeitungsmöglichkeiten (Korrekturen).

Bearbeitungszeit F.I.1.2.2.

Besonders negativ auf die Leistung des Diktanten wirkt sich die handschriftliche Textfixierung in Langschrift aus, da sie im Vergleich zum Sprechen des Textes äußerst zeitraubend ist. Wesentlich schneller sind Maschinendiktat und Stenodiktat. Zwar hängt die Diktierleistung sehr stark von der Aufnahmegeschwindigkeit der jeweiligen Schreibkraft ab, i.d.R. kommt sie jedoch der normalen Sprechgeschwindigkeit recht nahe. Dabei ist das Stenodiktat dem Maschinendiktat überlegen, da die Stenographie eine schnellere Textaufnahme zuläßt. Die **beste** Ausschöpfung der **Diktierleistung** ermöglicht das **Phonodiktat**, da der Diktant keinen derartigen Einschränkungen unterworfen ist.

Die **Schreibleistung** läßt sich rein quantitativ messen - nach Anschlägen pro Minute - doch bleiben dabei weitere Einflußfaktoren unberücksichtigt: vor allem Qualitätsansprüche an den Text (Sauberkeit, formale Gestaltung) sowie unterschiedliche Schwierigkeitsgrade bei den Texten. Werden ferner die Unterschiede in Sachmittelausstattung und Arbeitsplatzgestaltung außer acht gelassen, so können als grobe Näherungswerte für die Schreibleistung bei verschiedenen Aufnahmeverfahren angenommen werden:

- Langschrift   50 - 75 Anschläge pro Minute
- Stenodiktat   80 - 105   "   "   "
- Phonodiktat   120 - 150   "   "   "

Beim **Maschinendiktat** ist auch eine ungefähre Leistungsbestimmung nur schwer möglich, da die Art des Diktierens ausschlaggebend ist. Ein flüssiger Redestil und eine klare Ausdrucksweise vorausgesetzt, kann eine dem Phonodiktat entsprechende Leistung erreicht werden. Sinkt die Diktierqualität, so nimmt auch die Schreibleistung ab.

Eine **Fehlerkorrektur** oder gar Überarbeitung im Diktat ist bei allen Diktierverfahren nur sehr schwer oder gar nicht möglich. Grundsätzlich kann erst nach dem Schreiben des Textes im fertiggestellten Schriftstück korrigiert und überarbeitet werden. Beim

F.I.1.2.2.   Bearbeitungszeit

Stenodiktat ist eine Überarbeitung während des Diktatvorganges möglich, indem sich der Diktant von der Schreibkraft bereits diktierte Textteile vorlesen läßt und Änderungen angibt. Dadurch verlängert sich natürlich die Diktatzeit erheblich.

Auch beim **Phonodiktat** kann durch Übersprechen des bereits aufgenommenen Textes korrigiert werden. Doch sind praktisch keine Einfügungen möglich. Durch mehrfachen Vor- und Rücklauf des Tonträgers - um die Korrekturstellen anzusteuern - geht viel Zeit verloren.

Bei der Anfertigung **handschriftlicher Konzepte** bestehen die einfachsten Überarbeitungsmöglichkeiten: Jederzeit kann die Vorlage nachträglich durchgesehen und kontrolliert sowie mit Anmerkungen versehen werden. Dies ist in Abhängigkeit von der Manuskript-Qualität mit einem unterschiedlich hohen Zeitaufwand verbunden.

Die unzulänglichen Überarbeitungsprozesse machen eine Vorbereitung des Diktats notwendig. So sollten sich vor allem weniger routinierte Diktanten einen stichwortartigen Rahmen anfertigen, der je nach Textlänge und Schwierigkeitsgrad mehr oder weniger ins Detail gehen kann. Dadurch können nachträgliche Korrekturen und damit unnötige Verzögerungen vermieden werden.

Eine Besonderheit ergibt sich für die Bearbeitungszeit der Schreibkraft: Beim Stenodiktat muß sie doppelte Arbeit leisten - zunächst das Diktat mitstenographieren und es anschließend auf der Maschine schreiben. Das Maschinendiktat ermöglicht dagegen eine kurze Gesamt-Bearbeitungszeit, da mit Beendigung des Diktats auch das Schriftstück fertiggestellt ist.

Bearbeitungszeit   F.I.1.2.2.

1.2.3. Vorlagen- bzw. Diktatqualität

Da bei den Textaufnahmeverfahren verschiedene Personen auf funktionierende Kooperation angewiesen sind, müssen - um Unklarheiten und Mißverständnisse zu vermeiden - bestimmte Mindestansprüche an die Qualität des Diktats eingehalten werden. So stellt bei der Langschrift oft die **Lesbarkeit** der Schrift die Schreibkraft vor Probleme und führt zu überflüssigen Rückfragen und Verzögerungen. Entsprechend sind beim Phonodiktat **deutliche Aussprache** und die Einhaltung gewisser **Diktier-Regeln** unumgänglich.

Eine Besonderheit des Stenodiktats liegt in dem individuellen **"Stenostil"**, den jede Schreibkraft mit der Zeit entwickelt: Schreibeigenarten, besondere Kürzel etc. können dazu führen, daß eine Schreibkraft nur ihr eigenes Stenogramm entziffern kann.

1.2.4. Mitarbeiterakzeptanz

Für die Schreibkraft stellt das Phonodiktat wohl die günstigste Lösung dar, da eine weitgehend variable und von anderen unabhängige Arbeitsplanung möglich wird und ein zu häufiges Wechseln zwischen den Tätigkeiten unterbleibt. Aus den gleichen Gründen ist das Phonodiktat auch für den Diktanten günstig. Jedoch muß in der Einführungsphase mit Schwierigkeiten gerechnet werden, die nicht allein auf das Erlernen der Gerätebedienung und der Diktat-Regeln, sondern auch auf psychologische Aspekte - wie das isolierte Arbeiten - zurückzuführen sind.

1.2.5. Text-Volumen

Ein weiteres wesentliches Kriterium für die Verfahrensbeurteilung bilden Anzahl und Umfang der aufzunehmenden Texte einerseits und die Zahl der dafür zur Verfügung stehenden Mitarbeiter andererseits. Eine entsprechende innerbetriebliche Erhebung hät-

F.I.1.2.3.   Vorlagen- bzw. Diktatqualität

te nicht nur die Anzahl der Diktiervorgänge pro Diktatberechtigten, sondern auch die Zuordnung der Diktate auf die vorhandenen Schreibkräfte zu berücksichtigen. Gleichzeitig ist die Länge der einzelnen Diktiervorgänge, die zeitliche Belastung der Schreibkräfte sowie die Art der Texte festzuhalten.

Ist das Textvolumen sehr gering, so wirken sich die Nachteile von Maschinen- und Stenodiktat sowie der handschriftlichen Vorlage nicht so stark aus. Diese Formen sind dann u.U. dem Phonodiktat vorzuziehen. Bei einem größeren Textvolumen wird die Verhältniszahl Diktatberechtigte gegenüber Schreibkräften interessant. Wurde bisher noch kein Phonodiktat praktiziert, so läßt sich durch dessen Einführung dieses Verhältnis in jedem Falle verbessern. Der Kreis der Diktatberechtigten, der von den verfügbaren Schreibkräften bedient wird, läßt sich ausdehnen; u.U. kommt der Einsatz zentraler Diktat-Anlagen in Frage.

1.2.6. Text-Arten

Welches Verfahren der Textaufnahme jeweils zweckmäßig ist, wird auch von der Art des aufzunehmenden Textes bestimmt. So ist bei Texten mit hohem Gestaltungsanteil (Tabellen, Formeln etc.) in der Regel eine handschriftliche Vorlage sinnvoll. Gleiches gilt für Texte hohen Schwierigkeitsgrades, wenn die Qualifikation der Schreibkraft dem nicht ganz entspricht: etwa bei fremdsprachlichen Texten und oberflächlicher Fremdsprachenkenntnis. Bei Texten, die lediglich schwierige Einzelpassagen enthalten, kann eine Aufnahme-Mischform angebracht sein: grundsätzlich Phonodiktat, aber mit handschriftlichen Ergänzungen (z.B. wissenschaftliche Fachtermini, komplizierte Quellenangaben).

Bei inhaltlich anspruchsvollem Überarbeitungstext ist u.U. sogar eine doppelte Textaufnahme empfehlenswert: handschriftliche Vorlage - mit Skizzencharakter, um längere Sätze, Übersichten, Aufzählungen etc. vor Augen zu haben - und nachträgliches Diktieren. Bei den meisten Einmal-Texten und vielen Überarbeitungs-Texten ist dagegen dem einfachen Phonodiktat der Vorzug zu geben.

1.2.7. Kosten

Maschinendiktat, Stenodiktat und handschriftliche Vorlage sind Textaufnahmeverfahren, die gegenüber dem Phonodiktat tendenziell mit höheren Personalkosten verbunden sind: vor allem wegen der doppelten Belastung und der längeren Bearbeitungszeiten. Die Sachkosten sind dagegen vernachlässigenswert gering. Die Einführung des **Phonodiktats** erfordert eine **Sachmittelinvestition**. Dabei sind die Kosten je nach Sachmittel-Kategorie unterschiedlich hoch:

- Das Preisspektrum von Bürodiktiergeräten liegt zwischen DM 600,- und DM 1.000,- (manchmal auch darüber)
- Taschendiktiergeräte bewegen sich zwischen DM 200,- und DM 600,-
- Zentrale Diktatanlagen kosten je nach Konfiguration zwischen DM 1.700,- und DM 8.000,-.

Zusätzlich sind noch die Kosten für die Wartung, die Tonträger und das Zubehör anzusetzen.

F.I.1.2.7.   Kosten

	Manuskript	Maschinen-Diktat	Steno-Diktat	Phono-Diktat
Ablauf bei Textaufnahme	einfach	aufwendig	aufwendig	einfach
Bearbeitungszeit	hoch	niedrig	mittel	niedrig
Vorlagen-/Diktatqualität	i.d.R. schlecht	gut	verschieden	verschieden
Akzeptanz bei Schreibkräften	mittel	mittel	mittel	hoch
Textvolumen klein	mittel	gut	mittel	schlecht
Textvolumen groß	mittel	schlecht	schlecht	gut
längere Einmal-Texte	mittel	schlecht	mittel	gut
kurze Einmal-Texte	mittel	gut	mittel	mittel
Standard-Texte (Schreibaufträge)	gut	schlecht	schlecht	gut
Überarbeitungs-Texte	gut	schlecht	schlecht	mittel
Format-Texte	gut	schlecht	schlecht	mittel
gestaltungsintensive Texte	gut	mittel	mittel	mittel
schwierige Texte	gut	mittel	mittel	schlecht
Personal-Kosten	hoch	hoch	hoch	niedrig
Material-Kosten	niedrig	niedrig	niedrig	hoch

Abb. F-2: Bewertung der Textaufnahme-Verfahren (Übersicht)

Alternativenbewertung Textaufnahme — F.I.1.2.

2. Die Verfahren der Textreprographie

Die originalgetreue Vervielfältigung von Texten (Reprographie) spielt eine wichtige Rolle im Büro. Arbeitsabläufe, aber auch gesetzliche Vorschriften können zur mehrfachen Verwendung eines Schriftstücks zwingen. Mußten früher manuell Abschriften erstellt werden, so stehen heute eine Reihe von Reprographieverfahren zur Verfügung, die sich allgemein in Durchschreibe-, Kopier- und Druckverfahren einteilen lassen.

2.1. Darstellung der Verfahren

2.1.1. Durchschreibeverfahren

Kennzeichnend für Durchschreibeverfahren ist die gleichzeitige Erstellung von Original und Durchschrift (**Durchschlag**). Grundsätzlich bestehen drei Möglichkeiten:

- die Durchschläge werden durch Einlegen von Kohlepapier erreicht, das mehrmals verwendbar ist
- die Rückseite des zu schreibenden Originals ist ganz oder nur teilweise carbonisiert
- das Originalpapier ist selbstdurchschreibend.

Die Vervielfältigungen entstehen durch den Druck oder Anschlag des Schreibmechanismus.

2.1.2. Kopierverfahren

Bei Kopierverfahren werden ein oder mehrere Duplikate von einem bereits vorhandenen Original nachträglich angefertigt. Dafür stehen verschiedene Methoden zur Verfügung, die sich in ihrer Leistungsfähigkeit, in den Kosten für Geräte und Material sowie in der Qualität und Weiterverwendbarkeit der Kopien unterscheiden:

F.I.2.   Die Verfahren der Textreprographie

(1) **Kontaktkopierverfahren**

Ein beschichtetes Papier wird mit dem Original in enge Verbindung gebracht und belichtet. Die wichtigsten Kontaktkopierverfahren sind

- **Lichtpaus**verfahren:
  Über die Durchleuchtung unbeschrifteter Stellen auf lichtdurchlässigem Papier (Vorlage) werden die beschrifteten Stellen bei der Entwicklung des beschichteten Kopierpapiers (Lichtpauspapier) sichtbar.

- **Fotokopier**verfahren:
  Von der Vorlage entsteht per Belichtung ein Negativ. Durch seine Umkehrung (im Kontakt mit einem Kopierpapier) wird die Kopie erstellt.

- **Thermokopierverfahren:**
  Temperaturempfindlich beschichtetes Spezialpapier verändert sich durch die Einwirkung von Wärme. An den thermokopierfähigen Stellen der Vorlage entsteht ein Wärmestau, der auf der Beschichtung einen Farbumschlag verursacht. Dies geschieht entweder direkt (Infrarotkopie) oder mittels eines Zwischenbildträgers (Dual-Spektralkopie).

(2) **Elektrostatische Kopierverfahren**

Die elektrostatischen Kopierverfahren lassen sich zweiteilen in:

- **Zinkoxidverfahren** (Direkte Kopierverfahren):
  Das Bild des Originals wird elektrostatisch auf zinkoxid-beschichtetes Papier übertragen, anschließend durch Farbpuder oder -flüssigkeit sichtbar gemacht und durch Hitze fixiert.

- **Xerographieverfahren** (Indirekte Kopierverfahren):
  Über einen Zwischenbildträger (Trommel, Band, Platte) wird das Bild auf unbeschichtetes Papier übertragen und

durch Hitze fixiert. Die entsprechenden Geräte werden auch als Normalpapierkopierer (engl.: PPC für Plain Paper Copier) bezeichnet.

2.1.3. Druckverfahren

Die Vervielfältigung per Druck erfordert grundsätzlich eine Bildübertragung vom Original auf ein Zwischenmedium (Druckvorlage). Für den Einsatz im Büro kommen vor allem folgende Verfahren in Frage:

(1) **Offsetdruck** (Klein- oder Büro-Offset)

Bei diesem Flachdruckverfahren - einem Abkömmling der Lithographie (Steindruck) - besteht die Druckform aus einer einzufärbenden Offsetfolie, die weder Erhöhungen noch Vertiefungen aufweist (wie bei Hoch- und Tiefdruck), sondern an den nichtdruckenden Stellen die Farbe abweist. Eine solche Folie kann erstellt werden durch:

- Direktbeschriftung auf Papier- oder Metallfolien durch Schreibmaschinen (mit Plastic-Carbonband)

- elektrostatisches Kopieren auf speziellen Folien (i.d.R. Papierfolien)

- fotografische Übertragung. Dabei wird vom Filmnegativ eine positive Druckform erstellt, fixiert und lackiert (i.d.R. außer Haus: in einer Repro-Anstalt). Eine besondere Variante bildet das Fotodirektverfahren, bei dem ohne Filmzwischenträger gearbeitet wird und die Vorlage über eine Kameraoptik auf Papierfolie projiziert wird.

Großoffset sind die im graphischen Gewerbe für Großformate verwendeten Verfahren; **Kleinoffset** ist auf DIN A3 und kleinere Formate beschränkt; **Büro-Offset** ist durch besonders einfach zu bedienende Kleinoffset-Geräte gekennzeichnet.

F.I.2.1.3.   Druckverfahren

(2) **Schablonendruck** (Matrizenverfahren)

Entweder von Hand (mit besonderem Schreib- und Zeichenmaterial) oder auf der Schreibmaschine mit ausgeschaltetem Farbband oder aber durch Einbrennen mittels eines Thermokopiergerätes entsteht eine an den druckenden Stellen farbdurchlässige Druckform (Schablone, Matrize oder Stencil). Durch Farbzufuhr werden Abzüge auf saugfähigem Papier erstellt (Durchdruckverfahren).

(3) **Umdruck** (früher: Hektographie)

Dabei können mehrfarbige Drucke ohne Farbzufuhr von außen hergestellt werden. Druckform ist ein spezielles Papier, auf dessen Rückseite die zu druckenden Stellen spiegelbildlich wiedergegeben werden (Ablösung der Farbschicht von einem Umdruckfarbblatt). Durch ein Löse- und Bindemittel (Alkohollösung) erfolgt die Übertragung auf Papier. Angefertigt wird die Druckform

- von Hand oder Schreibmaschine oder
- durch Thermokopieren (mit einem Farbschmelzblatt).

Die beiden Verfahren Hochdruck und Lithographie haben für den Bürobereich vor allem kleinerer Unternehmungen kaum Bedeutung.

2.2. Entscheidungskriterien für die Alternativenbewertung

2.2.1. Abläufe und Bearbeitungszeit

Die Art der Arbeitsabläufe, bei denen die Reprographie von Texten erforderlich wird, kann die Wahl eines bestimmten Verfahrens determinieren (z.B. Durchschläge während der Texterstellung). Zumindest stellt sie ein wesentliches Beurteilungskriterium für die Eignung der verschiedenen Reprographieverfahren dar. Ausschlaggebend dabei ist die Bearbeitungszeit, die die einzelnen Vorgänge verlangen.

Kennzeichnend für die **Durchschreibeverfahren** ist die **simultane Erstellung** von Original und Kopie in einem Arbeitsgang. Dadurch wird zwar gegenüber den übrigen Verfahren zeitlich günstiger gearbeitet, jedoch sind Fehlerkorrekturen mit hohem Aufwand verbunden. Ist die Korrektur im Original noch relativ problemlos (Überschreiben oder Ablösen), so müssen die Fehler auf jedem Durchschlag einzeln berichtigt werden. Besonders aufwendig ist ein nachträgliches Korrigieren, bei dem die Durchschläge einzeln in die Schreibmaschine eingespannt werden müssen. Hinzu kommt: Verbesserungen sind durch ihre Farbunterschiede auf Durchschlägen immer deutlich erkennbar.

Wird zur Erzeugung von Durchschlägen Kohlepapier verwendet, so sind das deckungsgleiche Übereinanderlegen und das exakte Einspannen der Bögen - besonders bei einer größeren Zahl von Durchschlägen - sehr zeitaufwendig. Dagegen sind karbonisierte Papiere leichter zu handhaben; da das zwischenliegende Kohlepapier entfällt, läßt sich auch die Zahl der Durchschläge erhöhen.

Kennzeichend für **Kopierverfahren** ist - wie beim Druck - die **nachträgliche** Vervielfachung eines bereits vorhandenen Originals. Ein Korrekturproblem wie bei den Durchschreibeverfahren tritt damit gar nicht auf. Es gibt keinerlei zeitliche Abhängigkeit zwischen der Erstellung des Originals und der Anfertigung von Kopien: Originalgetreue Vervielfältigungen können jederzeit angefertigt werden. Allerdings besteht eine räumliche Abhängigkeit vom Standort des Kopiergerätes: Wegezeiten sind bei der Gestaltung der Arbeitsabläufe zu berücksichtigen.

Die Geschwindigkeit des Kopierers ist abhängig davon, wie viele Kopien jeweils von einer Vorlage anzufertigen sind. Ihre Bandbreite liegt bei elektrostatischen Kopierverfahren zwischen 5 und 75 Kopien pro Minute. Mit Kontaktkopierverfahren ist ein Maximalwert von etwa 10 Kopien in der Minute erreichbar.

F.I.2.2.1.   Abläufe und Bearbeitungszeit

Bei **Druckverfahren** muß ein spezieller **Druckträger** produziert werden. Damit fällt weiterer Materialaufwand und vor allem zusätzlicher Arbeitsaufwand an. Große Unterschiede in der Vervielfältigungsgeschwindigkeit sind bei den Umdruckgeräten festzustellen: Bei manuell gesteuerten Geräten hängt diese Geschwindigkeit sehr stark vom Bedienungsaufwand ab (hohe Rüstzeiten bei Kleinauflagen); bei automatischen Geräten können bis zu 150 Vervielfältigungen pro Minute erzielt werden. Höhere Werte sind bei den Schablonendruckverfahren und vor allem im Offset erreichbar.

Die Grundsatz-Entscheidung für ein bestimmtes Reprographieverfahren ist naturgemäß auch vom Ursprungsort des Originals abhängig. Nur bei unternehmungsintern erstellten Texten können Durchschreibeverfahren angewandt werden. Auch Verfahren, die besondere Zwischenträger erfordern, sind auf interne Geschäftsvorfälle beschränkt. Bei Kopieren und Offsetdruck kann das Original-Schriftstück dagegen auch von außen stammen.

2.2.2. Volumen und Kosten

Eine Maßgröße für die Ermittlung des Reprographievolumens ist die durchschnittliche Auflagenhöhe pro Original: Dieser Wert entscheidet über den grundsätzlichen Einsatz eines Vervielfältigungsverfahrens.

Bei **Durchschreibeverfahren** können maximal 7 - 8 Durchschläge angefertigt werden. Die Zahl ist allerdings abhängig vom verwendeten Schreib- bzw. Druckwerk: Die Maximalleistung ist in der Regel nur mit konventionellen Typenhebel-Schreibmaschinen erreichbar. Bereits beim Kugelkopf sinkt sie geringfügig, und mit Typenrädern sind schließlich nur noch 4 - 6 Durchschläge möglich.

Bei **Kopierverfahren** ist die Auflagenhöhe pro Original theoretisch unbegrenzt. Begrenzungen in der Praxis ergeben sich jedoch

durch den sprunghaft steigenden Zeitaufwand und vor allem durch
die steigenden Kosten, die bei höheren Auflagen Druckverfahren
sinnvoll machen. Das günstigste Kopiervolumen liegt - grob angesetzt - zwischen 1 und 25 Kopien pro Original, wobei jedoch sehr
große Unterschiede bei den einzelnen Kopierverfahren bestehen.
Heute verfügbare Hochleistungs-Kopierer lassen die Volumen-Gren-
ze zum Offsetdruck fließend werden.

Die technisch bedingte Kapazitätsgrenze bei Umdruckverfahren
liegt zwischen 100 und 250 Vervielfältigungen pro Original. Beim
Schablonendruck bilden etwa 2.000 Abzüge den Grenzwert. **Offset**
ermöglicht - in Abhängigkeit von der Art der Druckformerstel-
lung - folgende Auflagenhöhen:

- bei Direktbeschriftung durch die Schreibmaschine auf Papier
  3.000, auf Metall bis zu 40.000
- bei elektrostatischem Kopieren auf einer speziellen Offsetfolie bis zu 500
- wird die Folie fotografisch übertragen (Filmnegativ), so
  reicht die Kapazität über 30.000 hinaus. Beim Fotodirektverfahren (ohne Filmzwischenträger, damit schneller und kostengünstiger) liegt die erreichbare Auflage zwischen 2.000 und
  10.000.

Neben dieser Auflagen-Maßgröße (Kopien oder Drucke pro Original)
liefert das pro Arbeitsplatz, pro Abteilung oder im Betrieb vorliegende gesamte Vervielfältigungs-Volumen Anhaltspunkte für
zwei Arten von Verfahrensentscheidungen:

(1) die Entscheidung für unternehmungsinterne bzw. -externe
    Reprographie (außer Haus)

(2) die Entscheidung für eines der möglichen Verfahren im ei-
    genen Hause.

F.I.2.2.2.   Volumen und Kosten

Zu (1):

Da die Entscheidung für **Reprographie außer Haus** sehr stark von unternehmungsspezifischen Faktoren abhängt - vor allem vom Standort und von der Leistung des nächstgelegenen Kopierbüros, Schnelldruckservice etc. -, lassen sich allgemeingültige Kriterien kaum angeben. In der Regel wird auch bei Kleinstbetrieben und geringem Vervielfältigungsvolumen der Einsatz zumindest eines Klein-Kopierers im eigenen Hause heute sinnvoll sein. Auf der anderen Seite legen relativ selten auftretende Großauflagen-Vervielfältigungen eine Auslagerung nahe, wenn ein eigenes Offsetdruck-Gerät nicht genügend ausgelastet wäre. Für alle dazwischen liegenden Fälle, bei denen sich die Alternative intern - extern als grundsätzliches Entscheidungsproblem stellt, müssen die beiden Maßgrößen interne Kopierkosten (Geräte und Material) und externe Kopierkosten mit dem entsprechenden Kopiervolumen gewichtet und einander gegenübergestellt werden. Außerdem sind dabei die Personalkosten zu beachten, die durch Wege- und Wartezeiten, aber auch durch die Gerätebedienung anfallen. Im Normalfall sind diese Kosten bei Vervielfältigungen außer Haus wegen der längeren Wege- und Wartezeiten deutlich höher anzusetzen.

Zu (2):

Bei den verschiedenen Kopierverfahren sind die beiden Kostenblöcke **Gerätepreis** und **verbrauchtes Material** in ihrem wechselseitigen Verhältnis zu untersuchen. Charakteristisch für Kontaktkopierverfahren sind relativ niedrige Geräte-, dafür aber hohe Materialkosten. Bei den elektrostatischen Verfahren ist dies tendenziell umgekehrt (besonders bei den Normalpapier-Kopien). Als einfache Schlußfolgerung ergibt sich:

- ein geringes Kopiervolumen spricht für billigere Geräte mit allerdings dann höheren Materialkosten
- ein hohes Kopiervolumen spricht dagegen für in der Anschaffung teurere Geräte mit dann niedrigeren laufenden Kosten.

Volumen und Kosten   F.I.2.2.2.

Ähnliches gilt für die Druckverfahren nicht. Vielmehr läßt sich global feststellen:

- Umdruck- und Schablonendruckverfahren arbeiten schon bei geringen Auflagenhöhen kostengünstig
- Offsetdruck ergibt dagegen erst bei größeren Auflagen vergleichbar niedrige Materialkosten.

2.2.3. Qualität

Kennzeichnend für die Qualität einer Reprographie sind Deutlichkeit und Präzision der Schrift (und eventueller Graphiken) sowie die Auswirkungen, die Kontrast- und Farbunterschiede im Original auf die Wiedergabe haben. So nimmt bei Durchschreibeverfahren die Deutlichkeit der Schrift mit steigender Anzahl der Durchschläge ab: Zum einen werden die Zeichen blasser, zum anderen unschärfer.

Ein ähnliches Phänomen tritt bei Kopierverfahren nicht auf. Dagegen sind verfahrensbedingte Qualitätsunterschiede bei der Wiedergabe von Farben und kontrastarmen Vorlagen festzustellen. Besonders Fotokopierverfahren weisen häufig Mängel bei der Farb- und Kontrastwiedergabe auf. Thermokopien bestechen dagegen durch gute bis sehr gute Qualitäten; Schwächen können sich bei der Übertragung von Anilinfarben und verschiedenen Grautönen zeigen. Elektrostatische Verfahren befriedigen in der Regel sehr hohe Qualitätsanforderungen, Abstriche müssen allerdings häufig bei der Wiedergabe ausgefüllter Flächen gemacht werden (z.B. Balkendiagramme). Auch bestimmte Farben können zu Problemen führen (zu blasse oder aber zu kräftige Wiedergabe).

Bei den Druckverfahren ist klar zu unterscheiden: Umdruck und Schablonendruck liefern lediglich mindere **Qualität**, dagegen ist diese **beim Offsetdruck sehr gut**. Qualitätsunterschiede bei Offset ergeben sich aus der Art des verwendeten Druckträgers: Qualitativ besonders gut - auch für Vollflächen und feine

F.I.2.2.3.   Qualität

Raster – sind die Vervielfältigungen fotografisch kopierter Druckvorlagen; Qualitätsminderungen sind bei elektrostatisch kopierten Offsetfolien hinsichtlich der Wiedergabe von Halbtönen, Vollflächen und Rasterung zu erwarten.

Eine wesentliche Bestimmungsgröße für die Qualitäts-Anforderungen ist der Verwendungszweck: Vervielfältigungen, die für Empfänger außerhalb der Unternehmung bestimmt sind, müssen in aller Regel qualitativ höherwertig sein als solche, die im Betrieb verbleiben und nicht für anspruchsvollere Weiterverarbeitungsprozesse vorgesehen sind.

Entscheidend für die weitere Bearbeitung sind Beschriftbarkeit sowie einfache Handhabbarkeit und Archivierbarkeit der vervielfältigten Vorlagen. So zeigt sich etwa dünnes Durchschlagpapier, das bei größerer Durchschlagsanzahl notwendig ist, als problematisch hinsichtlich weiterer Handhabung und Beschriftung. Auch die bei den Kontaktkopier- und Zinkoxidverfahren üblichen Papiere sind nur schlecht beschriftbar. Umdruckvervielfältigungen unterliegen meist einer Einschränkung in der Archivierung: Da sie nicht lichtecht sind, verblassen sie mit der Zeit.

Eine Qualitätsanforderung besonderer Art bildet die Änderung des Formats zwischen Original und Vervielfältigung: i.d.R. also die Verkleinerung von Original-Vorlagen. Technische Grundvoraussetzung für die **verkleinerte Wiedergabe** ist ein in den Bildübertragungsvorgang integriertes, bewegliches Linsensystem (bei Kopier- und Offsetgeräten möglich).

Eine technisch nicht so aufwendige und damit im Gerätepreis weniger spürbare Möglichkeit stellt das **doppelseitige Kopieren** bzw. Drucken dar. Lassen sich Original-Vorlagen auf Vor- und Rückseite einer Kopie – unter Umständen noch zusätzlich verkleinert – wiedergeben, so kann dies zu erheblichen Einsparungen an Papier und Archivierungsplatz führen.

2.2.4. Personaleinsatz

Neben der zeitlichen Belastung des Personals durch den Transport zwischen Arbeitsplatz und Ort der Vervielfältigung und durch den Vervielfältigungsprozeß selbst, kann sich - in Abhängigkeit vom angewandten Verfahren - auch die Notwendigkeit einer speziellen Ausbildung, zumindest einer Einweisung für die Bedienung der Reprographie-Geräte ergeben. Ausbildung ist dabei immer weniger erforderlich (in der Vergangenheit war sie beispielsweise beim Offsetdruck nützlich). Moderne Sachmittel ermöglichen in der Regel eine einfachere Bedienung, so daß kurze Einweisungen ausreichen, die allerdings bei Druckverfahren intensiver ausfallen werden als bei Kopierverfahren: Zusätzliche Funktionen - wie das Einlegen der Druckform und die Regelung der Farbzufuhr - sind zu erlernen.

F.I.2.2.4.   Personaleinsatz

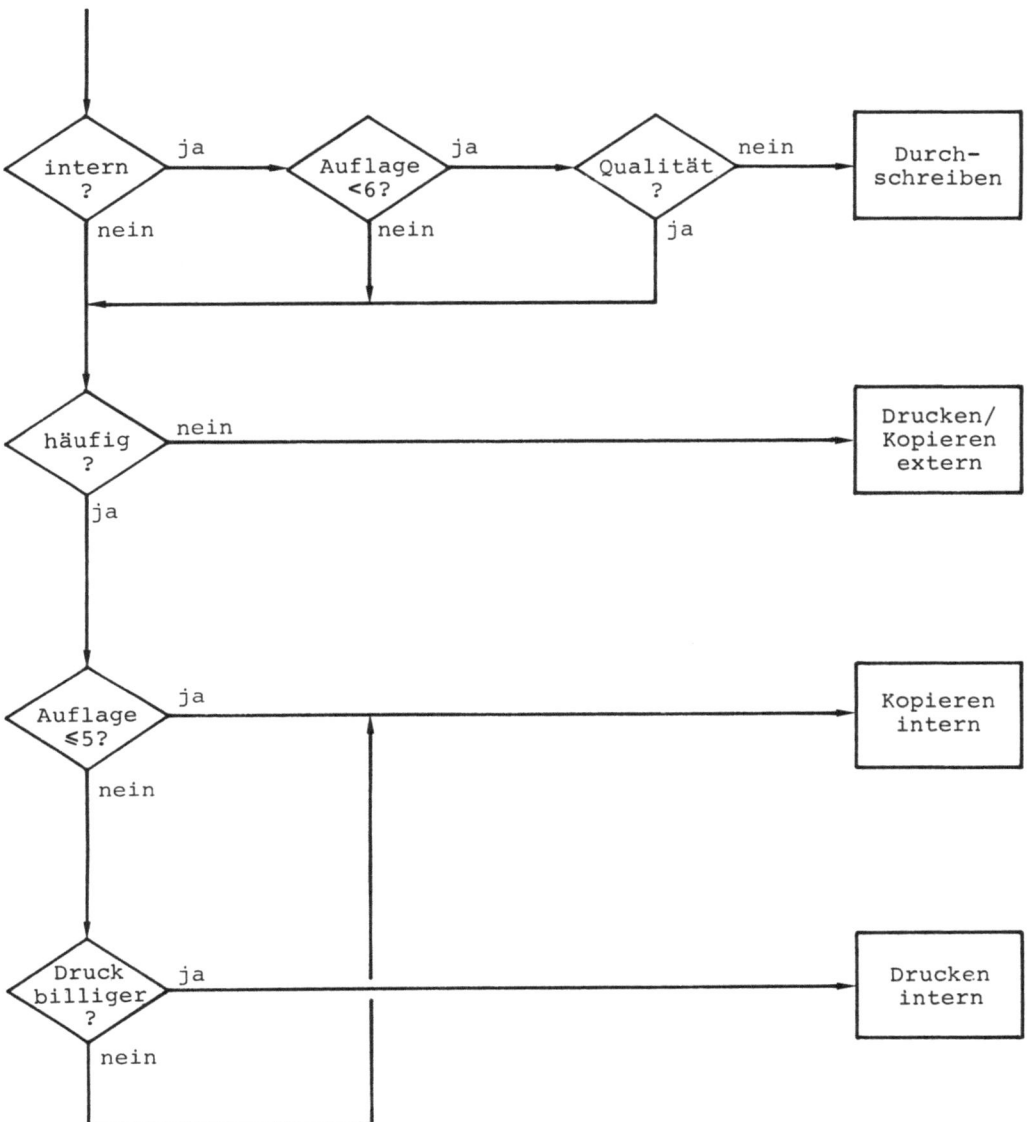

Abb. F-3: Entscheidungsprozeß für die Verfahren der Textreprographie

Alternativenbewertung Textreprographie   F.I.2.2.

	Durchschreiben	Kopieren	Drucken
internes Original	gut	gut	gut
externes Original	ungeeignet	gut	mittel
Volumen bis 3	gut	mittel	schlecht
Volumen bis 10	mittel	gut	mittel
Volumen ab 11	ungeeignet	mittel	gut
Qualität	schlecht	gut	gut
Verwendung intern	gut	gut	gut
Verwendung extern	schlecht	gut	gut
Personaleinsatz	mittel	niedrig	hoch

Abb. F-4: Bewertung der Textreprographie-Verfahren (Übersicht)

3. Die Verfahren der Textarchivierung

Ziel der Archivierung von Texten ist ihre kontrollierte und systematische Aufbewahrung, um

- einmal gesetzlichen Vorschriften Rechnung zu tragen und
- zum anderen im betrieblichen Eigeninteresse auswertungsfähige Bestände aufzubauen.

Die **gesetzlichen Vorschriften** der §§ 38 und 44 HGB regeln die geordnete Aufbewahrung des Schriftgutes. Die Aufbewahrungsfristen sind in der Reichsabgabenordnung (RAO) in § 162 und in § 44 I HGB festgelegt. Danach müssen Bilanzen, Inventare und Geschäftsbücher 10 Jahre, alle anderen steuerrechtlich relevanten Schriftstücke mindestens 6 Jahre aufbewahrt werden. Sinn der Gesetzesvorschriften ist es, jeden nicht allzu weit zurückliegenden Handelsvorgang in seiner Abwicklung, in möglichen Änderungen oder in einem Rückgängigmachen lückenlos rekonstruieren zu können.

Neben diesen gesetzlichen Vorschriften sind es vor allem **betriebliche Informationsbedürfnisse**, die eine Speicherung von Texten der verschiedensten Art wünschenswert - teilweise notwendig - machen. Für dieses zweite Teilziel lassen sich als Anwendungszwecke angeben:

- die Sicherung des Rückgriffs auf frühere Bearbeitungsobjekte
- die Möglichkeit, sich an früheren Bearbeitungsfällen zu orientieren, um einmal bewährte Methoden auf ähnlich gelagerte Vorfälle erneut anwenden zu können
- der gezielte Zugriff auf gespeicherte Informationen, um die Effizienz von Ausführungs- und Entscheidungsaufgaben zu steigern.

3.1. Darstellung der Verfahren

Für die Archivierung bieten sich dem Anwender zwei grundsätzliche Verfahrens-Alternativen:

- **konventionelle** Archivierungsverfahren, bei denen das Schriftgut im Originalzustand gelagert wird, und
- die **Mikroverfilmung**, die sich durch die Aufbewahrung in stark verkleinerter Form auszeichnet.

3.1.1. Konventionelle Archivierungsverfahren

Die konventionellen Archivierungsverfahren lassen sich nach der Art des Schriftgutbehälters in vier verschiedene Methoden aufgliedern:

(1) **Ordner-Registratur** (stehende Ablage)
Die Schriftgutbehälter stehen wie Bücher nebeneinander. Bekanntestes Medium sind die Akten-Ordner, die in ver-

schiedenen Formen und Farben erhältlich sind. Die einzelnen Schriftstücke werden über die Ordnermechanik zusammengehalten.

(2) **Hänge-Registratur** (vertikal hängende Ablage)
Das Schriftgut wird in Hängemappen eingelegt, die in Schreibtischen oder Schränken hintereinander aufgereiht werden können.

(3) **Pendel-Registratur** (lateral hängende Ablage)
Die Schriftgutbehälter weisen in der Mitte der Heftkante einen Metallbeschlag auf, mit dem sie an einer Metallschiene nebeneinander aufgehängt werden. Sie sind damit seitlich verschiebbar.

Bei der Hänge- wie bei der Pendel-Registratur sind sowohl Hefter – zur gehefteten, festen Ablage – wie auch Taschen – zur Loseblatt-Ablage – verwendbar.

(4) Sammel- oder **Sammler-Registratur**
Zwei Formen sind grundsätzlich möglich:

- stehende Form
  Jede Einzelakte wird in einer dünnen Einstellmappe untergebracht, von denen mehrere in Sammelbehältern vertikal oder lateral angeordnet werden können

- liegende Form
  Das Schriftgut wird in Schnellheftern oder Aktendeckeln stapelweise abgelegt.

F.I.3.1.1. Konventionelle Archivierungsverfahren

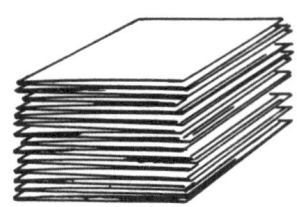
Sammel-Registratur

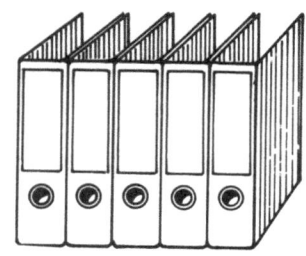
Ordner-Registratur

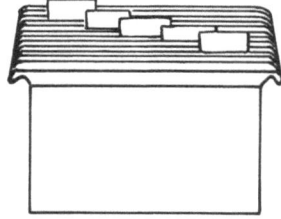
Hänge-Registratur

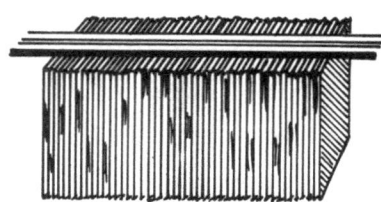
Pendel-Registratur

Abb. F-5: Konventionelle Archivierungsverfahren (Schema)

3.1.2. Mikroverfilmung

Die Mikroverfilmung ermöglicht es, das Schriftgut in stark verkleinerter Form auf einem fotografischen Bildträger zu archivieren. Prinzipiell erlaubt der Gesetzgeber diese Art der Archivierung - allerdings mit folgender Einschränkung: Abgesandte Handelsbriefe müssen mit der Urschrift übereinstimmend - d.h. auch in Originalgröße - aufbewahrt werden (§ 162 RAO).

Nach dem **Filmformat** können drei Arten der Mikroverfilmung unterschieden werden:

- Verfilmung auf **Rollfilm**
  Die einzelnen Schriftstücke werden auf einen zusammenhängenden Film übertragen.

- Verfilmung auf **Rollfilm-Abschnitte**
  Die Schriftstücke werden auf einzelne, voneinander getrennte Abschnitte übertragen - nach Möglichkeit ihrem sachlichen Zusammenhang entsprechend.

- Verfilmung auf **Planfilm**

  Mit einem besonderen Aufnahmeverfahren, das gleichzeitig die Verfilmung von Ordnungs-Koordinaten erlaubt, werden die Schriftstücke auf sogenannte **Jackets** oder **Mikrofiches** übertragen.

Für die **Aufnahme** selbst sind drei Verfahren möglich:

- **Simplex-Verfahren**

  Ein Schriftstück beansprucht jeweils die gesamte Filmbreite. Für die Vorlagen-Vorderseite steht die erste, für ihre Rückseite die zweite Filmhälfte zur Verfügung. Der Verkleinerungsfaktor ist 1:23, so daß bei einem Format von DIN A4 hoch 70 Seiten auf 1 m Film aufgenommen werden können.

- **Duplex-Verfahren**

  Der Film ist in zwei Bahnen unterteilt - für Vorder- und Rückseite der Vorlagen, die gleichzeitig aufgenommen und nebeneinander abgebildet werden. Bei unbeschrifteter Rückseite bleibt ein Bahn-Abschnitt leer. Ein Verkleinerungsfaktor von 1:34 ermöglicht es, auf 1 m Film 90 Blatt DIN A4, also 180 Seiten, aufzunehmen.

- **Duplex-Duo-Verfahren**

  In einem Durchlauf wird jeweils nur die halbe Filmbreite belichtet. Mit 1:45 verkleinert können 280 DIN-A4-Seiten auf 1 m Film untergebracht werden.

3.2. Entscheidungskriterien für die Alternativenbewertung

3.2.1. Ablagewert

Unter ihrer Wertigkeit wird die organisatorische Bedeutung der einzelnen Schriftstücke für den Betrieb verstanden - vom "Wert" hängt der Archivierungsbedarf vorrangig ab. Gängige Praxis ist eine Einteilung in vier Wertigkeitsstufen:

F.I.3.2.   Alternativenbewertung Textarchivierung

- **Tageswert**

  Schriftstücke, die einmaliger Kenntnisnahme bedürfen, im übrigen aber nicht weiter bearbeitet und auch nicht weiter benötigt werden, haben Tageswert - z.B. Prospekte, Rundschreiben, nicht wahrzunehmende Einladungen.

- **Prüfwert**

  Prüfwert weist Schriftgut auf, das zu einer späteren "Prüfung", für Auswertungen, Nachfragen, Kontrollen etc. - u.U. auch nur möglicherweise - noch benötigt wird. Schriftstücke dieser Kategorie müssen möglichst nah am Arbeitsplatz und einfach zugänglich (zugriffsfreundlich) abgelegt werden.

- **Gesetzeswert**

  Schriftstücke, die nach den gesetzlichen Vorschriften aufbewahrt werden müssen, haben Gesetzeswert.

- **Dauerwert**

  Er gilt für alle Unterlagen, die für die Unternehmung von ganz vitalem Interesse sind: z.B. Kaufverträge, Gesellschafts-Verträge, Patente. Ihre Aufbewahrung geht zeitlich meist über die gesetzlichen Fristen hinaus; sie sollten also gesondert aufbewahrt werden.

3.2.2. Ablageort

Nach dem Ort der Aufbewahrung können unterschieden werden:

- **Arbeitsplatz-Ablage**

  Sie eignet sich für Schriftgut mit Prüfwert und - generell - mit Informationen aktuellen Charakters. Sie sollte raumsparend, übersichtlich und bearbeitungsfreundlich sein. Bei personengebundenen Arbeitsplätzen unterliegt diese Ablage sehr stark subjektiven Einflüssen: Jeder schafft sich sein Ordnungssystem.

- **Abteilungs-Ablage**

  In ihr wird Schriftgut aufbewahrt, das abgeschlossene Vorgänge des laufenden Geschäftsjahres oder aber in Bearbeitung befindliche Vorgänge betrifft, die mehreren Personen zugänglich sein müssen. Eine Abteilungs-Ablage ist räumlich nicht so beschränkt wie Arbeitsplatz-Ablagen; sie sollte aber ähnlich übersichtlich bleiben. Damit trotz des Zugriffs mehrerer die Ordnung erhalten bleibt, sollte das Schriftgut in beständiger, aber dennoch flexibler Form aufbewahrt werden: z.B. in Ordnern geheftet.

- **Zentral-Ablage (Registratur)**
  Sie nimmt das Schriftgut vergangener Geschäftsjahre auf, das Gesetzes- oder Dauerwert hat. Da diese Ablage einen großen Umfang erreichen kann, sollten raumsparende Verfahren bevorzugt werden; der Zugriff braucht - da er seltener erfolgt - nicht allzu komfortabel zu sein.

- **Archiv**
  Das Archiv enthält Unterlagen mit Dauerwert, die unbegrenzt lange aufbewahrt werden müssen. Wichtig ist es, den Inhalt gegen Zerstörung zu schützen, u.U. auch gegen unberechtigten Zugriff.

3.2.3. Benutzungsart

Die Arbeitsabläufe, die mit konventionellen Archivierungsverfahren verbunden sind, sind weit weniger umfangreich und aufwendig als die bei Mikroverfilmung.

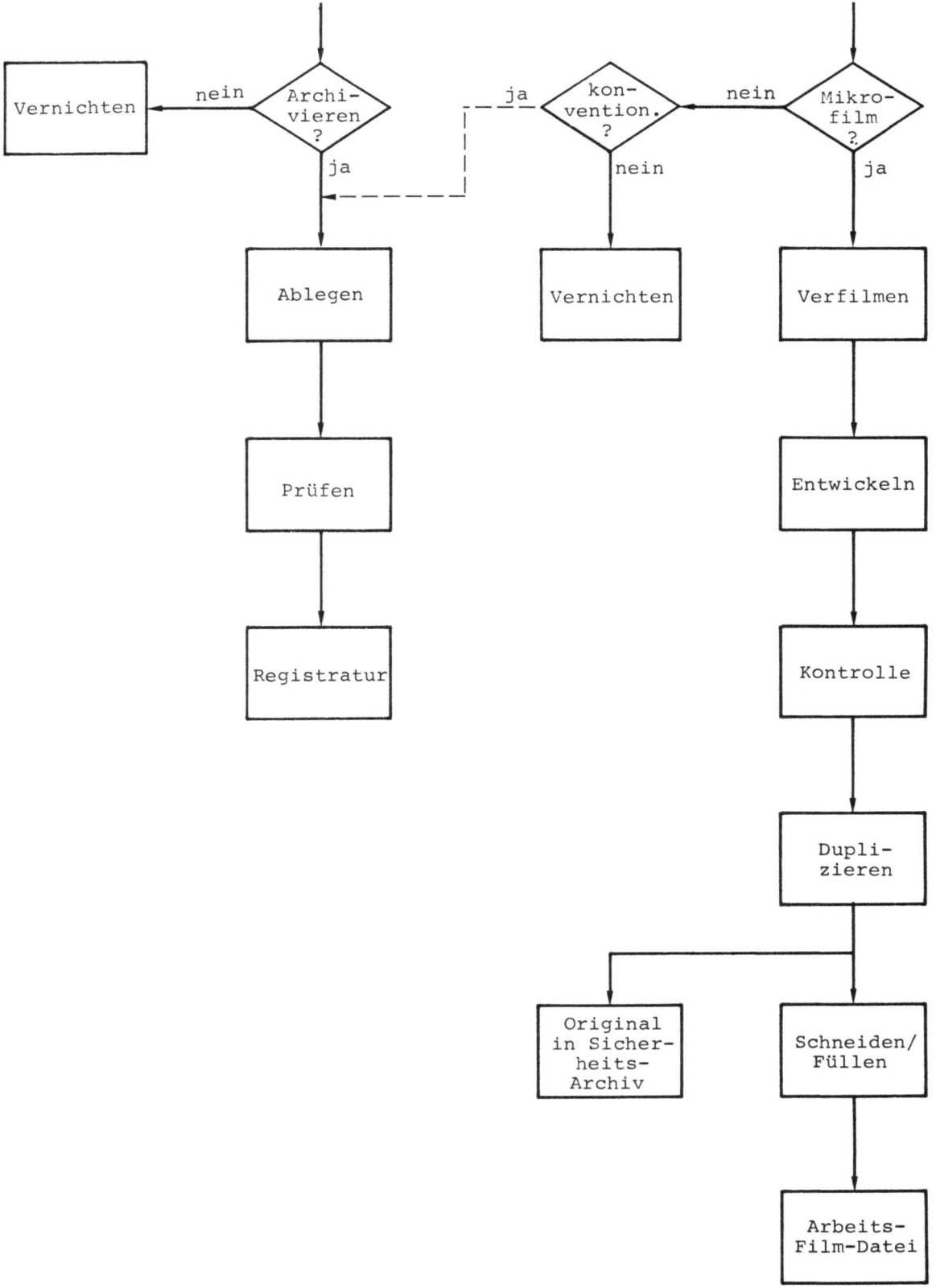

Abb. F-6: Abläufe bei der Textarchivierung

3.2.4. Zugriffsart

Das Problem des Zugriffs stellt sich ähnlich wie bei maschinellen Datenträgern (Information Retrieval). Um das Wiederauffinden von Schriftstücken zu gewährleisten, müssen diese nach einem einheitlichen Ordnungssystem abgelegt sein. **Ordnungskriterien**, die dem zugrundeliegen können, sind etwa:

- betriebliche Vorgänge (Kriterium der Verrichtung)
- Gegenstände (Objekt)
- Namen (Subjekt)
- technische Klassifikationen
- geographische Lage (Ort)
- chronologische Zuordnung (Zeit).

Innerhalb der Klassifizierung nach diesen Kriterien sind zwei grundsätzliche **Ordnungs-Prinzipien** anwendbar:

- alphabetisch (etwa nach DIN 5007 "Regeln für alphabetische Ordnung") oder
- numerisch (mit fortlaufenden Nummern versehen).

Eine **alphabetische** Ordnung zwingt dazu, buchstabenweise Reserveraum freizuhalten. Bei einer Ordner-Registratur führt das entweder zu nicht ausgenutztem Raum (halbleere Ordner) oder zur Notwendigkeit häufigen Umsortierens. Hänge-, Pendel- und Sammler-Registraturen sind hierin flexibler: Einfügungen sind an beliebiger Stelle möglich.

Bei der **numerischen** Ordnung – für die sich jedes Verfahren gleich gut eignet – muß zusätzlich zur eigentlichen Ablage noch ein Index oder "Register" als Suchverzeichnis geführt werden.

Nicht nur die zugrundeliegende Systematik ist für den Zugriff wichtig; ebenso ist es die äußerliche Kennzeichnung der Schriftstücke und Schriftstückbehälter ("äußere Ordnung"). Vorausset-

F.I.3.2.4.   Zugriffsart

zung, um Übersichtlichkeit zu schaffen, ist eine eindeutige und gut handhabbare Beschriftung: Ordner-Registraturen bieten dafür relativ viel Platz; bei den anderen Registraturformen ist der Raum hingegen recht begrenzt: auf Reiter, Laschen oder Fahnen.

Um die Aussagekraft auch in diesen Fällen zu erhöhen, können Systeme der **kennzeichnenden Codierung** angewandt werden. Sie ermöglichen

- entweder eine Identifizierung (genaue Bestimmung des einzelnen Ablage-Objekts)
- oder eine Klassifikation (Angabe der Zugehörigkeit zu einer bestimmten Gruppe oder Klasse).

Als **Klassifikations-Codes** können numerische Systeme verwendet werden - z.B. Dezimalklassifikationen, wie sie auch für die Konto-Nummern in der Buchhaltung existieren -, also etwa:

11   Lieferantenrechnungen
12   Kundenrechnungen
21   erste Mahnungen
22   zweite Mahnungen etc.

Ebenso können **sprechende Schlüssel** - also mnemotechnisch aufgebaute Codes - verwendet werden. Beispiel:

E 1   Einkauf Rohstoffe
E 2   Einkauf Hilfsstoffe.

Zusätzlich können Hauptklassen auch durch Farben und Symbole kenntlich gemacht werden.

Der **Zugriff** muß **benutzerfreundlich** sein, d.h.: Je öfter ein Rückgriff auf bestimmte Unterlagen nötig ist, desto zeitsparender und einfacher sollte der Zugriff sein. Voraussetzung dafür sind Übersichtlichkeit und einfache Handhabung der Ordnungsmedien.

Zugriffsart   F.I.3.2.4.

Übersichtlichkeit wird beispielsweise dadurch erreicht, daß die Ordnungsmerkmals-Beschriftung horizontal nebeneinander - Ordner- und Pendelregistratur - oder seitlich versetzt hintereinander - Hänge- und vertikale Sammlerregistratur - angeordnet wird.
Eine **einfache Handhabung** ist dann gewährleistet, wenn

- jedes einzelne Ordnungsmedium leicht entnommen und in seine Umgebung wieder eingefügt werden kann

- innerhalb jedes Ordnungsmediums die einzelnen Unterlagen an jeder beliebigen Stelle leicht entnommen und eingeordnet werden können.

Beiden Kriterien werden nur Ordner- und Hängeregistratur gerecht.

3.2.5. Schriftgutformat

Entscheidungskriterium für die Auswahl des Registraturverfahrens ist auch das Format der zu archivierenden Unterlagen. Müssen Schriftstücke abgelegt werden, die **unterschiedliche Formate** haben - also etwa Bankbelege und Rechnungen -, dann sind Loseblatt-Ablagen ungeeignet, da bei ihnen die innere Ordnung zu stark gefährdet ist. Solche Schriftstücke sollten geheftet - z.B. in Ordnern - aufbewahrt werden.

Unwirtschaftlich ist es, Schriftstücke in Ordnungsmedien mit zu großem Format zu archivieren. Die konventionellen Verfahren sehen fast durchweg Medien für **DIN-A4-Formate** vor. Nur die Ordnerregistratur läßt die Wahl zwischen Archivbehältern unterschiedlichen Formats. Bei der Mikroverfilmung bestehen gewisse Einschränkungen für Formate über DIN A4 (abhängig vom Aufnahmeverfahren).

F.I.3.2.5. Schriftgutformat

3.2.6. Raumbedarf

Eine gute **Raumausnutzung** ermöglichen Pendel- und Sammel-Registratur, da nur das tatsächlich gelagerte Schriftgut Platz einnimmt. Die Hänge-Registratur macht kleine Freiräume erforderlich (Verschiebungsmöglichkeit). Im Gegensatz zu diesen räumlich flexiblen Medien beansprucht die Ordner-Registratur Platz unabhängig von ihrem Belegungsgrad.

Die beste Raumausnutzung wird verständlicherweise durch Mikroverfilmung erreicht. Die Lagerung des Schriftguts in verkleinerter Form kann zu Archivraum-Einsparungen von bis zu 95 % führen.

3.2.7. Schriftgutvolumen

Vor allem für die Grundsatz-Entscheidung zwischen konventionellen Verfahren und Mikroverfilmung ist das Gesamt-Volumen des abzulegenden Schriftguts ausschlaggebend. Zwar werden durch geringeren Raumbedarf und schnellere Bearbeitung Kosten eingespart, doch setzen die hohen Investitionskosten der **Verfilmung** entsprechend **hohe Mengen** voraus.

Ist das Schriftgut-Volumen der **aktuellen Ablage** – am Arbeitsplatz oder in der Abteilung – sehr hoch, so verliert diese Ablage in konventioneller Form an Übersichtlichkeit. Die Zugriffszeiten auf die einzelnen Unterlagen sind sehr hoch; dadurch verzögern sich weitere Arbeitsabläufe. Manchmal sind mehrere Personen nur mit der Registratur beschäftigt. Aus räumlichen Gründen müssen Arbeitsplatz und Ablageort oft getrennt werden; das führt zu weiteren Zeit-Verzögerungen.

Ein großes Schriftgut-Volumen der **Zentralablage** läßt sich – mangels Raum – konventionell oft nicht günstig archivieren. Aber: Vor der Entscheidung für Mikrofilm-Einsatz sollte geklärt werden, ob räumliche Veränderungen nicht kostengünstiger sind.

3.2.8. Weitere Kriterien

Wichtig ist schließlich, ob eine Ablage für **ein**en **oder** für **mehrere Benutzer** gedacht ist. Soll sie mehreren Benutzern zugänglich sein, dann hat das zunächst Auswirkungen auf den Standort. Eine solche Ablage ist aber auch in besonderer Weise gefährdet: Oft fühlt sich kein Benutzer richtig verantwortlich; Schriftstücke werden falsch eingeordnet; manche gehen gar verloren. Um dem entgegenzuwirken, muß die Form der Ablage stabil sein - Loseblatt-Ablagen etwa sind bei mehreren Benutzern völlig ungeeignet.

Mikrofilm-Ablagen weisen oft einen größeren Benutzerkreis auf. Die Unterlagen müssen deshalb auf kleinen Abschnitten oder Mikrofiches gespeichert sein; denn müßte bei jedem Zugriff ein ganzer Rollfilm entnommen werden, dann wären jeweils bis zu 20.000 Seiten für die anderen Benutzer nicht mehr zugänglich.

Ablagen müssen ständig auf ihre **Aktualität** überprüft werden. Bei Abschluß kompletter Vorgänge müssen Schriftstücke ausgelagert und in die Ablage der nächsten Stufe eingeordnet werden. Das ist mit zahlreichen **abgeleiteten Tätigkeiten** verbunden: Lochen, Umsortieren, etc. Deshalb sind konventionelle Archivierungsverfahren sehr personalintensiv. Bei Mikroverfilmung reduziert sich der manuelle Aufwand erheblich. Die dadurch erreichbaren Einsparungen übertreffen meist den Investitionsaufwand.

Investitionen sind für Geräte und Material erforderlich. Bei der Mikroverfilmung erreichen die Sachmittel-Kosten - auch bei externer Durchführung - einen weit höheren Umfang als bei konventionellen Verfahren. Deshalb wird diese Investition erst lohnend, wenn das Schriftgut-Volumen eine bestimmte Höhe erreicht hat. Wird eine Verfahrensentscheidung für Mikrofilm erwogen, dann sollte - ähnlich wie beim Automaten-Einsatz - ein Projektteam gebildet werden.

F.I.3.2.8.   Weitere Kriterien

	Ordner-Registratur	Hänge-Registratur	Pendel-Registratur	Sammel-Registratur	Mikro-Verfilmung
Zugriff	gut	gut	mittel	schlecht	gut
Benutzer-freundlichkeit	gut	gut	schlecht	mittel	gut
Schriftgut-Format gleich	gut	gut	gut	gut	gut
Schriftgutformat unterschiedlich	gut	schlecht	gut	schlecht	gut
Raumbedarf	hoch	gering	mittel	gering	gering
Archivumfang klein	mittel	gut	gut	gut	schlecht
Archivumfang groß	schlecht	schlecht	mittel	schlecht	gut
ein Benutzer	gut	gut	gut	gut	gut
mehrere Benutzer	gut	schlecht	gut	schlecht	gut
Personal-Einsatz	hoch	mittel	hoch	hoch	gering
Investitions-Kosten	gering	gering	gering	gering	sehr hoch

Abb. F-7: Bewertung der Textarchivierungs-Verfahren (Übersicht)

Am Ende aller Archivierungs-Prozesse steht die **Vernichtung** des Schriftguts. Unterlagen mit vertraulichem oder besonders schutzwürdigem Inhalt werden zweckmäßigerweise maschinell vernichtet: in Papiervernichtungs-Anlagen ("Reißwolf"). Wo die Anschaffung entsprechender Geräte wegen eines zu geringen Volumens nicht in Frage kommt, kann die Schriftgut-Vernichtung als externe Dienstleistung in Anspruch genommen werden.

4. Die Verfahren der Textkommunikation

Textkommunikation läßt sich durch die Objekte kennzeichnen, die übertragen werden: Texte in lesbarer, also schriftlicher Form. Dagegen werden beim Telefonieren die Inhalte mündlich übertragen: **Sprachkommunikation** kann unter bestimmten Umständen zur Alternative für Textkommunikation werden (dazu auch: Abschnitt D.I.1.2.).

Nicht eindeutig abgrenzbar ist die Textkommunikation von der Übertragung graphischer Objekte (**Bildkommunikation**). So ist die Übertragung bewegter Bilder keine Textkommunikation: etwa Fernsehen, Video Conferencing und andere audiovisuelle Kommunikationssysteme. Doch Systeme der Festbild-Kommunikation (über Bildschirm) oder des Fernkopierens können sowohl zur Übertragung von Bildern wie auch zur Textkommunikation genutzt werden.

4.1. Darstellung der Verfahren

Eine grundsätzliche Entscheidung ist zu treffen über die Nutzung

- konventioneller Verfahren (Transport physischer Text-Träger) oder
- elektronischer Verfahren (Signalübermittlung auf Leitungswegen; engl.: **electronic mail**).

4.1.1. Konventionelle Verfahren

Die Übermittlung physischer Text-Träger kann erfolgen durch:

(1) Boten- oder Kurierdienste
(2) mechanische Transportanlagen
(3) Briefpost (**"gelbe Post"**).

Zu (1):

Boten oder Kuriere - also menschliche Aufgabenträger - übernehmen den Transport des Schriftguts: sei es nach einem festgelegten Plan (in regelmäßigen Botengängen), sei es lediglich bei Bedarf.

Zu (2):

Beim physischen Schriftgut-Transport über Maschinen sind die Aufgaben des Menschen auf das Einlegen und die Entnahme des Schriftguts sowie auf die Steuerung der Transportanlage beschränkt.

In **Rohrpostanlagen** werden über ein System von Förder-Röhren sogenannte Rohrpostbüchsen als Transportmedien durch Saug- oder Druckluft zu festen Zielen bewegt. Man unterscheidet

- Direktanlagen (zwei Teilnehmer sind unmittelbar miteinander verbunden) und
- Mehrstationen-Anlagen (ein zentrales Steuerungssystem stellt sicher, daß die jeweilige Bestimmungsstation erreicht wird).

Über **Förderbandanlagen** läßt sich Schriftgut unterschiedlichen Formats und auch in größerer Zahl transportieren: z.B. Akten, Ordner, andere Registraturen. Die Transport-Richtung kann - je nach Anlage - horizontal, vertikal oder aus beidem kombiniert sein. Die Unterlagen können direkt oder in Behältern befördert werden.

Zu (3):

Die konventionelle **Briefpost** wird unternehmungsextern von der Deutschen Bundespost als Dienstleistung abgewickelt. Erreicht die Korrespondenz einen gewissen Umfang, so können abgeleitete Prozesse unternehmungsintern durch verschiedene Verfahren maschinell unterstützt werden:

Konventionelle Verfahren F.I.4.1.1.

(3.1) **Posteingangsbearbeitung**

- Brieföffnung: Briefsendungen werden stapelweise maschinell geöffnet

- Leerkontrolle: Umschläge werden auf ihren Inhalt geprüft (über Leuchtflächen)

- Eingangsstemplung: Die Post wird maschinell mit Eingangs-Datum und Standard-Verwendungshinweisen versehen.

(3.2) **Postausgangsbearbeitung**

- Adressierung: Auf Adreßplatten geschriebene Anschriften werden maschinell auf Briefumschläge übertragen

- Falzung: Eine maschinelle Falzung ist in der Regel auf verschiedene Formate einstellbar. Oft können mit Falzmaschinen auch Beilagengeber gekoppelt werden (für Preislisten, Prospekte etc.)

- Zusammentragen: Briefe, die aus mehreren Einzelblättern bestehen, können maschinell zusammengetragen werden

- Kuvertierung: Maschinen, die Schriftstücke in Briefumschläge einsortieren, sind häufig auch mit Verschließeinrichtungen versehen

- Frankierung: Frankiermaschinen unterschiedlichen Leistungsvermögens können für Gewichtmessung, Porto-Ermittlung und Abstempeln eingesetzt werden.

Größere Anlagen bieten Kombinationen der Einzel-Maschinen und -Tätigkeiten - dies reicht bis zur **automatisierten Poststraße.**

F.I.4.1.1. Konventionelle Verfahren

4.1.2. Elektronische Verfahren

Zur Text-Übermittlung auf Leitungswegen können die verschiedenen Netze und Dienste der Deutschen Bundespost genutzt werden (dazu auch: Einführung I.3.). Die Vermittlung und Übertragung von Informationen im **Fernmeldenetz** (heute: Fernsprechnetz und IDN) werden von der Post schrittweise im Laufe der nächsten Jahre in einem einheitlichen digitalisierten Kommunikationsnetz zusammengefaßt: dem **ISDN** (für: Integrated Service Digital Network). Deshalb können auch herkömmliche Übertragungsdienste - wie das Fernschreiben (Telex) - heute schon unter 'elektronischen' Verfahren subsumiert werden.

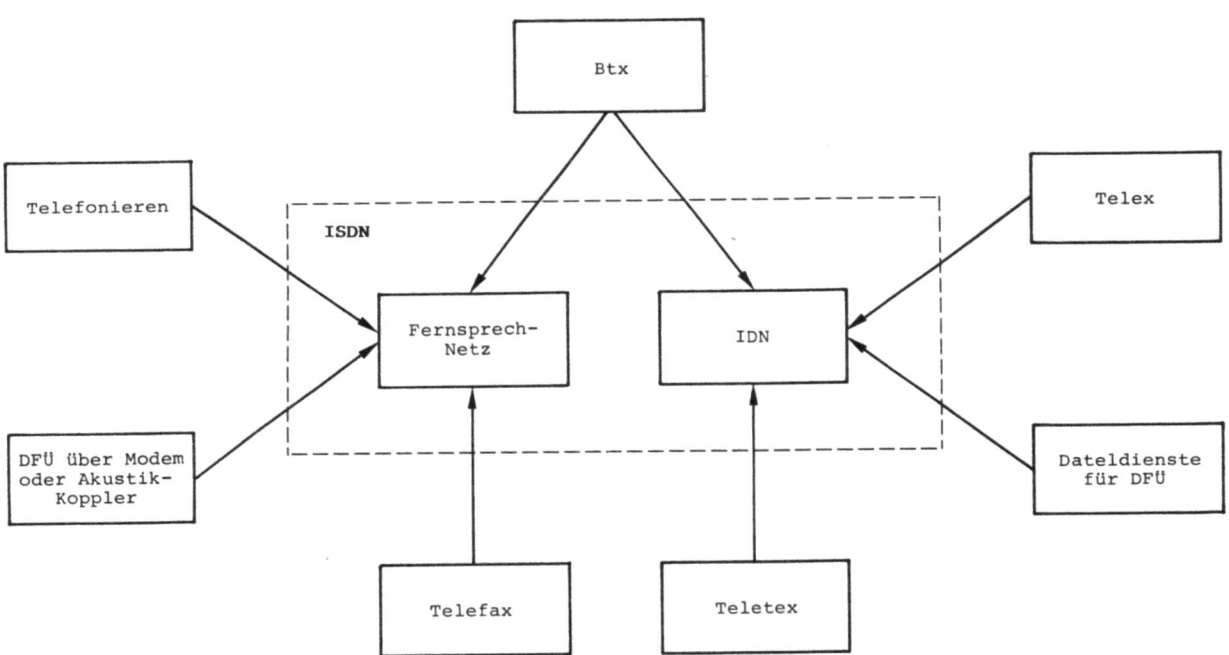

Abb. F-8: Netze und Dienste der Deutschen Bundespost (Übersicht)

Für die Textkommunikation nutzbar sind folgende Dienste:

(1) Telex
(2) Teletex
(3) Telefax
(4) Bildschirmtext (abgekürzt: Btx oder BT).

Zu (1):

Telex (für engl.: Teleprinter Exchange) ist ein weltweiter öffentlicher Fernschreib-Vermittlungsdienst. Die ersten Fernschreibmaschinen wurden in Deutschland Anfang der 30er Jahre eingesetzt. Die Übermittlung erfolgt digital nach einem vom CCITT standardisierten Code: dem Internationalen Telegrafenalphabet Nr. 2 (**ITA Nr. 2**, eingeführt 1932). Die Übertragungsgeschwindigkeit ist auf 50 bit pro Sekunde (bit/s) beschränkt; da sie mit der Schrittgeschwindigkeit identisch ist, spricht man meistens von **50 Baud** (Bd).

Weltweit erreicht die Zahl der Anschlüsse heute ca. 1,3 Millionen in über 155 Ländern. Die Telexdichte (Zahl der Anschlüsse je 10.000 Einwohner) ist in der Bundesrepublik Deutschland am höchsten: etwa 20.

Fernschreib-Verbindungen können – wie im Fernsprechnetz – als Stand- oder Wählleitungen realisiert sein: Im ersten Fall besteht zwischen zwei Kommunikationspartnern eine ständige unmittelbare Verbindung. Im zweiten Fall geht der Übertragung die Anwahl des gewünschten Teilnehmers voraus. Um möglichst kurze Übertragungsvorgänge zu erzielen, kann an die Stelle des manuellen Eintastens auch die Eingabe eines vorgestanzten Lochstreifens treten.

Zu (2):

Ein neuer Textkommunikations-Dienst ist **Teletex**, oft auch als Bürofernschreiben bezeichnet. Während beim Telex mit einem sehr beschränkten Zeichenvorrat gearbeitet werden muß, der normale

F.I.4.1.2.   Elektronische Verfahren

Geschäftskorrespondenz nur unzulänglich wiederzugeben erlaubt, ist für den ebenfalls digitalen Teletex-Dienst Codierungsgrundlage das Internationale Alphabet Nr. 5 des CCITT (**IA Nr. 5**), das einen größeren Zeichenvorrat bereithält. 1981 wurde - im Zuge der Code-Standardisierung für Teletex und Videotex-Dienste - der Basis-Zeichensatz des IA Nr. 5 um einen Ergänzungssatz erweitert, der zusätzlich alle nationalen Sonderzeichen, diakritischen Zeichen und Sonderbuchstaben der Sprachen lateinischer Schrift berücksichtigt: Beide Zeichensätze bilden die Internationale Referenzversion (**IRV**) des IA Nr.5.

	00	01	02	03	04	05	06	07	08	09	10	11	12	13	14	15
00			SP	0	@	P		p				°			Ω	ĸ
01			!	1	A	Q	a	q			¡	±	`		Æ	æ
02			"	2	B	R	b	r			¢	2	´		Đ	đ
03				3	C	S	c	s			£	3	^		ª	ð
04				4	D	T	d	t			$	×	˜		Ħ	ħ
05			%	5	E	U	e	u			¥	μ	¯			ı
06			&	6	F	V	f	v			#	¶	˘		IJ	ij
07			'	7	G	W	g	w			§	·	·		Ŀ	ŀ
08			(	8	H	X	h	x			¤	÷	¨		Ł	ł
09			)	9	I	Y	i	y					②		Ø	ø
10			*	:	J	Z	j	z					·		Œ	œ
11			+	;	K	[	k				«	»	¸		º	ß
12			,	<	L	L	l					¼	③		Þ	þ
13			-	=	M	]	m					½	˝		Ŧ	ŧ
14			.	>	N		n					¾	˛		Ŋ	ŋ
15			/	?	O	①	o					¿	ˇ			'n

(1) Bei der Zusammenarbeit mit "Bildschirmtext" erhält diese Code-Position die Bedeutung eines Trennsymbols.
(2) Wenn zwischen "Diärese" und "Umlaut-Zeichen" unterschieden werden muß, wird diese Code-Position für das Umlautzeichen benutzt.
(3) Dieses Symbol ("non-spacing-underline") ist kein diakritisches Zeichen und kann mit jedem anderen Schriftzeichen kombiniert werden.

Abb. F-9: Internationale Referenzversion des Alphabets Nr. 5

Elektronische Verfahren   F.I.4.1.2.

Teletex arbeitet im Speicher-zu-Speicher-Verkehr, d.h. die angeschlossenen "Kommunikationsschreibmaschinen" müssen über Speicher für ein- und ausgehende Texte verfügen. Das ermöglicht die Nutzung größerer Übertragungsgeschwindigkeiten: Im IDN der Deutschen Bundespost ist das Netz Datex-L-2400 für Teletex vorgesehen (ein Netz der Geschwindigkeitsklasse **2400 bit/s**).

Die Teletex-Geräte müssen über Datenfernschaltgeräte an das Netz angeschlossen werden. Diese stellen den Leitungsabschluß dar und enthalten die nach der CCITT-Empfehlung **X.21** genormte digitale Schnittstelle.

Zu (3):

Fernkopieren oder Faksimile-Übertragung ist ein seit Jahrzehnten praktiziertes Verfahren der Festbild-Kommunikation. Text- oder Bild-Vorlagen werden in Fernkopierern linienweise abgetastet; die Helligkeitsunterschiede werden in elektrische Signale umgewandelt.

Einer größeren Verbreitung dieses Textkommunikations-Verfahrens standen bis vor wenigen Jahren relativ hohe Gerätekosten, die Langsamkeit der Übertragung und - vor allem - fehlende Standards im Wege (Inkompatibilität der Geräte). Erst 1976 verabschiedete das CCITT technische Normen für Übertragungsmerkmale und Steuersignale. Seitdem können allgemein zugängliche **Telefax**-Dienste über öffentliche Netze betrieben werden. Genutzt wird das Fernsprechnetz: analoge Übertragung, begrenzte Übertragungsgeschwindigkeit (ca. 3 Minuten für eine DIN-A4-Seite).

Zu (4):

Bildschirmtext ist die deutsche Bezeichnung für einen Festbild-Kommunikationsdienst, der als Empfangsgerät den Heimfernseher nutzt. Zusätzliche Einrichtungen auf der Empfangsseite sind: Decoder, drahtlose Fernbedienung oder Tastatur. Im Gegensatz zur

F.I.4.1.2. Elektronische Verfahren

rundsendenden, d.h. verteilten Kommunikationsform des "Broadcast Videotex" - in der Bundesrepublik: Videotext - wird die vermittelte Kommunikation über Bildschirmtext international als **Interactive Videotex Service** bezeichnet.

Kommunikationspartner sind private und gewerbliche Teilnehmer sowie sogenannte Informationsanbieter. Die Anbieter müssen über Computer-Leistung verfügen und halten in ihren EDV-Speichern (bzw. in denen der Post) Informationen (Bilder und Texte) auf Abruf bereit. Die Kommunikation erfolgt über die Bildschirmtext-Zentralen der Deutschen Bundespost, die im Laufe der nächsten Jahre errichtet und mit Computern ('Bildschirmtext-Rechnern') ausgestattet werden. Übertragungswege sind das Fernsprechnetz für die Teilnehmeranschlüsse, aber auch leistungsfähigere IDN-Teilnetze für die Übertragung zwischen den EDV-Anlagen (vor allem das Datex-P-Netz).

Bildschirmtext ist nicht nur als Auskunftssystem nutzbar, sondern kann auch für den gezielten Austausch von Mitteilungen verwendet werden. Darüber hinaus wird eine standortunabhängige Nutzung der angeschlossenen Computer sowie nationaler und internationaler Datenbanken (v.a. der DIANE-Datenbanken im EURONET) möglich. Der Dienst soll Ende 1983 in Betrieb genommen werden, bis dahin finden Betriebsversuche statt.

Elektronische Verfahren — F.I.4.1.2.

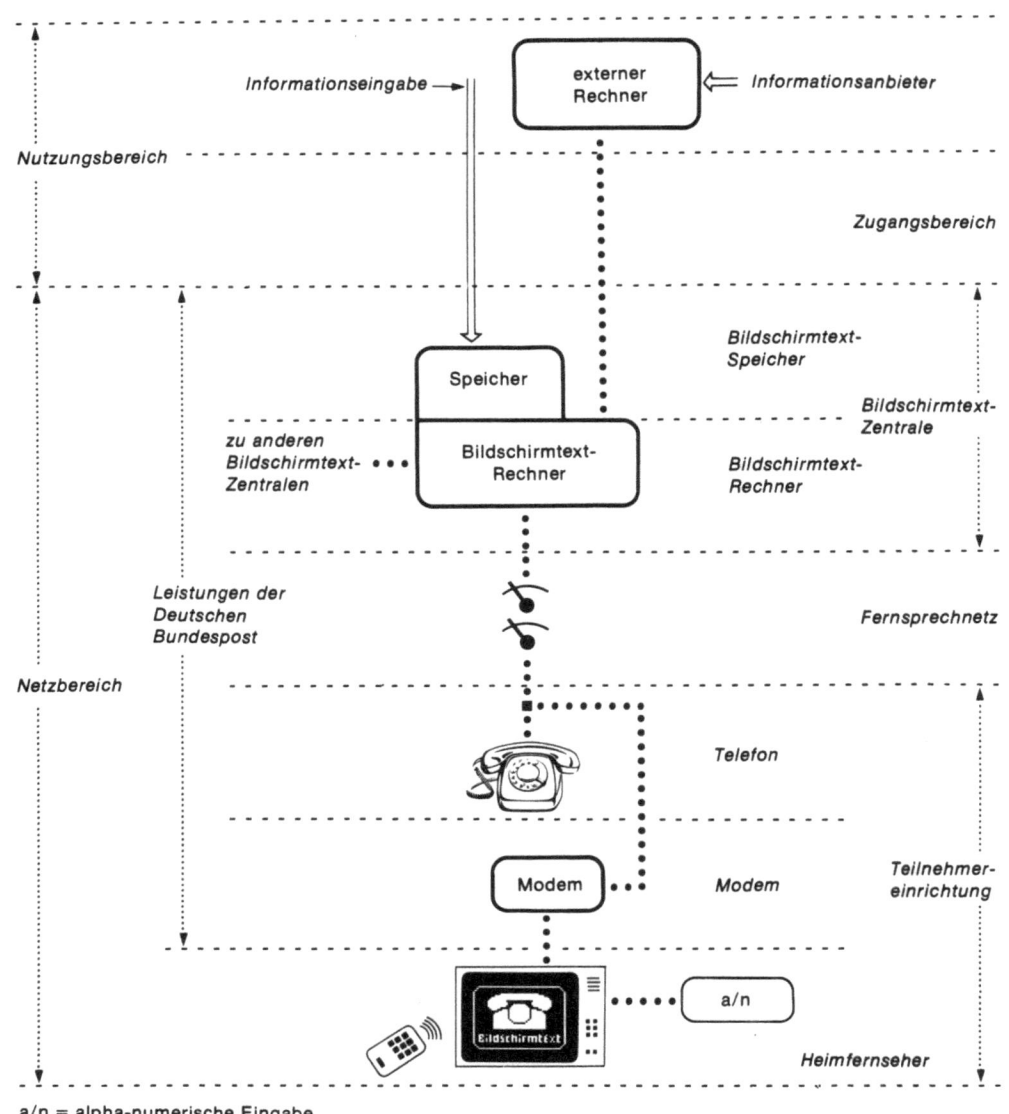

Abb. F-10: Bildschirmtext (schematisch)

F.I.4.1.2. Elektronische Verfahren

4.2. Entscheidungskriterien für die Alternativenbewertung

In der Gestaltung seines unternehmungsinternen Kommunikationssystems ist der Anwender grundsätzlich frei. Eingeengt ist der Gestaltungsspielraum dagegen bei externer Kommunikation, deren Möglichkeiten vom Ausbau der öffentlich angebotenen Kommunikationswege und Dienstleistungen (Kommunikationsinfrastruktur) abhängen.

In Konkurrenz zu den konventionellen Verfahren des **internen** Schriftgut-Transports treten mehr und mehr **elektronische Übermittlungsverfahren** als Gestaltungs-Alternativen:

- zum einen die hausinterne **Nutzung** neuer **Post-Dienste** (wie Teletex und Bildschirmtext), quasi als Verlängerung der öffentlichen Netze in die Unternehmung hinein (nach dem Muster der Fernsprech-Nebenstellenanlagen-Technik)

- zum anderen der Aufbau integrierter lokaler Kommunikationssysteme (**Lokalbereichsnetze**), die über die Post-Dienste hinaus zusätzlichen Leistungskomfort bieten (vor allem höhere Übertragungsgeschwindigkeiten).

Eine gründliche Analyse der Gestaltungs-Alternativen für die Kommunikation würde den engen Rahmen dieses Handbuchs sprengen. Deshalb sollen im folgenden die interne Kommunikations-Problematik ausgespart und die Bewertungsprobleme externer Kommunikation nur in ihren Grundzügen skizziert werden.

4.2.1. Kommunikationspartner

Ein wesentliches Entscheidungskriterium für den Einsatz eines Kommunikations-Verfahrens ist die **Zahl der Partner,** die sich damit erreichen lassen. Darin ist die konventionelle Briefpost allen anderen Verfahren eindeutig überlegen, denn mit ihr kann weltweit jeder Empfänger erreicht werden.

Elektronische Verfahren setzen dagegen eine ausreichende Verbreitung der notwendigen Anschlüsse und Endgeräte voraus. Aber Entscheidungen dürfen nicht nur auf dem derzeitigen Stand fundiert werden; daneben müssen Prognosen für die zukünftige Verbreitung herangezogen werden. Die wichtigsten Schätzungen dafür stammen aus den EURODATA-Studien der Europäischen Post- und Fernmeldeverwaltungen (CEPT) und - für die Bundesrepublik - aus den 1976 vorgelegten Ergebnisberichten der Kommission für den Ausbau des technischen Kommunikationssystems (KtK), die 1974 von der Bundesregierung eingerichtet wurde (Telekommunikationsbericht).

Die größte internationale und nationale Verbreitung bietet der **Telex**-Dienst: weltweit über 1 Million Anschlüsse, in der Bundesrepublik heute ca. 135.000, bis 1985 etwa 150.000 Anschlüsse. Im **Teletex**-Dienst, der 1982 nach den international festgelegten Standards in der Bundesrepublik als erstem Land aufgenommen wurde, wird bis 1985 mit ca. 40.000 Teilnehmern gerechnet. Wichtig ist dabei die Kompatibilität zum Telex-Netz, die durch besondere Post-Schnittstellen gewährleistet wird: die sogenannten Telex-Teletex-Umsetzer (TTU). Dadurch können über ein Teletex-Gerät alle Telex-Teilnehmer erreicht werden - wenn auch mit den entsprechenden Einschränkungen für Zeichenvorrat und Übertragungsgeschwindigkeit.

Im Rahmen des **Telefax**-Dienstes sind derzeit bundesweit etwa 5.000 Geräte an das öffentliche Netz angeschlossen (Stand: Anfang 1982). Diese Zahl wird sich auf 15.000 bis 20.000 erhöhen, wenn alte Geräte, die noch über Standleitungen betrieben werden, den neuen Standards angepaßt und für das öffentliche Wählnetz zugelassen werden. Für Teilnehmer ohne eigenes Endgerät steht ein spezieller Telefax-Dienst von Postamt zu Postamt zur Verfügung: der Telebrief - eine Kombination von Fernkopie und Briefpost.

F.I.4.2.1. Kommunikationspartner

Der **Bildschirmtext**-Dienst wird Ende 1983 eröffnet. Da er nicht nur im gewerblichen Bereich, sondern auch von privaten Teilnehmern (Haushalten) genutzt werden wird, sind genaue Prognosen über seine künftige Verbreitung heute nicht möglich. Die bisher in den Betriebsversuchen festgestellte Resonanz und Erfahrungen mit ähnlichen Diensten in anderen Ländern legen jedoch nahe, daß in wenigen Jahren mehrere hunderttausend Anschlüsse zu erwarten sind. Begünstigt wird dies zudem durch die vorhandene Verbreitung von Telefon-Anschlüssen und Fernsehgeräten sowie die relativ niedrigen Anschluß- und Übertragungs-Gebühren.

4.2.2. Kommunikations-Geschwindigkeit und -Volumen

Die Zeit zwischen dem Absenden eines Textes bzw. dem Auslösen eines Kommunikationsvorgangs und dem Empfang beim Kommunikationspartner weist bei den einzelnen Verfahren große Unterschiede auf (Bemessungsgrundlage: eine DIN-A4-Seite):

- Briefpost   24 Stunden - manchmal mehrere Tage (vor allem im internationalen Verkehr)
- Telex   4 - 5 Minuten
- Telefax   3 Minuten (bei Gruppe-2-Geräten)
- Teletex   7 - 10 Sekunden.

Durch unternehmungsinterne Posteingangs- und Postausgangs-Bearbeitung verzögern sich die Zeiten bei konventioneller Briefpost noch mehr.

Oft muß eine Text-Nachricht sehr schnell übermittelt werden. Dann sind die elektronischen Verfahren konventionellen eindeutig überlegen. Aber auch wenn große Text-Mengen auf Leitungswegen übertragen werden sollen, kann die **Geschwindigkeit** zum ausschlaggebenden Kriterium werden: Denn die Gebühren werden - außer auf Standleitungen und in Paketvermittlungs-Netzen - nach der zeitlichen Inanspruchnahme der Leitungen berechnet. Durch die Ausnutzung des Gefälles zwischen Tag- und Nacht-Tarifen können deshalb - wie bei der Datenfernübertragung - Kosten-Einsparungen erzielt werden.

Das Kommunikations-**Volumen** wird nicht nur von der **Menge** der zu übertragenden Texte, sondern auch von der **Häufigkeit** der Kommunikationsprozesse bestimmt. Sind in häufiger Abfolge jeweils nur kleine Textmengen zu übertragen, so fallen all die Prozesse stärker ins Gewicht, die der eigentlichen Übertragung vor- und nachgelagert sind: Verbindungsaufbau, automatische Rufwiederholung im Besetztfall, Speicherung ankommender Nachrichten etc.

Das Verhältnis zwischen Kommunikations-Geschwindigkeit und -Volumen ist vorrangig ein ökonomisches Kriterium. Doch auch organisatorische Überlegungen können für die Verfahrenswahl mit entscheidend sein: absolute Eilbedürftigkeit, Vermeidung von Wartezeiten etc.

4.2.3. Kosten

Die Kosten für die Übermittlung konventioneller Briefpost sind allgemein bekannt. Hinzu können Investitionskosten für Postbearbeitungs-Geräte kommen. Bei elektronischen Verfahren ist zu unterscheiden zwischen

    (1) fixen, d.h. nutzungsunabhängigen Kosten und

    (2) variablen, also nutzungsabhängigen Kosten.

Zu (1):

Fix-Kosten fallen an für die

- Sachmittelausstattung (Kauf, Miete und Wartung)
- Einrichtung eines Hauptanschlusses, ggf. von Nebenanschlüssen und notwendigen Zusatzeinrichtungen

F.I.4.2.3.　　　Kosten

- laufende Post-Gebühren (monatlich im voraus zu leistende Zahlungen für Anschlüsse und Zusatzeinrichtungen).

Zu (2):

Variabel sind die **Verkehrsgebühren** in den einzelnen Netzen und Diensten:

- im **Fernsprech**netz richten sie sich nach Verbindungsdauer, Tageszeit (Tag, Nacht), Wochentag (Werktag, Wochenende, Feiertag), Entfernungszone (Orts- und Nahbereich, gestaffelte Fernbereiche)

- im **Telex**-Netz sind Verbindungsdauer, Tageszeit und Entfernungszone maßgeblich (innerhalb/außerhalb eines Zentralvermittlungsstellenbereichs)

- im **Datex-L**-Netz kommen zu Verbindungsdauer, Tageszeit, Wochentag und Entfernungszonen die Übertragungsgeschwindigkeits-Klassen hinzu (bis 200, 300, 2.400, 4.800, 9.600 und 48.000 bit/s)

- im **Datex-P**-Netz sind die Gebühren grundsätzlich unabhängig von der Entfernung; sie errechnen sich nach dem übertragenen Volumen.

Die Gebühren-Berechnung bei Teletex und Telefax zeigen die folgenden Abbildungen:

Kosten   F.I.4.2.3.

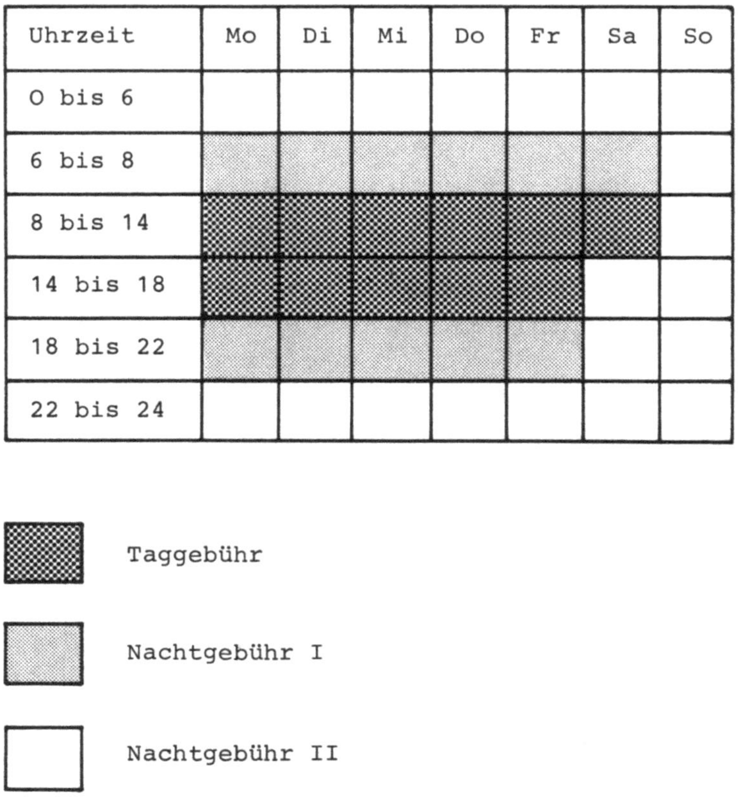

Uhrzeit	Mo	Di	Mi	Do	Fr	Sa	So
0 bis 6							
6 bis 8	░	░	░	░	░	░	
8 bis 14	▓	▓	▓	▓	▓	▓	
14 bis 18	▓	▓	▓	▓	▓		
18 bis 22	░	░	░	░	░		
22 bis 24							

▓ Taggebühr

░ Nachtgebühr I

☐ Nachtgebühr II

Abb. F-11: Tag-/Nachtgebühren Teletex

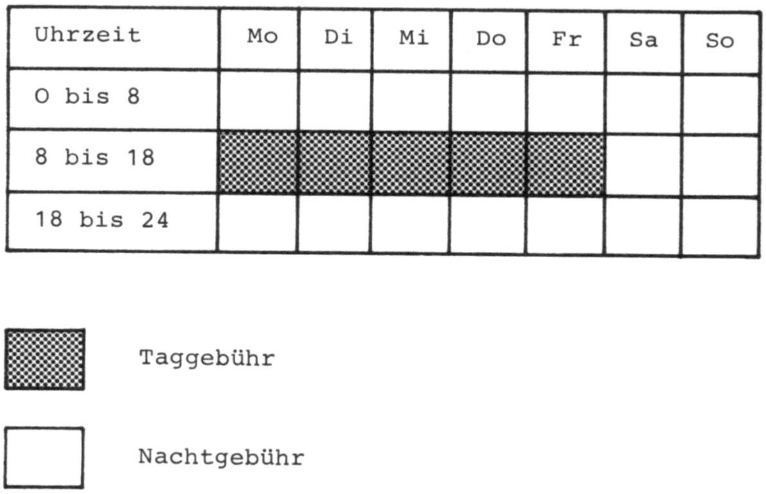

Uhrzeit	Mo	Di	Mi	Do	Fr	Sa	So
0 bis 8							
8 bis 18	▓	▓	▓	▓	▓		
18 bis 24							

▓ Taggebühr

☐ Nachtgebühr

Abb. F-12: Tag-/Nachtgebühren Telefax

F.I.4.2.3. Kosten

Die jeweils gültigen Tarife können den entsprechenden Merkblättern der Deutschen Bundespost entnommen werden.

4.2.4. Qualität

Die Qualität des Kommunikationsinhalts umfaßt

(1) die Möglichkeiten zur **Text-Gestaltung** und

(2) die Qualität der **Übertragung**.

Zu (1):

Nur bei der konventionellen **Briefpost** bestehen keinerlei Restriktionen für den verwendeten Zeichenvorrat, die Mischung von textlichen und graphischen Darstellungen sowie das äußere Papier-Format. **Telex** erlaubt nur die Übertragung von Texten – und dies mit sehr beschränktem Zeichenvorrat und Format-Restriktionen (maximal 69 Zeichen pro Zeile, 209 mm breites Endlospapier). **Teletex** ermöglicht zwar die Übertragung aller Textzeichen, aber noch nicht graphischer Darstellungen, etwa des Briefkopfs (Firmen-Signet). Texte, die auf die gemeinsam beschreibbare Fläche von A4 und nordamerikanischem Format niedergeschrieben wurden, werden seitenweise format- und layout-getreu übermittelt (hoch und quer). Eine Integration mit Faksimile-Funktionen ist geplant. **Telefax** unterliegt Einschränkungen für das Textformat (DIN-A4 mit Randverlusten von etwa 20 mm beim linken und 8 mm bei den übrigen Rändern) und für die Größe der Zeichen (beim derzeitigen Standard für Zeichnungen: Mindeststrich-Stärke 0,2 mm, Mindesthöhe 4 mm, Abstand zwischen zwei Strichen 0,5 mm; für Textzeichen: mindestens Elite-Schriftgrad).

Zu (2):

Die Qualität der Übertragung (Stör- oder Fehleranfälligkeit) ist in den einzelnen Netzen unterschiedlich; besonders schlecht ist sie bei analoger Übertragung. Maßgrößen dafür sind Bit- bzw. Zeichen-**Fehlerraten**: Sie geben die Anzahl fehlerhaft übertragener Bits bzw. Zeichen innerhalb einer bestimmten Übertragungs-Menge an (eine Fehlerrate von 10^{-6} bedeutet: Von einer Million übertragener Bits bzw. Zeichen ist eines fehlerhaft). Neuere Vereinbarungen (Protokolle) für die Sicherung bei digitaler Übertragung ermöglichen heute eine Reduktion der Fehlerraten auf 10^{-9} bis 10^{-12}: etwa das als **HDLC**-Protokoll bekannte Steuerungsverfahren (für: High Level Data Link Control). Besondere Qualitätsprobleme ergeben sich noch beim Telefax, da das Auflösungsvermögen der eingesetzten Geräte zu grob ist: unpräzise Abbildung, unscharfe Ränder, mangelhafte Wiedergabe von Grautönen.

	Briefpost	Telex	Teletex	Telefax [+]
Äußere Form	gut	schlecht	gut	mittel
Kommunikations-geschwindigkeit	niedrig	hoch	sehr hoch	hoch
Kommunikationsvolumen klein	gut	schlecht	schlecht	mittel
Kommunikationsvolumen groß	schlecht	gut	gut	schlecht
Gebühren	niedrig	mittel	hoch	mittel
Materialkosten	hoch	niedrig	niedrig	niedrig
Personal-Einsatz	hoch	niedrig	niedrig	niedrig
weitere Einsatzmöglichkeit	keine	keine	mehrere	keine

+) gilt für Geräte der Gruppe 2

Abb. F-13: Bewertung der Textkommunikationsverfahren (Übersicht)

F.I.4.2.4. Qualität

II. Die Anlagen- und Geräteentscheidung

Neben den technischen Bewertungskriterien für die einzelnen Geräte sind bei der konkreten Anlagen- bzw. Geräteentscheidung zu beachten:

(1) **herstellerbezogene** Kriterien
- Herstellereignung (Know-how, bisherige Erfahrungen)
- Herstellerunterstützung (Beratung, Bedienerschulung, Einführungsunterstützung)
- Wartung (Umfang, regionales Service-Netz)
- allgemeine vertragliche Konditionen

(2) **organisatorische** und **ergonomische** Kriterien
- Personaleinsatz (quantitativer Bedarf, Qualifikationsanforderungen)
- Umgebungsbedingungen (Integration in bestehende Arbeitsplätze, Geräuschentwicklung etc.)
- Umstellungsaufwand (Zeitbedarf, Umstellungsprobleme)

(3) **Kosten**kriterien
- Einmalkosten (Gerätepreise, Installation etc.)
- laufende Kosten (Personalkosten, Materialkosten, Gebühren).

Im folgenden soll jedoch nur in Form einer Checkliste auf die wichtigsten technischen Kriterien kurz eingegangen werden, die bei den einzelnen Geräten zu beachten sind.

1. Diktiergeräte

(1) **Äußere Form der Tonträger**

  (1.1) **Flächen**förmige Tonträger
  - Folien (Platte, Blatt, Rolle)
  - Manschetten (Endlosschleifen)
  - Platten (besonders lange Lebensdauer)

Nachteilig ist die geringe Aufnahmekapazität. Vorteilhaft sind Beschriftungsmöglichkeiten und wegfallende Umspulzeiten.

(1.2) **Band**förmige Tonträger
- Kompakt-Kassette (vergleichbar mit herkömmlichem Kassettenrecorder)
- Mini-Kassette (weit verbreitet, aber nicht kompatibel).

Dem Vorteil hoher Kapazitäten steht der Nachteil zeitraubenden Vor- und Zurückspulens entgegen. Oft läßt auch die Bandqualität zu wünschen übrig.

(2) **Bedienungsfunktionen**

- schneller Vor- und Rücklauf
- Lautstärkenregler
- Löscheinrichtung (gesonderte Funktion, neben dem Löschen durch Übersprechen)
- Indexieren (für besondere Hinweise, optische oder akustische Signale).

(3) **Bedienungsfreundlichkeit**

- bequemer Tonträgerwechsel
- Funktionen leicht ausführbar (übersichtlich in der Handhabung)
- Anzeigen für das laufende Diktat (Zählwerk, Skaleneinteilung etc.) und für das Ende der Aufnahme
- handliches Mikrofon
- die wichtigsten Funktionen sollten vom Mikrofon aus bedienbar sein (Start/Stop, Vor-/Rücklauf, akustische Indexierung und Aufnahme).

F.II.1.   Diktiergeräte

(4) Wiedergabequalität

- Breite des Frequenzbereiches
- automatische Anpassung der Lautstärke bei der Aufnahme
- Richtwirkung des Mikrofons (Unterdrückung von Nebengeräuschen)
- Unterdrückung gerätebedingter Schaltgeräusche.

(5) Zusätzliche Funktionen

- optische Anzeige der Betriebsbereitschaft
- optische Anzeige der Aufnahmebereitschaft
- Anschlußmöglichkeit für Telefonadapter etc.

(6) Energieversorgung

- Batterie
- aufladbarer Akkumulator
- Netzteil.

(7) Kompatibilität

Tonträger und Mikrofone sollten in verschiedenen Geräten verwendet werden können.

(8) Größe und Gewicht.

(9) lieferbares Zubehör.

Für zentrale Diktatanlagen kommen weitere Funktionen hinzu:

- automatischer oder manueller Tonträgerwechsel
- Sicherung gegen unbefugten Zugriff (Hören, Löschen)
- Aufsichts-Funktionen (Prioritätenregelung, Mithörmöglichkeit, Diktat über mehrere Tonträger)
- Sonderfunktionen für den Diktanten (Sprechverbindung mit der Aufsicht, Steuerung von Vor- und Rücklauf, akustische Anzeigen etc.).

2. Kopiergeräte

(1) Vorlagenart

- Blattvorlage (Einzelblatt)
- Buchvorlage (gebundene Vorlage)
- Computerlisten (Endlospapier).

(2) Vorlagenformat

Möglichkeit für Zwischenformate und Sondergrößen (z.B. B-Formate).

(3) Wiedergabequalität

- Farbwiedergabe
- Rasterwiedergabe
- Halbtonwiedergabe
- Vollflächenwiedergabe.

(4) Wiedergabemaßstab

- 1:1 (formatgleiche Wiedergabe)
- verkleinert
- (leicht) vergrößert

Bei Maßstabs-Änderungen
- eine Veränderungsebene (Formatsprung)
- mehrere Veränderungsebenen (stufenweise, stufenlos, Prozentwerte gegenüber der Vorlage).

(5) Kopierleistung

- erste Kopie nach wieviel Sekunden
- Anzahl pro Minute bei Einzelkopien und Mehrfachkopien
- Möglichkeit zum beidseitigen Kopieren.

(6) **Entwicklung**

- trocken
- flüssig (gebunden an satiniertes, glattes und wenig saugfähiges Papier).

(7) **Bedienungseinrichtungen**

- Vorlagenzuführung (einzeln von Hand - nur manuell oder mit Einzugs-Vorrichtung -, selbsttätig vom Stapel, endlos für EDV-Output)
- Zuführung des Kopierpapieres (von einer Rolle, aus einem oder mehreren Einzelblattmagazinen für gleiche oder unterschiedliche Formate)
- Kopienausgabe (stapelweise in umgekehrter Sortierfolge, in Sortierer: Zahl der Sortierfächer und deren Fassungsvermögen)
- Vorwahleinrichtung für Auflagenhöhe.

(8) **Bedienungsfreundlichkeit**

- Tastenart (Sensortasten, Drucktasten)
- Übersichtlichkeit der Tasten und Funktionsanzeigen)
- einfache Behebung von Störungen (z.B. Papierstau)
- Selbstdiagnose bei Fehlern
- automatische Abschaltung
- Kopienzähler (Auflagenzähler, Totalzähler, Kostenstellenzähler mit Schlüsseln)
- Anlegemarkierungen (Einzelpunkte für bestimmte Formate, Skaleneinteilung)
- Blendschutz (wichtig bei gebundenen Vorlagen)
- Maskenband-Automatik für Systemkopieren
- Zeilenkopierautomatik (ermöglicht selektives Kopieren bestimmter Textstellen).

(9) Sonstige Kriterien

- Maße und Gewichte
- Energieverbrauch (im Dauerbetrieb, im Bereitschaftsbetrieb).

3. Druckgeräte

(1) Papierformate

- nur DIN-A4
- auch größere Formate
- Beschränkungen für kleinstes Format.

(2) Druckgeschwindigkeit

Angaben in Stundenleistungen für eine Druckform.

(3) Bedienungseinrichtungen

- Antrieb (von Hand, automatisch)
- Geschwindigkeitsregelung (in Intervallen, stufenlos)
- Papieranlage-Einrichtung (für die Papierzuführung: Reibanleger, Sauganleger)
- Kapazität des Anlegetisches
- Papierzuführung (Papiereinzug, richtige Papierpositionierung)
- Papierablage-Einrichtungen (Schiebebackentisch, Schwenktisch, Schuppenablage)
- Papierauslege-Einrichtungen (für den Transport der Abdrucke zur Ablage)
- Vorwahleinrichtung für Abdruckauflage.

(4) Bedienungsfreundlichkeit

- Befestigung der Druckform (Klemmleiste, Hakenleiste)
- Druckformwechsel (manuell, automatisch)
- Zählwerk (Auflagenzähler, Totalzähler).

F.II.3. Druckgeräte

(5) **Zusatzeinrichtungen**

- Doppelblattkontrolle
- Durchschußaggregat (um etwa Abfärbungen zu verhindern).

(6) **Maße und Gewichte**

- Raumbedarf
- u.U. Transportierbarkeit.

(7) **Sonstige Kriterien**

- Aufstellbedingungen (Temperatur, Luftfeuchtigkeit etc.)
- Energieverbrauch.

4. Mikrofilmgeräte

Für Verfilmungs- (Aufnahme-) und Entwicklungs-Geräte werden nur die wichtigsten Kriterien aufgeführt, da die entsprechenden Prozesse meist extern als Dienstleistung durchgeführt werden.

(1) **Aufnahmekameras**

- Verkleinerungsfaktor (obere und untere Grenze, eventuelle Zwischenstufen)
- Aufnahmegeschwindigkeit
- Art der Belegvorlage (Einzelblatt, endlos bei COM, d.h. Computer Output on Microfilm, gebunden, Format)
- verwendbares Indexsystem
- Bedienungshilfen (optische Anzeigen).

(2) **Entwicklungsgeräte**

- Entwicklungsgeschwindigkeit
- Entwicklungsverfahren (Chemikalienvorrat, Wasserverbrauch, Anschluß an Wasserleitung)

- verwendbare Filmgrößen
- notwendiges Zubehör.

Oft werden Aufnahmekamera und Entwicklungsgerät als kombiniertes Gerät angeboten.

(3) **Lesegeräte**

- Vergrößerung (unterschiedliche Vergrößerungsfaktoren, Übereinstimmung von Bildschirmgröße und Originalbeleg)

- Art der Lichtquelle: Kaltlichtlampe (kürzere Lebensdauer, teurer, geringer Wartungsbedarf, kaum Nebengeräusche) - Normallampe (Gebläsekühlung, längere Lebensdauer, kostengünstig, höherer Wartungsaufwand, Gebläse-Geräusch, Reinigungsaufwand)

- Bedienungseinrichtungen (Indexleisten zur Fixierung des gesuchten Bildausschnittes, Helligkeitsregelung der Bildschirmausleuchtung, Variation des Vergrößerungsfaktors durch Umschalten oder durch Auswechseln des Objektivs, variable Schärfeneinstellung)

- Bedienungsfreundlichkeit (auswechselbare Indexleisten zur Anpassung an verschiedene Formate, Änderung der Schärfeneinstellung bei Filmwechsel, Filmbewegungen etc.)

- Sonstige Kriterien (Maße und Gewichte, Zubehör, vor allem Organisation der Mikrofilmablage).

(4) **Rückvergrößerungsgeräte**

Die Kriterien entsprechen - modifiziert - denen für Kopiergeräte.

F.II.4. Mikrofilmgeräte

5. Telexgeräte (Fernschreiber)

(1) Druckwerk

- Zeichenvorrat
- Sonderzeichen
- Druckgeschwindigkeit.

(2) Textspeicher

- Lochstreifen
- elektronische Speicher.

(3) Anschlußart

- Hauptanschluß
- Nebenanschluß.

(4) Bedienungseinrichtung

- Formatwahl
- Editieren
- Tabulieren
- Kurzwahl.

(5) Bedienungsfreundlichkeit

- Tastaturhandling
- Schreibkomfort
- Geräuschpegel (beim Drucken)
- Papieraufspuleinrichtungen.

(6) Maße und Gewichte

- Tischgerät
- Standgerät.

(7) **Sonstige Kriterien**

- weitere Verwendungsmöglichkeiten (als Drucker oder Datenendgerät)
- Anschluß zusätzlicher Geräte.

Ein grundlegender Unterschied besteht zwischen elektromechanischen und elektronischen Geräten: Er wirkt sich besonders in Leistung, Anschaffungskosten, aber auch in der notwendigen Wartung aus (höher bei elektromechanischen Geräten).

6. Teletexgeräte

Teletexgeräte sind keine eigenständigen Sachmittel, sondern elektronische Schreibmaschinen oder Textautomaten mit separatem Sende-/Empfangsspeicher und einem Kommunikationsteil, der den Schnittstellen-Anforderungen für den Teletex-Dienst genügt (Prüfung und amtliche Zulassung durch das Fernmeldetechnische Zentralamt - FTZ, eine Behörde der Deutschen Bundespost). Außer der Kapazität des Kommunikationsspeichers und zusätzlichen Anzeige-Vorrichtungen (z.B. für eingegangene Texte) gelten deshalb grundsätzlich die gleichen technischen Entscheidungskriterien wie für die Textverarbeitungs-Sachmittel.

7. Telefaxgeräte

Die von der Studienkommission XIV des CCITT festgelegten Endgerätegruppen unterscheiden sich in **Übertragungsart** und **Übertragungszeit**:

F.II.6.   Teletexgeräte

Geräte-Gruppe	Übertragungsart	Übertragungszeit (1 DIN-A4-Seite)
1	analog	6 min
2	analog	3 min[+]
3	digital	1 min
4	digital	im Sekunden-Bereich

[+] durch besondere technische Hilfsmittel Verringerung bis auf 1 min möglich (white skipping)

Abb. F-14: Gruppen von Telefax-Geräten.

Auch aus den verschiedenen **Aufzeichnungsverfahren** ergeben sich grundlegende Unterschiede für die Leistung der Geräte:

Leistung \ Aufzeichnungsverfahren	Tinte	elektrophotographisch	elektrostatisch	thermosensitiv
max. Auflösung (Linien pro mm)	10	20	10	8 bis 10
Aufzeichnungszeit (Millisek. pro Linie)	300 (pro Düse)	1	1	10
Ausgabezeit (Sek. pro DIN-A4-Seite)	60	3	3	30

Abb. F-15: Aufzeichnungsverfahren bei Telefax

Je feiner die Auflösung - gemessen in Linien/mm - ist, um so besser ist die Wiedergabequalität. Um so größer wird aber auch das zu übertragende Bit-Volumen. Eine Auflösung von 3,85 Linien/mm - die z.Zt. noch standardmäßig verwendet wird - reicht gerade aus, um Schreibmaschinenvorlagen lesbar zu halten. Gute

Korrespondenzqualität wird erst bei einer Auflösung von 9,45 oder 11,8 Linien/mm möglich. Die Zahl der Bildpunkte einer DIN-A4-Seite steigt dann allerdings von 1,9 Millionen (bei 3,85 Linien/mm) auf 8,7 Millionen an (bei 11,8 Linien/mm). Soll sich trotz höherer Menge die Übertragungszeit in Grenzen halten, dann müssen leistungsfähige Netze (mit hoher Übertragungsgeschwindigkeit) verwendet werden: Bei einer Geschwindigkeit von 4.800 bit/s dauert die Übertragung einer mit 11,8 Linien/mm abgetasteten DIN-A4-Seite etwas über drei Minuten, bei Geschwindigkeiten von 48.000 oder 96.000 bit/s wird dagegen eine Übertragung im Sekundenbereich möglich.

Neben Aufzeichnungs- und Übertragungsverfahren und neben den Kriterien, die auch für Kopierer von Bedeutung sind, seien als telefax-spezifische Bewertungskriterien noch aufgeführt:

(1) **Betriebsverfahren**

- manueller Betrieb auf Sende- und Empfangsseite
- automatischer Empfang, manuelles Senden
- manueller Empfang, automatisches Senden
- automatischer Betrieb auf Sende- und Empfangsseite.

Bislang sind nur die beiden ersten Verfahren realisiert. Der automatische Sendebetrieb bringt zahlreiche Probleme mit sich: Schutz vor unbefugtem Zugriff, Kompatibilität zwischen verschiedenen Gerätegruppen etc.

F.II.7. Telefaxgeräte

(2) **Betriebsart**

- Simplex (Übertragung nur in einer Richtung)

- Halbduplex (abwechselnde Übertragung in beiden Richtungen)

- Vollduplex (gleichzeitige Übertragung in beiden Richtungen - Voraussetzung dafür sind zwei Fernsprechanschlüsse).

(3) Optische **Anzeigen** für die Sende- bzw. Empfangsbereitschaft.

G. Personelle Aspekte der Textverarbeitungs-Organisation

Jede Umstellung der Textverarbeitungs-Organisation - vor allem die Einführung von Textautomaten - hat erhebliche Auswirkungen auf die Menschen, die davon betroffen sind. Die Sachbearbeiter müssen sich an neuartige Abläufe und Regelungen gewöhnen. Die Bedienungskräfte der Geräte müssen sich auf die ungewohnte Technologie einstellen.

Oft sind Sachmittel und Arbeitsumgebung aber nur sehr unzureichend den Bedürfnissen des Menschen angepaßt. "**Ergonomie**" ist heute zum viel gebrauchten - und vielfach mißbräuchlich verwendeten - Schlagwort geworden, und dennoch werden die Grundprinzipien einer ergonomischen Gestaltung, d.h. einer an den menschlichen Eigenarten und Bedürfnissen ausgerichteten Gestaltung (engl.: human engineering), in der Praxis - oft aus Unwissenheit - noch viel zu wenig beachtet.

I. Der Bildschirmarbeitsplatz im Büro

Besonders wenn Bildschirmgeräte - auch als Datensichtgeräte bezeichnet - im Büro eingeführt werden, dürfen sich Planung und Gestaltung nicht auf die technischen und organisatorischen Veränderungen beschränken. Zum Erfolg kann eine derartige Umstellung nur führen, wenn die personellen Aspekte dabei angemessen berücksichtigt werden. Denn Bildschirmarbeitsplätze stellen vollkommen neuartige Anforderungen an den Angestellten im Büro. Hinzu kommen psychische und physische Belastungsfaktoren für den Benutzer bzw. Bediener.

Das Ausmaß der tatsächlich eintretenden Belastung ist von verschiedenen Faktoren abhängig. Zum einen sind das Faktoren, die sich allgemein auf die Tätigkeit beziehen: wie Arbeitsinhalte, Organisationsform (zentral/dezentral), Arbeitsdauer und -intensität, Kompetenzen, Verantwortung. Zum anderen wirken sich die

Umgebungsbedingungen (Betriebsklima, Verhalten von Vorgesetzten und Kollegen) und die Bedingungen des Arbeitsraums und des Arbeitsplatzes – einschließlich der Arbeitsmittel – sehr stark aus.

Wichtig ist ferner, welche Fähigkeiten, welche Qualifikation durch Ausbildung, welche beruflichen Erfahrungen und auch welche generellen Einstellungen die Mitarbeiter aufweisen.

1. Einflüsse auf die Tätigkeiten

Die Einführung von Textautomaten kann auch die **Tätigkeit von Sachbearbeitern** verändern. Ob mit Schreibaufträgen gearbeitet wird oder Texte teilweise direkt am Bildschirm eingegeben werden: Aufgaben wie Textvorlagen-Erstellung entfallen ganz oder nehmen eine völlig neue Form an.

Im Vordergrund stehen jedoch die Veränderungen bei den **Tätigkeiten der Schreibkräfte**. So ist es etwa bei Überarbeitungs-Texten eine große Erleichterung, daß spätere Text-Modifikationen auf das Anbringen von Korrekturen oder Änderungen beschränkt bleiben. Bei Baustein-Texten müssen die einzelnen Bausteine lediglich durch Eingabe ihrer Nummer abgerufen werden und können dann im Bildschirm zusammengefügt werden. Serienbrief-Aktionen erfordern nur noch organisatorische Vorarbeiten von der Schreibkraft: Der Text wird einmalig erfaßt; der Auftrag spezifiziert und der Maschine eingegeben. Bei der Abwicklung selbst sind keine monotonen Tätigkeiten mehr auszuführen.

Der Wegfall von Routine-Schreibprozessen wird kompensiert durch **anspruchsvollere Tätigkeiten**, die zur Maschinenbedienung notwendig sind. Das Handling von Funktionstasten, bestimmten Eingabe-Abfolgen und formatierten Eingaben (z.B. für Druckparameter) stellt höhere Qualifikationsanforderungen als bei herkömmlichen Schreibmaschinen. Auf Fehler-Meldungen der Maschine muß eine

G.I.1. Einflüsse auf die Tätigkeiten

eigenständige Interpretation und Fehler-Behebung erfolgen. Dies setzt ein gewisses technisches Grundverständnis voraus.

Ist der Bildschirmautomaten-Einsatz mit der Einrichtung zentraler Schreibdienste verbunden, so hat das Auswirkungen auf die Kooperation von Sachbearbeitern und Schreibkräften. Viele Interaktionen entfallen, die sozialen Kontakte schwächen sich ab. Im Extremfall wird die Arbeit im Schreibdienst als anonym empfunden.

2. Physische und psychische Belastungen

Arbeitsmedizinischen Untersuchungen zufolge leidet ein großer Teil von Schreibkräften unter Verspannungen der Rücken-, Nacken- und Halsmuskulatur sowie der Muskeln im Bereich von Schulter und Armen (**Schulter-Arm-Syndrom**). Dies resultiert aus der Art der Schreib-Tätigkeit, die zur ununterbrochenen Kontraktion der Muskulatur im Bereich Wirbelsäule, Schulter und Arme zwingt. Schlechte Körperhaltung und Bewegungsarmut beschleunigen das Eintreten von Verspannungen und Verkrampfungen.

Bei unzulänglichen Bildschirmgeräten und zu langen Arbeitszeiten am Bildschirm können **Sehstörungen** auftreten. Vor allem werden - beim häufigen Blickwechsel zwischen Vorlage und Bildschirm - zwei Fähigkeiten des Auges stark beansprucht:

- die **Adaption**, d.h. die Anpassung an verschiedene Helligkeits-Stufen
- die **Akkommodation**, d.h. die Anpassung an unterschiedliche Abstände zwischen Text und Augen.

Neben Adaptionsstörungen und Akkommodationsschwierigkeiten können durch Flimmern, unpräzise Darstellung der Zeichen, Kontrastschwäche und störende Reflexionen auf der Bildschirmoberfläche asthenopische Beschwerden auftreten: Brennen der Augenlider, Verschwimmen der Buchstaben beim Lesen etc. Vor allem auch, um vorhandene Sehschwächen aufzudecken, ist eine augenärztliche

Untersuchung vor Aufnahme der Bildschirmarbeit dringend anzuraten. Kontrolluntersuchungen sind etwa alle drei Jahre notwendig.

Gegenüber den physischen Belastungen ist eine **psychische Beanspruchung** nur schwer meßbar. Auch ist sie - durch ihre Wechselwirkung mit physiologischen Faktoren - äußerst komplexer Natur. Allgemein läßt sich sagen, daß beim Schreiben von Texten hohe Anforderungen an die Aufmerksamkeit, die Konzentrationsfähigkeit und die Reaktionsschnelligkeit bestehen. Untersuchungen von Arbeitsphysiologen und -psychologen zeigen, daß Schreibarbeit zur intensiven Inanspruchnahme der Sinnesorgane (Augen und Ohren) und zur geistig-nervlichen (mentalen) Beanspruchung führt. Zusätzliche Belastungen können sich aus Situationsbedingungen (Beleuchtung, Lärm, Raumklima etc.), organisatorischen und sozialen Bedingungen (Entscheidungsspielräume, Pausengestaltung, Termindruck etc.) und den Unzulänglichkeiten der vorhandenen Arbeits- und Organisationsmittel ergeben.

3. Akzeptanz

Die Einführung neuer Techniken führt häufig nicht zu den erhofften Wirkungen. Vielfach nutzen Schreibkräfte und Sachbearbeiter die Möglichkeiten, die Textautomaten bieten, nicht im wünschenswerten Umfang. Uninformiertheit, aber auch emotionale Abwehrhaltungen können zu ernsthaften Barrieren werden. Es ist gebräuchlich geworden, dieses Problem als fehlende "Akzeptanz" durch die Benutzer zu bezeichnen. Das Spektrum möglicher **Akzeptanz-Reaktionen** reicht dabei von uneingeschränkter Zustimmung bis zur aktiven Ablehnung, die sich als Widerstand gegen die Reorganisation äußert.

G.I.3.   Akzeptanz

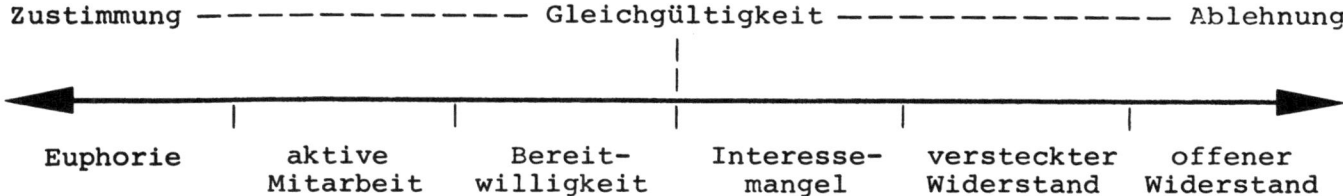

Abb. G-1: Akzeptanzspektrum

Widerstand gegen die Einführung neuer Techniken muß als eine selbstverständliche und natürliche Begleiterscheinung der technischen Entwicklung gesehen werden. Schließlich sind auch nicht alle Neu-Entwicklungen - zumindest in der ersten Form, die sie annehmen, - unbedingt begrüßenswert. Der Widerstand kann offen, aber auch in verdeckter Gestalt auftreten. Offener Widerstand ist im Büro der seltenere Fall. Verdeckter Widerstand kann sich durch mannigfaltige Signale ausdrücken: stillschweigende Beibehaltung alter Verfahren, Wunsch nach Versetzung, Zurückhalten von Informationen, Absinken von Leistungen und Qualität der Leistung, größerer Absentismus.

Ein wesentlicher Grund für ablehnende Haltungen ist die Furcht um die Sicherheit des Arbeitsplatzes. Den Arbeitsplatz ganz zu verlieren, ist ihre stärkste Ausprägung. Daneben treten Befürchtungen auf, eine Statusminderung zu erleiden.

Ein weiteres Motiv ist die Angst vor einem zu hohen Ansteigen der Arbeitsanforderungen: vor allem davor, daß die neuartigen Sachmittel nicht in den Griff zu bekommen sind. Oft kann hier durch großzügigere Information und verbesserte Ausbildung Abhilfe geschaffen werden.

Gründe für mangelnde Akzeptanz liegen aber auch in einer unzureichenden Reorganisations-Vorbereitung und -Durchführung. Häufig wird bei Planung und Gestaltung nur auf den möglichst rationellen Einsatz der Technologie abgezielt. Individuelle Entfaltungsmöglichkeiten, etwa durch die eigenverantwortliche Regelung von Arbeitsabläufen, kommen demgegenüber zu kurz. Die betroffenen Mitarbeiter müssen dann das Gefühl haben, daß alles vorgeschrieben und festgelegt ist.

Schließlich resultieren zahlreiche Akzeptanz-Probleme aus der mangelnden Berücksichtigung ergonomischer Anforderungen an Arbeitsplatz und Arbeitsumgebung. Die Änderung der Arbeitsinhalte und der Anweisungs- und Kooperationsbeziehungen wird oft unter einer "technokratisch" verengten Perspektive gestaltet. Die fehlende Einbeziehung der Benutzer in den Gestaltungsprozeß selbst (Partizipation) führt fast immer zur negativen Akzeptanz.

II. Benutzerorientierte Gestaltung

1. Arbeitsplatzgestaltung

Unzulänglich ausgestattete Arbeitsplätze können Arbeitszufriedenheit und Motivation erheblich herabsetzen. Hinzu kommen oft negative Auswirkungen auf die Gesundheit der Beschäftigten. Die **Arbeitsstättenverordnung** und die Sicherheitsregeln für Büroarbeitsplätze der **Berufsgenossenschaft** legen Anforderungen an einen menschengerechten Arbeitsplatz fest. Sie betreffen einmal die Ausstattung mit Bürostühlen und deren konstruktive Eigenschaften (DIN 4451 und 4452); zum anderen enthalten sie Kriterien für einen funktionsgerechten Schreibtisch: ausreichende Arbeitsfläche, Beinfreiheit, Höhenverstellbarkeit der Arbeitsplatte, Ablagemöglichkeiten etc.

Für die Gestaltung von Bildschirm-Arbeitsplätzen gibt es dagegen noch keine allgemein anerkannten Empfehlungen und noch keine verbindlichen Vorschriften.

G.II.   Benutzerorientierte Gestaltung

1.1. Bildschirm

Die meisten Bildschirme sind heute noch Kathodenstrahlröhren. Die Zeichen werden durch einen Elektronenstrahl erzeugt, treffen auf die mit Phosphor beschichtete Bildschirmoberfläche und regen den Phosphor zur Lichtemission an. Die **Darstellung der Schriftzeichen** auf dem Bildschirm sollte folgenden Anforderungen genügen:

- die Schriftzeichen müssen in Form und Gestalt verwechslungssicher sein
- ihre Gestalt sollte der OCR-B-Schrift (DIN 66009) angenähert sein (für engl.: Optical Character Recognition, Schrift für maschinelle Zeichenerkennung)
- das Zeichen-Raster sollte mindestens 7 x 9 Matrix-Punkte enthalten
- die Zeichen sollten mindestens 3 mm hoch sein
- die Breite der Zeichen sollte 70 bis 80 % der Zeichenhöhe von Großbuchstaben betragen
- der Abstand zwischen zwei Zeichen sollte 20 bis 50 % der Zeichenhöhe von Großbuchstaben betragen
- der Abstand zwischen zwei Zeilen sollte 100 bis 150 % der Zeichenhöhe von Großbuchstaben betragen
- die Zeichenleuchtdichte sollte zwischen 80 und 160 cd/m^2 regulierbar sein (cd = candela)
- der Kontrast zwischen Bildschirm-Hintergrund und Schriftzeichen sollte etwa 1:3 bis 1:10 betragen; bei einem geringeren Kontrast sind die Zeichen schlechter erkennbar, bei einem höheren treten Kontrastblendungen auf.

Die Bildschirmoberfläche sollte vor allem

- flimmerfrei und
- reflexionsfrei sein.

Flimmern wird u.a. beeinflußt von der Bildfolgefrequenz, der Nachleuchtdauer des Phosphors, der richtigen Beleuchtung und der Leuchtdichte der dargestellten Zeichen. Um Flimmerfreiheit zu erreichen, muß das Bild mindestens 50mal in der Sekunde wiederholt werden (50 Hz): Das ist synchron mit der Netzfrequenz des künstlichen Lichts. Noch besser sind höhere Bildfolgefrequenzen oder Bildwiederholungsraten, die mit der Phosphor-Nachleuchtdauer abgestimmt sind. Bei der Positivdarstellung (dunkel auf hell) müssen höhere Raten (mindestens 80 Hz) erreicht werden.

Reflexionen, d.h. Spiegelungen von Gegenständen auf der Bildschirmoberfläche, stören erheblich. Glatte Oberflächen können mit verschiedenen zusätzlichen Techniken entspiegelt werden: Anti-Reflex-Belägen und diversen Filter-Aufsätzen. Dabei treten allerdings Nebenwirkungen auf; Staub oder Fingerabdrücke können beeinträchtigend wirken, gleichzeitig verringert sich die Leuchtdichte. Besser sind deshalb von vornherein matte Oberflächen.

Ein Faktor, der sich belastend auswirken kann, ist der **Kontrast** zwischen Zeichen-Darstellung auf dem Bildschirm und auf der Vorlage (Manuskript, Beleg). Oft wird deshalb Positivdarstellung empfohlen; ihre Überlegenheit ist aber nicht eindeutig nachgewiesen. Bei Negativdarstellung sollte der Bildschirm im Hintergrund eine ähnliche Farbe wie die Schriftzeichen haben (z.B. eine Kombination von gelb und grün). Die Hintergrundleuchtdichte sollte zwischen 10 und 20 cd/m^2 geregelt werden können. Schließlich ist auf Fokussierung und Randschärfe zu achten.

Der Bildschirm muß in vertikaler und horizontaler Richtung verstellt werden können (**Neigbarkeit**, Unabhängigkeit von der Tastatur). Schließlich sollte er nicht zu viel Wärme abgeben.

G.II.1.1. Bildschirm

1.2. Weitere Elemente des Bildschirm-Arbeitsplatzes

Vor allem Abmessung und Gestaltung der Tastatur sind sehr wichtig für Arbeitsabläufe und Körperhaltung. Die **Tastatur** sollte grundsätzlich **vom Bildschirm getrennt** aufgestellt sein. Sie sollte **flach** sein: Ihr Neigungswinkel sollte 15°, ihre Höhe ca. 3 cm nicht übersteigen. Unterschiedlich sind die Ansichten zu einer Hand- bzw. Handballenauflage: Oft wird sie gefordert; manchmal wird sie aber auch als hinderlich angesehen, wenn überwiegend Texte einzugeben sind.

Die Anordnung der alphanumerischen Tasten (**Schreibfeld**) muß der genormten Schreibmaschinentastatur entsprechen (**DIN 2137**, Teil 1). **Funktionstasten** bzw. -felder sind in Lage, Abstand und teilweise in Form und Farbe vom Schreibfeld deutlich **abzuheben**. Bestimmte Tasten sind gegen eine unbeabsichtigte Auslösung besonders zu sichern. Um Reflexionen zu vermeiden, müssen die Tasten matt sein. Ihr Durchmesser sollte 12 bis 15 mm, der Mittenabstand von zwei benachbarten Tasten 18 bis 20 mm betragen. Zur Funktionssicherheit trägt eine konkave Tastenform bei.

Zur Ausstattung des Bildschirm-Arbeitsplatzes gehört ein **Beleghalter** (auch Manuskript- oder Konzepthalter), wenn bei der Arbeit ständige Blickwechsel zwischen Beleg und Bildschirm nötig sind. Um die Akkommodationszeit möglichst gering zu halten, ist der Beleg in der Höhe des Bildschirms und in einer Entfernung anzubringen, die dem Abstand von Auge und Bildschirm entspricht (am günstigsten 50 cm).

Der **Arbeitstisch** sollte zwischen 65 und 75 cm Höhe **verstellbar** sein. Am günstigsten sind teilverstellbare Platten, da sie eine unabhängige Variation von Tastatur- und Bildschirmhöhe ermöglichen. Bei nicht-verstellbaren Tischen ist eine **Fußstütze** zur optimalen Sitzhaltung erforderlich.

2. Gestaltung der Arbeitsumgebung

Entscheidend für die Arbeit am Bildschirm sind die Umgebungsfaktoren Beleuchtung, Klima und Lärm. Unzulängliche Umgebungsbedingungen führen zu einer Erhöhung der psychischen und physischen Belastung und machen sich vor allem durch Ermüdungs-Erscheinungen bemerkbar.

2.1. Beleuchtung

Die richtige Beleuchtung im Raum ist prinzipiell bei jeder Art von Arbeit wichtig. Besonders ist sie es aber, wenn bei der Arbeit optische Reize und Reflexe überwiegen: also etwa bei Tätigkeiten, die mit Zeichnen, Schreiben oder Lesen verbunden sind. Da das natürliche Licht (Tageslicht) fast immer Einschränkungen unterliegt - Tageszeit, Raumgröße, Fenster -, müssen **künstliche Lichtquellen** vorgesehen werden.

Bei der Arbeit am **Bildschirm** ergibt sich nun folgendes **Dilemma**:

- einerseits muß **ausreichend Licht** zum Lesen von Texten (Vorlagen) vorhanden sein
- andererseits kann eine zu hohe Leuchtdichte im Arbeitsraum zu **unerwünschten Blendungen** der Augen führen (Direkt-, Kontrast- und/oder Reflexblendung).

Allgemein empfohlen wird für künstliches Licht eine Beleuchtungsstärke zwischen 300 und 500 Lux. Blendungen auf dem Bildschirm können durch "diffus abstrahlende" Leuchten vermieden werden; Tageslicht-Einfall läßt sich bei Geräten in Fensternähe durch Jalousien regulieren. Das **Licht** sollte **seitlich auf** den **Bildschirm fallen**, damit die Fensterfläche nicht im Schirm reflektiert wird, aber auch nicht der (dunkle) Schirm vor der (hellen) Fensterfläche steht.

G.II.2.   Gestaltung der Arbeitsumgebung

2.2. Klimatisierung

Das Klima im Büroraum wird im wesentlichen durch Lufttemperatur, Luftfeuchtigkeit und Luftbewegung bestimmt. Untersuchungen, in denen der Zusammenhang zwischen verschiedenen klimatischen Bedingungen und dem "Behaglichkeits-Gefühl" des Menschen getestet wurden, ergaben keine eindeutigen Ergebnisse. Zu groß sind die Unterschiede bei der subjektiven Beurteilung etwa von Wärmegraden.

Anhand der Klimabereiche, die von einem Großteil der Versuchspersonen als recht angenehm empfunden wurden, lassen sich jedoch folgende **Richtwerte** ableiten:

- eine **Lufttemperatur** von ca. 19 - 22° C
- eine relative **Luftfeuchtigkeit** von 40 - 65 % (30 % sind in jedem Fall zu wenig)
- eine Luftgeschwindigkeit von weniger als 0,1 m/s (**keine Zugluft** wahrnehmbar).

Bildschirmgeräte - aber auch Magnetplatten-Laufwerke - können durch ihre Wärmeabgabe zu klimatischen Veränderungen führen (Aufheizen des Raumes). Ist die Belegungsdichte eines Büroraums mit derartigen Geräten zu groß, so kann eine künstliche Klimatisierung - im Interesse der Benutzer - erforderlich werden.

2.3. Akustik

Eine ständige oder auch nur eine periodisch auftretende **Lärmbelästigung** vermindert in jedem Fall die Konzentrationsfähigkeit und kann - bei Überschreiten eines gewissen Lärmpegels - sogar zu gesundheitlichen Schäden führen. Nach der Arbeitsstättenverordnung sind für Tätigkeiten mit überwiegend geistiger Beanspruchung ein Grenzwert von 55 Dezibel (A) und für einfache Büroarbeiten ein Grenzwert von 70 dB (A) vorgeschrieben. Welcher Kategorie textverarbeitende Tätigkeiten am Bildschirm angehören, ist nicht eindeutig bestimmbar. Doch unabhängig davon sollte der Geräuschpegel - im Interesse menschengerechter Arbeitsbedingungen - **45 bis 50 dB (A)** nicht überschreiten.

Die Bildschirmgeräte selbst verursachen kaum Geräusche. Erhebliche **Lärmquellen** sind jedoch (Anschlag-)**Drucker** und auch **Platten-Laufwerke** (durch ihre Ventilatoren). Am günstigsten ist deshalb die Aufstellung dieser Geräte in einem separaten Raum oder in einem abtrennbaren Teil des Arbeitsraums. Wo das nicht möglich oder organisatorisch nicht sinnvoll ist (etwa um lange Wege zum Drucker zu vermeiden), kann der Lärm reduziert werden durch:

- Maßnahmen an der Lärmquelle - etwa besondere Abdeckungen für Drucker (Schallschluckhauben) oder lärmabsorbierende Wandschirme

- Dämpfung der Lärmausbreitung im Arbeitsraum - etwa durch schallabsorbierende Böden, Decken oder Wände.

G.II.2.3. Akustik

	Beleuchtung	Klimatisierung	Akustik
Negative Einflüsse	- unzweckmäßige Anordnung der künstlichen Beleuchtung - Sonneneinstrahlung	- Wärmeabgabe des Bildschirmgerätes - hohe Belegungsdichte der Bildschirm-Arbeitsplätze	- hoher Geräuschpegel der angeschlossenen Drucker - Gespräche im Arbeitsraum - häufige Telefonate - hohe externe Geräuschbelastung (Straßenlärm)
Richtgrößen	- ausreichende Beleuchtung zwischen 300 und 500 Lux - gleichmäßige Beleuchtung des Büroraums - Vermeiden von Blendungen	- Lufttemperatur ca. 19 bis 22° - relative Luftfeuchtigkeit 40 bis 65% (Mindestwert: 30%) - Luftgeschwindigkeit kleiner als 0,1m/sec	- anzustreben: 45-50 dB(A) - Maximalwerte lt. Arbeitsstättenverordnung: 55 dB(A) bei Arbeiten mit überwiegend geistiger Beanspruchung 70 dB(A) bei einfachen Büroarbeiten
Mögliche Gestaltungs-Maßnahmen	- Anbringen hochwertiger Leuchten mit Lichtaustritt nach unten - Vermeiden von Sonneneinstrahlung durch Jalousien - geeignete Aufstellung und Einstellung der Bildschirmfläche	- Anpassen der Belegungsdichte von Bildschirm- und anderen Arbeitsplätzen an die Raumgröße - Anbringen von Klimaleuchten - u.U. Installation einer Klimaanlage	- Verwendung von Lärmschutzhauben oder räumlich getrennte Aufstellung der Drucker - Aufstellen von Trennwänden

Abb. G-2: Gestaltung der Arbeitsumgebung (Übersicht)

Gestaltung der Arbeitsumgebung G.II.2.

III. Personaleinsatz-Vorbereitung

Grundlage für die Besetzung neu eingerichteter Stellen und für die Auswahl geeigneten Personals bilden die Stellenbeschreibungen. Sie geben u.a. Auskunft über die Anforderungen, die an die Person des Stelleninhabers bestehen. Wird die Verantwortung für den gesamten Textverarbeitungs-Bereich einer Person übertragen, so verlangt diese Position neben einer genauen Kenntnis der betrieblichen Abläufe eine besondere organisatorische Qualifikation und Fähigkeiten zur Personalführung sowie genaue Textverarbeitungs-Kenntnisse und Grundkenntnisse über Datenverarbeitung und Kommunikation. In mittelständischen Betrieben kommt für eine derartige Position der kaufmännische Leiter oder der Leiter des Büros (Bürovorsteher) in Frage.

1. Schulung (Aus- und Weiterbildung)

Auch um den notwendigen Bedarf an Schulungen zu ermitteln, können die Stellenbeschreibungen herangezogen werden. Die darin enthaltenen Anforderungsprofile für die einzelnen Stellen müssen mit den Kenntnissen und Fähigkeiten der Personen verglichen werden, die für die jeweilige Stelle vorgesehen sind.

Der **Inhalt der Schulungen** darf sich - auch bei den Bedienern von Textautomaten - nicht auf die speziellen technischen Eigenarten und das Handling der Maschinen beschränken. Die Abläufe am Arbeitsplatz können nur dann sinnvoll gestaltet werden, wenn Kenntnisse über die gesamten Arbeitsabläufe im Textverarbeitungs-Bereich vermittelt wurden. Auch können die Arbeitsmittel nur sinnvoll eingesetzt werden, wenn dabei der größere Arbeitszusammenhang sichtbar bleibt. Deshalb sollte der Umfang der Schulungen nicht zu knapp bemessen werden.

G.III.   Personaleinsatz-Vorbereitung

Für die **Form der Schulung** bieten sich grundsätzlich drei
Möglichkeiten:

- Ausbildung in **externen Veranstaltungen.** Neben den Herstellern und Softwarehäusern bieten spezielle Schulungs-Institute und einige Handwerks- und Handelskammern entsprechende Kurse und Seminare an.

- Praktische Einweisung **im Betrieb.** Von Herstellern, Softwarehäusern und Beratern angeboten, reicht für die Bedienung vieler Sachmittel eine derartige Einweisung aus – vor allem, wenn sie durch das Studium von Bedienungsanleitungen und System-Handbüchern ergänzt wird.

- Aneignung der Kenntnisse im **Selbststudium.** Hierfür kommen Lehrbücher und geeignete Schulungs-Unterlagen in Frage.

An die Schulung sollte sich eine intensive **Einarbeitung**s-Phase anschließen, bevor die praktische Arbeit mit dem neuen System beginnt. Diese Einarbeitung sollte von organisatorischen Maßnahmen begleitet werden – besonders wichtig ist eine fachkundige Unterstützung und Unterweisung durch qualifizierte Ausbilder, Vorgesetzte oder Kollegen.

Schulung (Aus- und Weiterbildung)   G.III.1.

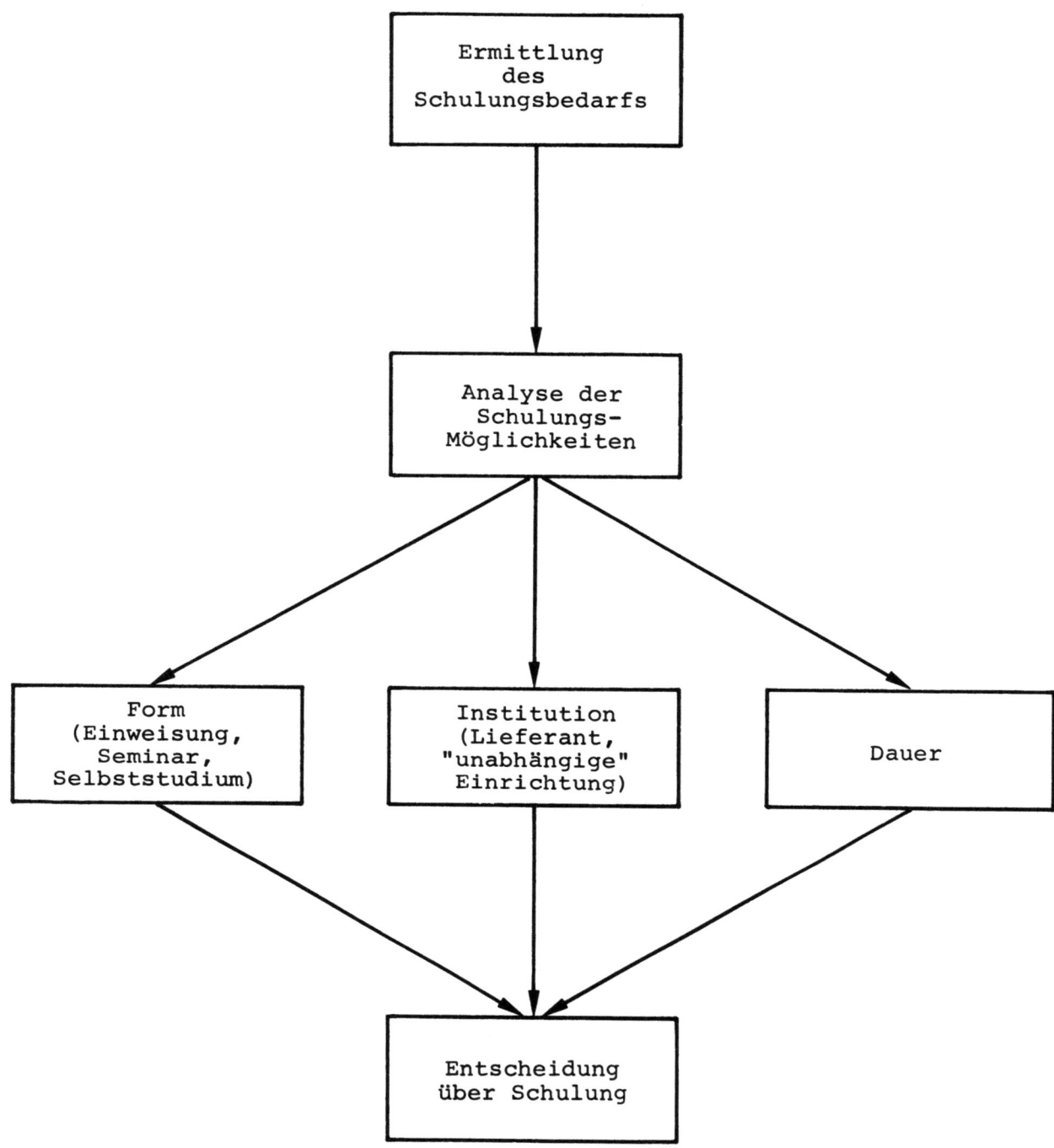

Abb. G-3: Schulungs-Alternativen (Vorgehensweise)

G.III.1. Schulung (Aus- und Weiterbildung)

2. Information der Mitarbeiter

Daß die betroffenen Mitarbeiter von den geplanten Umstellungen im Bürobereich möglichst frühzeitig und umfassend unterrichtet werden, sollte als selbstverständlich gelten. Viele in der Praxis aufgetretene Schwierigkeiten haben ihre Ursache gerade in mangelhafter Information.

Schlägt sich die Umstellung - mangels rechtzeitiger Information - zunächst in Gerüchten nieder, so ist mit verständlichen Widerständen zu rechnen, die später nur sehr schwer zu überwinden sind. Organisatorisches Ziel muß es deshalb sein, einen Informationsgrad zu schaffen, der es allen betroffenen Mitarbeitern ermöglicht, ihre künftige Arbeitssituation kennenzulernen. Nur so können emotionale Barrieren vermieden werden, die aus Uninformiertheit und Ungewißheit entstehen.

Unabhängig von der organisatorischen Zweckmäßigkeit umfassender Information ist nach den Vorschriften des Betriebsverfassungsgesetzes (BetrVG) bei der Planung automatisierter Textverarbeitung der **Betriebsrat** zu informieren. Diese Informationspflicht ist mitunter in Betriebsvereinbarungen noch stärker ausgeprägt. Nach der geltenden Rechtsprechung muß die Unterrichtung des Betriebsrats erfolgen, wenn das Planungsstadium begonnen hat und erste konkrete Vorstellungen (z.B. in Entwurfsform) vorliegen.

Die Information der Mitarbeiter kann in unterschiedlicher Weise erfolgen: Eine schriftliche Unterrichtung (durch Rundschreiben) reicht in der Regel nicht aus. Besser sind deshalb Informationsveranstaltungen oder Einzelgespräche, bei denen auf individuelle Probleme gezielt eingegangen werden kann.

3. Partizipation (Mitwirkung der Benutzer am Gestaltungsprozeß)

Häufig stehen bei der Umstellung auf ein neues Verfahren die technischen Gesichtspunkte einseitig im Vordergrund. Demgegenüber wird die Einbeziehung der Benutzer in die Planung und Gestaltung des neuen Systems oft vernachlässigt. Eine fehlende Akzeptanz ist dann meist die notwendige Folge.

Moderne Verfahren der Textverarbeitung setzen bei Sachbearbeitern wie bei Schreibkräften Umdenk- und Umlernprozesse voraus. Ohne die Mitwirkung dieser Benutzer - etwa an der Auswahl der Sachmittel und an der Erstellung von Texthandbüchern - sind Umstellungen kaum zu realisieren. Werden deshalb **Sachbearbeiter** und **Schreibkräfte** an der Arbeit **im Projektteam beteiligt**, so kann die Gefahr vermieden werden, daß Texthandbücher am "grünen Tisch" entstehen oder daß Bildschirm-Automaten ausgewählt werden, bei denen die tatsächlich notwendigen Abläufe auf Schwierigkeiten stoßen. Vor allem die ergonomisch zweckmäßige Gestaltung der Sachmittel muß von denen mitbeurteilt werden, die künftig mit diesen Sachmitteln ihre Arbeit verrichten.

Eine allgemein nur schwer zu beantwortende Frage ist die nach der Art der Einbeziehung, d.h. nach der zweckmäßigen Vorgehensweise bei der Partizipation. So ist eine **direkte Beteiligung** aller betroffenen Mitarbeiter an der Planung und Umstellung nur dann praktikabel, wenn es sich um einen kleinen Personenkreis handelt. Ab einer bestimmten Größenordnung würde die Handlungsfähigkeit des Projektteams erheblich eingeengt. Dann empfiehlt es sich, Repräsentanten der Betroffenen in den Entscheidungsprozeß einzubeziehen (**indirekte Mitarbeiterbeteiligung**).

Die beteiligten Mitarbeiter müssen in der Lage sein, ihre Bedürfnisse und Interessen - bzw. die ihrer Kollegen - zu formulieren und die Gestaltungs-Alternativen entsprechend zu beurteilen. Oft erhalten erst durch die Einbeziehung der Betroffenen

G.III.3.   Partizipation (Mitwirkung der Benutzer)

die übrigen Mitglieder des Projektteams entscheidende Anregungen, die Unzulänglichkeiten in der Planung aufdecken und neue Gestaltungsmöglichkeiten zeigen.

Von der dargestellten Mitarbeiter-Partizipation unberührt sind natürlich die über die Unterrichtungs- und Beratungs-Befugnisse hinausgehenden Mitwirkungs- und Mitbestimmungs-Rechte des Betriebsrats: Hierbei sind besonders die §§ 90, 91, 87, 106 und 111 des Betriebsverfassungsgesetzes zu beachten. Eine in allen Einzelheiten eindeutige Rechtsprechung und -auslegung liegt bis heute - wegen der Neuartigkeit des Problemgebiets - noch nicht vor.

Partizipation (Mitwirkung der Benutzer) G.III.3.

	Formen	mögliche Beeinträchtigungen	Konsequenzen für die Durchführung
Schaffung von Anreizen	- interessante Arbeitsinhalte - höheres Einkommen - Möglichkeit zur Weiterbildung - Förderung des beruflichen Aufstiegs	- schlechte Arbeitsorganisation - mangelnde Benutzerfreundlichkeit von Geräten und Software - unzureichende Ausstattung von Arbeitsplatz und Arbeitsumgebung	- Aufgabenverteilung entsprechend der Qualifikation und den Bedürfnissen der Mitarbeiter - ausreichende Schulung und Einarbeitung der Mitarbeiter - Beachtung ergonomischer Gestaltungsrichtlinien
Information der Mitarbeiter	- schriftlich durch Rundschreiben oder Betriebszeitung - mündlich durch Einzelgespräche, Gruppenveranstaltungen oder Betriebsversammlungen	- unzureichende Information - Information zu spät oder nicht kontinuierlich	- Umstellung begründen und Auswirkungen auf die Betroffenen darstellen - Informationen bereits vom Planungsstadium an kontinuierlich geben
Partizipation (Mitarbeiter-Beteiligung)	- Beratung mit direkt unterstellten oder sämtlichen Mitarbeitern - Mitentscheidung	- Bildungsbarrieren - fehlende Mitarbeiterbeteiligung kann zu unzweckmäßigen Entscheidungen bei der Systemeinführung und zu mangelnder Akzeptanz führen	- Mitarbeiterbeteiligung wenn die Betroffenen zur Entscheidungsfindung beitragen können, Bereitschaft zur Partizipation besteht, nicht allzu großer Aufwand entsteht

Abb. G-4: Motivation der Mitarbeiter (Übersicht)

G.III.3. Partizipation (Mitwirkung der Benutzer)

PRODUKTE UND HERSTELLER

Elektronische Schreibmaschinen

Hersteller	Modell(e)	Display (Anz. Zeichen)	Speicher-Kap. (Byte)	Schreibwerk
Brother	EM-1	-	1 Zeile	TR
Canon	AP 400	20	500	
	AP 500	20	2.500-32.000	
Exxon	110	20	bis 60.000	TR
	120	20	"	TR
	120 E	20	"	TR
	140	20	"	TR
	140 D	20	"	TR
Facit	8000	-	85	TR
	8100	36	1.000	TR
	8110	36	6.000	TR
Hermes	top-tronic 40	-	2.000	TR
	top-tronic 41	20	4.000	TR
	top-tronic 42	20	8.000	TR
	top-tronic 51	20	8.000-16.000	TR
IBM	50 (Executive)	-	185	KK
	60	-	ca. 900	KK
	75	-	7.500-15.000	KK
Olivetti	ET 121	-	1 Zeile	TR
	ET 221 (u.a.)	20	bis 17.000	TR
	ET 231	20	16.000	TR

Hersteller	Modell(e)	Display (Anz. Zeichen)	Speicher-Kap. (Byte)	Schreibwerk
Olympia	ES 100	–	8	TR
	ES 101	–	8	TR
	ES 105	–	1.000	TR
	ES 110 (u.a.)	–	7.000 u. mehr	TR
	Supertype	–	8.000	TR
	Eurotronic	–	8.000	TR
	ES 150	x	6.500	TR
	ES 180	x	10.000	TR
Rank Xerox	X 610	–	950	TR
	X 615	–	5.450	TR
	X 620	20	10.240	TR
	X 625	20	19.300	TR
Robotron (Vertrieb: Sanyo)	S 6001	6	4.000	TR
SCM	EL 2000			
	EL 3000			
Silver Reed (Seiko)	EX 42		16.000	TR
	EX 44		6.000	TR
	EX 55		256	TR
Siemens	5.504	–	4.000	TR
Triumph-Adler	SE 1010	–	132	TR
	SE 1005	–	132	TR
	SE 1030	–	6.500–16.000	TR

TR = Typenrad   KK = Kugelkopf

Die Speicherkapazität ist oft etwas höher, da kleinere Segment-Speicher (Konstanten-Speicher) meist nicht mitgerechnet werden.

Anhang   Produkte und Hersteller / Schreibmaschinen

Textautomaten

Hersteller	Modell(e)	Bild-schirm	Mini-Floppy	Floppy Disk	Magnet-platte (MB)
AES	Plus, Multi-, Super-Plus	HS	2	2	32-96 (F/W)
Allgeier	System 2 System 5	GS GS			2 x 2,1 bis 96 (F/W)
Alphatext	System 400 - 4000	HS/GS	1-2		
Arba	PT 1010	HS	1-2		
Burroughs	OFIS 1			2	bis 160
CPT	6600,6700 8800,8900,8525	HS GS		1 2	25-50 25-50
CIM	TS 100 TS 200 TS 300 TS 400	HS HS HS HS	2	2	 bis 24 (F/W) bis 24 (F/W)
Datic	600, 900 u. 8000	HS		1-2	10-80
Diamond	5	HS/GS		1	10-96
A.B.Dick	Magna II Magna III	1 Zeile HS	MK 2		
EGS	40, 80 u. Tritext	HS/GS	1	1-2	10
EXXON	Modellreihe 1800 Modellreihe 500	GS GS/2S		2 2	

Produkte und Hersteller / Schreibmaschinen   Anhang

Hersteller	Modell(e)	Bild-schirm	Mini-Floppy	Floppy Disk	Magnet-platte (MB)
Hermes	toptronic 51	(20 Z)	1		
	WP 3200	(20 Z)	1		
IBM	82 u. 96 M (MT/ST)	–	MBS		
	MC 80 bis 96	–	MK		
	OS 6/420 u.a.	HS		1 (+MK)	
	Schreib-System	HS		1–3	
	Büro-System	HS		1–18	29–130
ICL	Wordskill 8800	HS	2		
	7700 IS	HS		2	
MAI	Dataword II	GS			ab 10
NBI (CVG)	3000	HS		1–2	10–20
	SYSTEM 8 u. 64	HS		1–2	2–132
Nixdorf	8840/3 und /4	HS		1–2	2,5–10
Olivetti	ET 351 AWS	(40 Z)	1–2		
	TES 401/501	(20 Z)	1–2	2	
	TES 601	HS	1	1–2	
	ETS 1010 WS	HS	2		
Olympia	CS 1, 4 u. 16	HS/GS	2	2	20–380
Philips	P 2000 M	HS	2		
	P 5000–5003	HS		1–2	
Rank Xerox	850 ZB	1 Zeile		2	
	860 (IVS)	HS/GS		2	
	8010 Star	2S			29
Raytheon	VT 1201 u.a.	HS/GS		1–2	

Anhang — Produkte und Hersteller / Schreibmaschinen

Hersteller	Modell(e)	Bild-schirm	Mini-Floppy	Floppy Disk	Magnet-platte (MB)
Redactron	REDACTRON I		MBK/MK		
	REDACTRON II	GS	2-3		
	REDACTRON III	HS	2		
	REDACTRON 4000	HS		2	bis 2 x 300
Ricoh	WP-1			1	
Sharp	WD 7000	HS	2		
Siemens	TS 580	HS	2		
Silver Reed (Seiko)	EX 77	1 Zeile	2		
Sony	Serie 35	1 Zeile bis GS			
Toshiba	EW-100	HS		1-2	
Triumph-Adler	SE 2000	-	1		
	SE 6000	(40 Z)	1		
	Bitsy dds 1-3	HS	1-2	1-2	4 x 5 (F/W)
Wang	Wangschreiber	HS		1	
	WPS 5, 20 u.a.	HS		2	
	OIS 105-145	HS		1-2	bis 835
Wordplex (CVG)	80-1 bis 80-3	HS	2	2	
	4-80	HS			32-160
	7-80	HS			160-320

```
(20 Z) = 20-Zeichen-Display        MBS = Magnetbandschleife
HS     = Halbseiten-Bildschirm     MK  = Magnetkarte
GS     = Ganzseiten-Bildschirm     MBK = Magnetbandkassette
2S     = Zweiseiten-Bildschirm     F/W = Fest-/Wechsel-Platten
                                         (Kombination)
```

Stand der Übersichten: Mai 1982
(keine Vollständigkeit!)

Anschriften

AES Europe SA, Chaussée de la Hulpe 130
B-1050 Bruxelles, Tel. 02 / 6602050

Allgeier Computer GmbH, Hans-Bredow-Str. 60
2800 Bremen, Tel. 0421 / 483044

Alphatext Organisation Beaugrand Datentechnik, Berliner Str. 2-6
6056 Heusenstamm, Tel. 06104 / 3313

Arba Textsysteme GmbH, Postfach 1340
5064 Rösrath 1, Tel. 02205 / 6247

Brother International GmbH, Im Rosengarten 14
6368 Bad Vilbel, Tel. 06193 / 2071

Burroughs Deutschland GmbH, Frankfurter Allee 14-20
6236 Eschborn, Tel. 06196 / 479-1

Canon Rechner Deutschland GmbH, Fraunhoferstr. 14
8033 München-Martinsried, Tel. 089 / 8596411

CPT Textcomputer GmbH, Kölner Str. 35
5000 Köln 90, Tel. 02203 / 53094

CTM Computertechnik Müller GmbH, Max-Stromeyer-Str. 37
7750 Konstanz, Tel. 07531 / 8020

CVG Computer und Textsysteme Vertriebsgesellschaft mbH,
Vor dem Lauch 9
7000 Stuttgart 80, Tel. 0711 / 715021

Data Recall Ltd., 138 South Street
GB-RH41QX Doring, Tel. 0306 / 887777

Datic-Electronic GmbH & Co. KG, Sickingenstr. 21
5500 Trier, Tel.: 0651 / 41173

Deutsche Olivetti GmbH, Lyoner Str. 34
6000 Frankfurt 71, Tel. 0611 / 6692-1

Diamond: siehe Data Recall Ltd.

A.B. Dick GmbH, Hauptstr. 139-145
6236 Eschborn 1, Tel. 06196 / 475-1

EGS Entwicklungsgesellschaft für rechnergesteuerte Systeme,
Steinhof 51
4006 Erkrath 1, Tel. 0211 / 241071-75

EXXON Office Systems GmbH, Warnstedtstr. 57
2000 Hamburg 54, Tel. 040 / 5401066

Facit GmbH Büro- und Datentechnik, Niederheider Str. 3
4000 Düsseldorf 13, Tel. 0211 / 799331

Hermes Precisa Ruf Computer GmbH, Frankfurter Str. 74-78
6236 Eschborn, Tel. 06196 / 43034

IBM Deutschland GmbH, Pascalstr. 100
7000 Stuttgart 80, Tel. 0711 / 785-1

ICL Deutschland GmbH, Marienstr. 10
8500 Nürnberg, Tel. 0911 / 2001-221

M.A.I. Deutschland GmbH, Hahnstr. 31-35
6000 Frankfurt 71, Tel. 0611 / 6691-1

Nixdorf Computer AG, Fürstenallee 7
4790 Paderborn, Tel. 05251 / 200-1

Olivetti: siehe Deutsche Olivetti GmbH

Olympia Werke AG, Olympiastr.
2940 Wilhelmshaven, Tel. 04421 / 78-1

Philips Kommunikations Industrie AG, Thurn-und-Taxis-Str. 10
8500 Nürnberg 1, Tel. 0911 / 526-1

Rank Xerox GmbH, Emanuel-Leutze-Str. 20
4000 Düsseldorf-Lörick, Tel. 0211 / 59931

Raytheon International Data Systems, Frankfurter Allee 45-47
6236 Eschborn, Tel. 06196 / 48760

Redactron Deutschland Vertriebs-GmbH, Vor dem Lauch 9
7000 Stuttgart 81, Tel. 0711 / 715021

Ricoh Deutschland GmbH, Frankfurter Allee 45-47
6236 Eschborn 1, Tel. 06196 / 48549

Sanyo Elektronik-Rechner Deutschland GmbH & Co. Vertriebs KG,
Widenmayerstr. 25
8000 München 22, Tel. 089 / 2379-1

SCM Smith Corona Deutschland, Max-Planck-Str. 16
6072 Dreieich b. Frankfurt, Tel. 06103 / 3647

Sharp Electronics (Europe) GmbH, Sonninstr. 3
2000 Hamburg 1, Tel. 040 / 23775-1

Siemens AG, Wittelsbacher Platz 2
    8000 München 1, Tel. 089 / 236-1

Silver Seiko International GmbH, Langer Kornweg 42
    6092 Kelsterbach b. Frankfurt, Tel. 06107 / 5001-06

Sony Deutschland GmbH, Hugo-Eckener-Str. 20
    5000 Köln 30, Tel. 0221 / 5966-1

Toshiba Deutschland GmbH, Hammer Landstr. 115
    4040 Neuss 1, Tel. 02101 / 138-1

Triumph-Adler AG, Fürther Str. 212
    8500 Nürnberg, Tel. 0911 / 322-0

VTV - Verband für Textverarbeitung e.V., Stöckenbergweg 30
    7300 Esslingen, Tel. 0711 / 6966329 (Hubert Stroetmann)

Wang Deutschland GmbH, Lyoner Str. 26
    6000 Frankfurt 71, Tel. 0611 / 6675-0

LITERATUR

Im folgenden wird zu den einzelnen Kapiteln Literatur angegeben, die zu einem intensiveren Studium der diversen Problembereiche genutzt werden kann. Teilweise dienen die Angaben auch als Nachweis von Quellen, die für die vorliegende Darstellung wertvolle Anregungen lieferten.

Zur Einführung:

BERCHTOLD, Dorothee: Das Büro - Entwicklungstendenzen und Ausbildungskonzeptionen. Grundlagen für ein zukünftiges Berufsbild des Bürofachlehrers. Zürich 1977.

DATAPRO RESEARCH CORPORATION (Hrsg.): Datapro Reports on Word Processing. International Edition, Delran, N.J. 1979ff. (monatlich aktualisierte Lose-Blatt-Sammlung).

GROCHLA, E. (Hrsg.): Das Büro als Zentrum der Informationsverarbeitung. Aktuelle Beiträge zur bürowirtschaftlichen Forschung. Wiesbaden 1971.

GROCHLA, E.; GÜRTH, H.; LEHMANN, H.; PUHLMANN, M.; REICHERTS, M.; TIEMEYER, E.; WEBER, H.: Handbuch der Computer-Anwendung. Auswahl und Einsatz der EDV im Klein- und Mittelbetrieb. 2. Aufl., Braunschweig - Wiesbaden 1980.

GROCHLA, E.; MELLER, F.: Datenverarbeitung in der Unternehmung. Bd. 1 Grundlagen. Reinbek bei Hamburg 1974.

GÜRTH, H.; HAMMEL, R.; WEBER, H.: Der Einsatz der Mittleren Datentechnik. Grundlage und Voraussetzung rationeller Organisationsabläufe. In: Handbuch Organisation, hrsg. v. P. Linnert, Gernsbach 1975, S. 488-523.

KOSIOL, E. (Hrsg.): Bürowirtschaftliche Forschung. Berlin 1961.

STRASSER, L.: Einführung in die Textverarbeitung. In: Textverarbeitung aktuell - Ergebnisse KTV 76. Eschborn 1976 (AWV-Schrift Nr. 162), S. 157-184.

WITTMANN, W.: Information. In: Handwörterbuch der Organisation, hrsg. v. E. Grochla, Stuttgart 1969, Sp. 699-707.

YASAKI, E.K.: Toward the Automated Office. In: Datamation, Heft 2 1975, S. 59-62.

Zu Kapitel A:

Ausschuß für wirtschaftliche Fertigung e.V. (AWF): Schwachstellenforschung und Rationalisierungsmaßnahmen im Betrieb. Frankfurt a.M. - Berlin (Heft 2 der Schriftenreihe "Arbeitsvorbereitung").

BLAU, H.: Prüfliste für organisatorische Verbesserungen und Rationalisierung in Klein- und Mittelbetrieben, hrsg. v. Rationalisierungs-Kuratorium der Deutschen Wirtschaft e.V. (RKW), 3. Aufl., Frankfurt a.M. 1976.

BRONNER, A.: Systematische Rationalisierung durch Betriebsanalyse und Schwachstellenbeseitigung. Hrsg. v. REFA-Institut Darmstadt, Darmstadt 1981.

FRESE, E.: Projektorganisation. In: Handwörterbuch der Organisation, hrsg. v. E. Grochla, 2. Aufl., Stuttgart 1980, Sp. 1960-1975.

MORGENBROD, H.G.; SCHWÄRTZEL, H.G.: Rationelle Organisation in Büro und Verwaltung. Planung und Einführung zeitgemäßer Informationstechnik mit Entscheidungshilfen und Checklists. Landsberg 1982.

SCHMIDT, G.: Organisation. Methode und Technik, 4. Aufl., Gießen 1981.

SCHULZ, I.A.: Handbuch der innerbetrieblichen Schwachstellenanalyse. Ein Leitfaden für die mittelständische Wirtschaft. Frankfurt a.M. 1980.

STEINBUCH, P.A.: Organisation. Ludwigshafen 1977.

Zu Kapitel B:

BLOHM, H.; LÜDER, K.: Investition. 4. Aufl., München 1978.

BOTTLER, J.; HORVATH, P.; KARGL, H.: Methoden der Wirtschaftlichkeitsberechnung für die Datenverarbeitung. München 1976.

BUSCH, H.; NEUERT, J.: Entscheidungskriterien zur Einführung automatisierter Textverarbeitungssysteme in mittelständischen Unternehmungen. In: Mittelstand und Betriebswirtschaft. Beiträge aus Wissenschaft und Praxis, hrsg. von P. Wossidlo u.a., Band 1, Bayreuth 1980, S. 81-103.

DÖCKE, H.R.: Bewertungs- und Wichtungskriterien bei der Auswahl eines Textsystems. In: Das Krankenhaus, Heft 9 1980, S. 341-347.

DWORATSCHEK, S.; DONIKE, H.: Wirtschaftlichkeitsanalyse von Informationssystemen. Berlin - New York 1972.

GROCHLA, E.: Betriebswirtschaftlich-organisatorische Voraussetzungen technologischer Innovationen. In: Neue Technologien - neue Märkte. ZfbF-Sonderheft, Heft 1 1980, S. 30-42.

MAYER, K.: Wirtschaftlichkeitsbetrachtungen. In: Textverarbeitung aktuell, Ergebnisse KTV 76, Eschborn 1976, S. 185-204 (AWV-Schrift 162).

NOLL, E.; RIEPL, K.: Prozeßorientierte Wirtschaftlichkeitsbetrachtung der Textverarbeitung. In: Zeitschrift für Organisation, Heft 4 1979, S. 209-214.

ZANGEMEISTER, C.: Nutzwertanalyse in der Systemtechnik. 3. Aufl., München 1973.

Zu Kapitel C:

ACKER, H.: Organisationsanalyse. Baden-Baden 1972.

GROCHLA, E.; BREITHARDT, J.; LIPPOLD, H.; REINDL, E.; WEBER, H.: Handbuch der Textverarbeitung. Eine praxiserprobte Vorgehensweise bei der Einführung von Textverarbeitungssystemen. Landsberg 1981.

NICKEL, W.: Textverarbeitung in kleinen und mittleren Unternehmen. Baden-Baden 1980 (FBO-Praxis-Report).

SIEBERT, C.G.: Arbeitsablaufuntersuchungen und organisatorische Voraussetzungen für Text- und Datenverarbeitung. In: Büro und Verkauf, Heft 515 1974, S. 193-199.

STEFANI, A.: Arbeitsplatz-Untersuchung - ein Konzept zur Durchleuchtung der Verwaltung. In: bürotechnik, Heft 2 und 3 1981, S. 152-157 und S. 306-316.

STEFANI, A.; LÖDIGE, F.J.: Praxis der Arbeitsplatz-Untersuchung. München 1978.

WITTLAGE, H.: Methoden und Techniken praktischer Organisationsarbeit. Herne - Berlin 1980.

Zu Kapitel D:

AMBÜHL, D.: Schreibzentrale - mehr als ein Modewort. In: Büro und Verkauf, Heft 5 1978, S. 110-112.

DIEDERICH, G.: Transparente Texte. In: bürotechnik, Heft 5 1974, S. 583-589.

FABECK, J.: Text und Kommunikation. Vorschlag zur Realisierung einer Gesamtkonzeption. In: bürotechnik, Heft 9 1977, S. 80-84.

Gesellschaft für Rationelle Textverarbeitung (GRT): Handbuch der Textverarbeitung. Band 3: Textautomaten. Köln 1972 - 1975.

GÖRITZ, W.: Probleme der innerbetrieblichen Vervielfältigung. Organisatorische und wirtschaftliche Aspekte. In: 4. Europäischer Kongreß für Textverarbeitung Intertext, hrsg. v. IBO-Messe GmbH, Friedrichshafen 1976, S. 79-87.

GROCHLA, E.: Das Büro als Zentrum der Informationsverarbeitung im strukturellen Wandel. In: Das Büro als Zentrum der Informationsverarbeitung. Aktuelle Beiträge zur bürowirtschaftlichen Forschung, hrsg. v. E. Grochla, Wiesbaden 1971, S. 11-32.

GROCHLA, E.; BREITHARDT, J.; LIPPOLD, H.; REINDL, E.; WEBER, H.: Handbuch der Textverarbeitung. Eine praxiserprobte Vorgehensweise bei der Einführung von Textverarbeitungssystemen. Landsberg 1981.

GRUBER, R.J.: Büro-Organisation. München 1978.

GUT, H.: Rationalisierung des Schreibdienstes. In: Output, Heft 7 1978, S. 15-23.

HERRMANNSTORFER, U.: Organisation der "Allgemeinen Verwaltungstätigkeiten" (I). In: bürotechnik, Heft 10 1978, S. 87-100.

HERRMANNSTORFER, U.: Ist die Trennung von Schreibdienst und Verwaltungsarbeit noch aktuell? In: 5. Europäischer Kongreß für Textverarbeitung Intertext, hrsg. v. IBO-Messe GmbH, Friedrichshafen 1977, S. 185-189.

HÜBNER, R.: Probleme der innerbetrieblichen Vervielfältigung. Entscheidungskriterien für die Verfahrenswahl. In: 4. Europäischer Kongreß für Textverarbeitung ... a.a.O., S. 67-77.

KRUSE, H.: Faktoren der Textverarbeitung. In: bürotechnik, Heft 10 1973, S. 1036-1038.

KUCHEN, P.: Textverarbeitungs-Fibel. Rationelle Abwicklung der Geschäftskorrespondenz. Analyse und Konzept. Stuttgart 1976.

MANEKELLER, F.: Auswahl und Einführung von Textautomaten in der Unternehmung als Planungs- und organisatorisches Gestaltungsproblem. Kölner Diplom-Arbeit 1980 (nicht veröffentlicht).

MANEKELLER, W.: Rationeller korrespondieren durch Textprogrammierung - Was jeder Sachbearbeiter über Textprogrammierung wissen muß. Köln 1976.

MANEKELLER, W.: Bessere Korrespondenz. Wege zur Verwirklichung. Duden-Textverarbeitung Band 3, Mannheim - Wien - Zürich 1978.

MANEKELLER, W.: Büroarbeit - rationell und human. Duden-Textverarbeitung Band 6, Mannheim - Wien - Zürich 1979.

MARX, H.: Kopieren - zentral oder dezentral. In: bürotechnik, Heft 4 1978, S. 116-120.

MENZEN, H.: Zentralisierung der Textverarbeitung. In: Rationelle Textverarbeitung, hrsg. v. W. Heiden, H. Menzen, München 1970, S. 21-98.

MITTENDORF, R.P.: Der flexible Arbeitsplatz in der Textverarbeitung - eine überzeugende Alternative zum Dauerarbeitsplatz. In: 6. Europäischer Kongreß für Textverarbeitung Intertext, hrsg. v. IBO-Messe GmbH, Friedrichshafen 1978, S. 13-20.

MORGENBROD, H.; SCHWÄRTZEL, H.: Informations- und Kommunikationstechnik verändern den Büroarbeitsplatz. In: data report, Heft 6 1978, S. 8-16.

NICKEL, W.: Textverarbeitung in kleinen und mittleren Unternehmen. Baden-Baden 1980 (FBO-Praxis-Report).

REIS, A.: Entmischung - echte Alternative. Der integrierte Schreib-, Verwaltungs- und Sachbearbeiterplatz. In: bit, Heft 4 1980, S. 186-188.

REIS, A.: Entmischung und Zentralisierung der Tätigkeiten. In: bit, Heft 7 1980, S. 54-77.

RUNGE, G.: Neue Organisationsformen für die Textverarbeitung. In: bürotechnik, Heft 9 1976, S. 64-67.

RUNGE, G.: Textverarbeitung durch den Sachbearbeiter. Neue Technologien ermöglichen neue Organisationsformen. In: bürotechnik, Heft 4 1978, S. 104-106.

SCHMINCKE, H.: Stand und Entwicklung der Textverarbeitung. Textverarbeitung erfordert Organisationsplanung und Organisationspflege. Neue Technologien werden Arbeitsmethoden verändern. In: bürotechnik, Heft 10 1977, S. 104-111.

SCHMINCKE, H.: Zentralisierung und Automation der Büroarbeit. Voraussetzung und Möglichkeiten. In: bürotechnik, Heft 9 1975, S. 922-926.

STEINHILPER, U.: ABC der Textverarbeitung. Stuttgart 1976.

WADEHN, G.: Rationalisierungsfaktor Textverarbeitung. Mehr Konzeption, mehr Organisation. In: Rechnungswesen, Datentechnik, Organisation, Heft 5 1974, S. 201-202.

WEILENMANN, G.: Produktive Textverarbeitung. Pille gegen die Personalknappheit im Büro. Stuttgart 1971.

Zu Kapitel E:

BERTRAM, G.: Die Gestaltung der Software von Textsystemen. Technische Informationsnotiz über die Möglichkeiten eines modularen und portablen Software-Baustein-Systems für die Textbe- und -verarbeitung. o.O. 1981 (Battelle-Arbeitspapier).

DATAPRO RESEARCH CORPORATION (Hrsg.): Datapro Reports on Word Processing. International Edition, Delran, N.J. 1979ff. (monatlich aktualisierte Lose-Blatt-Sammlung).

FRITZ, E.: Bürosatz = schreiben + setzen. (5 Folgen) In: bürotechnik, Heft 6 bis 11 1980.

GEGENFURTNER, M.; SCHREIBER, R.: Textautomaten. Richtig auswählen - richtig einsetzen. Stuttgart 1979ff. (mit aktualisierenden Ergänzungslieferungen).

GROCHLA, E.; GÜRTH, H.; LEHMANN, H.; PUHLMANN, M.; REICHERTS, M.; TIEMEYER, E.; WEBER, H.: Handbuch der Computer-Anwendung. Auswahl und Einsatz der EDV im Klein- und Mittelbetrieb. 2. Aufl., Braunschweig - Wiesbaden 1980.

GÜRTH, H.: Einzelfunktionen der Textverarbeitung und Möglichkeiten ihrer Automation. In: Organisation der Textverarbeitung. BIFOA-Fachseminar. Walberberg 1980.

REIS, A.: Marktübersicht Textautomaten. (Mehrere Folgen) In: bit, ab Heft 10 1978.

WITTE, R.J.H.: Elektrische/elektronische Schreibmaschinen. In: Bürotechnische Sammlung (BTS), Heft 309 1980, 1.21 S. 1-10.

Zu Kapitel F:

BODMER, K.: Vom Gummistempel zur Hausdruckerei: Verfahren der Reprographie I. In: Büro und Verkauf, Heft 587 1981, S. 138-145.

BODMER, K.: Kopieren - Vervielfältigen - Drucken: Eignung und Ergebnisse zählen. In: Büro und Verkauf, Heft 589 1981, S. 178-183.

BODMER, K.: Registratur und Archiv. In: Büro und Verkauf, Heft 592 1981, S. 266-273.

DEUTSCHE BUNDESPOST (Hrsg.): Bildschirmtext. Beschreibung und Anwendungsmöglichkeiten. Bonn 1977.

DRECHSEL, C.: Wie 500 Seiten mit PTV auf einer Seite DIN A4 dargestellt werden können. In: bürotechnik, Heft 10 1980, S. 958-963.

FISCHER, C.E.: Vervielfältigungstechniken im Büro. In: Bürotechnische Sammlung (BTS), 3.11 S. 1-14 und 3.12 S. 1-12.

FROHMANN, D.: Mikrofilm - rechtlich anerkannt, zu selten verwendet. In: Rationalisierung, Heft 48 1981, S. 193-199.

GASSNER, M.: Ein neues Lösungsmodell für ein bekanntes Problem - Mehr Mut zum Diktieren. In: bürotechnik, Heft 2 1981, S. 144-147.

GROCHLA, E.; WEBER, H.; GÜRTH, H.: Kleincomputer in Verbundsystemen. Organisatorische Gestaltung und Anwendung. Opladen 1976.

GRÖSSER, H.-D.: Der Fernkopierer und sein Einsatz. In: bürotechnik, Heft 9 1980, S. 830-833.

HAMBUSCH, R. (Hrsg): Büroorganisation, Darmstadt 1975.

HANDELSDIENST GMBH HAMBURG: Marktübersicht Kopiergeräte 1980/81.

HANKE, A.; PAUL, B.R; SCHÜRGERS, M: Informationsprogramm Textverarbeitung. Heppenheim 1976.

HASLER, K.S.: Wettlauf zwischen den verschiedenen Kommunikationsformen. In: bit, Heft 4 1979, S. 46-58.

HELBIG, M.: Papier und Karton im Büro. Ein Ratgeber für Verbraucher und Hersteller von Papier und Vordrucken. Heusenstamm 1976.

HELBIG, M.: Kopieren oder Drucken? In: bürotechnik, Heft 7/8 1981, S. 732.

KLEEBERG, G.: Kommunikation in Büro und Verwaltung. In: Rationalisierung, Heft 6 1981, S. 163-169.

KOCK, P.; LANIUS, I.: Planungsinstrumentarium für den Geräteeinsatz in der Textkommunikation. In: Sysdata, Heft 11 1980, S. 57-59.

KÜHN, U.: Lichtpaustechnik aktuell wie je. In: bürotechnik, Heft 5 1979, S. 567-574.

MACHE, W.: Lexikon der Text- und Daten-Kommunikation. Begriffe - Abkürzungen - Kurzwörter. München - Wien 1980.

NEMETH, K.; TAUTOW, R.: Möglichkeiten und Grenzen der Faksimiletechnik im Bürobereich. In: Text- und Bildkommunikation. Berlin 1980 (NTG-Fachberichte Bd. 74).

REICHWALD, R.: Bürokommunikation im Teletex-Dienst. In: bürotechnik, Heft 4 1981, S. 430-439.

RÜSCHE, R.: Kommunikationsmedien im Büro. Teletex und Bildschirmtext. Information und Kommunikation von Arbeitsplatz zu Arbeitsplatz. In: Bürotechnische Sammlung (BTS), Heft 318 1981, S. 1-7.

RUNGE, G.: Auswahlkriterien für Kopiergeräte. In: bürotechnik, Heft 4 1977, S. 118-119.

RUNGE, G.: Durchschreiben oder Kopieren oder Korrekturschreiben. In: bürotechnik, Heft 7/8 1981, S. 722-724.

RUPP, E.: Bildschirmtext. Technik - Nutzung - Marktchancen. München 1980.

SCHENKE, K.; RÜGGEBERG, R.; OTTO, J.: Teletex, ein neuer internationaler Fernmeldedienst für die Textkommunikation. In: Jahrbuch der Deutschen Bundespost 1981, Bad Windsheim 1981, S. 277-349.

SCHMINCKE, H.: Mikrofilm - am Ende oder ein neuer Anfang? In: bürotechnik, Heft 9 1981, S. 834-840.

SCHRAMM, H.F.W.: Die Qual der Wahl bei Adressiermaschinen. In: bürotechnik, Heft 11 1978, S. 90-92.

SOMMER, H.: Das organisatorische Anwendungsspektrum für neue Formen der Textkommunikation. Kölner Diplom-Arbeit 1982 (nicht veröffentlicht).

STEINERT, R.: Abschied vom "Normalpapier"? Auch PPC-Geräte erfordern spezielle Kopierpapiere. In: bürotechnik, Heft 4 1981, S. 413.

ZAPPE, G.: Elektronische Fernschreiber am Arbeitsplatz. In: bürotechnik, Heft 4 1981, S. 458-459.

o.V.: Taschendiktiergeräte - Kriterien für die Auswahl. In: bit, Heft 4 1977, S. 110-113.

o.V.: Taschendiktiergeräte - Ergänzung oder Alternative zum Bürodiktiergerät. In: bürotechnik, Heft 2 1981, S. 164-170.

o.V.: Bürodiktiergeräte für rationelle Textverarbeitung - Kriterien für die Auswahl des optimalen Systems. In: bürotechnik, Heft 10 1978, S. 127-132.

o.V.: Welches Kopiergerät wofür? In: bürotechnik, Heft 5 1978, S. 84.

o.V.: Marktübersichten Kopiergeräte. In: bürotechnik, Heft 4 1978, S. 5-6.

o.V.: Die Organisation der Schriftgutverwaltung. In: bit, Heft 10 1978, S. 192-196.

o.V.: Mikrofilm - das verkannte Medium? In: bit, Heft 5 1978, S. 84, 88-94.

o.V.: Tages- und Aktionspost maschinell versandfertig gemacht. In: bürotechnik, Heft 3 1981, S. 327-338.

Literatur zu Kapitel G:

BUHMANN, K.: Bildschirmarbeitsplätze müssen kein Gesundheitsrisiko sein: Mehr Sicherheit durch ergonomisch gestaltete Arbeitsmittel. In: Orgadata - Fachsupplement für Betriebsorganisation, Bürorationalisierung, Datentechnik, Heft 6 1981, S. 16-18.

BUNDESANSTALT FÜR ARBEITSSCHUTZ UND UNFALLFORSCHUNG (Hrsg.): Bildschirmarbeitsplätze. Dortmund 1980 (Schriftenreihe Arbeitsschutz Nr. 22).

CAKIR, A.; HART, D.J.; STEWART, T.F.M.: Bildschirmarbeitsplätze - Ergonomie, Arbeitsplatzgestaltung, Gesundheit und Sicherheit, Aufgabenorganisation. Berlin - Heidelberg - New York 1980.

CAKIR, A.; REUTER, H.J.; SCHMUDE, L.V.; ARMBRUSTER, A.: Untersuchungen zur Anpassung von Bildschirmarbeitsplätzen an die physische und psychische Funktionsweise des Menschen. In: Forschungsbericht Humanisierung des Arbeitslebens, hrsg. vom Bundesminister für Arbeit und Sozialordnung, Bonn 1978 (Institut für Arbeitswissenschaft der TU Berlin).

FRIELING, E.; MAIER, W. u.a.: Belastung, Beanspruchung und Zufriedenheit bei unterschiedlich organisierten Schreibtätigkeiten. In: Zeitschrift für Arbeitswissenschaft, Heft 4 1979, S. 216-223.

GAUGLER, E.; ALTHAUSER, U. u.a.: Rationalisierung und Humanisierung von Büroarbeiten. Studie im Auftrage des Bayerischen Staatsministeriums für Arbeit und Sozialordnung. 2. Aufl., Ludwigshafen (Rhein) 1980.

GRANT, J.E.: Physiologische Arbeitsgestaltung. 3. Aufl., München 1979.

GUGGENBÜHL, H.: Organisatorisch-integrierte Arbeitsplatzgestaltung, Büroraum- und Bürobauplanung. Ein Handbuch für Organisatoren, Planer und Entscheidungsinstanzen. Bern - Stuttgart 1977.

HAUPTVERBAND DER GEWERBLICHEN BERUFSGENOSSENSCHAFTEN (Hrsg.): Sicherheitsregeln für Bildschirm-Arbeitsplätze im Bürobereich. Köln 1980 (Bestell-Nr. ZH 1/618).

JACOBI, U.; LULLIES, V.; WELTZ, F.: Textverarbeitung im Büro. Alternativen der Arbeitsgestaltung. Frankfurt - New York 1980 (Schriftenreihe "Humanisierung des Arbeitslebens" Bd. 4).

KADOR, F.J.: Gewinn oder Verlust von Qualifikation am Arbeitsplatz durch moderne Bürotechnik? In: REFA-Nachrichten, Heft 4 1981, S. 173-176.

KLEIN, H.: Menschengerechte Arbeitsgestaltung im Sekretariats- und Schreibdienst - Mindestvoraussetzungen bei der Einführung "Organisierter Textverarbeitung". In: Zeitschrift für Organisation, Heft 6 1979, S. 325-327.

MÜLLER, J.C.: Humanisierungsanforderungen an die Unternehmung und Partizipationskonzepte als organisatorische Lösungsmöglichkeiten. Bad Honnef 1978.

NORDHOFEN, T.: Gestaltung von Bildschirmarbeitsplätzen in der Textverarbeitung. Integration organisatorischer und arbeitswissenschaftlicher Erkenntnisse. Kölner Diplom-Arbeit 1980 (nicht veröffentlicht).

PETERS, T.: Arbeitswissenschaft für die Büropraxis. Ein Handbuch der Büro-Medizin und -Ergonomie. 2. Aufl., Ludwigshafen 1977.

RADL, G.W.: Ergonomisch günstige Bedingungen an Bildschirmarbeitsplätzen. In: Akzeptanz neuer Bürotechnologien, hrsg. v. AKZENTE Studiengemeinschaft, o.O. 1980, S. 47-88.

REICHWALD; R.: Zur Notwendigkeit der Akzeptanzforschung bei der Entwicklung neuer Systeme der Bürotechnik. In: Akzeptanz neuer Bürotechnologien, a.a.O., S. 89-132.

REICHWALD, R. u.a.: Neue Systeme der Bürotechnik. Beiträge zur Büroarbeitsgestaltung aus Anwendersicht. Berlin - Bielefeld - München 1982 (Band 1 der Schriftenreihe "Mensch und Arbeit im technisch-organisatorischen Wandel", hrsg. von R. Marr und R. Reichwald).

RÖPKE, R. u.a.: Taschenbuch der Arbeitsgestaltung. 2. Aufl., Köln 1977.

ROHMERT, W.: Arbeitswissenschaft I. Darmstadt 1974 (Institut für Arbeitswissenschaft der Technischen Hochschule Darmstadt).

SCHNEIDER, F.: Rationalisierung durch gezielte Motivation. In: bürotechnik, Heft 2 1981, S. 142-143.

WELTZ, F.: Mitarbeiter-Befürchtungen und Management-Fehler. Soziologische Aspekte bei der Einführung neuer Bürotechnologien. In: Akzeptanz neuer Bürotechnologien, a.a.O., S. 9-24.

WELTZ, F.; JAKOBI, U.; LULLIES, V.; BECKER, W.: Menschengerechte Arbeitsgestaltung in der Textverarbeitung. Forschungsbericht Humanisierung des Arbeitslebens, hrsg. vom Bundesminister für Forschung und Technologie. Band 1 - 3, Eggenstein-Leopoldshafen 1979.

WIESNER, H.: Arbeit und Arbeitsgestaltung an Bildschirm-Arbeitsplätzen. In: Rationalisierung, Heft 7/8 1978, S. 179-181.

Einen umfassenden Überblick über die vorhandene Literatur geben:

BIFOA-FORSCHUNGSGRUPPE TEMEX: Dokumentation ausgewählter Literatur zur Textverarbeitung 1972-1980. Baden-Baden 1980 (VTV-Schriftenreihe Nr. 1).

LIPPOLD, H.; SOMMER, H.: Dokumentation ausgewählter Literatur zur Textverarbeitung 1980-1981. Baden-Baden 1982 (VTV-Schriftenreihe Nr. 4).

VERZEICHNIS DER ABBILDUNGEN

		Seite
Einf.-1:	Funktionsbereiche im Büro	3
Einf.-2:	Textverarbeitung als Funktionsbereich	11
Einf.-3:	Telekommunikation (Überblick)	15
Einf.-4:	Zusammenwirken von Mensch und Maschine	18
Einf.-5:	Ein-/Ausgabe bei der Schreibmaschine	18
Einf.-6:	Ein-/Ausgabe bei automatischen Sachmitteln	19
Einf.-7:	Ein-/Ausgabe bei Automaten mit Bildschirm	20
Einf.-8:	Punktraster-Darstellung von Zeichen	21
Einf.-9:	Cursor-Steuerung über spezielle Tasten	23
Einf.-10:	Funktionstasten (englische Tastaturen)	26
Einf.-11:	Menu (Beispiel)	28
Einf.-12:	Datenträger für Direkt-Zugriff (Überblick)	36
Einf.-13:	Eingabe - Verarbeitung (und Speicherung) - Ausgabe (E-V-A-Prinzip)	39
Einf.-14:	Komponenten einer Zentraleinheit	40
Einf.-15:	Software-Systematik	51
Einf.-16:	Arten von Schreibmaschinen (Überblick)	64
Einf.-17:	Auswechselbare Typenträger (Funktionsprinzip)	65
Einf.-18:	Typenräder (Metall, Kunststoff)	65
Einf.-19:	Kategorien von Textautomaten (Überblick)	70

Seite

A-1:	Ablauf der Vorstudie	80
A-2:	Ursachen für Schwachstellen	87
A-3:	Prüfmatrix	97
A-4:	Vorgangsliste für das Projekt "Automatisierung der Textverarbeitung"	107
A-5:	Balkendiagramm für das Projekt "Automatisierung der Textverarbeitung"	109
A-6:	Beispiel eines Vorgangsknotens	111
A-7:	Netzplan-Ausschnitt 1 (Beispiel)	111
A-8:	Netzplan-Ausschnitt 2 (Beispiel)	112
A-9:	Netzplan für das Projekt "Automatisierung der Textverarbeitung"	114
A-10:	Kostenplan für das Projekt "Automatisierung der Textverarbeitung"	116
B-1:	Ablauf des Entscheidungsprozesses	123
B-2:	Alternativenentwicklung bei der Textverarbeitungs-Reorganisation (Ablauf-Schema)	126
B-3:	Typen der Entscheidung über den Sachmitteleinsatz	133
B-4:	Verfahren zur Alternativenbewertung (Übersicht)	140
B-5:	Durchführung einer Kostenvergleichsrechnung bei Diktierverfahren (Beispiel)	143
B-6:	Nutzwertanalyse (Ablauf-Schema)	144
B-7:	Durchführung einer Nutzwertanalyse bei Diktiergeräten (Beispiel)	147
C-1:	Text-Input und -Output am Schreibplatz	152
C-2:	Input und Output bei Textverarbeitungsvorgängen (Beispiele)	153
C-3:	Input- und Output-Arten (Übersicht)	154
C-4:	Serienbrief (Beispiel)	159
C-5:	Seite aus einem Texthandbuch und Textbaustein-Brief (Beispiel)	160
C-6:	Überarbeitungs-Text	162
C-7:	Format-Text (Tabelle)	164

Verzeichnis der Abbildungen

		Seite
C-8:	Gestaltungstext mit Fettschrift, Zentrieren, Blocksatz, Tabulation und Schriftarten-Variation	166
C-9:	Die wichtigsten Input-Output-Kombinationen von Texten	167
C-10:	Einmal-Text-Profil (Beispiel)	169
C-11:	Standard-Text-Profil (Beispiel)	170
C-12:	Überarbeitungs-Text-Profil (Beispiel)	171
C-13:	Direkt-Input-Profil (Beispiel)	172
C-14:	Vorgehensweise bei der Ermittlung der individuellen Text-Profile (Ablauf-Schema)	174
C-15:	Vorgehensweise bei der Kopiensammlung (Ablauf-Schema)	178
C-16:	Kopien-Begleitbogen	179
C-17:	Beispiele für die Ermittlung der Textprofile einer Unternehmung	182/183
C-18:	Erhebungstechniken (Überblick)	189
C-19:	Tätigkeitsbogen (Beispiel)	194
C-20:	Vergleichende Beurteilung der Erhebungstechniken	195
C-21:	Stellenbeschreibung (Beispiel)	214
C-22:	Funktionendiagramm für die Einkaufs-Abteilung (Beispiel)	217
C-23:	Kommunikationsmatrix (Beispiel)	219
C-24:	Organigramm (Beipiel)	221
C-25:	Ablaufdiagramm für die Angebotsschreibung (Beispiel)	223
C-26:	Rasterdarstellung für die Angebotsschreibung (Beispiel)	225
C-27:	Symbole in Arbeitsflußplänen	226
D-1:	Die wichtigsten Einflüsse bei der Profilgestaltung	229
D-2:	Vorgehensweise bei der Gestaltung im Schreib-Bereich (Anfangsschritte)	231
D-3:	Textanalyse-Liste (Beispiel)	238

Verzeichnis der Abbildungen

		Seite
D-4:	Vorgehensweise bei der Entwicklung von Standard-Texten	247
D-5:	Aufbau des Texthandbuchs	250
D-6:	Rahmen- und Detail-Entscheidungen bei der Umgestaltung des Büros	258
D-7:	Sekretariats- und Schreibplatz (Beispiele für Tätigkeits-Verteilung)	270
D-8:	Formen des Sachbearbeiterplatzes (Beispiele für Tätigkeits-Verteilung)	273
D-9:	Diktatregeln (Beispiel)	274
D-10:	Übersicht über die Textarten-abhängigen Arbeitsabläufe bei zentraler Schreib-Organisation mit Textautomaten (Beispiel)	280/281
E-1:	Textautomat ohne Bildschirm (Beispiel)	289
E-2:	Textautomat mit Bildschirm (Beispiel)	290
E-3:	Verfahrensentscheidung (Vergleichender Überblick)	293
E-4:	Alte und neue Norm-Tastatur*	299
E-5:	Symbole für Externspeicher	304
E-6:	Iteratives Vorgehen bei der Software-Beurteilung	315
E-7:	Text-Erfassung und -Überarbeitung (Schema)	317
E-8:	Schrift-Arten und -Größen, Schriftzeichen (Beispiele)	350
E-9:	Beispiel für Datei-Integration (schematisch)	359
E-10:	Finanzierungsformen (Übersicht)	372
F-1:	Textaufnahme-Verfahren und Text-Input-Arten (Gegenüberstellung)	395
F-2:	Bewertung der Textaufnahme-Verfahren (Übersicht)	403
F-3:	Entscheidungsprozeß für die Verfahren der Textreprographie	415
F-4:	Bewertung der Textreprographie-Verfahren (Übersicht)	416
F-5:	Konventionelle Archivierungsverfahren (Schema)	419
F-6:	Abläufe bei der Textarchivierung	423

Verzeichnis der Abbildungen

		Seite
F-7:	Bewertung der Textarchivierungs-Verfahren (Übersicht)	429
F-8:	Netze und Dienste der Deutschen Bundespost (Übersicht)	433
F-9:	Internationale Referenzversion des Alphabets Nr. 5*	435
F-10:	Bildschirmtext (schematisch)*	438
F-11:	Tag-/Nachtgebühren Teletex	444
F-12:	Tag-/Nachtgebühren Telefax	444
F-13:	Bewertung der Textkommunikationsverfahren (Übersicht)	446
F-14:	Gruppen von Telefax-Geräten	457
F-15:	Aufzeichnungsverfahren bei Telefax	457
G-1:	Akzeptanzspektrum	465
G-2:	Gestaltung der Arbeitsumgebung (Übersicht)	473
G-3:	Schulungs-Alternativen (Vorgehensweise)	476
G-4:	Motivation der Mitarbeiter (Übersicht)	480

Die mit * gekennzeichneten Abbildungen stammen - unverändert oder leicht modifiziert - aus folgenden Quellen (zur genauen Zitierweise vgl. das Literatur-Verzeichnis):

Einf.-8:	CAKIR; HART; STEWART /Bildschirmarbeitsplätze/
Einf.-10	und
Einf.-17:	DATAPRO /Word Processing/
E-4:	WITTE /Schreibmaschinen/
F-9:	SCHENKE; RÜGGEBERG; OTTO /Teletex/
F-10:	DEUTSCHE BUNDESPOST /Bildschirmtext/

Verzeichnis der Abbildungen

SACHWORT-VERZEICHNIS   Seite

Ablage   222, 233, 236, 262, 263,
                                            264f., 269, 420ff.
Ablage, aktuelle -   427
Ablageort   421f.
Ablagewert   420f.
Ablaufdiagramm   222f.
Ablaufmatrix (Rasterdarstellung)   222, 224f.
Ablauforganisation   90
Ablegen   176
Absatz   163, 227, 232, 240, 243
Abschreibung, kalkulatorische -   136
Abspeichern, automatisches -   323, 338
Abteilung
   s. Fachabteilung
Abteilungs-Ablage   421
Abteilungsbildung   90
Abteilungsleiter   180
Abzeichnen   176
8-Bit-Code   44, 60
Adaption (des Auges)   463
Adreß-
   s. auch Anschrift-
Adressat   242
Adreß-Datei   251, 356
Adressierung, maschinelle -   432
Adreß-Verwaltung   356
Advocate (Schriftart)   349
Akkommodation (des Auges)   463
Akkord   268
Aktenaufzug   278
Aktennotiz   155, 176, 182, 233
Akustik   104, 471f.,
Akzent   60
Akzeptanz (bei Bildschirmarbeit)   464ff.
Akzeptanz (bei Textaufnahme-
   Verfahren)   400
ALGOL-68   45
Allgemeine Geschäftsbedingungen   156
Alternativenbewertung   120, 129ff.
Alternativenbewertung, Methoden   139ff.
Alternativenentwicklung   120, 125ff.
Angebotserstellung   186, 232, 272
Angebotsschreiben   153, 162, 165, 171, 182,
                                            203, 225, 243, 254
Anketten   353
Anlage   243
Anlagenbeschaffung   367ff.
Anlagenbeschaffung, Kriterien   368

Anlagenentscheidung (für Textverarbeitung im engen Sinne)	132f., 315ff., 361ff.
Anlagenentscheidung (für Schreib-Umfeld)	447ff.
Anlagen-Hersteller	119, 447
Anlagen-Überdimensionierung	364
Anlagen-Unterdimensionierung	364
Anlagen-Test	361ff.
Anrede	176, 237, 238, 239, 242, 355
Anschaffungskosten	135
Anschaffungsnebenkosten	135
Anschlagdrucker	310ff.
Anschlagstärke	310, 311
Anschlagszahl	260
Anschrift	176, 239, 242
Anschriften-Selektion	27, 301, 336, 355f., 362
Antiqua	349
Antwortzeit	52, 301
Anwendungssoftware	46, 50
Arabisch	50
Arbeitsablauf	128, 201ff., 242, 251
Arbeitsablauf, Umgestaltung	187, 196, 242
Arbeitsanweisung	189, 198, 212, 215
Arbeitsauslastung	94, 124, 130
Arbeitsflußplan	222, 226
Arbeitsfolge	105
Arbeitsgangverzeichnis	201, 222
Arbeitsgruppe	186, 208
Arbeitsklima s. Sozialbeziehungen	
Arbeitsmonotonie	262, 269
Arbeitsplatz	173, 192, 228, 254ff.
Arbeitsplatz-Ablage	421
Arbeitsplatzgestaltung	85, 104, 116, 252, 257ff. 466ff.
Arbeitsplatzwechsel s. Job Rotation	
Arbeitsspeicher	39, 47, 285, 300ff., 332
Arbeitsspeicher-Kapazität	301f., 364
Arbeitsspitzen	90, 200, 261, 266
Arbeitsstättenverordnung	466
Arbeitstisch, ergonomische Anforderungen	469
Arbeitsüberlastung	266
Arbeitsumgebung	104
Arbeitsvorbereitung	182
Arbeitszufriedenheit s. Mitarbeiterzufriedenheit	
Architekturbüro	172
Archiv	422ff.
Archivbehälter	424, 426
Archiv, elektronisches	339

An-Ar Sachwort-Verzeichnis

Archivierung	82, 187, 203, 233, 258, 264f., 269, 341, 413, 416ff.
Archivierung, Arbeitsabläufe	422f.
Archivierung, gesetzliche Vorschriften	416f.
Archivierungsverfahren, Bewertung	429
Archivierungsverfahren, konventionelle	416, 417f.
Archivierung, Zugriffsart	424ff.
ASCII-Code	60
Assembler	46, 50
Assistenzfunktion (der Sekretärin)	263, 269, 270
Aufbewahrungspflicht, gesetzliche	265
Aufgabenbereicherung, s. Job Enrichment	
Aufgabenerfüllung, Qualität	259
Aufgabenerweiterung s. Job Enlargement	
Aufgabeninhalt	188, 259
Aufgabenkomplex	186
Aufgabenumfang	89, 188, 259
Aufgabenverteilung (s. auch Stellenbildung)	89, 104, 187, 197, 198, 200, 257ff.
Aufgabenwechsel s. Job Rotation	
Aufnahmekapazität (Diktiergerät)	137
Auftragsbestätigung	182, 203, 272
Ausbildungskosten	135
Ausführungsaufgaben	216f.
Ausgabe	17ff.
Ausgangspost	277
Auslastungsgrad	93, 193, 198, 259, 260, 265
Ausnahmewörterbuch	326
Ausspannen (von Blättern)	176
automatic hyphenation s. Silbentrenn-Programm	
Automatisiertes Bürosystem	75
Autor s. Text-Autor	
Autorenkorrektur	317
background s. Hintergrundverarbeitung	
back space s. Rücktaste	
Balkendiagramm	108f., 298
BASIC	45
Batch Processing s. Stapelverarbeitung	

Baukastenprinzip	364ff.
Baustein	
s. Textbaustein	
Bearbeitungszeit	201, 203
Bedienerführung	23ff., 254, 317ff.
(s. auch Menu, Prompt,	
Default Value)	
Bedienerführungszeile	30
Bedienerschulung	119
Bedienungsablauf	314
Bedienungsanleitung	56, 137
Bedienungsfehler	363
Bedienungsfreundlichkeit	56, 122, 137f., 286, 362
Befragung, schriftliche -	
s. Fragebogen	
Belastung, physische -	269
Belastung, psychische	269
Beleghalter	469
Belegungsgrad, Anzeige	319
Beleuchtung	104, 470
Benutzer	259
(s. auch Bediener-)	
Benutzerfreundlichkeit	
s. Bedienungsfreundlichkeit	
Benutzerschulung	104
(s. auch Schulung)	
Beobachtung	180, 188, 192f.
Beobachtungsplan	196
Beratung, externe -	117f., 119, 196, 244, 373
Beratungs-Vertrag	388ff.
Bericht	155, 171, 172, 182, 233, 243
Berufsgenossenschaft	466
Beschaffung	170
Besprechung	205, 207
Bestellung	170, 176, 182, 272
Bestellwesen	182
Besuchsbericht	203
Betrag	240
Betreff	242
Betriebsgröße	258
Betriebsklima	200
Betriebskosten	134, 136
Betriebsrat	196, 477, 479
Betriebssystem	47, 49f.
Betriebssystem-Release	49
Bewegen von Texten	327, 330
Bezugszeile	176
Bilanz	164, 292
Bildkommunikation	15, 430
Bildschirm	20ff., 56, 59, 69, 272, 289f., 292, 295ff., 309, 316, 339, 345, 355, 364

Bildschirmarbeitsplatz	461ff.
Bildschirmarbeitsplatz, physische Belastung	463f.
Bildschirmarbeitsplatz, psychische Belastung	464
Bildschirmdarstellung farbliche -	298
Bildschirm-Dialog	24, 355
Bildschirm, ergonomische Anforderungen	467ff.
Bildschirm, Flimmern	468
Bildschirm, grafischer -	21, 32, 297, 298
Bildschirmgröße	254, 292
Bildschirm, Helligkeitsregelung	298
Bildschirm, Kontrastregelung	298, 467, 468
Bildschirm, Leuchtdichte	467, 468
Bildschirmspeicher	303, 317
Bildschirmtext	434, 436ff., 441
Bildschirm, Zeichenmatrix-	21, 297
Binärprinzip	44
Bindestrich	60f., 326
Bit	44
bit-mapped screen	21, 297
Blank s. Leerstelle	
Blocksatz	24, 30, 56, 165, 285, 350
boilerplate	353
Bold Face (Schriftart)	349, 350
Botendienst	278, 430f.
Brief (s. auch Korrespondenz-, Textbaustein-, Serienbrief etc.)	176
Brief, allgemeine Struktur	242f.
Brieföffnung, maschinelle -	432
Briefpost	430f., 439, 441, 445
Briefschluß-Formel	176
Britannia (Schriftart)	349
BT s. Bildschirmtext	
Btx s. Bildschirmtext	
Büfa	120
Bürocomputer (s. auch Kleincomputer)	73
Bürofernschreiben s. Teletex	
Büro, Funktionsbereiche	3
Büro-Informations-System	75
Büromaterial	85
Büro-Offset (s. auch Offset)	406
Büro-Organisation	185ff.
Bürosatz	351

Bürostuhl,
    ergonomische Anforderungen   466
Byte   34

capslock-Modus   338
Carbon-Farbband   66, 311
Carriage Return
    s. Zeilenschaltung
CCITT   59, 434, 435, 436, 456
CEPT (Conférence Européenne des
    Administrations des Postes et
    des Télécommunications)   440
Checkliste   78, 93ff., 180
Chip   41
COBOL   45
Code   59
Code-Taste
    s. Sonderumschaltung
Codewort   342
Codierung
    s. Programmierung
Codierung, kennzeichnende -   425
Compiler   45, 50
Composer   351
Computerbrief   72
control character
    s. Steuerzeichen
Control-Taste
    s. Sonderumschaltung
Courier (Schriftart)   349, 350
CPM   110
CP/M   365
CPU
    s. Prozessor
CRT   21, 297
Cursor   22, 299, 319, 328
Cursorsprung   328, 353f.

daisy wheel
    s. Typenrad
Darstellung, bildliche -   234
Datei   36ff., 333
Datei-Anlegen   318
Datei-Integration   354
Datei-Organisation   36ff., 254, 306, 307, 333f.
Datei-Schnittstelle   295
Datei-Verwaltung   333ff.
Datel-Dienste   13
Datenbank   437
Datenfernübertragung
    s. Übertragung-

Datensatz	36f., 338
Datensicherung	308f., 341ff.
Datensichtgerät	
s. Bildschirm	
Datenträger	32, 36, 50, 88, 136
Datenträger, auswechselbarer	34ff.
Datenträger, Initialisieren	50
Datenträger-Kapazität	
s. Speicherkapazität, Datenträger	
Datenträger-Reorganisation	341
Datenträger-Schrank	342
Datenträger-Transport	308
Datenübertragung, Code	60
(s. auch Übertragungs-Codes)	
Datenverarbeitung außer Haus	72
Datenverarbeitungs-Integration	5
Datex-Netz	13
Datex-L-Netz	443
Datex-P-Netz	437, 443
Dauerbeobachtung	118, 192
Dauerfunktionstaste	319
Dauerwert	420
Debitorenbuchhaltung	254
dedicated system	71
Default Value (Default-Wert)	27, 29, 318, 354
delete	
s. Löschen	
Demonstration	
s. Vorführung	
Design	
s. Programmentwurf	
Deskriptoren	
s. Schlagwörter	
Dezentralisierung	128, 252, 255f., 258ff.
Dezimalklassifikation	425
Dezimal-Tabulation	322, 323
DFÜ	
s. Übertragung-	
Dialog-Verarbeitung	52, 54, 292
DIANE (Direct Information Access Network for Europe)	437
Dickte	31, 349, 350
Dienstleistungsbetriebe	163, 169, 170, 171
Dienstprogramm	50
Diktant	179, 262, 273, 394ff.
Diktat	
s. Diktier-	
Diktat-Input	155, 182f., 238
Diktat-Organisation	82, 188, 256, 261
Diktat-Qualität	400
Diktattank-Anlage	279
Diktat-Vorbereitung	397f.

Diktieranlage, zentrale –	278f., 393, 401, 402, 449
Diktieren	201, 203, 241, 272
Diktiergerät	137, 146f., 393, 402, 447ff.
Diktiergerät, Geräteentscheidung	447ff.
Diktiergeschwindigkeit	396, 398
Diktierregeln	90, 261, 273f., 400
Diktiertraining	274
direct processing	
s. Direkt-Verarbeitung	
Direkt-Input(-Text)	155, 157, 168, 182f., 202, 227, 229, 238, 252, 253f., 288, 292, 339, 355, 393, 462
Direkt-Input-Profil	172, 292
Direkt-Verarbeitung	52
(s. auch Dialog-Verarbeitung)	
Direktzugriff	33, 334, 339, 341
disk cartridge	34, 306
Diskette	
s. Floppy Disk	
disk pack	
s. Plattenstapel	
Display	
s. Bildschirm, Zeilen-Display	
Distributed-Intelligence-System	303
Distributed-Logic-System	303
Dokumentation	176
Dokumenten-Analyse	189
double density	306
double headed	306
double sided	306
Dreher	324
Druckauftrag	346
Druck aus dem Bildschirm	344, 346
Druck aus Externspeicher	344f.
Druck-Ausgabe	55, 343ff.
(s. auch Druck-)	
Druck, bidirektionaler –	344
Drucken	30ff., 54
Drucker	266, 310ff., 364, 365, 472
Drucker, anschlagfreie –	310f.
Drucker, intelligenter –	345
Drucker-Leistung	137, 254
Drucker-Stop	343
Druck-Gerät, Geräteentscheidung	425ff.
Druck-Geschwindigkeit	310, 344
Druck-Maschine	263
Druck-Parameter	345
Druck-Software	343ff.
Druckverfahren	406ff.
Druckweg-Optimierung	344
Druck-Wiederholung	344

dual density
    s. double density
Dump   343
Duplex (Übertragungsrichtung)   459
Duplex-Duo-Verfahren   420
Duplex-Verfahren   420
Duplizieren von Daten   342
Durchlaufzeit   84, 124, 128, 130, 201,
                                            203, 259, 265
Durchschlag   158, 177, 210, 311, 344,
                                            404
Durchschlagzahl   55, 311
Durchschreibeverfahren   404, 408, 409
    (s. auch Durchschlag)

EBCDI-Code   60
Echtzeit-Verarbeitung   53
EDV-Anlage   62, 88
    (s. auch Textverarbeitung
    auf EDV-Anlagen)
EDV-Dokumentationssystem   339
Einfüge-/Lösch-Korrektur   322, 324
Einfügen, automatisches -   354
Einfügen, manuelles -   353
Einfügung, variable -   235, 243, 276, 295, 343,
                                            353, 355
Einführungsunterstützung   138
Eingabe   17ff.
Eingabeprüfung   354
Eingabe-Sequenzen, Programmie-
    rung von -   328, 331f.
Eingangsstempelung, maschinelle -   432
Einkaufsabteilung   217
Einmal-Filmcarbonband   66
Einmalkosten   134f.
Einmal-Text   158, 168, 181, 182f., 238,
                                            253, 260, 271, 275, 286,
                                            295, 402
Einmal-Text-Profil   169
Einrückung   165, 176, 296, 346
Einschätzbogen   180
Einspannen   176, 408
1:1-Darstellung   32
1:1-Plattenabzug (Dump)   343
Eintast-Geschwindigkeit   54, 316
Einzelblatt-Zuführung,
    automatische -   313
Einzelfertigung   162, 169
Einzelhandel   173
Einzelplatte in Kassette   34, 306
Einzelplatzsystem   266, 303
Einzelpunkt   21

electronic mail	430
electronic office system	75, 357
elektronisches Archiv	339
Elite (Schriftart und -größe)	349, 350
Endlospapier	55, 312
Endlosschlaufe	67
Energiekosten	136
Entscheidungsaufgaben	216f.
EPROM s. PROM	
Erfassung	19, 363
Erfassungs-Flexibilität	286
Ergonomie	263, 266, 298, 310, 318, 461ff.
Erhebungstechniken	176ff., 195
Erhebungstechniken, Bewertung	195
Erprobungs-Test	362, 363f.
EURODATA	440
EURONET	437
Exportabteilung	184
Externspeicher	303ff., 332, 333
Externspeicher, Archivierbarkeit	285, 288, 303, 307ff.
Externspeicher-Kapazität (s. auch Speicher-Kapazität, Datenträger)	303ff.
Externspeicher, Zuverlässigkeit	303, 307ff.
Fachabteilung	168, 177, 181, 186, 199, 216, 220, 244, 268
Faksimile-Übertragung s. Telefax	
Fakturierung	47, 170
Falzung, maschinelle	432
Farbband	136
Fehler	30
Fehlerangst	269, 286
Fehlerfreiheit	165, 171, 287
Fehlerhäufigkeit	92, 260
Fehlerkontrolle, automatische -	322, 324
Fehlermeldung	29f., 318, 462
Feinkonzeption	103
Ferndiktier-Anlage (s. auch Diktieranlage, zentrale -)	279
Fernmeldenetz	433
Fernkopieren s. Telefax	
Fernschreiben s. Telex	
Fernsehen	430
Fernsprechnetz	13, 433, 443

Fertigung	232
Fertigungsdisposition	47
Fertigungsverfahren	227
Festplatte	35, 304
Festwertspeicher	43
Fettschrift	24, 30, 56, 165f., 254, 285, 297, 349
Finanzbuchhaltung	5, 47, 173
Finanzierung	104, 119
Finanzierung der Textverarbeitungs-Anlagen	367ff.
Finanzierungsformen	372
Finanzstatus	182
fixed disk s. Festplatte	
Flatterrand	24, 325, 350
Flexibilität (bei der Anlagen-Beschaffung)	368ff.
Fließtext	246, 327, 348
Floppy Disk	34, 35, 47, 69, 74, 302, 304ff., 336, 342, 365
Floppy Disk, Archivierung	307f.
Floskel-Abruf	322, 324
font s. Schriftart	
Förderband-Anlage (für Schriftgut)	278, 431
foreground s. Hintergrundverarbeitung	
Format-Angaben (s. auch Default Value)	29, 355
Format-Text	158f., 163f., 168, 169, 171, 181f., 240, 254f., 277, 288, 292, 296, 297, 319, 357
Formelschreibung	297
form feed s. Papier-Vorschub	
Formular	136, 163, 176, 212, 240, 274, 288, 357
Formularbrief	235, 238, 240
Formular, Diktierregeln	274f.
Formular, Feldbezeichnung	327
Formularmaske	277, 344
Formularmasken-Positionierung	322, 327
Formular-Verarbeitung	272
Formularsatz	212
FORTRAN	45
Foto	234
Fotodirektverfahren	406
Fotokopierverfahren	405
Fotosatz	295, 351
Fotosatz, Konvertierung für -	352

Fragebogen	188, 190, 191f., 197
Fragen, strukturierte -	191
Frankierung, maschinelle -	432
Freie Berufe	163
Fremdwörter	165
front feed device	
s. Vorsteck-Einrichtung	
Führungsaufgaben	270
Führungsinformationen	6
Führungskraft	197, 199, 230, 259, 266, 270, 277
Funktionendiagramm	215ff.
Funktionstasten	25f., 286, 291, 299, 317, 462, 469
Fußnoten	59, 286
Fußnoten-Verwaltung	348
Fußstütze	469
Ganzbrief	227, 240, 244
Ganzseiten-Bildschirm	296
Garantieverpflichtung	138
Gas-Plasma-Bildschirm	297
Gedankenstrich	326
Gegensprechanlage	206
Geräteentscheidung	132f., 361ff.
Geräteausfall	92
Gesamt-Text-Profil	183
Geschäftsbericht	182, 351
Geschäftsleitung	182
Gesetzeswert	421
Gespräch	227, 233
Gesprächsleitfaden	190
Gesprächsnotiz	85, 235
Gewebeband	66
Gewichtsfaktoren-Methode	130
ghost hyphen	
s. Trennstrich, verborgener -	
Gliederungssystem für Texte	181
golf ball	
s. Kugelkopf	
Grad	
s. Schriftgröße	
Grad, Anzeige	318
Graphik	234, 352
Groß-/Kleinschreibung	50, 328, 331
Großoffset	406
Grotesk-Schrift	349
Gruppenbefragung	
s. Konferenzmethode	
Gruppen-Sekretariat	
s. Sekretariats-Dienst, zentraler -	

Grußformel	238, 243
Gutachten	172
Halbduplex (Übertragungsrichtung)	459
Halbleiter	41
Halbleiterspeicher	41
Halbseiten-Bildschirm	296
Halbzeilen-Schaltung	27, 286, 320
Handelsbetrieb	170
handschriftliche Vorlage s. Manuskript	
Handwerksbetrieb	173
Hängeregistratur	418, 426, 427
hang up	49
Hannover-Messe	120
hard disk	35
Hardware	42
Hardware-Vertrag	373ff.
hardwired	50
Hauptspeicher s. Arbeitsspeicher	
HDLC	446
Hektographie	407
Help-Funktion	29
Hersteller (s. auch Anlagen-Hersteller)	135, 294, 361
Hierarchie (s. auch Organisationsstruktur)	90, 187, 188, 197, 201, 206, 212, 220
Hintergrundverarbeitung	54f., 331, 344, 345
Hochgeschwindigkeitsdrucker	311
Hochkonfigurieren	289
hot zone s. Randzone	
Human Engineering (s. auch Ergonomie)	461
IA s. Internationales Alphabet	
IC (integrated circuit)	41
IDN	13, 433, 437
Implementierung, organisatorische -	103
Individualprogramm	48
Indizes	286
Industriestandard	364
Information Retrieval	339, 356, 424
Informationslücke	95
Informationsnutzen	121
Informationsschreiben	203

Informationsübertragung
   s. Kommunikation -, Textkommunikation -, Übertragung -
Infrarotabtastung — 27
Inhausnetz
   s. Lokalbereichs-Netze
Initialisieren (von Datenträgern) — 50
ink jet (Drucker) — 310f.
input buffer
   s. Anschlagpuffer
Input-/Output-Schema (der Textverarbeitung) — 151f.
Insellösung — 122
insert
   s. Einfügen
Installation — 102, 104
Installationskosten — 135, 375
Instandhaltungskosten — 136
Integration von Text- und Datenverarbeitung — 71, 75, 157, 173, 255f., 272, 292, 354
Interactive Videotex Service — 437
intercharacter spacing
   s. Zeichenzwischenraum, Variation
Interface
   s. Schnittstellen
Internationales Alphabet Nr. 5 — 435
Internspeicher (der elektronischen Schreibmaschine) — 67
Interpreter — 46, 50
Interpunktionszeichen
   s. Satzzeichen
Interview — 103, 180, 188f., 190ff., 196, 197, 241, 242
interword spacing
   s. Leerstelle
Invertierung (der Bildschirm-Darstellung) — 298
Investitionsentscheidung — 120, 121, 130, 134
Investitionsrechnung, dynamisch — 141
Investitionsrechnung, statisch — 140f.
Investitionsrechnungs-Verfahren — 130, 139ff.
impact printer
   s. Anschlagdrucker
ISDN — 433
ISO — 59
Ist-Analyse
   s. Ist-Untersuchung
Ist-Untersuchung — 103, 114, 127, 151ff., 227, 283
ITA Nr. 2 — 434
Italic (Schriftart) — 349

Jacket	420
Job Enlargement	268
Job Enrichment	268
Job Rotation	268
Justieren	176, 327, 329, 340, 346
justification printout s. Blocksatz	
Kalkulation	254
Karbonband	66, 311
Kartei	272
Karteiführung	262, 263
Katakana	50
Katalog	272, 351
Kauf (einer Textverarbeitungs-Anlage)	368f.
Kaufoption	381, 385
Kaufvertrag	373f.
Kaufvertrag, Checkliste	376ff.
Kenngrößen, technische -	128
Kennzahlen	78, 91ff.
Kent (Schriftart)	349
Keywords s. Schlagwörter	
Kilobyte	34
Klarschriftleser	295
Klartext	243
Klassifikations-Code	425
Kleincomputer	73
Kleinoffset (s. auch Offset)	406
Klimatisierung	104, 471
K.-O.-Kriterien	129, 134
Kolonnen-Verarbeitung	163, 254, 296, 322, 323
Kommandozeile s. Bedienerführungszeile	
Kommunikation	12f., 176
Kommunikations-Analyse	205
Kommunikations-Beziehung	196, 204ff.
Kommunikation, schriftliche s. Textkommunikation	
Kommunikations-Formen	15, 228, 229, 233ff., 252, 253
Kommunikations-Geschwindigkeit	441f.
Kommunikations-Infrastruktur	13, 439
Kommunikations-Matrix	218f.
Kommunikations-Mittel	205f.
Kommunikations-Schnittstelle	75, 365, 436
Kommunikations-Verbreitung	439f.
Kommunikations-Volumen	441f.
Kommunikations-Vorgänge (Häufigkeit)	206, 442

Kommunikations-Weg	204f.
Kompakt-Kassette	304, 448
Kompatibilität	59, 364ff.
Kompetenz	187, 198, 200
Konferenz	205, 207, 269
Konferenz-Methode	190f.
Konfigurationsentscheidung	132, 252ff.
Konfigurationsentscheidung (für Textverarbeitung i. e. S.)	283, 291, 294ff.
Konfigurationsentscheidung (für Schreibumfeld)	393ff.
Konfiguration, Textautomat	69f.
Konfigurierbarkeit	364
Konstantenspeicher	325
Kontaktkopierverfahren	405
Kontoristin	182
Kontrollaufgaben	216f.
Konvertierung	352, 363
Kopie-Antwort	236
Kopien-Begleitbogen	179
Kopiensammlung	103, 177f., 206, 237, 238, 239, 241, 245
Kopiensammlung, vorbereitendes Schreiben für –	178
Kopieren, doppelseitiges	413
Kopieren von Datenträgern	50, 342
Kopierer, Geräteentscheidung	450ff.
Kopiergeschwindigkeit	408
Kopierverfahren	404ff., 409f.
Kopierverfahren, elektrostatisch	405f.
Korrektur	66ff., 90, 201, 269, 272, 276, 286, 290, 317, 328, 396, 397, 398f., 408, 462
Korrektur-Rückpositionierung	322, 324, 328
Korrektur-Taste	66
Korrespondenz-Analyse	176, 236
Korrespondenz, fremdsprachlich	165
Korrespondenz, Normen	261
Kostenarten	115
Kosten, einmalige s. Einmalkosten	
Kostenkriterien	134
Kosten, laufende	134, 136
Kosten-Nutzen-Analyse s. Gewichtsfaktoren-Methode, Nutzwert-Analyse	
Kosten-Nutzen-Schätzung	78, 99
Kostenplanung	115ff.
Kostenvergleichsrechnung	130, 142f.
Kryptographische Verschlüsselung	342
KtK	440
Kugelkopf	63, 287, 311, 409
Kugelkopf-Schreibwerk	311

Kundenbetreuung	170, 173, 182, 233, 254
Kundenkreis	227
Kundenschulung	138
Kurierdienst	430f.
Kurzantwort	90, 235, 236
Kurzbrief	235, 277
Kurzschrift	156
Kuvertieren, maschinelles -	432
Lagerbestandsführung	47, 121
LAN (local area network) s. Lokalbereichs-Netze	
Langschrift	156
Lärmbelästigung (s. auch Akustik, Ergonomie)	447, 471
Laser-Drucker	311
Laufwerk	35
Laufzettel	235
Leasing (einer Textverarbeitungs-Anlage)	370f.
Leasing-Kosten	136
Leasing-Vertrag	384ff.
LED	296
Leerkosten	93
Leerstelle	61, 319, 329, 351
Leerstelle, geschützte -	25f., 326
Leerzeichen s. Leerstelle	
Leerzeile	163
Leistungskriterien	136
Leistungsprogramm, betriebliches -	227, 232
Leitungsspanne	220
Letter Gothic (Schriftart)	349, 350
Lichtpausverfahren	405
Lichtsatz (s. auch Fotosatz)	310
Lichtstift	27, 299
Lieferanten-Kartei	88
Lieferungsbedingungen	88, 237
Liefertermin (für eine Textverarbeitungs-Anlage)	373f.
Lieferzeit	105
Liegezeit s. Durchlaufzeit, Wartezeit	
Lift-off-Korrektur	66, 286f.
light pen s. Lichtstift	
line feed s. Zeilenvorschub	
Liquidität (bei der Anlagen-Beschaffung)	368ff.

Liste (Listen-Darstellung)	157, 163, 272
Lochstreifen-Einheit	66
Lohn- und Gehaltsabrechnung	47
Lokalbereichs-Netze	12f., 439
Löschen	254, 327, 328f.
Lose-Blatt-Ablage	426
Lösung, konventionelle -	119, 131
Luftfeuchtigkeit	471
Lufttemperatur	471
Magnetband	38, 352
Magnetbandkassette	38, 304f., 352
Magnetbandkassetten-Einheit	66
Magnetbandschleife	284
magnetic tape cartridge s. Magnetbandkassette	
magnetic tape cassette s. Kompakt-Kassette	
Magnetkarte	66, 68, 284, 304, 305
Magnetplatte (s. auch Platten-)	34, 47, 74, 302, 304, 306ff., 365
Magnetplatte, Inhaltsverzeichnis	335
Magnetspeicher (bei Schreibmaschinen)	67
Mahnschreiben	182
Mahnwesen	182, 254
Mängelrüge	93, 182
Manuskript	155f., 167, 394, 397, 399
Maschinen-Diktat	155, 394, 396, 398
Maschinenkosten	136
Maßeinheit für Textmengen	240
Massenbrief	239
Materialkosten	136
Materialverbrauch (bei Textverarbeitung i. e. S.)	93, 287
Matrix-Darstellung	163
Matrix-Drucker	291, 312, 344, 352
Matrizenverfahren (s. auch Schablonendruck)	407
MDT s. Mittlere Datentechnik, Kleincomputer	
Megabyte	34
Mehrfelder-Bildschirm	340
Mehrfunktions-Terminal	75
Mehrplatzsystem	55, 266, 302f., 317
Mehrprogramm-Betrieb	55, 302, 331
Menu	27f., 318
Menu-Anwahl	27
Miete (einer Textverarbeitungs-Anlage)	369f.

Mietkauf (einer Textverarbeitungs-Anlage)	370
Mietkosten	136, 379
Miet-Vertrag	378ff.
Miet-Vertrag, Checkliste	381ff.
Mikro-Computer	365
Mikrofiche	420
Mikrofilm-Gerät, Geräteentscheidung	453ff.
Mikroprofessor (s. auch Prozessor)	42, 69
Mikroverfilmung	131, 417, 419ff., 427
Mindestanforderungen (an Hardware / Software)	361
Minicomputer (s. auch Kleincomputer)	73
Mini-Diskette	305
Mischarbeitsplatz	181, 255f., 270f.
Mitarbeiter-Akzeptanz s. Akzeptanz	
Mitarbeiter, Einbeziehung	81, 215, 478ff.
Mitarbeiter, Leistungsbereitschaft	99, 207
Mitarbeiter, Leistungsfähigkeit	99, 207
Mitarbeiter, Motivation	91, 104, 131, 188, 477f.
Mitarbeiter, Persönlichkeitsmerkmale	208
Mitarbeiter, Qualifikation	90f., 188, 207, 258, 269, 476f.
Mitarbeiter, Schulung (s. auch Schulung)	476f.
Mitarbeiter, Zufriedenheit	85, 98, 124, 137, 198, 266
Mitspracherecht des Betriebsrates	196
Mitte-Striche (s. auch Bindestrich, Gedankenstrich)	326
Mittlere Datentechnik (MDT) (s. auch Kleincomputer)	73
Modularität	364
Motivation s. Mitarbeiter, Motivation	
mouse s. Sensormechanismus	
move s. Bewegen von Texten	
MPM	110ff.
Multi-Kamera-System	340
Multimoment-Methode	188, 192
Multiprogramming	55, 302, 331
Multiterminal-System s. Mehrplatzsystem	
Musterbrief	227, 237

Muster-Text	156
Nachfaßbrief	85, 203
Nadel-Drucker	
s. Matrix-Drucker	
Netzplantechnik	110ff.
Nomenklaturen, spezielle -	165
non-impact printer	
s. Drucker, anschlagfreie -	
Normalpapier-Kopierer	132, 406
Normen, technische	364, 436, 457
Notiz	157
Nutzenkriterien	136
Nutz-Text	31, 59
Nutzungsdauer	135
Nutzwertanalyse	130, 144ff.
OCR-B-Schrift	467
OCR-Leser	
s. Klarschrift-Leser	
OEM	365
Off-Line-Druck	345
Offset	131, 406, 410
On-Line-Verarbeitung	54
On-Line-Zugriff	336, 338
Operating System	
s. Betriebssystem	
Opportunitätskosten	134
Orator (Schriftart)	349
Ordner-Registratur	417f., 425, 426, 427
Ordnung, alphabetische -	424
Ordnung, numerische -	424
Organigramm	220f.
(s. auch Organisationsplan)	
Organisationseinheit	186
Organisationsform	185
Organisationsplan	197
Organisationsstruktur	128, 196, 199
(s. auch Dezentralisierung, Zentralisierung)	
Orgatechnik	120
Orthographiefehler-Kontrolle	328, 331
Overlay-Technik	
s. Programm-Segmentierung	
page scrolling	
s. Text-Rollen, seitenweise	
Paginierung	337, 347
Paketvermittlungs-Netz	441

pan scrolling	
s. Text-Rollen, zeichen-/ zeilenweise	
Papier	136
Papier, farbiges -	250
Papier-Transport, Verfahren	312f.
Papier-Vorschub	346
Parameter-Liste	30
Partizipation	81, 215, 478ff.
PASCAL	45
Paßwort	342
Pause	181, 269
Pendelbrief	236
(s. auch Kurzbrief)	
Pendel-Registratur	418, 426, 427
pen tablet	
s. Sensormechanismus	
Peripherie	49, 132, 137, 294
Perl-Schrift	349
Personal-Auswahl	104, 119, 128, 208, 474ff.
Personal-Beschaffung	104, 474ff.
personal computer	
s. Mikrocomputer	
Personal-Einsatz	103, 104, 113, 413
Personal-Kosten	93, 136, 259
Personal, Qualifikation	
s. Mitarbeiter, Qualifikation	
Personal-Schulung	
s. Schulung	
PERT	110
Pflichtenheft	104, 361f.
Phono-Diktat	89, 153, 229, 252, 271, 273, 394, 397, 398
phrase storage	
s. Floskel-Abruf	
Pica (Schriftart und -größe)	349
Pilot-Anwendung	241
pitch	
s. Schritt-Teilung	
pixel (picture element)	
s. Einzelpunkt	
Planfilm	420
Planungsaufgaben	216f.
Planungsfirma	172
Planungstechniken	107ff.
Plastik-Ordner	250
Platten-Inhaltsverzeichnis	37, 50, 307, 335
Platten-Kapazität	
s. Externspeicher-Kapazität, Speicher-Kapazität	
Platten-Stapel	34, 306
Plausibilitäts-Kontrolle	354
PL/1	45

Plotter	352
Polygo (Schriftart)	349
Positionieren (von Blättern)	176
Positionieren (des Cursors)	328, 353f.
Positionieren (von Feldern)	240
Positionsanzeiger s. Cursor	
Postbearbeitung	94, 269, 432, 441
Postleitzahl	88, 356
Poststelle	180
Poststraße, automatisierte -	432
Postversand	89
Postverteilung	94
PPC (plain paper copier) s. Normalpapier-Kopierer	
Preisliste	351
Prestige (Schriftart)	349, 350
Prioritäten-Vergabe	261, 275
Probedruck	345
Produktbeschreibung	165, 234
Produktbezeichnung	240
Produktliste	156
Problemanalyse s. Systemanalyse	
Programm-Entwicklung	48
Programm-Entwurf	48
Programmiersprachen	44ff.
Programmiersprachen, problemorientierte -	44f.
Programmierte Textverarbeitung	9
Programmierung	43ff.
Programm-Integration	360
Programm-Paket	48
Programm-Schnittstelle	295, 359f.
Programm-Segmentierung	301
Projekt	78f.
Projekt-Antrag	79
Projekt-Auftrag	79
Projekt-Budget	115, 118
Projekt-Entwurf	165
Projekt-Kosten	135
Projekt-Planung	79
Projekt-Team	101, 117f., 130, 148, 177, 180, 191, 241
Projekt-Verantwortung	101, 117
PROM	43, 49, 68, 284
Prompt	27, 29, 318
Proportionalschrift	349f., 351
Protokoll	85
Protokoll (für die Übertragung)	446
Protokoll-Funktionen	355

Prozessor	39ff., 74, 317
(s. auch Rechenwerk, Steuerwerk, Zentraleinheit)	
Prüfmatrix	96, 97
Prüfung	222
Prüfwert	421
puck	
s. Sensormechanismus	
Pufferzeit	113
Punktraster-Darstellung	21, 297, 312
Qualifikation	
s. Mitarbeiter, Qualifikation	
Querverweis	251
RAM	43
Randausgleich	349
(s. auch Blocksatz)	
Rand-Setzen	320
Rand-Zone	326
Ratio	120
Raumgestaltung	85
(s. auch Arbeitsumgebung, Ergonomie)	
Raumkosten	136
Real-Time-Verarbeitung	
s. Echtzeit-Verarbeitung	
Rechengeschwindigkeit	301
Rechenwerk	39f.
Rechenzentrum	72
Rechnen im Text	356
Rechnungsprüfung	182
Referenz-Liste	138
Registratur	422, 427
(s. auch Archivierung)	
Registratur, dezentrale -	267
Registratur, Ordnungssystem	264
Registratur, Verfahren	417f.
Registratur, zentrale -	264f.
Reklamation	92
Release	
s. Betriebssystem-Release	
Relocate-Funktion	
s. Korrektur-Rückpositionierung	
removable disk	
s. Wechselplatte	
Reparaturen	136
repeat key	
s. Dauerfunktionstaste	
Reprographie	187, 203, 258, 263, 404ff.
(s. auch Vervielfältigung-)	

Reprographie, dezentrale -	267
Reprographie, Qualität	412f.
Reprographie, unternehmungsextern	409, 410
Reprographie, Verfahren	263, 404ff.
Reprographie, zentrale -	263f.
response time s. Antwortzeit	
rigid disk s. hard disk, Magnetplatte	
Risikobereitschaft (bei der Anlagenbeschaffung)	368ff.
Rohrpostanlage	278, 431
Rollen s. Text-Rollen	
Rollfilm	419
Rollfilm-Abschnitte	419
ROM (s. auch PROM)	43, 68
Routinebrief	239
Routinetext	159
Rücktaste	319
Rückwärtsrechnung	112
Sachbearbeiter	124, 182, 197, 199, 228, 230, 241, 256, 259, 266, 270, 277, 308, 462
Sachbearbeiter-Platz	271
Sachbearbeitung	157, 172, 175, 181, 182, 199, 270
Sachmittel, Auswahl und Beschaffung	104, 116, 212
Sachmitteleinsatz	128, 130, 210ff.
Sammler-Registratur	418, 426, 427
Satzbefehle	352
Satzspiegel	254ff.
Satzzeichen	59, 435
Schablonendruck	407, 409, 410
Schaltkreis, integrierter -	41
Schattenschrift	30, 349
Schaubild (Darstellung)	234
Schlagwörter	339
Schlüssel, sprechender	425
Schlüssel-Tabelle	338, 341
Schnittstellen	295, 359f., 364f., 436
Schönschreib-Drucker	312
Schreibauftrag	179, 239, 261, 271, 276, 354
Schreibauftrags-Formular	239
Schreibbüro, zentrales - s. Schreibdienst, zentraler -	
Schreibdienst, Bereitschaft	260

Schreibdienst, zentraler -	180, 258, 259ff., 266, 268, 272, 275f., 280f., 462
Schreibfeld-Tasten	27
Schreibkraft	241, 261, 266, 394ff., 462
Schreibleistung	124, 396, 397f.
Schreibmaschine	63ff., 284ff.
Schreibmaschine, elektromechanische	88, 269, 284ff.
Schreibmaschine, elektronische -	88, 256, 266, 269, 284ff., 289
Schreibmaschinen-Modus	344
Schreibplatz	151, 168, 175, 181f., 186, 198, 230, 236, 252, 258, 269f.
Schreibsatz	351
Schreibtisch (s. auch Arbeitstisch, ergonomische Anforderungen)	466
Schreib-Umfeld	10, 151, 152, 295, 393ff.
Schreib-Umfeld, Sachmittel	295, 393ff.
Schreib- und Sekretariats-Platz	271
Schreibwerk (s. auch Drucker)	70, 310
Schreibzeile, feststehende -	22, 299, 319
Schriftart	165, 254, 311, 349ff.
Schriftart-Variation	287, 312, 313, 343, 349, 351
Schriftbild-Gestaltung (s. auch Text-Gestaltung)	31
Schriftgröße	349
Schriftgut-Analyse (s. auch Kopiensammlung)	176f., 241
Schriftgut-Format	426
Schriftgut-Transport (s. auch Transport)	278
Schriftgut-Vernichtung	429
Schriftgut-Verteilung	277
Schrift, lateinische -	435
Schrift-Qualität	56, 310, 311, 313
Schrift-Wechsel s. Schriftart-Variation	
Schriftzeichen	59, 435
Schritt-Teilung	24, 349
Schulter-Arm-Syndrom	463
Schulung	96, 104, 128, 476f.
Schulungsangebot (der Hersteller)	105
Schulungskosten	135
Schwachstelle	77, 187
Schwachstellen-Analyse	82ff.
Schwachstellen, kostenbezogene -	84, 95
Schwachstellen, psycho-soziale -	84, 95
Schwachstellen, qualitätsbezogene -	83, 94f.

Schwachstellen, terminbezogene –	83f., 93f.
Schwachstellen-Ursachen	85ff.
screen	
s. Bildschirm	
scrolling	
s. Text-Rollen	
search and replace	
s. Suchen-und-Ersetzen	
Sehstörungen	463
Seiten-Drucker	311
Seitenende-Behandlung	322, 323
Seiten-Umbruch	31, 346ff.
Sekretariats-Aufgaben	258
Sekretariats-Dienst, zentraler	262f.
Sekretariats-Platz	175, 265, 269f.
Sekretärin	180, 197, 259, 266
Sektor	37
Sektor-Nummer	334
Selbstaufschreibung	188, 193f., 197, 206
Selektionskriterien	53, 251, 353
Sensormechanismus	27, 299f.
Serienbrief	33, 52f., 88, 103, 104, 158, 227, 237, 239, 253, 275, 276, 288, 292, 355, 462
Serientext	8
(s. auch Serienbrief)	
Service (des Herstellers)	129, 136, 138, 386ff.
Service-Vertrag	
s. Wartungs-Vertrag	
Shared-Logic-System	302
sheet feeder	
s. Einzelblatt-Zuführung	
Sicherheitsregeln für	
Büroarbeitsplätze	466
SICOB	120
Silbentrenn-Programm	325f.
Silbentrenn-Programm, Fehlerrate	326
Silbentrennung	60, 61f., 314, 322, 346
Silbentrenn-Vorschläge	325
Simplex (Übertragungsrichtung)	459
Simplex-Verfahren	420
Single-Element-Schreibmaschine	63
skip	
s. Cursorsprung	
Sofort-Korrektur	317, 327
soft hyphen	
s. Trennstrich, verborgener	
Software	43, 51, 373
Software für Textverarbeitung	291, 294, 295, 313ff.
Softwarehaus	47, 373
Software-Konfiguration	132, 294, 313ff.

solid state memory
　　s. Halbleiterspeicher,
　　Festwertspeicher
Soll-Entwurf					103, 116, 127, 185, 227ff.,
						283, 361
Soll-Konzeption
　　s. Soll-Entwurf
Sonderumschaltung				25, 300, 318
Sonderbuchstaben				435
Sonderzeichen					60, 298, 435
Sonderzeichen, nationale			435
Sortierfolge					338
Sozialbeziehungen				207f.
Spatium
　　s. Zeichenzwischenraum
Speicher-Adresse				37, 306, 307
Speicher-Blättern				339
Speicher, externer -
　　s. Externspeicher
Speicher, interner -
　　s. Arbeitsspeicher
Speicher-Kapazität, Datenträger			34ff., 36, 137, 253
　　(s. auch Externspeicher-
　　Kapazität)
Speicher-Reorganisation				333, 340ff.
speicherresident				47
Speicher-Schreibmaschine			63
Speicherung					32ff.
Speicherung, gestreute				335, 340
Speicherung, Organisationsformen		33, 36, 306, 307
Spezialisierung					198, 202, 255
split screen
　　s. Mehrfelder-Bildschirm
Sprachkommunikation				15, 430
Springen im Text				327, 328
Spur						37
Standard-Codes					59, 435
Standard-Demo					362
Standard-Diskette				305
　　(s. auch Floppy Disk)
Standardisierbarkeit von Texten			227, 228, 236ff.
Standardisierung von Texten
　　s. Text-Standardisierung
Standard-Programm				48
Standard-Text					88, 157, 158f., 167, 168,
						169, 170, 181f., 253f.,
						255, 276, 288, 295, 309f.,
						313, 353, 357, 363
Standard-Text-Profil				170
Standard-Vertrag				272
Standleitung					434
Stapel-Verarbeitung				53, 72, 292, 331, 341
Statistik					164, 171, 292

status line
   s. Bedienerführungszeile
Stelle   186, 199, 220
Stellen-Beschreibung   197, 198, 212, 213f.
Stellen-Besetzung
   s. Personal-Auswahl
Stellen-Bildung   104
   (s. auch Aufgabenverteilung)
Stellen-Inhaber   215, 220
Stellvertretung   199
Steno-Diktat   89, 156, 271, 394, 396
Stenogramm   260
   (s. auch Kurzschrift)
Steno-Stil   400
steuerliche Auswirkungen (bei
   der Anlagen-Beschaffung)   368ff.
Steuerungs-Parameter   32
   (s. auch Steuerzeichen, Druck-
   Parameter, Satzbefehle)
Steuerwerk   39f.
Steuerzeichen   25f., 27, 59, 60, 286, 330
Strich-Graphik   352
Stromausfall   342
Suchen-und-Ersetzen   328, 331
Suchwort-Methode   296, 328
Summe   240
Systemanalyse   48
System-Diskette   47
   (s. auch Floppy Disk)
System-Handbuch   56
Systemhaus   47
   (s. auch Softwarehaus, OEM)
System-Platte   47
   (s. auch Magnetplatte)
Systems   120
Systemsoftware   46ff., 56, 74, 301, 307
Systemsoftware-Architektur   38
System-Start   301, 318
System-Zeile
   s. Bedienerführungszeile

Tabelle (Darstellung)   157, 171, 176, 180, 288,
                                              357
Tab-Gedächtnis   322
Tab-Gitter   318
tab lock
   s. Tab-Gedächtnis
Tabulation   163, 176, 318, 320, 329,
                                              340, 355
Tabulation, Fixierung der –
   s. Tab-Gedächtnis
Tageswert   421

tape cartridge s. Magnetbandkassette	
Taschendiktiergerät	402
Tastatur	26, 291, 295, 298ff.
Tastatur, DIN-Normen	298f.
Tastatur, ergonomische Anforderungen	469
Tasten s. Schreibfeld-Tasten, Zifferntasten, Funktionstasten	
Tasten, Druckpunkt	320
Tasten-Sequenz-Programm (s. auch Eingabe-Sequenzen, Programmierung von -)	332
Tätigkeitsbogen	181, 193f., 196
Tätigkeitsprofil	193
technische Texte	164, 165
Teil-Erhebung	180
Telebrief	440
Telefax	89, 131, 430, 434, 436, 440, 441, 444, 445
Telefax-Geräte	456f.
Telefonat	206, 227, 228, 233f., 260, 269
Teletex	89, 434f., 440, 441, 444, 445
Teletex-Geräte	456
Telex	433, 434, 440, 441, 443, 445
Telex-Geräte	455ff.
Telex-Teletex-Umsetzer	440
Telekommunikation	12, 15, 365
term dictionary s. Wörterbuch, gespeichertes	
Terminal	53f.
Terminal-Schloß	342
Terminplanung	269
Terminvorschlag	237
Text-Adressierung	333, 336ff.
Text-Analyse-Liste	237, 238, 239, 242
Text-Anordnung	165
Text-Archivierung (s. auch Archivierung)	416ff.
Text-Arten	151ff.
Text-Aufnahme	89, 187
Text-Aufnahme, Ablauf	396f.
Text-Aufnahmeverfahren	393ff.
Text-Aufnahmeverfahren, Bewertung	396ff., 403
Textautomat	137, 284, 285, 287ff., 295ff.
Textautomat, Peripherie	288
Text-Autor	241, 394, 395

Textbaustein	88, 104, 227, 235, 240, 243ff., 253f., 272, 288, 290, 292, 336, 462
Textbaustein-Brief	160f.
Textbaustein-Statistik	355
Textbaustein-Übergang	245f.
Textbaustein-Verarbeitung	9, 33, 68, 103, 314, 353ff.
Text-Bearbeitung	8, 103, 316ff.
Text-Datei	251
Text-Einheiten (s. auch Maßeinheit für Textmengen)	175f.
Text-Entwurf	11, 201, 203, 235, 240
Text-Erfassung	316ff.
Text, fremdsprachlicher -	165, 401
Text-Gestaltung (s. auch Schriftbild-Gestaltung)	165, 229, 252, 254, 269, 445
Text, gestaltungsintensiver -	168, 181, 254, 288, 297, 313, 319, 401
Texthandbuch	103, 104, 167, 181, 228, 230, 240, 246ff., 353, 355
Texthandbuch, Akzeptanz	245
Texthandbuch, Änderungsdienst	248, 251f., 355
Texthandbuch, Aufmachung	248, 250
Texthandbuch, Systematik	248ff., 251, 337
Text, handschriftlicher - (s. auch Manuskript)	227
Text, Häufigkeit	98
Text-Input-Arten	395
Textkommunikation	15, 228, 231, 233f., 236, 252, 253, 430ff.
Textkommunikation, elektronische Verfahren	430
Textkommunikation, Kosten	442
Textkommunikation, Qualität	445f.
Textkommunikations-Verfahren	430ff.
Textkommunikations-Verfahren, Bewertung	446
Text-Lebenszyklus-Verwaltung	341
Text-Liste, geordnete -	243
Text-Menge s. Text-Volumen	
Text-Montage	296, 353
Text-Namen	276, 306, 318, 333, 336ff.
Text-Namens-Verzeichnis	333, 337ff.
Text-Profil	103, 151ff., 309, 313, 336
Text-Profil, Ermittlung	173ff., 227
Text-Profil, Gestaltung	227ff.
Text-Profile, typische -	
Text-Programmierung s. Programmierte Textverarbeitung, Textbaustein-Verarbeitung	

Text-Qualität	84, 124
Text-Rollen (im Bildschirm)	21, 302
Text-Rollen, seitenweise	319
Text-Rollen, zeichen-/zeilenweise	319
Text, Schwierigkeitsgrad	165, 401
Text-Speicherung	316, 332ff.
Text-Speicher-Kapazität (bei Schreibmaschinen)	285
Text-Standardisierung (s. auch Standard-Text)	103, 104, 227f., 229, 231, 236, 239ff.
Text-Standardisierung, Auswahl für -	240ff.
Text-Standardisierung, Formulierung	243ff.
Text-Standardisierung, Test	246
Text, Struktur	57, 242f.
Text-Transport (s. auch Transport)	235
Text-Überarbeitung (s. auch Überarbeitungs-Text)	98, 316ff., 339
Text-Variante	241, 243
Textverarbeitung	7
Textverarbeitung auf EDV-Anlagen	291ff.
Textverarbeitung computergestützte -	73
Textverarbeitung im engen Sinne	10f.
Textverarbeitung im weiteren Sinn	11
Textverarbeitungsaufgaben, zukünftige -	227, 232f.
Textverarbeitungs-Beauftragter	251f.
Textverarbeitungs-Software s. Software für Textverarbeitung	
Textverarbeitungs-Team s. Projekt-Team	
Text-Volumen	175, 184, 229, 231, 233, 253, 255f., 266, 309, 400f.
Text-Vorlage (s. auch Text-Aufnahme)	152f., 245
Text, Zwischenspeicherung	330
Themenschlüssel	237, 244
Thermodrucker	311
Thermokopier-Verfahren	405, 407
thin window s. Zeilen-Display	
Time Sharing	55, 72
Tinten-Sprüh-Drucker	310f.
Tipp-Fehler s. Fehler	
Tipp-Fehler-Korrektur s. Korrektur	
Tischkopierer	132
Tonwiedergabe-Qualität (Diktiergerät)	137, 448, 449

touch sensitive screen	300
track	
s. Spur	
Traktoren (Drucker)	312
Transparent-Hülle	250
Transport	222, 259, 262, 278
Transport-Anlagen	
(für Schriftgut)	278, 430f.
Transport-Kosten (für die	
Textverarbeitungs-Anlage)	375, 382
Transport-Risiko	375, 382
Transport-Weg	259
Transport-Zeit	201, 203
Trenn-Programm	
s. Silbentrennung	
Trennstrich, verborgener	327
TTU	
s. Telex-Teletex-Umsetzer	
TTY	365
Typenhebel-Schreibmaschine	63, 409
Typenkorb-Drucker	312
Typenrad	63, 65, 287, 343, 409
Typenrad-Drucker	292, 311, 344, 352
Typenträger, auswechselbarer -	65, 287, 343
Typoskript	8, 155, 156, 167
Überarbeitung	353, 396, 398f.
Überarbeitungs-Text	158, 161f., 168, 169, 181, 182f., 238, 253f., 255, 276, 288, 292, 296, 309, 363, 401, 461
Überarbeitungs-Texte,	
Generationen	309
Überarbeitungs-Text-Profil	171
Übereinanderschreiben von Zeichen	286, 320
Übermittlung von Texten	203
(s. auch Kommunikation,	
Textkommunikation)	
Übernahmekonditionen	138
Überschreiben von Texten	342
Übersetzer-Programm	313
Übersicht (Darstellung)	163
Übertragungs-Codes	60, 434, 435
Übertragung, bitparallel	364
Übertragung, bitseriell	364
Übertragungsqualität	445f.
UIT	59
Umbruch	
s. Seiten-Umbruch,	
Zeilen-Umbruch	
Umbruch-Regeln	347
Umdruck	407, 409, 410

Umfeld des Schreibens
   s. Schreib-Umfeld
Umformatieren   346
Umlaut   56, 60, 435
Umstellung   101, 102
Umstellung, organisatorische -   105
Unternehmensberatung   171
Unterschriften-Regelung   94, 200, 201, 277
Unterstreichung   56, 176, 319, 320
Untersuchungs-Zeitraum   177
Updating   338
Utility
   s. Dienstprogramm

VDT
   s. Bildschirm
Verarbeitung   38ff.
Verarbeitung, interaktive -   52
   (s. auch Dialog-Verarbeitung)
Verarbeitung, transaktions-
   orientierte   52
   (s. auch Dialog-Verarbeitung)
Verfahrensänderung, Kosten   135
Verfahrensentscheidung   131, 252ff., 283
Verfahrensentscheidung (für Text-
   verarbeitung im engen Sinne)   284ff., 293
Verfahrensentscheidung (für
   Schreib-Umfeld)   393ff.
Verkauf   182
Verkleinerung (Kopieren)   132, 413
Verkettung (in Dateien)   335, 340f.
Versendungsvermerk   242
Vertauschen (von Zeichen und
   Text-Teilen)   254
Vertrag   182
Vertrags-Verhandlungen (bei
   Textverarbeitungs-Anlagen)   104, 373ff.
Vertretung   261
Vervielfältigung -   187, 203, 258, 263, 404ff.
   (s. auch Reprographie -)
Vervielfältigung, Gerätepreis   411
Vervielfältigung, Material-
   verbrauch   411
Vervielfältigung, Personaleinsatz 414
Vervielfältigung, Qualität   263, 264
Vervielfältigungs-Geschwindigkeit 409
Vervielfältigungs-Menge   263, 264, 409ff.
Verwaltungs-Assistenz, zentrale - 270
Verwaltungs-Aufgaben   260, 262f., 268, 270
Verwaltungs-Betrieb   170
Victoria (Schriftart)   349
Video Conferencing   430

Videotext	437
Vollduplex (Übertragungsrichtung)	459
Voll-Erhebung	180
Vordergrund	
s. Hintergrundverarbeitung	
Vordruck	176, 227
Vordruck-Brief	235, 238
Vorführung	104, 362
Vorführungs-Test	362f.
Vorgangsknoten-Methode	
s. MPM	
Vorgangs-Liste	106f.
Vorlagen-Qualität	400
Vorsteck-Einrichtung (Drucker)	313
Vorstudie, Ablauf	78, 80, 81ff.
Vorstudien-Bericht	98
Vor-Trennung	327, 346
Vorwärts-Rechnung	112
VTOC (volume table of contents)	
s. Magnetplatte,	
Inhaltsverzeichnis	
V.24 (Schnittstelle)	365
Wählleitung	434
Warengruppe	88
Warteschlange	317, 346
Wartezeit	90, 201, 203, 222, 262
(s. auch Antwortzeit)	
Wartezeit beim Aufruf von	
Textbausteinen	301
Wartung	136, 138, 379
(s. auch Service)	
Wartungs-Vertrag	136, 386ff.
Wechselplatte	35, 304
Werbe-Aktion	232
Werbewirksamkeit	94, 137
Wiederbeschreibbarkeit	32
Winchester-Plattentechnologie	35, 67, 285, 306, 307
Wirtschaftlichkeit	128, 134, 139ff., 259
Word Processing	
s. Textverarbeitung	
word wraparound	
s. Zeilen-Umbruch	
Wortbreite	301
Wörterbuch, gespeichertes -	331
X.21 (Schnittstelle)	436
Xerographie-Verfahren	405f.

Zahlungsaufforderung	243
Zeichenabstand	56
Zeichenart	327, 435
Zeichen, diakritisches -	44, 60, 435
Zeichenmatrix-Bildschirm	21
Zeichensatz, amerikanischer -	291
Zeichen-Zwischenraum, Variation	351
Zeichen-Abstand	24, 31, 56, 348
Zeilen-Anzeige s. Zeilen-Display	
Zeilen-Display	21, 67, 287, 288, 296
Zeilenende, geschütztes -	329
Zeilen-Lineal	318
Zeilen-Rand (s. auch Rand-Setzen)	61, 318, 320, 340
Zeilen-Schaltung	59, 176, 320
Zeilen-Umbruch	27, 61, 286, 321, 329
Zeilen-Umbruch, automatischer -	322, 325
Zeilen-Vorschub	347
Zeilen-Zahl-Anzeige	318
Zeit-Aktivitäten-Planung (s. auch Zeit-Planung)	101, 102ff.
Zeit-Planung	78
Zeitverhalten (der EDV-Anlage)	301
Zentral-Ablage (s. auch Registratur)	422, 426
Zentraleinheit	39ff., 300ff., 345
Zentralisierung	122, 197, 198, 202, 252, 255, 258ff.
Zentrieren	165, 254, 285, 322, 323
Zielsetzung	120, 124
Ziffern	27, 59
Ziffern-Tasten	27
Zinkoxid-Verfahren	405
Zinsen, kalkulatorische -	136
Zoom-Funktion	319
Zugriff, Arten (s. auch Direktzugriff)	32ff., 334
Zugriff, sequentieller	33, 37, 304, 334
Zugriffs-Geschwindigkeit	35
Zugriffs-Unterstützung	333, 339ff.
Zugriffs-Zeit (s. auch Antwortzeit)	33, 38, 303ff., 310, 335f.
Zweiseiten-Bildschirm	297
Zwei-Typenrad-Drucker	312
Zykluszeit	41

540

BIFOA

If you have any concerns about our products,
you can contact us on
ProductSafety@springernature.com

In case Publisher is established outside the EU,
the EU authorized representative is:
**Springer Nature Customer Service Center GmbH
Europaplatz 3, 69115 Heidelberg, Germany**

Printed by Libri Plureos GmbH
in Hamburg, Germany